VILLA AIR-BEL

1940

Rosemary Sullivan

VILLA AIR-BEL

1940

O REFÚGIO DA INTELECTUALIDADE
EUROPÉIA DURANTE
A SEGUNDA GUERRA MUNDIAL

Tradução de Ana Deiró

Rocco

Título original
VILLA AIR-BEL

World War II, Escape, and a House in Marseille

Edição brasileira publicada mediante acordo com William Morrow, um selo da HarperCollins Publishers.
Continuação desta página de *copyright* aparece na página 526

Direitos para a língua portuguesa reservados
com exclusividade para o Brasil à
EDITORA ROCCO LTDA.
Av. Presidente Wilson, 231 – 8º andar
20030-021 – Rio de Janeiro, RJ
Tel.: (21) 3525-2000 – Fax: (21) 3525-2001
rocco@rocco.com.br
www.rocco.com.br

Printed in Brazil/Impresso no Brasil

preparação de originais
SONIA PEÇANHA

CIP-Brasil. Catalogação-na-fonte.
Sindicato Nacional dos Editores de Livros, RJ.

S949v Sullivan, Rosemary
Villa Air-Bel, 1940: o refúgio da intelectualidade européia durante a Segunda Guerra Mundial / Rosemary Sullivan; tradução de Ana Deiró. – Rio de Janeiro: Rocco, 2008.

Tradução de: Villa Air-Bel: World Warr II, escape, and a house in Marseille
ISBN 978-85-325-1603-9

1. Villa Air-Bel (Marselha, França). 2. Guerra Mundial, 1939-1945 – Marselha (França). 3. Fugas – Marselha (França). 4. Artistas – Residências e lugares habituais – Marselha (França). 5. Intelectuais – Residências e lugares habituais – Marselha (França). 6. França – História – Ocupação alemã, 1940-1945. I. Título.

08-4443 CDD – 940.530869140944
CDU – 94(44)"1939/1945"

Para Arlene Lampert,
minha mais querida amiga e leitora mais exigente

E amorosamente em memória de meu pai,
Michael Patrick Sullivan

Eles não podem imaginar que as coisas pelas quais viveram poderiam desaparecer. Não conseguem acreditar que... algo de essencial pudesse desaparecer, que todo um reino espiritual esteja ameaçado. Eles não acreditam em grandes sublevações históricas que obliteram todos os vestígios de gerações anteriores e transformam inteiramente continentes. Eles não acreditam que o que lhes parece injusto seja possível.

– ANTOINE DE SAINT-EXUPÉRY.

Não há como fugir do passado, porque o passado nos deformou ou foi deformado por nós.

– SAMUEL BECKETT

SUMÁRIO

ILUSTRAÇÕES

Villa Air-Bel

ROTA DE FUGA

Eram pouco mais de quatro horas da manhã, do dia 25 de setembro de 1940, quando Lisa Fittko abriu a porta da taberna na cidade portuária de Banyuls-sur-Mer e observou apreensivamente a avenida Puig del Mas. Depois de passar sete anos fugindo, ela havia se tornado mestra em controlar o pânico. Olhou para o porto defronte e ficou ouvindo o som das ondas batendo contra a costa. Tentou imprimir à sua respiração aquele ritmo tranqüilizador. Lançou um olhar rápido para o prédio da prefeitura, na praça central. Os gendarmes só chegariam dali a algumas horas. Mais acima na avenida, à direita, observou que os trabalhadores dos vinhedos já tinham começado a sair de suas casas. Estava na hora de partir.

Lisa se virou para as duas pessoas atrás dela e lhes disse que calçassem as *espadrilles* de que precisariam para a difícil escalada pelas encostas da montanha. Fez um gesto para que a seguissem e lhes recordou mais uma vez de que não deveriam falar. O sotaque alemão as trairia. A mulher era uma desconhecida para ela, mas Lisa acreditava que poderia confiar em que ela não perderia a coragem. O garoto, de apenas 16 anos, já tinha passado pelo suficiente para saber o perigo que corriam. Os dois tinham compreendido imediatamente, quando ela lhes dissera que sempre havia alguém observando, que não deveriam ter consigo nada, exceto uma pequena mochila, de modo a não chamar atenção para eles. Não que tivessem coisa alguma para levar. Eles já haviam perdido tudo.

Os três andaram devagar, subindo a avenida, a mulher primeiro, o garoto um pouco mais para trás. Sob a luz da lua no quarto minguante, Lisa conseguia distinguir a silhueta do campanário da igreja. Apenas semanas antes, ela estivera sentada no jardim da igreja, contemplando as borboletas do outono se banqueteando com os últimos sabores deliciosos da vida. Naquele dia, a simplicidade espanhola da fachada da igreja, com seus três sinos, a havia consolado, e os mausoléus góticos enfileirados como sentinelas, no cemitério, tinham-na feito pensar em proteção e refúgio. Agora, contudo, a idéia de os mortos presenciarem aquela fuga em meio à escuridão lhe deu calafrios.

Lisa pensou em seu marido, Hans, que ainda estava em Marselha. Ele havia lhe encaminhado aqueles desconhecidos para que ela os guiasse na travessia das montanhas rumo à liberdade. Por um momento, ela quase sentiu raiva dele. Por que eram sempre eles que tinham de arriscar a vida para salvar alguma outra pessoa? Vinham lutando contra o fascismo desde 1933, logo que Hitler chegara ao poder, e haviam fugido, atravessando fronteiras, primeiro para a Tchecoslováquia, depois para a Suíça e agora para a França. Lisa sabia que Hans era por natureza incapaz de abandonar suas convicções. Eles eram jovens, dizia ele, e alguém tinha de ficar e lutar.

Ela virou à esquerda na ponte da estrada de ferro, e seus companheiros a seguiram silenciosamente. Agora vinha a escalada íngreme pelos degraus de pedra para os vinhedos. Lisa sentia o vento frio, o *tramontane*, batendo-lhe nas faces, trazendo o cheiro inebriante do mar e reanimando-lhe a coragem. Eles se misturaram entre os trabalhadores do vinhedo que se deslocavam casualmente em meio à escuridão, com as pás penduradas nos ombros, os *cabecs* para carregar terra balançando com o movimento de suas passadas. Os trabalhadores estavam deliberadamente ignorando-os. Não era a primeira vez que viam desconhecidos aflitos se esgueirando rumo às montanhas. Um ano antes, os refugiados vieram em massa para a França por causa da Guerra Civil Espanhola. Agora, a fuga era no sentido inverso, de volta para a Espanha, para escapar da Gestapo e da polícia francesa, para escapar de um país que estava aprisionado no torno

Lisa Fittko

totalitário do ódio irracional. Lisa sabia que os trabalhadores do vinhedo, que tanto acreditavam no ritmo paciente da vida de acordo com as estações, não os trairiam.

Ela podia sentir o cheiro das uvas maduras pendendo das videiras e sentir-lhes o peso. O ritual da colheita estava prestes a começar. Era chocante pensar em como a vida continuava, ignorando por completo seu medo. A luz começava a surgir, e ela olhou rapidamente para as colinas para ver se as patrulhas de fronteira, as *gardes mobiles*, já estavam de serviço. Se eles três fossem avistados, não teria nenhuma explicação plausível para a presença de duas mulheres e um garoto se deslocando pelas alamedas de videiras para seguir rumo à encosta da montanha. Eles seriam presos como *apatrides*, pessoas sem pátria, que não tinham os documentos que lhes davam o direito de estar caminhando por aquele solo antiqüíssimo. Significaria transporte imediato para um campo de prisioneiros de guerra.

Eles avançaram, ainda sem ser descobertos, até os contrafortes. Lisa olhou para o desenho tosco no papel que tinha na mão. Havia observado que tinham passado pelo estábulo vazio marcado no mapa. Evidentemente estavam seguindo na direção correta. Então alcançaram o enorme pedregulho que servia de marco.

Agora Lisa estava procurando pelo velho. Na véspera, ela quisera que aquelas pessoas vissem a escalada que teriam de enfrentar e assim os fizera subir até a pradaria. Caminhar durante o dia não levantava suspeita, de modo que ninguém os obrigara a parar. O velho havia insistido em levar sua maleta de couro preta. Contrariada, ela tentara dissuadi-lo. Tinha certeza de que a maleta pesada os entregaria, mas ele dissera que continha o manuscrito de seu novo livro, que para ele valia mais que a própria vida. Então, para sua surpresa, ao chegarem à pradaria, ele se recusara a voltar para a cidade. Estava na metade do caminho, dissera. Não podia descer e então começar de novo lá de baixo. Passaria a noite na montanha e os encontraria na manhã seguinte.

Ao longe, ela avistou o corpo dele estendido no solo, ali, onde o deixara. Lisa correu para junto dele. A primeira idéia que lhe ocorreu foi que tivesse morrido durante a noite, provavelmente de frio. Ele não tinha nada com que se cobrir. Touros selvagens e outros animais andavam à solta pelo terreno montanhoso. E contrabandistas também. Mas ele abriu os olhos e sorriu amavelmente para ela. Visivelmente com dores, ele se levantou devagar. Foi então que ela reparou nas manchas vermelho-escuras ao redor de seus olhos. Em resposta a seu sobressalto, ele tirou os óculos:

– É o orvalho – tranqüilizou-a. – Veja só, as bordas da armação dos óculos. Deixam sair tinta quando se molham.[1]

Ela encarou Walter Benjamin. Ele só tinha quarenta e oito anos, mas parecia debilitado e velho. Já sobrevivera a tanta coisa. Ela e Hans o tinham conhecido em Berlim e o encontraram de novo na França, para onde ele emigrara em 1933. Mas, em setembro de 1939, assim que a guerra foi declarada, o governo francês arrebanhou e prendeu todos os cidadãos de nacionalidade alemã, considerando-os inimigos estrangeiros. Benjamin e Hans Fittko viram-se presos juntos no campo de prisioneiros de guerra de Vernuche. Benjamin tinha um problema sério de coração, e Hans o ajudara a sobreviver durante os meses longos e angustiantes, até que fossem postos em liberdade. Depois que os alemães começaram a avançar em direção a Paris, em junho de 1940, Benjamin seguira para Marselha. Com a ajuda de americanos, conseguiu obter um visto de emergência no consulado dos Estados Unidos, mas naquela altura o problema era que não havia meio legal de tirá-lo da França. Certa ocasião, Benjamin e um amigo até tentaram se disfarçar de marinheiros franceses e, por meio de suborno, embarcar para o exterior, a bordo de um cargueiro. No entanto, com o erudito Benjamin carregando sua maleta preta, não tinham conseguido ir muito longe e, por sorte, não acabaram sendo presos. Foi nessa ocasião que ele por acaso encontrara Hans. Hans sabia que Benjamin estava encurralado. Ninguém podia deixar a França sem visto de saída. E as autoridades de Vichy não estavam nem um pouco inclinadas a dar um visto para alguém tão famoso quanto Benjamin, que provavelmente estava, de qualquer forma, na lista negra dos nazistas. Ninguém naquela lista podia sair da França, nem mesmo com suborno. Benjamin teria de ser retirado do país ilegalmente. Hans o enviara para Lisa.

Fora algo presunçoso, ainda que sagaz, da parte de Hans contar com ela. De fato, ela realmente descobrira uma rota secreta para atravessar a fronteira espanhola. Ele sabia que ela o faria. Tinha acontecido tão depressa. Ela fizera amizade com estivadores no porto que a haviam encaminhado a Azéma, um homem solidário e receptivo, prefeito da cidade de Banyuls. Mal

Lisa chegou ao seu gabinete, ele imediatamente compreendeu o propósito de sua visita. Depois de trancar a porta, ele desenhou o mapa de uma rota secreta pelos Pireneus e levou um bom tempo explicando-lhe todos os detalhes. Azéma lhe dissera que, se ela e Hans quisessem ajudar refugiados a escapar atravessando a fronteira, encontraria uma casa para eles em Banyuls. Enquanto providenciava isso, ela deveria se hospedar na estalagem local e se familiarizar com os hábitos dos moradores da cidade.

Lisa se assustara, quando Benjamin surgiu em sua porta. Como Hans podia imaginar que aquele velho seria capaz de enfrentar a exaustiva viagem pelas trilhas das montanhas? Mesmo assim, ela lhe contou sobre a rota de fuga de Azéma, advertindo-o de que era arriscada e ainda não havia sido testada.

– Não importa desde que o caminho seja seguro. [...] Não ir. Este seria o verdadeiro risco[2] – dissera ele.

Então, desculpando-se pela intrusão, perguntou se poderia trazer dois outros amigos. Frau Gurland e seu filho de 16 anos, José, também estavam em perigo. "O mundo está desmoronando", pensara ela, "mas a cortesia de Benjamin permanece inabalável."[3]

Lisa consultou o desenho do itinerário traçado pelo prefeito. Ele o fizera de memória, esperava que fosse preciso. Assim que Benjamin se aprontou, eles começaram a subida. Benjamin determinou o ritmo. Ele conseguia andar dez minutos e então tinha de descansar, mas sua marcha era constante e metódica. Ele disse que planejara a marcha durante a noite anterior.

– Tenho condições de ir até o fim se usar este método – disse. – Paro em intervalos regulares, tenho de parar *antes* de ficar exausto. Não se deve esgotar completamente a força de que se dispõe.[4]

Lisa e o garoto se revezavam carregando a maleta de Benjamin. Avançavam num ritmo angustiantemente lento, mas ela percebeu que passaram por uma choupana de trabalhadores que estava marcada no mapa. Estavam no caminho certo. Então, subitamente, surgiu diante deles mais outro marco assinalado, um platô alto com sete pinheiros. Agora seguiam lentamente por uma trilha rochosa escondida pela projeção do penhasco. Ela advertiu os outros de que não falassem. Poderiam ser ouvidos pelos guardas de fronteira que patrulhavam o terreno bem acima de suas cabeças. Em seguida, havia uma subida quase impossível, praticamente na vertical, em meio a um vinhedo. Aquele foi o único momento em que Benjamin vacilou. Juntando suas forças, lutou ao máximo para escalar, mas ficou claro que não conseguiria fazê-lo sozinho. Lisa e José seguraram-no um por cada braço e o arrastaram, bem como à maleta, até o topo da crista de rocha. Descansaram por algum tempo e então deram início à escalada final. Benjamin estivera caminhando durante sete horas, mas, de alguma forma, conseguiu manter a marcha e, finalmente, eles alcançaram o topo da montanha. Ali se detiveram. A vista era magnífica. Podiam ver tanto a costa francesa quanto a espanhola. O sol agora estava bem acima, transformando o mar num ofuscante borrão branco e turquesa. Abaixo deles, estava o posto de fronteira espanhol e a cidadezinha de Portbou.

Lisa sabia que chegara sua hora de retornar, mas continuou a acompanhá-los na descida da montanha. O cantil de água que trouxera havia muito estava vazio. Eles se aproximaram de um laguinho coberto de escória. Benjamin se inclinou para beber. Quando Lisa, em pânico, gritou que era água poluída, Benjamin respondeu que não tinha outra escolha.

– A senhora precisa compreender – disse ele. – A pior coisa que poderia acontecer seria eu morrer de febre tifóide... *depois* de ter cruzado a fronteira. A Gestapo não poderá mais me prender, e o manuscrito estará seguro. Deve me perdoar, por favor, *gnädige* Frau.[5]

Eram duas horas da tarde, quando eles alcançaram um paredão de penhasco. A cidadezinha costeira de Portbou estendia-se abaixo no vale modorrento. Lisa agora estava em perigo. Não tinha autorização para estar na Espanha. Ela disse a Benjamin e seus companheiros que deveriam prosseguir sozinhos. Tinham conseguido fazer a travessia. Agora só precisavam se registrar com os guardas de fronteira espanhóis. Estavam com todos os documentos de viagem necessários e os vistos de trânsito espanhóis e portugueses. Era fato mais do que sabido que os espanhóis se dispunham a ignorar a ausência de vistos de saída da França. Ela garantiu ao nervoso Benjamin que ele receberia um carimbo de entrada e logo estaria a caminho de Lisboa. Lisa observou a descida do trio. Visto de costas, Benjamin parecia encurvado e exausto agora carregando a maleta.

Lisa começou a subida de volta para a montanha, confiante de que acabara de guiar um dos maiores intelectuais do século XX rumo à liberdade. A subida até o cume levara dez horas, mas, jovem e em boa forma, conseguiu fazer a descida em duas.

Desastrosamente, quando Benjamin e os Gurland chegaram ao posto de fronteira espanhol para solicitar o carimbo de entrada, foram informados de que "alguns dias antes fora promulgado um decreto que proibia pessoas sem nacionalidade de viajar pela Espanha".[6] Embora tivesse vivido na França por sete anos, Benjamin não tinha cidadania francesa e, com os nazistas no poder, não possuía mais passaporte válido alemão. De fato, todos os três eram pessoas sem pátria. Uma hora de súplicas e a exibição de todos os vários documentos e cartas de recomendação que possuíam revelaram-se inúteis. Foram rudemente informados de que seriam escoltados de volta para a fronteira francesa na manhã seguinte. José e Benjamin, com toda certeza, acabariam num campo de concentração alemão.

Foi permitido aos três amigos que passassem a noite, sob vigilância de guardas, no Hotel de Francia, próximo do quartel de polícia de Portbou. Frau Gurland relatou o que aconteceu a seguir. Às sete da manhã, Benjamin a chamou pedindo que viesse a seu quarto. Disse-lhe que "tinha tomado grande quantidade de morfina às dez da noite anterior" e que ela "deveria tentar apresentar a questão como um caso de doença".[7] Então ele lhe entregou uma carta.

Quando Frau Gurland chamou um médico e pediu que Benjamin fosse levado para um hospital, o doutor diagnosticou "uma apoplexia cerebral" e "se recusou a assumir qualquer responsabilidade, uma vez que Benjamin já estava moribundo". Aterrorizada por si mesma e seu filho, ela passou um dia frenético para conseguir que o atestado de óbito fosse assinado. Então comprou uma sepultura para Benjamin. Depois que uma considerável quantia em dinheiro trocou de mãos, ela e seu filho, finalmente, receberam os carimbos de entrada e foi-lhes permitido seguir viagem pela Espanha.

Frau Gurland leu a carta. "Continha cinco linhas dizendo que ele, Benjamin, não podia mais continuar, que não via nenhuma saída."[8] Uma vez que Benjamin havia lhe aconselhado a ocultar seu suicídio das autoridades, ela destruiu a carta.

No registro de ocorrências da morte em Portbou, entre os objetos de uso pessoal deixados pelo morto, estava listada uma maleta de couro preta e, dentro desta, "*unos papeles mas de contenido desconocido* – papéis de conteúdo desconhecido". A maleta e os papéis nunca foram recuperados.[9]

A FOTOGRAFIA

Na fotografia, um homem e uma mulher estão empoleirados como pássaros nos galhos de uma árvore. A despeito da situação perigosa em que se encontram, parecem tranqüilos e à vontade. A árvore é um plátano, imenso, com galhos da grossura de troncos. O dia está quente. O homem enrolou as mangas da camisa acima dos cotovelos, e a mulher está de calça comprida e um suéter leve. Ele está deitado sobre um galho, enlaçando-o com o braço direito, e estende a mão esquerda para baixo para tocar no ombro dela. A mulher está sentada num galho mais abaixo, com uma perna estendida, a outra dobrada no joelho. Reclina-se para trás, apoiando-se com a mão direita como se estivesse posando num divã confortável, em vez de a nove metros de altura. É impossível dizer como eles chegaram lá. Se usaram uma escada, esta foi retirada. Provavelmente é o princípio da primavera. A árvore está pelada, sem uma única folha para obscurecer a bela casca sarapintada de seu tronco. O sol brilha jorrando para baixo, em raios inclinados, e o céu, nesta fotografia em preto-e-branco, está evidentemente de um azul-celeste perfeito. O homem e a mulher estão pendurando quadros nos galhos da árvore. Eles olham para nós do alto sorrindo, enquanto olhamos para cima com preocupação. A legenda diz: "Varian Fry e Consuelo de Saint-Exupéry nos galhos de uma árvore na Villa Air-Bel, nos arredores de Marselha, 1940 ou 41."

Conheço Varian Fry. Quando jovem, pouco depois de fazer trinta anos, ele viajou para Marselha como representante da organização americana Comitê de Resgate de Emergência. Em

Varian Fry e Consuelo de Saint-Exupéry

junho de 1940, depois que os alemães invadiram a França e que a queda do país parecia iminente, o comitê havia sido organizado às pressas, em Nova York, com o objetivo expresso de salvar artistas e intelectuais europeus. Emigrados europeus que já haviam escapado para os Estados Unidos sabiam que os nazistas mantinham uma lista secreta de inimigos políticos e intelectuais que tinham se posicionado contra eles durante os anos de 1930. Os nazistas agora estariam procurando por eles. Era imperativo tirá-los da França. Então, de maneira muitíssimo alarmante, no final de junho, o novo governo de Vichy, cegamente, assinou um armistício que incluía um artigo de acordo com o qual a França concordava em "entregar de imediato" todos os cidadãos de nacionalidade alemã cuja extradição fosse solicitada pelo Terceiro Reich. Se antes havia alguma dúvida, agora estava certo. A caçada já estava em andamento e os nazistas só tinham uma coisa em mente: assassinato.[1]

A imagem da bonita e jovem salvadorenha, Consuelo de Saint-Exupéry, nos traz à lembrança seu marido, o piloto Antoine de Saint-Exupéry, homem atraente e ousado, autor de *O pequeno príncipe*. Algum tempo depois, em 1944, seu avião desapareceu sobrevoando o Mediterrâneo durante um vôo de reconhecimento.

Mas o que é a Villa Air-Bel onde a foto foi tirada? Em minha mente, vejo a *villa*, uma grande mansão residencial do século XIX, de múltiplas janelas com postigos e com um enorme terraço protegido por plátanos. Naquela casa, certos indivíduos se reuniram para lutar contra o assalto furioso da guerra. O que me comove nesta fotografia de extraordinária beleza é o contraste entre a frivolidade da aventura – pendurar quadros em galhos de árvores – e o mundo fora de seu enquadramento. O mundo avançara lentamente rumo à conflagração total e, na época em que a fotografia foi tirada, se tornara implacável e letal.

A Villa Air-Bel foi a residência de um grupo de artistas e intelectuais à espera de fugir da França – alguns esperaram até dois anos – e, também, dos jovens americanos que decidiram arriscar a vida para resgatá-los. A fotografia dá ensejo a tantas perguntas.

Guerras se constroem devagar, cumulativamente, quase sempre, anos antes de quando os livros de história datam seu início. Quem eram os artistas na Villa Air-Bel e como foram apanhados na teia mortal? Como não viram que a guerra se avizinhava e não escaparam a tempo? Terão eles se recusado a acreditar que a guerra poderia ocorrer, ou será que acreditaram que, se viesse, só afetaria os outros? Outros abstratos, outros sem nome.

Muito antes de as bombas caírem e soldados e civis morrerem, muito antes que os campos de extermínio fizessem sua obra de horror, houve uma guerra de nervos, a guerra de propaganda lutando pela conquista de mentes das pessoas. A despeito das histórias que são contadas *a posteriori,* em que tudo é claro e previsível, nunca é fácil decifrar onde está o verdadeiro inimigo ou quem será a vítima. Na França, a ilusão da normalidade foi sustentada durante anos. E então, num só momento, o mundo se desmanchou como uma casca queimada. Milhões de pessoas foram apanhadas desprevenidas. Apesar dos sinais funestos, elas não acreditavam que uma guerra mundial pudesse acontecer. Não uma segunda vez.

Villa Air-Bel

E quem eram esses jovens salvadores na Villa Air-Bel? O que convence jovens a arriscar a vida para salvar outras? Será uma questão de temperamento ou esta transformação acontece gradualmente, por meio de uma série de decisões espontâneas, até que não haja nenhuma outra escolha, até que o risco já esteja assumido? Como em toda guerra, existem vítimas e existem salvadores. E existem assassinos e aqueles que ficam parados, passivamente, e apenas assistem.

– Por que você não saiu da França em 1939? – perguntei, certa ocasião, à artista Leonora Carrington, na época amante do pintor surrealista Max Ernst, que, embora vivesse na França havia 17 anos, não se tornara cidadão francês. Os franceses o prenderam em setembro de 1939, como inimigo estrangeiro.[2]

– Deveríamos ter deixado a França depois que Max foi preso a primeira vez – respondeu ela. – Mas não podíamos imaginar um mundo que não fosse Paris. Você tem de se lembrar do que era Paris naqueles tempos, antes da guerra. Paris era maravilhosa. Paris era a liberdade.

Na França, as pessoas logo descobriram quão rapidamente tudo podia mudar. Subitamente destinos deixaram de ser uma questão de controle pessoal. A vida e a morte de qualquer indivíduo se tornaram apenas algo a ser negociado em ministérios burocráticos: quem era estrangeiro, quem deveria ser aprisionado como inimigo estrangeiro, quem deveria ser deportado para a morte certa. Não o acaso, não a contingência, mas outra pessoa, um desconhecido, arbitrariamente decidia quem vivia e quem morria.

Preciso perguntar como é passar da liberdade para a ocupação: sentir-se ameaçado, gerido, reprimido? Subitamente pedaços de documentos burocráticos controlam a vida e a morte. As palavras *proibido, investigado, prisioneiro* passam a fazer parte do vocabulário, e tudo fica incerto – vida, casa, filhos, amantes. Tudo pode nos ser tomado ou deixado para trás.

Villa Air-Bel mantinha-se como uma pedra interrompendo o fluxo da correnteza num punhado de vidas. Era o destino inesperado delas. Múltiplas trajetórias trouxeram indivíduos que, de outro modo, nunca teriam se encontrado em uma *villa* no sul da França. Ao longo de muitos meses, eles esperaram em meio aos terrores e às privações da guerra. E então se dispersaram em diferentes direções, alguns inalterados, outros mudados para sempre. Este livro é a história deles.

O JANTAR FESTIVO

Final de outubro de 1940

É difícil, para mim, pôr em palavras o que sentia nessa época sem me entregar à hipérbole: ainda posso ver a mim mesma parada no terraço de Air-Bel ao sol do final da tarde, as grandes folhas douradas do plátano flutuando no ar ao cair ao meu redor. Eu sabia que aquele era um momento de raro privilégio. De alguma forma, por meio de uma estranha confluência de encontros afortunados e coincidências improváveis, eu havia sido transportada para um lugar onde dor, consternação, desilusão e raiva tinham se tornado os servos gentis da justiça. Aquele espaço então tinha sido expandido para comportar encantamento.

MIRIAM DAVENPORT[1]

Em algum momento no princípio do século XVIII, uma proeminente família burguesa chamada Castellane comprou uma propriedade de 345 hectares nos arredores da cidade de Marselha. A propriedade denominada La Castellane era principalmente de terras cultivadas, com árvores frutíferas e ervas silvestres perfumando as pradarias. O rio Huveaune a atravessava e, ao sul, a escarpa de pedra calcária de Saint-Cyr se erguia como um monólito cinzento coberto por uma mancha de fina vegetação rasteira. Ao longe, era possível avistar apenas de relance o azul-turquesa do mar.

Na metade do século XIX, a propriedade foi vendida para a família Thumin, que construiu uma imponente casa de campo em sua colina mais alta. Eles chamaram-na de Villa Air-Bel, por causa da brisa fresca que soprava vinda do mar. Uma segunda residência, uma casa modesta tradicional de dois andares, La Castellane recebeu este nome em memória da antiga nobre linhagem da propriedade. Cortada em duas pela nova linha de estrada de ferro em 1858, a propriedade veio a incluir duas fazendas arrendadas e três hortas. Em 1915, os Thumin sobreviventes, o dr. Thumin e suas duas irmãs, atravessaram dificuldades e passaram a alugar a Villa Air-Bel, em fins de semana e nos verões. Os subúrbios de Marselha, a esta altura, cercavam a propriedade, e podia-se chegar à *villa* no bonde local.

Não se sabe ao certo se o dr. Thumin e suas irmãs chegaram a ocupar a Villa Air-Bel. Eles pareciam preferir os aposentos menores de La Castellane. Sem conseguir encontrar locatários na economia em depressão dos anos 1930, acabaram por deixar a *villa* se deteriorar. Em 1940, Air-Bel já se encontrava vazia e abandonada havia alguns anos, os jardins tomados pelo mato, as cercas sem poda.

Para chegar à Villa Air-Bel, situada a centenas de metros ao leste de La Castellane, subia-se por uma longa e íngreme alameda entre plátanos entrelaçados com cedros gigantes, até atravessar uma entrada emoldurada por imponentes pilares de tijolos vermelhos arrematados com mármore branco. Numa grande área, erguia-se o prédio de três andares com anteparas de dois batentes de ferro cobrindo as grandes janelas no andar térreo. A *villa*, de 18 quartos, agora era uma imagem ligeiramente desbotada de sua versão original, mas ainda dava uma impressão de elegância discreta.

Uma área de cascalho se estendia ao longo de todo o comprimento da casa, sombreada por magníficos plátanos, e, do lado oeste, uma estufa aninhava-se entre as palmeiras. À esquerda e à direita, havia escadarias levando a um pequeno jardim de estilo francês, os canteiros de flores, cobertos de vegetação, emoldurados por cercas de buxeiras e aléias de roseiras. A peça decorativa central deste jardim era um laguinho no qual ficava uma belíssima fonte de pedra.

Final de outubro de 1940. Doze adultos e duas crianças estão sentados ao redor da mesa na sala semi-obscura. Pouca luz penetra nos cantos escuros do aposento, ocultando o estado andrajoso das paredes revestidas de imitação de couro e das cadeiras de espaldar de couro. Um quadro com uma paisagem do campo francês, com excesso de verniz, está pendurado acima do aparador decorado com trabalho de entalhe. A sala dá uma impressão de elegância do velho mundo. No centro da mesa, camuflados por galhos e folhas verdes, há dois grandes insetos de cabeça triangular. São louva-a-deus. O macho acabou de montar a fêmea, ela volta-se lentamente e começa a comê-lo.

As pessoas ao redor da mesa estão rindo. Ou pelo menos algumas delas estão. A diversão é um substituto para a comida. Embora todo mundo tenha contribuído com cupons de racionamento, a refeição que Madame Nouget, a cozinheira, conseguiu preparar com esforço e dificuldade ainda é escassa. Mas há vinho tinto barato de sobra e um pudim de polenta que se torna mais palatável com adoçante de *grapo*.

Nesta mesa, há dois mestres-de-cerimônias. Numa cabeceira, está sentado André Breton, o poeta que inventou o surrealismo. Foi ele quem trouxe os louva-a-deus do jardim. Ele é "um daqueles homens cujo brilho, quase insuportável, provoca (por mais que ele tente amenizar o choque) um súbito desequilíbrio, o sentimento de que o chão está se desintegrando sob nossos pés."[2] Assim uma jovem amiga se lembrava dele. Mas o magnetismo de Breton é igualmente sedutor para homens e mulheres. Há certa ironia em seu estilo: uma natureza de discreta confiança em si mesmo. Todos observam sua cabeça notável, quase grande demais para o corpo, com a vasta cabeleira, que desce em cascata da fronte alta, ainda castanho-avermelhada, apesar de agora ter 44 anos. (Ele mantém a cabeça altaneira, "como se estivesse sempre pronto para uma boa briga", descreveu seu amigo Man Ray.[3] Mas, na verdade, é a boca, o lábio inferior, proeminente e carnudo, que o torna tão sedutor. E os olhos verde-jade. É impossível imaginar um rosto mais voluntarioso e ao mesmo tempo atraente. Breton é um artista no exílio em seu próprio país, aprisionado, como os outros àquela mesa, e com esperança

André Breton

de partir. Os ataques contra seu trabalho na imprensa colaboracionista de direita têm aumentado. A França se tornou um lugar perigoso.

Ao lado dele, está sentada sua esposa, Jacqueline Lamba. De apenas trinta anos, com uma loura cabeleira leonina e em tudo tão impressionante quanto o marido, ela tem o apelido de "Dia da Bastilha" por causa de sua personalidade tempestuosa. É uma mulher inteligente, pintora e escritora, que ganhava a vida como dançarina debaixo d'água no teatro de variedades Coliséum, em Montmartre, quando Breton a conheceu. Ele sempre diz que, no primeiro encontro deles, no Café de la Place Blanche, sentiu sua presença antes de vê-la – "ela dava a ilusão de se mover, em plena luz do dia, sob a luz de uma lanterna". E era "escandalosamente" bonita.[4] Do outro lado, está sentada a filha deles, Aube, a quem ele ama com paixão e que, embora tenha apenas cinco anos, com freqüência serve de intermediária quando as coisas não estão correndo bem entre ele e a jovem esposa. Quando a menina tinha oito meses, ele escreveu à filha uma carta ultrajante. "Por muito tempo, pensei que dar vida a alguém era a mais grave insanidade. Por isso desprezava aqueles que me tinham dado vida."[5] Isto era mais do que simples afetação. Breton passou quase a vida inteira lutando contra o convencionalismo de sua infância impossivelmente correta de baixa classe média. Ele detesta a correção. Ambiciona reiventar a mente humana.

O outro mestre-de-cerimônias à mesa, em posição diametralmente oposta, é Victor Serge. Se, para Breton, encontrar-se em perigo por causa de seus escritos é uma experiência nova, para Serge é muitíssimo conhecida. Ele é quase um refugiado profissional – este é seu quarto exílio, sua sétima fuga, em vinte anos.[6] Agora está encurralado, esperando pela derradeira fuga na vila. Nascido em 1890, na Bélgica, e sozinho desde os 13 anos de idade, ele viu a Rússia, o país de seus ancestrais, pela primeira vez em 1919, quando chegou para participar da Revolução Russa. Todos os seus camaradas bolcheviques agora estão mortos, tendo sido exterminados nos expurgos stalinistas. Escrevendo em francês, Serge tornou-se um romancista e historiador de renome. É uma figura de amável aparência professoral, com óculos de armação de aço e cabelos grisalhos rebeldes que tenta controlar sob uma boina francesa. Ouvi-lo falar, dizem os outros, é como ler um romance russo. Aos cinqüenta anos, é um homem com uma visão tão clara e lúcida sobre que está acontecendo com a França quanto todos os outros à mesa.

Ao lado de Victor Serge, está sua companheira, Laurette Séjourné. É uma mulher de cabelos escuros e sossegada e sabe ser coquete quando quer. Vinte anos mais moça que Victor Serge,

Laurette é pequenina e muito bonita. É reservada e tem motivos para sê-lo. Diferentemente de todo mundo na sala, exceto o próprio Serge, conhece a dimensão do perigo em que ele e, portanto, ela se encontram. Laurette mais tarde diria que era jovem demais para se casar com ele – "a vida dele cheia demais de tragédia e trevas" para que ela compreendesse.[7]

Do outro lado dele, está seu filho de vinte anos, Vlady. Já um pintor talentoso, passa a maior parte do tempo isolado, desenhando no jardim. É um sobrevivente, em companhia do pai, de

A partir da esquerda: Charles Wolff, Victor Serge, Benjamin Péret e André Breton no terraço na Villa Air-Bel

um exílio na Sibéria, e é mestre em improvisar. Tornar-se-á querido dos companheiros refugiados na vila ao fazer tabletes de frutas secas e nozes colhidas no jardim que lhes abrandarão a fome num período de escassez quase absoluta de víveres. Serge está desesperado para deixar a França, mas se recusa a fazê-lo sem seu filho, que está numa idade que o torna vulnerável à prisão ou a trabalhos forçados. Assim ambos aguardam, ansiosamente, na esperança de obter vistos para a América.

Dentro de poucos meses, vários outros artistas fixarão residência na Villa Air-Bel. Depois de ser solto da prisão uma segunda vez, o pintor Max Ernst encontrará abrigo ali, e Peggy Guggenheim virá juntar-se a ele por um breve período. E também o poeta francês Benjamin Péret e sua amante, a pintora catalã Remedios Varo. A espera deles por resgate será mais angustiosa e mais prolongada que a de todos os habitantes da vila.

Para esses artistas, a vida antes da guerra tinha sido, em grande medida, confortável. Passavam os dias trabalhando em suas moradias em Paris e as noites em cafés da moda. Em suma, eles eram a elite dos artistas da França. Agora viviam com medo, fugindo para sobreviver.

Na mesma mesa, está uma mistura heterogênea de jovens, com idades variando entre 25 e 33 anos, gente que, para sua própria surpresa, se encontra entre aqueles dispostos a pôr em risco a própria vida para salvar a vida de outros.

Mary Jayne Gold, uma herdeira americana, é uma das mais fascinantes. Com 31 anos, solteira, Gold é voluntariosa e está habituada a fazer as coisas a sua maneira. No início da guerra, em setembro de 1939, o embaixador americano, William C. Bullitt, fizera um apelo a todos os americanos para que retornassem aos Estados Unidos, mas Gold ficou. Ela descreve a si mesma como uma WASP [White, Anglo-Saxon, Protestant], de classe alta, nascida em Chicago, que fez seus estudos em Nova York e os concluiu numa escola particular na Itália. Passou os últimos dez anos vivendo na Europa do dinheiro de seu fundo fiduciário, dividindo seu tempo entre Paris, Londres, a Riviera e estações de esqui em voga na Suíça. Bonita e loura, vestida em roupas de alta costura, dona de um carro Daimler e de um avião Vega Gull, ela poderia ser facilmente considerada apenas frívola, mas no íntimo possui um fantástico senso de humor, adora o perigo e é profundamente generosa. Gold foi atraída a ficar na guerra para ajudar alguns amigos – a sair de Paris e ainda está ajudando.

Sentada ao lado dela, está Miriam Davenport, de 25 anos, uma jovenzinha *mignon*, exuberante e cheia de energia nervosa. Na aparência física, é sem graça, quase como uma severa professorinha de escola do interior, vestindo-se convencionalmente e usando os cabelos compridos em tranças que enrola e prende ao redor da cabeça. Davenport foi criada em New Rochelle, Nova York. Em 1937, pouco antes de se formar na Smith College, tradicional escola de ensino superior para moças, seu pai e, depois, sua mãe morreram subitamente. O choque foi brutalmente doloroso. Além disso, ela se viu endividada e responsável pelo irmão de dez anos. Davenport decidiu fazer um mestrado em história da arte, que esperava lhe permitiria depois conseguir trabalho e restabelecer sua família. No verão de 1938, pediu a um tio que cuidasse do irmão mais moço em sua fazenda na Carolina do Norte e partiu para a França com uma bolsa da fundação Carnegie. Estava a meio caminho de obter sua *licence libre*, pronta para fazer as provas finais escritas, quando os alemães invadiram a França, em junho de 1940, e a Universidade de Paris foi fechada. Seguiu para o sul, só para se ver apanhada pelo êxodo de pessoas fugindo do avanço dos alemães. Enquanto aguarda em Marselha por um visto para a Iugoslávia, onde espera se juntar a seu namorado, ela decidiu fazer algo de útil trabalhando para refugiados.

Varian Fry está sentado defronte a ela. Ele acabou de fazer 33 anos. Embora confie completamente em Miriam Davenport e tenha passado a contar com ela, ainda pensa que Mary Jayne Gold é uma diletante. Mesmo assim, o dinheiro dela, dado generosamente, está discretamente financiando grande parte de sua operação. No momento, Fry é a pessoa mais importante na sala. Ele é o motivo pelo qual todos estão ali.

No dia 14 de agosto, Varian Fry chegara a Marselha, pretendendo passar três semanas. Fora enviado pelo Comitê de Resgate de Emergência, que era exatamente isso – um comitê americano formado, às pressas, por exilados europeus e liberais nova-iorquinos que subitamente compreenderam que os nazistas estavam promovendo uma caçada a artistas e intelectuais na França. Fry havia recebido uma lista de duzentas pessoas que deveria salvar. Certo de que as coisas poderiam ser resolvidas rapidamente, tirara uma licença de um mês do trabalho. Ele sabia muito pouco sobre serviço de assistência social ou atividade clandestina. De fato, era um acadêmico estudioso dos clássicos da Antiguidade, mas falava francês e alemão e era devotado à arte. A idéia de salvar artistas em perigo atraía seu senso de aventura e justiça.

No dia em que ele saiu da gare Saint-Charles, de Marselha, com seu terno da Brooks Brothers e chapéu de feltro, parecia estar no lugar errado – um rapaz de Harvard, ligeiramente presunçoso, publicamente imperturbável e profundamente despreparado para a tarefa que tinha pela frente. Contudo, agora, dois meses e meio depois de sua chegada, o olhar franco por trás dos óculos de armação de tartaruga inspira confiança. São exatamente sua simplicidade prática de caráter e a cordialidade americana que as pessoas acham tranqüilizadoras. E, no final de outubro, aqui está Fry na Villa Air-Bel, depois de ter montado a mais impressionante rota clandestina de fuga de Marselha para fora da França.

E então há Daniel Bénédite. Aos 29 anos, socialista militante, ele estivera trabalhando na *préfecture de police*, em Paris, antes da guerra. Organizações de refugiados sabiam que ele era o homem a procurar quando precisavam de ajuda. Era ele o homem que conseguia vencer as formalidades e a burocracia. De fato, fora por seu intermédio que os partidários de Serge conseguiram um visto de residência para ele, em 1936, depois que foi

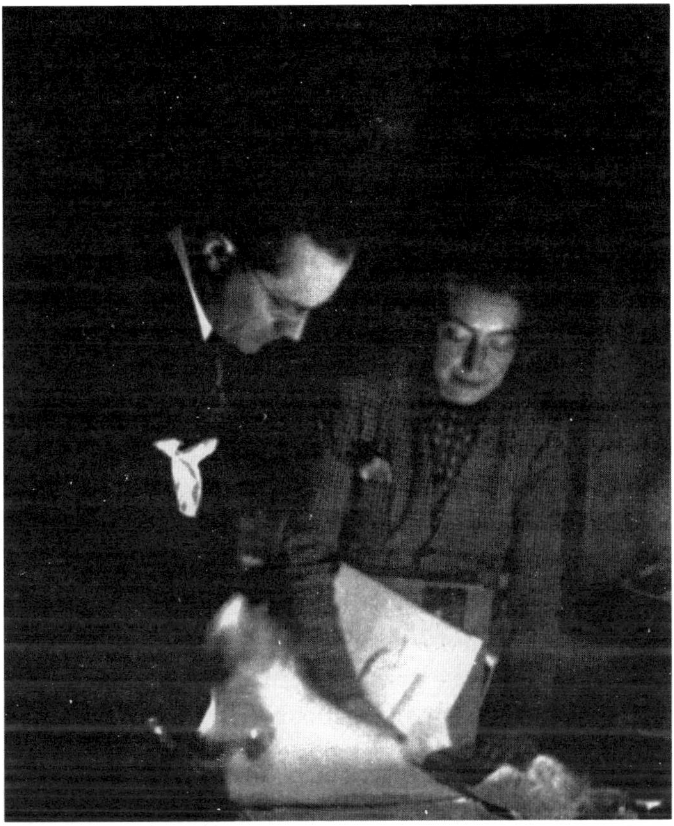

Varian Fry e Miriam Davenport

liberado do exílio na Sibéria e deixado sem pátria. Danny Bénédite está em Marselha porque não podia imaginar ficar em Paris e trabalhar para os alemães. Embora tenha acabado de ser contratado por Fry, já se tornou seu braço direito. É um rapaz metódico e sério, sempre pronto para descartar, mordazmente, aqueles que crê serem atraídos pelo romantismo de uma aventura de "capa e espada" do trabalho de resgate. Ele detesta "riscos não calculados".[8] Está sentado com sua esposa britânica, Theo, e o filho deles de dois anos, Pierre, que, afetuosamente, chamam de Peterkin.

Há mais dois outros trabalhadores do Comitê de Resgate de Emergência morando na vila. Jean Gemähling é um jovem francês, louro, de olhos azuis, de Estrasburgo, que fala um inglês perfeito, por ter sido mandado estudar num colégio interno inglês por seu pai professor. Ele é muito tímido e brevemente se apaixonará por Consuelo de Saint-Exupéry. Gemähling é amigo de Bénédite, um companheiro sobrevivente da batalha de Dunquerque. Está esperando para voltar para a Grã-Bretanha, onde tem a esperança de se juntar às forças do general Charles de Gaulle, lutando por uma França livre. E finalmente há Marcel Verzeano, a quem todo mundo chama de Maurice, um jovem romeno que acabou de sair da Faculdade de Medicina de Paris, contratado por Fry para ajudar seus clientes refugiados, alguns dos quais estavam doentes ou à beira de um colapso nervoso, mas temerosos demais para mostrar o rosto num consultório médico.

A despeito do bom humor, das brincadeiras instigadas por André Breton, com seus macabros louva-a-deus, e da espantosa conversa conduzida por Victor Serge que cobre décadas de história política e cultural, há medo nesta sala. Lá fora, rondam a polícia francesa e mesmo a Gestapo. Ninguém sabe, não se, mas quando a polícia baterá à porta. O que se planeja desde o início nesta sala – a salvação de refugiados inocentes de deportação e morte – não é mais legal. Cada uma das pessoas aqui sabe que a polícia mantém arquivos sobre todas elas. A situação é muito instável. A qualquer momento, a atividade de resgate pode se tornar um ato de traição, passível de pena de prisão e, possivelmente, de algo pior. Os jovens americanos crêem que o fato de ser cidadãos dos Estados Unidos os protege, mas os outros não têm tais ilusões. O não saber é o que é mais desgastante.

A reunião dá ensejo a múltiplas perguntas. Quem se torna um refugiado? Quem se torna um salvador? Como cada pessoa na sala chegou à decisão de em que lado ele ou ela estava? Foi isto uma escolha, ou, como tantos atos humanos, apenas o resultado imprevisto de uma seqüência de escolhas, envolvendo mais a sorte do que decisão?

E como é possível que um país pacífico, comprometido com os princípios da liberdade e democracia, subitamente se encontre não apenas invadido por um exército estrangeiro, mas governado por um regime autoritário com sua própria ideologia fascista? A maior ameaça para as pessoas nesta sala é, pelo menos no momento, não o inimigo alemão, e sim seus próprios compatriotas, partidários do governo colaboracionista de Vichy.

Foram necessários mais de sete anos de acontecimentos cumulativos para que estes 12 homens e mulheres chegassem a esta mesa. Para eles, poderia parecer não haver lógica para este impulso avante. Os acontecimentos apenas se desdobraram enquanto todo mundo olhava cegamente para o outro lado. Em retrospecto, contudo, o impulso parece inexoravelmente irrefreável – como limalha de ferro atraída por um ímã. Havia apenas um resultado possível: esta cultura da morte.

As 12 pessoas ao redor da mesa, momentaneamente, olham umas para as outras com espanto, paralisadas diante do terror da situação de que estão prisioneiras. Ninguém a poderia ter imaginado e, embora nunca venham a desejar voltar a este horror, compreendem sua importância. Elas estão sendo obrigadas a definir quem são e o que são capazes de fazer. Agora têm de decidir o que se recusarão a perder.

A HERDEIRA

Há uma fotografia da jovem Mary Jayne Gold com suas amigas a bordo do *S. S. President Harding*, em 1929. Ela está com 19 anos e prestes a concluir seu período escolar na Itália. Sentada na primeira fila, suas mãos grandes, bastante masculinas, repousam sobre um dos joelhos com meia fina de seda. Talvez seja a maneira como a luz incide sobre o rosto dela que a ponha em destaque, separando-a das outras que parecem datadas, perdidas no passado em uma encantadora fotografia de cor sépia. Mas ela parece imediatamente presente. Olha diretamente para a câmera, a expressão desafiadora, como se estivesse a ponto de falar com você. Ela é linda, sem o menor traço de afetação, no entanto há uma certa vulnerabilidade no olhar brejeiro.

Qualquer pessoa naquele navio poderia ter descartado Mary Jayne Gold como sendo apenas mais uma daquelas garotas americanas ricas e modernas que os europeus achavam tão fascinantes – tão extravagantes em suas idéias avançadas sobre sexo. Ela teria achado graça e dito que tinha idéias avançadas, mas uma consciência protestante. Mary Jayne era filha de um magnata da manufatura, Egbert Gold, que podia traçar a linhagem de seus ancestrais da Nova Inglaterra até um signatário do registro de fundação da colônia de Connecticut, no século XVII. Com a venda de equipamento de aquecimento a vapor para vagões de estrada de ferro, Gold transformara o negócio da família em um império internacional valendo milhões.

A família Gold vivia em Chicago e, geralmente, passava os verões em Marigold Lodge, a esplêndida mansão de 34 quartos da família no lago Macatawa, em Michigan, ou a bordo do seu iate, o *Marigold*. No entanto, quando Mary Jayne completou 19 anos, seus pais decidiram enviá-la para o exterior. Encontraram uma escola de aperfeiçoamento adequada em Gazzolo, na Itália, dirigida pela *contessa* Livia Lazzizi della Rovere-Casey. A *contessa* abrigava seu *collegio*, muitíssimo *exclusivo*, na vila da família, que conseguira salvar por um triz ao vender as terras circundantes e a maior parte da mobília de valiosas antiguidades. Enquanto Mary Jayne embarcava no *S.S. Harding* para a primeira visita à Europa, a América entrava em colapso, abatida pela Grande Depressão. Investimentos feitos com argúcia, contudo, mantiveram a fortuna da família Gold em segurança.

O currículo no Collegio Gazzolo não era particularmente pesado. Havia aulas de arte, etiqueta e boas maneiras e línguas. Havia viagens a Verona, Roma, Veneza, Florença, Umbria, Nápoles e à Sicília. Convites para almoços e jantares eram extensivos aos filhos de famílias apropriadas. Eles punham a Victrola para tocar e dançavam sob o olhar escrutinador da *contessa*. As garotas assistiam a óperas no camarote real com o rei e a rainha da Itália e se preocupavam com os últimos gritos da moda.

Mary Jayne adorava grande parte daquilo, mas sua inteligência, sem dúvida, não encontrava desafios. Ela era uma moça de personalidade complexa com um bom intelecto e imbuída de altos princípios. Também era um tanto impetuosa e adorava se divertir. Até o momento, nada levaria a esperar algo de especialmente excepcional dessa mocinha rica.

No dia 3 de novembro de 1928, Mary Jayne sofreu um duríssimo golpe. O pai morreu depois de quatro meses de enfermidade. Ele tinha apenas sessenta anos. Havia sido um pai difícil, distante e severo, de modo que lembranças de velejar com ele pelo Mississipi no iate da família ou fazer grandes fogueiras nos bosques de Michigan eram cuidadosamente e, talvez, desproporcionalmente prezadas. Mary Jayne ficou arrasada. Mas, de maneira inesperada, com a morte dele, as mulheres da casa tornaram-se subitamente livres. Com toda a certeza, a vida de sua mãe se alterou de forma irrevogável, e a própria Mary Jayne provavelmente não teria se tornado a mulher que se tornou se seu pai tivesse vivido mais. Ela nunca teria tido a liberdade (nem a substancial renda anual) para inventar a si mesma.

Depois de dois anos no *collegio*, Mary Jayne disse à mãe que queria fazer cursos na Sorbonne. Recomeçando a própria vida, depois de 24 anos de casamento, a sra. Gold mostrou-se mais que condescendente. Por intermédio de amigos, encontrou uma família parisiense respeitável para hospedar a filha.

Madame Bénédite morava com os três filhos na rue du Douanier, perto do Parc Montsouris, em Montparnasse. Depois do divórcio, tivera de lançar mão do recurso de hospedar dois ou três estudantes, geralmente americanos, para complementar a renda.

Mary Jayne chegou a Paris como uma jovem ingênua qualquer. Desde criança, lia a respeito daquela cidade. Tudo era exótico e, ao mesmo tempo, exatamente como devia ser: o cheiro das igrejas medievais de tijolos, dos livros embolorados nas bancas ao longo das margens do Sena; o ranço de queijos e barriletes de vinho nas feiras onde mascates apregoavam mercadorias. As calçadas tinham sido gastas por gerações de caminhantes, e os degraus de pedra eram entalhados e polidos. O céu de Paris era quase translúcido, como se a luz atravessasse janelas de vidro colorido. As justaposições também eram fascinantes: mulheres idosas se debruçavam sobre o braseiro de castanhas assando, e então as pernas de homens urinando nas *pissotières* estrategicamente espalhadas ao longo dos bulevares. Diferentemente da vida em Chicago ou até na Itália, ali não havia tabus. O comportamento mais escabroso mereceria apenas um olhar de relance. Mary Jayne se tornou uma francófila apaixonada, imersa no que gostava de chamar de “banho no redemoinho quente da cultura francesa”.[1] Ela se gabava de que isto lhe dava uma “certa agilidade intelectual e moral”.

Os Bénédite se tornaram a segunda família de Mary Jayne. Apesar da situação financeira difícil, a casa deles ficava na opulenta área burguesa do bairro dos artistas. A rue du Douanier-

Rousseau era pequena e acabava abruptamente nos fundos da igreja de St. François, que se elevava acima dela com austera autoridade. O pintor Georges Braque morava do outro lado da rua. Os famosos cafés Le Dôme e La Coupole ficavam próximos. Desde a primeira refeição na rue du Douanier, Danny Bénédite assumiu o papel de irmão caçula implicante de Mary Jayne. Ele estudava filosofia na Sorbonne e mantinha um romance à distância com Theo, sua noiva inglesa. Suas duas irmãs também se tornaram grandes amigas de Mary Jayne.

Mary Jayne caminhava 15 minutos até a Sorbonne para assistir a palestras sobre história da França, arte, literatura e direito, mas fazia isso por puro diletantismo. Tinha apenas 22 anos e, com a fortuna do fundo fiduciário que o pai lhe deixara, estava preparando seu ataque ao mundo da moda. Ela tinha como destinação a Place Vendôme.

Napoleão erguia-se em sua coluna de pedra no centro da praça, encerrado no bronze de 1.250 canhões capturados na batalha de Austerliz em 1805. As fachadas dos *petits palais* e residências que Louis XIV mandara construir agora fronteavam discretamente as lojas de alguns dos nomes mais famosos do mundo da moda. Havia o ateliê de costura de Coco Chanel na rue Cambon, imediatamente atrás do Ritz, e nas vizinhanças as Casas de Lanvin e Vionnet. A favorita de Mary Jayne era a Casa de Schiaparelli, na rue de la Paix. (Levariam alguns anos até que Schiaparelli subisse para um nível mais elevado e passasse a ocupar um endereço elegantíssimo – 21 Place Vendôme.)

Determinada a estar *à la page*, Mary Jayne havia escolhido a estilista com uma tendência para o escandaloso. Schiaparelli já era conhecida pelos trajes esporte (maiôs de banho com motivos marinhos), trajes de couro unissex para aviadores (aviões eram a última moda) e suéteres de tricô ao estilo dos camponeses com desenhos *art déco*. Suas cores eram preto e branco com um toque imaginativo de *morbidezza* italiana. Mas só se tornaria realmente famosa na metade da década de 1930, quando Dalí se tornou seu colaborador, desenhando para ela um vestido com técnica de *trompe l'oeil*, criando a ilusão de gavetas de cômoda com puxadores de osso, uma bolsa em forma do recém-difundido telefone e, o mais escandaloso, um vestido de baile com uma lagosta cor de laranja avançando da bainha até o corpete, especialmente criado para a notória sra. Wallis Simpson, amante do príncipe de Gales.[2]

Mary Jayne adorava o estilo picante e ousado de Schiaparelli, que conseguia ser ao mesmo tempo elegante e brincalhão e que tinha a virtude essencial de fazer com que se fosse *notada*. Ela escolheu um *robe sirène* de Schiaparelli, um vestido de tecido fino com caimento perfeito, que se moldava ao corpo, fazendo-a parecer ainda mais alta. As provas foram infernais, com jovens assistentes, a boca cheia de alfinetes, andando de joelhos ao seu redor, fazendo ajustes por toda parte, mas o resultado foi espetacular.

Mary Jayne decidiu testar seu glamuroso novo guarda-roupa no verão de 1931, no elegante Hôtel du Palais, em Biarritz. Tinha trazido consigo a filha mais jovem de Bénédite, Zabette, como uma espécie de escudo de proteção para afastar amantes importunos. O Hôtel du Palais, originalmente La Villa Eugénie, fora construído por Napoleão III como palácio de verão para a esposa. A última palavra em elegância sofisticada, o palácio havia hospedado realeza européia de toda sorte e não perdera nada de seu resplendor e ostentação ao se tornar um hotel na Belle Époque. Quando Mary Jayne chegou, ainda havia aristocratas da realeza sentados no Salão de Baile Imperial, agora convertido em salão de jantar. No dia 14 de abril daquele ano, a Espanha tinha sido proclamada uma república, e o rei Alfonso XIII partira para o exílio. Muitos dos duques e duquesas que o haviam seguido agora enchiam as mesas do Hôtel du Palais, esperando impacientemente seu retorno iminente para a Espanha.

Quando o *maître d'hotel* conduziu Mary Jayne e Zabette para a mesa, naquela primeira noite, elas imediatamente despertaram o interesse de Ramón Maura. Ele era o filho de 19 anos do duque de Maura que havia sido primeiro-ministro do rei Alfonso. Os pontos de referência de Mary Jayne eram romances e filmes românticos, e assim ver-se rodeada pela realeza era sedutor. Quando Zabette voltou para a escola em Paris e ela viu-se subitamente desacompanhada e desimpedida, permitiu que o flerte com Ramón continuasse.

A vida num hotel de luxo era, sem dúvida, agradável. Mary Jayne adorava a maneira como o *maître d'hotel* lhe dava especial atenção com sua simpática saudação: "*Mademoiselle*, o pequeno duque está esperando pela senhora."[3] Foi um verão de passeios a cavalo e jantares festivos, jogos de pólo e dança. Era possível que houvesse uma guerra civil se preparando logo depois da fronteira na Espanha (embora só fosse eclodir dali a cinco anos), mas a política era um assunto a respeito do qual Mary Jayne demonstrava apenas interesse superficial. Por certo que as conversas nos jantares incluíam ataques mordazes contra as hostes republicanas e comunistas, destruindo as grandiosas instituições da Espanha, mas Mary Jayne se recusava a tomar partido. Era uma "americana democrata".

Afinal, o namoro acabou quando Mary Jayne disse ao duque que não dormiria com ele. De volta a Paris no outono, a vida de turista profissional continuou. Embora continuasse a fazer cursos na Sorbonne, no resto do tempo podia ser encontrada visitando lugares de interesse em excursões por toda a Europa. Certamente, parte disso era o nomadismo que acompanha ser jovem, rica e cheia de entusiasmo. Mas, ao mesmo tempo, sentia-se um pouco perdida e não sabia explicar exatamente por quê. Queria tratar de começar sua vida, mas não sabia como. Com certeza, não tinha nenhum desejo de retornar aos Estados Unidos.

Então, inesperadamente, recebeu um telegrama da mãe informando-a de que estava vindo para a França. Inicialmente a sra. Gold se instalou no Hôtel Meurice, um elegante prédio do princípio do século XVIII, na rue de Rivoli, bem próximo do luxuoso bazar de compras da Place Vendôme. Logo ela encontrou um apartamento na rue Beethoven bem à margem do Sena, de onde, debruçando-se o suficiente na janela, era possível se ver a torre Eiffel. Mary Jayne foi morar com a mãe. Dick, o irmão mais velho, também estava de visita a Paris. À noite, a família embarcava numa limusine alugada e partia para saborear a glamurosa vida noturna nas *boîtes de nuit* de Paris como a Bricktop's e a Le Boeuf sur le Toît onde todo mundo ia dançar ao som dos novos ritmos do cenário do jazz negro.

Paris era oficialmente conservadora, a cidade onde Jean Chiappe, o *préfet de police*, ficou famoso por, numa ocasião, ter prendido Marlene Dietrich por usar calças compridas em público.[4] Mas, em meio aos grupos da boemia *underground* e no mundo inebriante do *haut chic*, a vida noturna era tão frenética e desenfreada quanto podia ser.

O cabaré Bricktop's em Montmartre tinha este nome por causa de sua proprietária, Bricktop, a mulata de cabelos vermelhos que àquela altura era a decana reinante do cenário do mundo dos espetáculos. F. Scott Fitzgerald era um dos assíduos freqüentadores da casa. Bricktop era conhecida por confiscar-lhe a carteira para mantê-la em segurança quando Fitzgerald ficava tão bêbado que começava a distribuir dinheiro para os músicos e clientes. Bricktop também era um ponto de encontro para o príncipe de Gales e a elegante sra. Simpson. Duke Ellington e Cole Porter com freqüência apareciam por lá. Cole Porter escreveu: "Miss Otis Regrets" para a Bricktop. O clube contratava Louis Armstrong e outros músicos célebres para manter a pista de dança animada. Josephine Baker, a "Vênus de ébano", ainda era muitíssimo apreciada em Paris no princípio da década de 1930. Ela geralmente podia ser encontrada no Bricktop's quando não estava dançando no Casino de Paris, onde milhares se aglomeraram para vê-la se despir até ficar apenas com a cinta-liga de bananas cantando "J'ai deux amours".[5] Mary Jayne se recordaria dessa época com nostalgia: "Todo mundo se vestia a rigor, usava jóias, e o chefe dos garçons reconhecia você."[6]

Sua mãe começou a ter um caso amoroso com um cantor de cabaré, um russo branco chamado Michel (Mischa) Thorgevsky, um dos muitos emigrados russos que tinham fugido da revolução de 1917 e estavam vivendo de expedientes. Um conde russo (de verdade ou falso) com freqüência podia ser encontrado dirigindo um táxi ou cantando numa *boîte*. Muitos deles estavam à procura de herdeiras americanas, de preferência mais velhas, para ajudar a recuperar a fortuna.

Talvez a sra. Gould estivesse resgatando a própria juventude perdida, pois vivia como se estivesse num romance de Fitzgerald. Ela, Mischa e seu filho Dick costumavam ir para os cabarés, bebiam demais, e então as brigas começavam. Para Mary Jayne, as festas intermináveis no apartamento na rue Beethoven eram perturbadoras. Violavam a memória do pai que tinha sido um homem tão sério e severo. Depois de passar um Natal esquiando em St. Moritz, a mãe de Mary Jayne voltou com Mischa para os Estados Unidos, onde eles logo se casaram.

Agora que estava mais uma vez sozinha, Mary Jayne alugou uma suíte no Hôtel Prince de Galles, um hotel novo, em estilo *art déco* na avenue Georges V, cujo restaurante, Le Jardin des Cygnes, com um dos lados aberto para o jardim, e o bar, Regency Bar, eram o máximo da elegância moderna. Os candelabros folheados a ouro e os pisos de mármore em seu elegante vestíbulo deixavam de fora o resto do mundo, lembrando aos seus hóspedes que eram a elite de Paris. Quase que imediatamente Mary Jayne teve seu primeiro amante. A escolha do momento foi interessante. Talvez por ter visto a mãe com o novo amante, tenha decidido provar a própria independência. Mas, provavelmente, foi algo mais complexo. Para os amigos, o jovem amante francês permaneceu sem nome. Mary Jayne se recordaria dele e comentaria que foi o primeiro de uma série de escolhas infelizes.

A vida suntuosa a encantava, mas o que uma jovem tinha como opção? Andava um pouco entediada. Sempre havia a possibilidade de esquiar na Suíça, então ela trocou a badalada St. Moritz pela menos elegante Davos. Ali conheceu uma jovem que viria a se tornar uma de suas amigas mais íntimas. Yola Letellier era esposa de um magnata dos investimentos, dono do *Le Journal*, considerado o mais parisiense, o mais literário e o mais *boulevardier* dos jornais de Paris. *Le Journal* era o patrocinador principal do exclusivo Automobile Club da França, situado na Place de la Concorde. A família Letellier administrava hotéis e cassinos na Normandia e contava entre seus amigos com o dono do famoso restaurante Maxim's. Henri Letellier era um homem rico, já mais velho, profundamente apaixonado pela jovem esposa. Na alta sociedade francesa, era norma que um homem mantivesse ao mesmo tempo uma esposa e uma amante – o que assegurava a estabilidade conjugal – mas essa prática valia para os dois lados. Um método de encorajar e manter a lealdade de uma esposa muito mais jovem era permitir que ela tivesse amantes. Yola equilibrava com maestria três relacionamentos: com o marido; com Étienne de Horthy, amante oficial, filho do almirante Horthy, ditador da Hungria, e um caso amoroso secreto com lorde Louis Mountbatten. Havia uma história famosa segundo a qual Louis Mountbatten mandara instalar uma cama de casal dobrável na traseira de seu Rolls-Royce Phantom II, 1931, para entreter a belíssima amante. Yola conseguia manter todos os três relacionamentos com o afeto e entusiasmo de que só uma francesa era capaz. Mary Jayne invejava-lhe a honestidade e pensava em si mesma como uma mistura desastrosa de repressões e neuroses protestantes. O que, na verdade, era desvalorizar-se demais. Ela não precisava lançar mão do reflexo da glória de um marido ou de um amante famoso para dar a si mesma segurança emocional ou status. Estava conseguindo orientar-se e encontrar o caminho em meio à escuridão das águas sozinha.

Ao escolher suas amigas, Mary Jayne preferia as ousadas e de comportamento escandaloso. Intimamente, contudo, considerava-se solitária. Recordando o passado, confessaria:

– Eu não era muito sociável. Na verdade, passava um bocado de tempo sozinha, lendo ou apenas deprimida.[7]

Ela gostava da vida nas altas rodas, sabia ser amável e educada, mas mantinha-se um tanto isolada, na periferia do turbilhão social. Preferia amizades íntimas a ligações glamurosas, aventura a etiqueta. Alguns diziam que ela era reservada. Diziam que ela era em certa medida um enigma.

O JOVEM FUNCIONÁRIO NA *PRÉFECTURE DE POLICE*

Paris, 1933

Danny Bénédite poderia ser chamado de um arquetípico francês. Era alto, magro, carregado de uma intensidade nervosa. Usava óculos com armação de chifre, tinha um bigode ralo e bem aparado, o que o deixava com uma aparência bastante austera, mas, na verdade, possuía um senso de humor provocador. Era um homem com quem se poderia contar, mas nunca prever. Intelectual por temperamento, com uma paixão surpreendentemente sensual por jardinagem, tinha uma maneira divertida de falar, misturando gíria e expressões conhecidas com um vocabulário erudito. Era como se o impulso instintivo para a formalidade fosse continuamente sabotado por um desejo mais forte de camaradagem. Dava a impressão de ser muito passional. Suas emoções não deviam ser tratadas levianamente.

Seu pai era de uma rica família de industriais de sobrenome Ungemach, cuja propriedade na Alsácia chamava-se Château de Honcourt. A Alsácia e a Lorena tinham sido entregues aos alemães depois da derrota de 1870, mas os Ungemach sempre se consideraram franceses. Era uma antiga piada da família que a séria e metódica Madame Ungemach cantara a "*Marseillaise*" enquanto dera à luz cada um de seus filhos.[1] Do lado Bénédite, a família vinha de uma estirpe de burocratas e críticos de arte. O bisavô materno de Danny tinha sido *conservateur do Louvre*. Ao se divorciar, sua mãe, Eva Bénédite, voltara a usar o nome de solteira, e os três filhos fizeram o mesmo. Seu avô foi *conservateur* do Luxembourg. Danny afirmava que preferia o sobrenome francês, associado a muitos excelentes livros sobre arte, ao

Danny Bénédite e Theo Bénédite

sobrenome alemão, que aparecia em latas de comida produzidas por uma fábrica em Schiltigheim. Talvez mais significativa para esta preferência fosse a negligência paterna. Eva Bénédite tivera de recorrer ao que ela chamava de "hóspedes pagantes" para complementar a parca pensão que recebia do ex-marido. A "hóspede" favorita da família era Mary Jayne Gold.[2]

Danny era intensamente político e costumava se definir como militante socialista de extrema esquerda. Havia se afiliado à Liga Republicana e Socialista de Estudantes na universidade e então entrara para a comissão executiva de Jovens Socialistas do

Sena, onde estava envolvido na produção de publicações de esquerda como *Masses e Spartacus*. Todas tiveram pequena circulação e breve tempo de vida.

Depois de concluir os estudos na Sorbonne, Danny se casou com Theo, sua namorada inglesa. Ela havia sido secretária do diretor da IBM, e os dois combinavam bem. Por influência de um tio que era secretário de Saúde, ele logo conseguiu emprego na Préfecture de Police.

Seu trabalho era supervisionar os arquivos médicos das amas-de-leite, bem como determinar as exceções para o fechamento obrigatório, uma vez por semana, das lojas de Paris. Não era exatamente um trabalho divertido e interessante para um jovem esquerdista. Para seu grande alívio, em 1934, depois de três anos, foi designado para o cargo de secretário particular de Roger Langeron. *Un grand commis de l'état* (ou alto funcionário público), Langeron era afável, culto e um liberal (embora mais tarde colaborasse com os alemães). Danny escrevia discursos para ele e organizava a correspondência de seu gabinete.[3]

Como tinha sido contratado por intermédio de um parente, Danny conseguira evitar a investigação de sua folha corrida pela polícia. Quando esta foi feita e suas idéias políticas radicais vieram à luz, o chefe decidiu mostrar-se tolerante. Era um assistente bom demais para que ele se conformasse em perdê-lo. Langeron disse-lhe que contaria com sua prudência e discrição – não queria encontrar seu jovem secretário fazendo discursos inflamados em público ou sendo preso em manifestações contra o governo.

Uma vez que não tinha nenhum envolvimento com o trabalho de polícia propriamente dito nem com o judiciário, Danny nunca achou que houvesse contradição entre seu trabalho e suas atividades políticas. Além disso, com acesso a personalidades importantes na administração pública, ele acreditava que podia ser útil a seus *camarades*. Com freqüência, pediam-lhe que acelerasse a tramitação de documentos de naturalização ou papéis para obtenção de uma autorização de residência para um refugiado político esquerdista. Um bilhete enviado no papel timbrado do gabinete do *préfet* tinha peso. Finalmente, quando Léon Blum, líder da coalizão de esquerda Frente Popular, foi eleito primeiro-ministro da França, em 1935, os socialistas passaram a pensar em Danny como o homem deles na *préfecture*. A discrição era a maior virtude de Danny. Seus superiores nunca tiveram ocasião de censurá-lo por deixar de cumprir seu dever, e ninguém jamais suspeitou de que estivesse fazendo jogo duplo. Era um bom exercício para a vida clandestina que ele um dia estaria liderando.

Em 1933, Paris havia mudado. A derrocada do mercado de ações de 1929 esvaziara a cidade de muitos de seus mais famosos expatriados americanos. Gertrude Stein ainda organizava saraus e continuava a receber no apartamento da rue de Fleurus, mas havia poucos novos americanos recém-chegados. Henry Miller podia ser encontrado em sua mesa favorita no terraço do Dôme. (Quando não tinha dinheiro para pagar um hotel barato, sabia-se que dormia no assoalho coberto de serragem do banheiro do Dôme.[4]) Mas mesmo que os círculos boêmios continuassem a freqüentar o Bricktop's e o Cassino de Paris, os prazeres vertiginosos da Era do Jazz estavam cedendo lugar para a crescente ansiedade da Depressão. A classe governante francesa imaginou que ficariam imunes, mas a crise também golpeou a França, e o efeito foi catastrófico. O desemprego aumentou para 20 por cento, e a produção industrial declinou em 80 por cento. Os governos pareciam estar num jogo de dança das cadeiras. O tempo médio de um governo no poder era de seis meses. Movimentos de direita floresciam no interior do país, e greves, não aprovadas pelos sindicatos, organizadas pelos comunistas, interrompiam a produção fabril nas cidades. Estava claro que um choque entre extremistas de direita e de esquerda estava se armando. Ao mesmo tempo, a ascensão do nazismo na Alemanha criava uma nova classe de refugiados rumando para a França.

Assim que Adolf Hitler assumiu o cargo de chanceler na Alemanha em 28 de fevereiro de 1933, os nazistas começaram os ataques a dissidentes alemães e judeus, provocando um "êxodo maciço de judeus, sindicalistas, comunistas, socialistas e esquerdistas de todo tipo". Em colaboração com Hitler, a União Soviética imediatamente fechou as fronteiras a todos os refugiados políticos alemães, mesmo a conhecidos comunistas.[5]

Sem nenhuma alternativa, os refugiados se voltaram para o oeste, com a França como destinação preferida. Paris podia estar habituada a refugiados, mas aquela gente enfrentava dificuldades particularmente desesperadoras. Muitos deles eram exilados políticos que tiveram passaportes e documentos confiscados e, conseqüentemente, estavam sem pátria. Agora fugiam para salvar a vida.[6]

Inicialmente os refugiados foram bem recebidos. Permitiu-se sua entrada no país sem muita dificuldade, e numerosos comitês de assistência foram criados para ajudá-los. Mas, quando chegaram a 25 mil, jornais da direita, como o *Action Française*, inevitavelmente começaram a se referir a eles como "invasores alemães que tiravam o pão de bocas francesas". O anti-semitismo estava em alta. Havia rumores de que refugiados judeus buscariam o perdão de Hitler, trabalhando como espiões. A gota d'água foi quando os refugiados começaram a monopolizar os cafés de Montparnasse, que deveriam ser "cosmopolitas, não alemães".[7]

Observando do quartel-general da polícia à medida que a maré de refugiados entrava numa torrente, Danny Bénédite ficou visivelmente preocupado. Durante os anos 1920, jovens militantes como Danny sempre pensavam na Alemanha como o país onde a próxima revolução começaria. A classe trabalhadora alemã estava destinada a se revoltar contra os termos injustos impostos a seu país pelo Tratado de Versalhes ao final da Primeira Guerra Mundial, especialmente contra os duríssimos pagamentos de reparação de guerra que estavam empobrecendo seus cidadãos. Como então era possível que a classe trabalhadora alemã, o proletariado mais bem-educado da Europa, estivesse tão mesmerizada por Hitler? Nas eleições de abril de 1932, o *National-sozialistische Deutsche Arbeiterpartei* de Hitler recebeu 47 por cento dos votos nacionais. "Traumatizada pela inquietação nas ruas, tentativas de assassinato e índices de desemprego sem precedentes", Berlim se tornara "a cidade mais perigosa da Europa".[8] Agora, Hitler expulsava os cidadãos mais talentosos da Alemanha. Usando seu poder na *préfecture*, Danny tomou como prioridade o caso dos refugiados vindos da Alemanha e fez da oposição ao anti-semitismo uma questão pessoal.

O caso de Albert Einstein era típico. Em fevereiro de 1933, quando Hitler foi eleito chanceler, Einstein estava fora de Berlim, numa viagem aos Estados Unidos. Por ser judeu, foi demitido, *in absentia*, do cargo na universidade. Seu apartamento em Berlim e seu chalé de verão foram invadidos e lacrados. Abalado e entristecido, Einstein renunciou à cidadania alemã. Aos 54 anos, o maior físico do mundo, subitamente, tornou-se um homem sem casa nem pátria.[9]

Imediatamente, choveram ofertas de asilos. Cátedras esperavam por ele na Bélgica, na Espanha, em Jerusalém, na França e nos Estados Unidos, e, em seu estado de atordoamento, ele parece ter aceitado um número considerável delas. Finalmente, decidiu-se por um posto nos Estados Unidos. Mas o Collège de France estava convencido de que ele também aceitara sua oferta. A imprensa anti-semita de direita ficou furiosa. Quem era aquele judeu para desprezar a França? Enfureceram-se com sua *goujaterie* (grosseria de um canalha inescrupuloso[10]). A brutalidade emocional desse desprezo era assustadora.

Em seu diário particular de viagem, Einstein meditou obre o profundo choque do exílio forçado:

> *Bem, então, uma ave migratória para o resto da vida. Gaivotas acompanham nosso navio, em vôo constante. Elas virão conosco até os Açores. São minhas novas colegas, embora Deus saiba que estão mais felizes que eu. Como o homem é dependente de questões externas. Comparado com o simples animal...!*
>
> *Estou aprendendo inglês, mas ele não quer ficar em meu velho cérebro.*[11]

UMA NOITE NO APARTAMENTO DE ALEXANDER WERTH

1934

Era o ano de 1934. Embora Mary Jayne tivesse morado com os Bénédite durante apenas um ano antes de ir morar sozinha, ela e Danny permaneceram amigos muito chegados, e ela continuou a pensar nos Bénédite como sua família francesa. Afetuosamente, eles a chamavam de Naynee. Para Danny, Mary Jayne parecia ter tudo. Ela era bonita, rica, inteligente e, ao mesmo tempo, gentil e generosa. Também era tão pródiga com sua riqueza, que ele, às vezes, achava que estava pedindo desculpas por ser tão rica. Ele adorava implicar com ela, mas também assumia a educação política de Mary Jayne como sua responsabilidade pessoal. Certa noite, telefonou-lhe para dizer que ele e Theo iriam à casa de Alexander Werth na noite seguinte e convidou-a para ir com eles.

– Vai ser bem diferente dos ambientes nojentos que você freqüenta![1] – Os insultos de Danny só faziam divertir Mary Jayne. Ela já ouvira falar de Werth e achou que seria interessante ir com eles.

Danny tinha muitos amigos na esquerda, e esses rapazes e moças costumavam se encontrar no apartamento uns dos outros para planejar estratégias políticas e preparar suas várias publicações amadoras. Uma medida da amplitude de seus contatos era que ele conhecesse Alexander Werth, o correspondente em Paris do *Manchester Guardian*, célebre, mesmo então, como um dos mais sagazes e atentos observadores da política francesa e européia.

De fato, Werth era um personagem interessante. Tinha apenas 33 anos nessa época e passara os primeiros 16 anos de vida na Rússia. Sua família vinha de uma linhagem de abastados industriais e havia imigrado para a Grã-Bretanha em 1917, logo depois do início da Revolução Russa. Depois de completar os estudos na Universidade de Glasgow, ganhava a vida como jornalista e tradutor de ficção russa. Por certo, sua intimidade com as coisas russas tornaram-no atraente para o grupo de jovens socialistas de Danny.

Perto da prisão da Santé, depois de Montparnasse, Werth morava num ateliê com uma esplêndida biblioteca em quatro línguas: inglês, francês, russo e alemão. Tinha um dom de jornalista para contar anedotas. E, naquela noite, em seu apartamento, regalou Danny, Theo, Mary Jayne e outros amigos com histórias divertidas. Como cidadão britânico, havia observado os políticos franceses com fascinação. Podia relatar ocasiões, em 1933, em que bebera em companhia de Pierre Etienne Fladin, líder de um partido de oposição na Câmara dos Deputados, no apartamento dele no boulevard Malesherbes.

– É claro que é um transtorno ser vizinho de um asilo de loucos – comentara Fladin sobre a situação prevalecente na Alemanha. – Mas não estamos excessivamente preocupados... Ainda temos certa superioridade militar sobre a Alemanha.

Ou ele podia descrever uma conversa que tivera com o político M. Franklin-Bouillin, no jardim do Clube Interaliado no Faubourg St. Honoré. Franklin-Bouillin lhe dissera que as atrocidades de Hitler contra os inimigos do nazismo eram perniciosas, mas que eram bem-intencionadas e visavam ao melhor para todos. Mostrariam aos ingleses quanto Hitler era perigoso e assim o levariam a sério.

– Nada afeta mais o público inglês do que atrocidades, pois os ingleses são sentimentais e humanitários. Sentem pena de gatos e cachorros, de judeus e socialistas, e alguns sentem pena até de comunistas. O fato de Werth ser inglês e poder se sentir repugnado por tamanhos disparates xenofóbicos parecia não ter ocorrido aos políticos.

Werth ficava revoltado com a incoerência absurda de tais comentários. Ele estivera em Berlim em fevereiro e março de 1933, para cobrir a investidura de Hitler no cargo de chanceler e havia presenciado os princípios da corrida armamentista da política de expansão militar da Alemanha. Ele sabia que as ambições de guerra alemãs eram muito verdadeiras.

Mas os franceses permaneciam complacentes. Embora a visão dos Camisas Pardas marchando, em passo de ganso, nas telas de jornais cinematográficos franceses com certeza fosse alarmante, Hitler, pessoalmente, era alvo de piadas. Dizia-se que ele parecia um "cabeleireiro francês de segunda categoria", ou que somente os boches eram capazes escolher um "*joli coco*" como Hitler para seu líder.[3] Os jornais franceses chamavam-no de "testa-de-ferro dos ricos industriais alemães que logo se livrariam dele".[4]

A noite no apartamento de Alexander Werth foi animada, mas também teve o efeito de induzir a sérias reflexões. O tema principal na mente de todos os presentes era se haveria mais uma guerra européia. Werth disse que os especialistas militares que ele havia entrevistado lhe tinham assegurado que a guerra ainda levaria uns dois anos. "As forças democráticas da Europa terão de se unir", afirmou. Ele adorava citar Voltaire: "*Personne ne peut avoir perdu sa liberté que pour n'avoir passu la défendre.*" ("Ninguém pode ter perdido sua liberdade senão por não ter sabido defendê-la.")

Enquanto ouvia a conversa, Mary Jayne subitamente sentiu medo. Tentou mas não conseguiu sequer imaginar uma cidade como Paris sob ataque, quanto mais contemplar centenas de milhares de mortos. "Será que haveria guerra? Era possível que fosse haver guerra?", perguntou ela. Ao se esforçar para pensar na guerra avançando sobre eles numa arremetida incontrolável, sentiu-se paralisada, como um animal capturado pelos faróis de um caminhão aproximando-se em alta velocidade. Os políticos franceses estavam hesitantes, sem saber o que fazer. A esquerda era tão corrupta quanto a direita. Que ambas sejam mandadas para o inferno!, pensou ela.

Os únicos alemães que ela conhecera eram os esquiadores em Davos, e todo mundo fazia troça deles. Desciam com dificuldade as encostas impedindo quedas com seus bastões de esquiar e, quando ela e seus amigos britânicos gritavam *"Stockreiten verboten"*, jovens alemães obedientemente enfiavam os bastões debaixo dos braços e desciam a encosta a toda velocidade. Grande raça superior de Hitler.[5]

Mary Jayne achou Werth atraente. Era um homem grande, bem-apessoado e absolutamente sedutor. Tinha um gesto característico bem divertido. Quando estava concentrado, pensando intensamente, apoiava-se num pé só, com o cotovelo dobrado acima da cabeça, baixando a mão de vez em quando para esfregar os olhos com os nós dos dedos. Parecia "um grande pássaro tentando esconder a cabeça debaixo da asa".[6] Sério e misterioso, intenso e brilhante, Mary Jayne não se surpreendeu ao descobrir que também era um pianista de talento. Havia algo de inebriante a respeito dele – talvez fosse a espontaneidade de sua amizade. Ele também tinha esposa e filha à sua espera em Londres.

Mary Jayne ouviu muito atentamente quando a conversa se voltou para os recentes tumultos em Paris. Naquele mês de março, ao voltar de sua temporada de esqui em Davos, os donos das lojas de luxo na rue de Rivoli e na Place Vandôme comentavam horrorizados casos de saque e assassinato. O que havia acontecido no princípio de fevereiro enquanto ela estivera fora? Um motim de tamanha magnitude em Paris! Parecia impossível.

OS PROTESTOS DE PARIS

6 de fevereiro de 1934

Alexander Werth tinha uma história de crucial importância para relatar. De acordo com os editores, seu livro *France in Ferment* seria um *succès de scandale* – um sucesso escandaloso – porque era um relato em primeira mão dos protestos que haviam irrompido em Paris em fevereiro daquele ano. Já apelidado de "Terça-feira Sangrenta", o dia 6 de fevereiro de 1934 quase levara a França a uma guerra civil. O ano ainda não havia terminado, e o livro de Werth estava sendo editado a toque de caixa.

A França, sem dúvida, estava em fermentação. Pairava no ar o temor de uma revolução social. Após uma sucessão de escândalos, o governo encontrava-se abalado. Alexandre Stavisky, um extravagante banqueiro que mantinha ligações com funcionários do governo, havia emitido falsas ordens de pagamento sobre seu banco, que não foram reembolsadas, perpetrando uma gigantesca fraude de centenas de milhões de francos. Embora se dissesse que ele havia sc suicidado quando estava sob investigação policial, circularam boatos de que a polícia o teria obrigado a tirar a própria vida. Com as repercussões cada vez maiores do escândalo, o governo se viu forçado a renunciar, e Édouard Daladier, líder do Partido Radical Socialista, foi convidado a formar um gabinete. (A denominação *Radical* talvez fosse certo exagero; o partido, na verdade, se posicionava ligeiramente à esquerda do centro.) Daladier prometeu uma investigação, mas então, como quase sempre acontece, somente funcionários provinciais de baixo escalão foram feitos de bodes expiatórios e presos. Jean Chiappe, o conhecido *prefect de police* de direita, o mesmo que havia prendido Marlene Dietrich, foi exonerado. A comédia se completou quando Daladier demitiu o veterano diretor do teatro da Comédie-Française por encenar uma peça que incitava o populacho a amotinar-se, *Coriolano*, de Shakespeare, substituindo-o pelo chefe da Sûreté, o serviço secreto francês. Os políticos tornaram-se tão impopulares que cartazes foram afixados em cafés e restaurantes dizendo: "Aqui não servimos deputados!"

No dia 6 de fevereiro, Daladier se apresentou pela primeira vez diante da Câmara dos Deputados. Grupos extremistas de direita como os monarquistas *Camelots du Roi, Croix de Feu* e *Action Française* e organizações fascistas como a Liga dos Patriotas e a Juventudes Patrióticas viram nisso sua grande oportunidade. Estava na hora de tirar a esquerda do poder. Houve uma convocação para uma manifestação pública contra a corrupção do governo. Milhares de manifestantes se reuniram na Place de la Concorde, com a intenção de marchar pela ponte da Concorde até a Câmara dos Deputados. A polícia montou guarda no acesso à ponte na margem direita e cercou a câmara na margem esquerda. Seis caminhonetes de polícia estacionaram na ponte para servir como barricadas.

Como repórter credenciado do *Manchester Guardian*, Alexander Werth passara a tarde na Câmara dos Deputados. Ao ouvir os manifestantes amotinados, foi para o lado de fora. Em *France in Ferment*, ele descreveu os acontecimentos que se seguiram:

> *Desci até a ponte por volta das 7:30, justo quando as patrulhas móveis estavam começando a recuar. Foi uma visão inesquecível.*
>
> *A Place de la Concorde estava negra de gente. Guardas da polícia montada, brandindo os sabres, galopavam a toda brida ao redor do obelisco iluminado por holofotes numa tentativa desesperada de dispersar a multidão. Foram golpeados por uma saraivada de pedras e pedaços de asfalto. As calçadas e a pavimentação do lado dos jardins das Tuilleries tinham sido despedaçadas com esse propósito. À esquerda do obelisco, um ônibus estava em chamas, enchendo o ar com o odor fétido de borra-*

cha queimada... Na ponte, atrás da barreira de seis caminhonetes de polícia, os policiais e membros da cavalaria feridos – muitos deles gravemente – estavam sendo embarcados em viaturas de polícia e levados às pressas para a enfermaria da Câmara ou para hospitais. Alguns manifestantes, na maioria rapazes bastante jovens, com sangue escorrendo aos borbotões pela cabeça, eram embarcados nas mesmas viaturas. Dois dos guardas estavam encarregados dos cavalos feridos, trazidos através da barreira. Alguns deles, encharcados de sangue, tiveram a barriga retalhada por golpes de lâminas de gilete presas a bengalas – outra das armas usadas pelos "pacíficos" manifestantes.[2]

– Foi inevitável – explicou Werth – que começasse um tiroteio. – Muito embora numerosas das testemunhas mais tarde confirmassem que os primeiros disparos partiram dos agitadores de rua e que o primeiro homem atingido tivesse sido um policial montado, a multidão berrava histericamente para a polícia: "Assassinos! Assassinos!"

O número de pessoas concentradas na Place de la Concorde, naquela noite, mais tarde foi estimado em entre 40 e 60 mil, com mais centenas de milhares atrás da Madeleine, descendo pela rue de Rivoli, subindo pela Étoile e do outro lado do rio na margem esquerda. Os paralelepípedos do calçamento dos jardins das Tuilleries foram partidos em pedaços, e o chão estava coberto de tijolos, cadeiras destroçadas e barras de grades de ferro, que a multidão usava como projéteis para atacar os *gardes mobiles*. A batalha nas ruas de Paris durou sete horas. Na Place de la Concorde, um guarda da polícia montada e 14 manifestantes foram mortos, e 1.325 pessoas foram feridas – 770 guardas, policiais e gendarmes, e 555 manifestantes e espectadores. Uma bala perdida matou uma mulher que se debruçava das janelas do elegante Hôtel Crillon para assistir ao espetáculo. Mais tarde, ela foi identificada como uma arrumadeira de 33 anos que trabalhava no hotel.[3]

No dia seguinte, a imprensa de direita anunciava que os guardas na ponte eram instrumentos do regime republicano de esquerda e assassinos de patriotas inofensivos que apenas tinham se reunido pacificamente para manifestar sua indignação.

– Isto – declarou Werth – era evidentemente uma mentira deslavada. Havia agentes provocadores profissionais armados e mal-intencionados naquela turba.

Contudo, ele se mostrou igualmente cético com relação às afirmações dos esquerdistas que diziam que "havia um plano definido no dia 6 de fevereiro para derrubar a República".[4]

Ele acrescentou que tais afirmações deveriam "ser consideradas com certo cuidado, pois não eram de todo dignas de crédito".

Ficara evidente para Werth que havia milhares de pessoas de todas as classes e de todas as convicções políticas nas ruas naquela noite durante o motim. Elas estavam fartas de todos os partidos políticos e todo o governo. Sentiam-se usadas por anos de pagamento de altos impostos, corrupção financeira e vigaristas protegidos pelo Estado. "*À bas les voleurs!*" ("Abaixo os ladrões!") era o coro que ouvira na ponte naquela noite.

Na noite seguinte, as ruas estavam mais calmas, porém a situação parecia ainda mais sinistra.

– As ruas estavam completamente às escuras – explicou Werth. – Não havia polícia em lugar nenhum; a atmosfera era de completa anarquia, o que era mais aterrador do que o motim violento e ruidoso da noite anterior.[5]

Vândalos, em ação para se aproveitar da desordem, cometeram a maior parte dos saques. Na rue de Chambon, Werth cruzou com um bando de "rapazes mal-encarados com os bolsos salientes [que] viraram apressadamente numa rua transversal e desapareceram". A polícia, com seus efetivos dizimados pelos enfrentamentos da noite anterior, se reuniu ao redor do distrito de Madeleine. A área estava repleta de gente. Os ataques contra a multidão foram violentos, e cinco pessoas foram mortas pela polícia. Na rue de Rivoli, os saques eram sistemáticos e altamente organizados. Da Concorde ao Palais Royal, todas as vitrines de lojas que não eram protegidas por venezianas de metal foram espatifadas. O elegante distrito turístico de St. Honoré era um cenário de devastação.

Na terceira noite, 8 de fevereiro, os comunistas convocaram uma manifestação maciça na Place de la République contra o que estavam chamando de o "golpe fascista" de 6 de fevereiro. Advertida com antecedência, a polícia cercou a praça com um cordão de isolamento. Os cafés foram fechados; o Hôtel Moderne, geralmente um esplendor de luzes, estava às escuras, e todos os letreiros luminosos na área haviam sido apagados. À medida que a multidão começou a se aglomerar nas ruas transversais, a polícia partiu para o ataque. Uma caminhonete de polícia avançou sobre um grupo de amotinados dando pontapés no rosto dos que estavam nas proximidades. A multidão respondeu erigindo barricadas. Os choques foram violentos e se prolongaram até depois de meia-noite. Seis manifestantes foram mortos, e o número oficial de feridos chegou a 64, 20 dos quais receberam ferimentos a bala. A polícia afirmou que 141 policiais tinham sido feridos, quatro baleados.

Alexander Werth duvidava dos números oficiais de vítimas da polícia. Era de opinião que a polícia dera vazão a sua raiva naquela noite contra um alvo fácil: os comunistas. A polícia havia se comportado com mais violência do que ele jamais vira antes.

– Os feridos continuaram a chegar em grande número durante a noite inteira ao Hôpital de St. Louis – observou ele. – Foi uma visão horripilante.[6]

Ficou evidente que os três dias tinham sido uma horrenda provação para a cidade de Paris. Como conseqüência imediata dos motins, parecia haver somente duas opções: um golpe de Estado pela direita ou uma ditadura militar com a imposição de lei marcial pelo governo de esquerda. Qualquer das duas probabilidades teria levado a uma completa polarização esquerda-direita e a uma guerra civil do tipo que brevemente eclodiria na Espanha.

Mas a longa tradição de democracia na França resistiu. Em face de tamanha agitação sem precedentes, o *premier* Édouard Daladier renunciou. O país inteiro deu um suspiro de alívio quando um antigo presidente da república, Gaston Doumergue, foi convocado a abandonar a aposentadoria e nomeado para substituí-lo. Foi uma escolha inspirada, aceita por ambos os lados.

Muitos na esquerda poderiam ter discordado quanto às origens dos motins de 6 de fevereiro de 1934, mas a maioria teria, sem dúvida, concordado quanto a seu impacto duradouro. Os motins renovaram as esperanças dos partidos fascistas na França. O antagonismo entre a esquerda e a direita havia se tornado tão extremo, que um terrível precedente estava sendo aberto: os partidários da direita iriam buscar aliança com o fascismo alemão como meio de se vingar de seus próprios compatriotas.

BEM ALTO NAS NUVENS

1935

Aconteceu de Mary Jayne Gold estar em Londres num belo dia de junho quando por acaso se encontrou com seu amigo Giangi Murari. Ele era filho do *conte* e da *contessa* Murari que ela conhecera em Verona quando estava no Collegio Gazzolo. Giangi estava a caminho do aeroporto de Heston para uma aula de vôo. Em meados da década de 1930, aprender a voar e pilotar aviões tornara-se um esporte recreativo na Inglaterra, e clubes de aviação experimental tinham sido abertos em toda a Grã-Bretanha. Haviam sobrado muitos aviões da Primeira Guerra Mundial que podiam ser comprados bem barato. Giangi sugeriu que Mary Jayne fosse com ele, algo que, é claro, atraiu seu espírito aventureiro. Ela adorou voar e imediatamente se matriculou num curso de piloto.

Mary Jayne logo descobriu que voar exigia um bocado de habilidade e destreza física. Era preciso introjeitar uma certa percepção do vento e das condições do tempo, além de conhecer a pressão do motor e os cabos. Os instrumentos de medição de pressão tinham de ser consultados constantemente, a velocidade do propulsor, controlada, e os níveis de oxigênio, mantidos. Embora os aviões propriamente ditos fossem surpreendentemente toscos, eram quase tão perigosos em terra quanto no ar. Eram *tail draggers*. Isto significava que o piloto não conseguia ver além do nariz do avião e tinha de se mover continuamente de um lado para o outro para verificar o terreno adiante. A decolagem era especialmente complicada porque o avião tinha de estar afastado de quaisquer árvores que pudessem gerar rajadas de vento, e havia uma tendência de o monoplano, de asas baixas, girar com o vento. Taxiar era quase como velejar. Seguro pelo cinto e usando óculos de proteção, o piloto movia-se vagarosa e cuidadosamente ao sabor do vento.

Depois que recebeu seu brevê de piloto, Mary Jayne comprou um Vega Gull, o novo modelo da De Havilland de monomotor de asas baixas de quatro assentos. A neozelandesa Jean Batten, a "Greta Garbo dos Céus", havia pilotado um Gull naquele ano para estabelecer um recorde mundial – foi a primeira mulher aviadora a voar do oeste da África até o Brasil cruzando o Atlântico Sul, superando o recorde de seu rival masculino em um dia inteiro.[1]

A beleza do Gull era sua cobertura de cabine de vidro, que permitia uma visão clara do céu acima. Era extasiante estar sozinha no céu e então olhar para baixo e ver a sombra projetada das próprias asas deslizando sobre a terra. Pouca coisa podia-se comparar àquela sensação de poder ter o manete nas mãos e possuir a força necessária para controlá-lo. E depois, navegar no limite entre a vida e a morte tornava tudo mais estimulante e interessante.

Não obstante, ainda que Mary Jayne tivesse coragem e ansiasse por aventuras, continuava uma pessoa sem raízes. Ela achava que não possuía quaisquer talentos ou qualificações especiais. Nunca tinha *feito* nada. A família não só não compartilhava seus interesses como não aprovava seu estilo de vida. Em Chicago, sua mãe vivia agora nostalgicamente em outro século com o marido russo branco conservador. Mary Jayne decidiu ficar em Paris. Ali faria sua vida.

Sua primeira providência foi se mudar da suíte no Hôtel Prince de Galles. Paris já estava terrivelmente apinhada de estrangeiros que fugiram para a metrópole a fim de escapar do fascismo que se expandia rapidamente na Alemanha, Itália e Espanha. As pessoas vinham para Paris porque a França sempre se oferecera como país de asilo.

Depois de uma procura exaustiva, Mary Jayne finalmente encontrou um apartamento na avenue Foch na ponta mais distante do Arc de Triomphe. Também encontrou uma cozinheira e uma arrumadeira. A elegante casa nova ficava no arrogante XVI *ème. Arrondissement*, perto do Bois de Boulogne, com belíssimas velhas árvores, pradarias e caminhos para passeios a cavalo. Ela comprou um *poodle* preto, que chamou Dagobert em homenagem a um personagem de um poema infantil francês, e adquiriu o hábito de fazer caminhadas no Bois.

Mobiliou o apartamento com peças no estilo Louis XV. A decoração era exuberantemente rebuscada e rococó, na verdade, um bocado suntuosa e bastante apropriada para o que Danny chamava de "*milieu* nojento" de Mary Jayne. Ela conhecia bem os estilos de época. Tinha poltronas do tipo cabriolé, com braços e pernas dourados e espaldares recurvados, e mesas com rebuscados ornatos em forma de arabescos e insculpidas com belos padrões de conchas e folhagens. Mobiliou o quarto de hóspedes no estilo Diretório, com revestimentos em tapeçaria e trabalho delicado de bordados e o inevitável tecido listrado.

Embora ela tenha apreciado sua primeira experiência de caçada às antiguidades, Mary Jayne logo perdeu o interesse. Isto era típico dela. Periodicamente tinha de deixar o casulo de riqueza e tomar uma dose de realidade. Ela descreveu sua vida como "girando entre vários mundos diferentes numa série de interlúdios todos entrelaçados".[2] Mesmo ao se conscientizar mais do que estava acontecendo na França, ainda se sentia atraída a viver com extravagância. Como toda pessoa rica, considerava a própria vida irresistível, sentindo-se protegida de qualquer ameaça. É claro que isto não duraria muito.

O CONGRESSO E O CASO DE VICTOR SERGE

Paris, 1935

Em seu próprio país como em qualquer outro, os homens que pensam e os homens que matam não são os mesmos. Em seu próprio país, como em todo lugar, quando os homens que matam são os senhores, eles começam por matar, amordaçar e reduzir ao silêncio os homens que pensam.

VICTOR SERGE[1]

Na noite de 14 de junho de 1935, André Breton caminhava com a esposa Jacqueline e vários amigos pelo *boulevard* Montparnasse em direção ao Closerie des Lilas. Ainda que, como sempre, tentasse disfarçar, ele estava bastante agitado. Sempre desprezara a familiaridade, a informalidade e a falta de controle. Pensava no Primeiro Congresso Internacional de Escritores em Defesa da Cultura que se realizaria em breve, organizado como uma resistência à ascensão do fascismo na Europa. Esperava-se a presença de escritores de 14 países. Já preparara seu discurso e pretendia causar sensação. Quando falava para uma grande platéia, sabia que sempre conseguia "fazer voar faíscas e atear fogo à fogueiras".[2]

Como de costume, usava um terno preto, com a camisa verde-escura e a gravata vermelha ligeiramente excêntrica de que gostava. O corpo de talhe alto era robusto, mas flexível, o passo controlado. Ele parecia deslizar. Os cabelos da basta juba eram ruivos, ligeiramente ondulados, e ele os usava compridos para a época. Os olhos azul-esverdeados eram atentos, até zombeteiros. Os amigos costumavam comentar: "Ele estava sempre presente, nunca distraído."[3] Breton ostentava uma certa aura de poder. Ele transpirava autoridade, acreditava que tinha uma missão a cumprir.

O grupo de amigos seguia para o ritual de tomar alguns aperitivos, uma rotina na vida de Breton. Qualquer que fosse o café favorito do momento, ele chegava por volta do meio-dia e novamente às sete da noite, com a eficiência de um executivo indo ao seu escritório. E gostava de encontrar o grupo já no local quando chegava. Assiduamente freqüentadas, estas reuniões informais diárias eram cerimônias de devoção ao surrealismo, movimento artístico que ele havia criado – Breton já tinha sido apelidado de seu papa. Nelas debatiam-se algumas questões, e novos surrealistas eram iniciados. Durante as sessões, Breton podia ser intimidante, mas também era generoso. Embora pessoalmente fosse indiferente ao luxo e à segurança e sempre tivesse sido pobre, estava atento à situação financeira dos amigos. Qualquer um que passasse por dificuldades econômicas descobriria que Breton discretamente fizera uma coleta de dinheiro para pagar sua conta.

Enquanto caminhavam em direção ao café, alguém apontou para Ilya Ehrenburg, que acabava de sair do Closerie des Lilas.

Breton ficou lívido. Sentiu o rosto se endurecer, e os olhos se obscurecerem de lágrimas. Ele tremia dominado por uma raiva violenta. Os amigos se surpreenderam, pois Breton raramente permitia que a raiva explodisse subitamente. O hábito de uma vida inteira de se manter a distância e de se conter tinha-lhe ensinado que o sarcasmo e o humor eram mais intimidantes. A fúria da ira tinha de ser administrada com parcimônia. Mas, ao ouvir o nome do homem, correu para abordá-lo.

Ehrenburg era o correspondente em Paris do jornal soviético *Izvestia*, para o qual escrevia artigos ortodoxos de linha dura, muito embora tivesse reputação de ser um *bon-vivant*. Na maioria das noites, podia ser encontrado no bar do La Coupole, banqueteando-se com os amigos na mesa favorita, perto da entrada. O Partido Comunista gozava de considerável predileção entre os intelectuais parisienses porque o viam como a única força séria combatendo a maré crescente do fascismo europeu, e, por ser um russo comunista, Ehrenburg era muito estimado. Também era um astuto manipulador político, "um dos poucos escritores soviéticos de reputação e um dos únicos escritores judeus a sobreviver aos anos de expurgo de Moscou". Diziam que "enquanto seus pares estavam em campos de detenção, ele recebia Prêmios de Stalin".[4]

No ano anterior, publicara *Vus par un écrivain d'U.R.S.S.* (Conforme vistos por um escritor da URSS), um livro amplamente lido, no qual censurava os autores franceses por se venderem aos interesses capitalistas, mas reservando a invectiva mais feroz para os surrealistas. Zombava deles descrevendo-os como "ocupados com o estudo da pederastia e de sonhos" enquanto "gastavam a herança ou o dote das esposas".[5] Eles preferiam "o onanismo, a pederastia, o fetichismo, o exibicionismo e até mesmo a sodomia", escreveu, e "a União Soviética os desagrada porque é um país onde as pessoas trabalham".[6] Eles tiveram o despudor de chamar a revista vagabunda que publicaram de *Surrealismo a Serviço da Revolução*.

Ser acusado de diletantismo político e de comportamento sexual desviante era demais para Breton. Ele abordou Ehrenburg.

> *– Quero acertar umas contas com o senhor, cavalheiro – disse ele.*
>
> *– E quem é o senhor, cavalheiro? – respondeu Ehrenburg.*
>
> *– Sou André Breton.*
>
> *– Quem?*
>
> *Breton repetiu várias vezes seu nome e, a cada vez, acrescentou um dos epítetos que Ehrenburg havia usado.[...] Cada uma dessas apresentações foi seguida por um tapa na cara. [...] Ehrenburg nem sequer se defendeu. Ficou ali parado, protegendo o rosto com as mãos.*
>
> *– Vai se arrepender disso! – declarou.*

Jacqueline Breton assistiu a tudo estarrecida de espanto.

– Era a primeira vez que eu via um ato de tamanha violência pessoal provocado pela indignação e revolta – ela recordaria mais tarde. – André precisou de várias horas para se acalmar.[7]

Ilya Ehrenburg de fato obteve sua vingança. Ele era membro do comitê organizador do Congresso Internacional de Escritores e exigiu que os surrealistas fossem destituídos do direito de falar. Caso contrário, a delegação soviética inteira se retiraria. Realizar o congresso sem os soviéticos era inconcebível. O comitê aprovou a censura aos surrealistas.

Breton ficou furioso. E então os acontecimentos tomaram um rumo trágico. O poeta René Crevel, seu amigo, tenta desesperadamente persuadir o comitê a suspender a proibição, mas Ehrenburg recusou, dizendo que Breton havia se comportado como um tira. Crevel tentou convencer Breton a fazer um gesto de conciliação. Breton recusou terminantemente a idéia.

Em 17 de junho, poucos dias antes do congresso, Crevel foi para casa, engoliu vários sedativos e abriu o gás. Deixou um bilhete preso na lapela: "Por favor, me cremem. Desgosto."[8] Evidentemente, um homem não comete suicídio por causa de uma escaramuça política mesquinha, mas Breton ficou horrorizado e sentiu-se no mínimo parcialmente responsável. Contudo, sabendo que seus inimigos o culpariam pela morte de Crevel, Breton mostrou para o público uma face de pedra.

O congresso foi um dos mais importantes eventos intelectuais da metade da década de 1930. Por toda a Europa, o fascismo estava na ofensiva. A Itália estava sob o pulso forte de Mussolini, e a Alemanha expandia seu plano de ação fascista por toda a Europa. A Espanha permanecia indecisa e, na França, ninguém se esquecera da "Terça-feira Sangrenta" do ano anterior. Era preciso escolher de que lado ficar. A solidariedade internacional era a única resposta em face do fascismo. Era necessária uma ampla coalizão de escritores e intelectuais de todos os países, unidos como defensores da justiça e da humanidade. Inesperadamente e de um modo que ninguém poderia ter previsto, o congresso acabou servindo como um microcosmo das trágicas batalhas ideológicas que, na ocasião, vinham devastando a Europa.

O comitê organizador do congresso incluía o poeta Louis Aragon, o romancista André Malraux, o dadaísta Tristan Tzara e Ilya Ehrenburg. André Gide, que recentemente havia proclamado seu apoio aos comunistas, foi o presidente honorário. Naquela ocasião, ele era o queridinho da *intelligentsia* ocidental. Muitas das estrelas da comunidade intelectual da margem esquerda compareceram, bem como escritores da comunidade internacional. E.M. Forster e Aldous Huxley vieram da Inglaterra. Robert Musil, Julien Benda, Bertolt Brecht, Anna Seghers, Lion Feuchtwanger, Alexei Tolstói, Henri Barbusse e Paul Nizan estavam presentes. Arthur Koestler falou em nome dos exilados antifascistas. Heinrich Mann representou a resistência alemã a Hitler. (Mann, irmão mais velho de Thomas Mann, era autor do romance satírico que dera origem ao filme de Marlene Dietrich, *O anjo azul*). Ernest Hemingway, Theodore Dreiser e James Joyce enviaram saudações.[9]

Mas igualmente importante era o número de escritores que haviam sido excluídos. Como presidente oficial do congresso, André Gide quisera incluir toda a amplitude da opinião francesa, na verdade, todos os escritores dispostos a se unir numa tomada de posição antifascista, inclusive o poeta apolítico Paul Valéry, o romancista católico François Mauriac e o conservador Henry de Montherlant. Mas Ehrenburg insistiu que oponentes declarados da unidade de ação com os comunistas, a princípio, deveriam ser excluídos ou ter conhecimento de que não eram bem-vindos. A presença deles apenas daria à direita uma oportunidade de dificultar e impedir os trabalhos do congresso.

Tornou-se claro que a União Soviética era a principal força organizadora trabalhando em segredo. Ao mesmo tempo que parecia ocupar uma posição inferior e secundária, a máquina do Partido Comunista trabalhava agressivamente para manter o controle. O próprio Stalin chamou Ilya Ehrenburg a Moscou para falar sobre os preparativos para o evento. Contudo, quando Ehrenburg chegou lá, o líder estava ocupado. Sergei Kirov, o conhecido e admirado secretário do Partido Comunista de Leningrado, acabara de ser assassinado. Mais tarde, historiadores concluiriam que Kirov havia sido morto por ordens do próprio Stalin, uma vez que sua morte marcou o princípio da campanha de Stalin para expurgar todos os rivais em potencial a seu poder.

Ehrenburg não conseguiu ser recebido por Stalin. Em vez disso, foi o Partido Central quem lhe deu as ordens e selecionou os escritores soviéticos que compareceriam à conferência.

No dia 21 de junho, aconteceu a solenidade de abertura no Palais de la Mutualité, um prédio *art déco* no Quartier Latin, que servia de quartel-general de uma associação de seguros. O auditório fora projetado para receber 2 mil convidados sentados, mas, todas as noites, a platéia presente ao congresso somava de 2.500 a 3 mil pessoas. Alto-falantes transmitiam os discursos no saguão e o público ouvia de pé na rua. Jornais nacionais e internacionais deram plena cobertura ao congresso. Até mesmo Hitler se manifestou: "Escritores bolcheviques representam o assassinato da cultura", desdenhou.[10]

Paris enfrentava uma das piores ondas de calor de que se tinha memória. O tempo estava excepcionalmente tórrido – os dias eram abafados e encobertos, as noites, interrompidas por trovoadas e clarões de relâmpagos. No salão lotado, mal se conseguia respirar. Os homens incomodados mexiam sem parar nos colarinhos e nas gravatas-borboletas. As mulheres tiravam as luvas e se abanavam. Sussurros de queixas sobre o calor atravessavam o salão. Palestrantes e espectadores suaram em bicas durante os cinco dias que o congresso durou.

Como presidente honorário, Gide deveria fazer o discurso de abertura do congresso. Ao longo de semanas, angustiara-se diante desta perspectiva. Escreveu em seu diário: "Fico tonto só de pensar no congresso no qual esperam que eu faça um discurso."[11]

Na noite de abertura, pareceu levar horas até os 250 delegados oficiais tomarem seus lugares. Já tarde da noite, Gide subiu ao palco: "Em minha opinião", disse ele, "devemos começar com a idéia de que esta cultura que buscamos defender seja a soma das culturas particulares de cada país, que esta cultura seja nossa propriedade coletiva, que ela pertença a todos nós, que seja internacional."[12] Depois falou com admiração da União Soviética como um país que respeitava a língua, os costumes e a cultura do povo, onde o individualista podia se realizar da melhor maneira. Ao longo dos dias que se seguiram, foram proferidas palestras sobre "O papel do escritor na sociedade", "O indivíduo", "Os escritores e a propaganda". A atmosfera era apaixonada, algumas vezes enaltecedora e, com freqüência, desconcertante. Conversas acaloradas se estendiam até a manhã no Deux Magots e outros cafés da Rive Gauche.

Mas ninguém fazia idéia de que a verdadeira história do congresso estava se espalhando por trás dos bastidores e que envolvia os participantes soviéticos.

O escritor russo Maxim Górki era esperado no congresso, mas cancelara sua participação na última hora. Como um dos principais organizadores, André Malraux ficara furioso. Como podia o congresso se realizar sem Górki, que sozinho rivalizava em importância com os demais participantes estrangeiros e de quem se esperava um pronunciamento contra o fascismo? Malraux não sabia que Górki encontrava-se virtualmente prisioneiro em Moscou. Em menos de um ano, estaria morto. Sua morte acabaria por servir de pretexto para mais um julgamento forjado de traição. Seu médico e o chefe da polícia secreta seriam executados por seu assassinato, muito embora provavelmente ele tivesse sido morto por ordem de Stalin.[13]

Os soviéticos escolheram Bóris Pasternak e Isaac Babel para substituir Górki. A função deles era servir de porta-vozes oficiais, e, durante a estada em Paris, estiveram sob vigilância constante da polícia secreta soviética. A encenação era de fato impressionante. Quando o escritor judeu Isaac Babel subiu ao palco do Palais de la Mutualité, parecia totalmente à vontade. Numa fala bem-humorada num francês fluente, "como um contador de histórias numa cidade oriental", ele relatou episódios da vida nos *shtetels*, as aldeias judaicas, e falou sobre o amor do povo soviético pela literatura.[14] Com a continuidade dos expurgos de Stalin, Isaac Babel mais tarde também desapareceria.

Um dos momentos mais importantes de todo o evento ocorreu quando Bóris Pasternak subiu ao palco. Ironicamente ninguém na platéia percebeu isso. Pasternak disse a seus ouvintes: "A poesia sempre será como a grama que nasce. Ela será sempre algo demasiadamente simples para ser debatida em reuniões. Ela perdurará como a função orgânica de uma criatura feliz."[15] Para uma ocasião tão importante, isto soava como um absurdo. Mas os controladores de Pasternak assistiam a tudo atentos. Ao não dizer nada, ele fez a única declaração que podia fazer e continuar vivo. Anos depois, ele recordaria e interpretaria seus próprios comentários: "Só a independência pessoal importa."

Mikhail Koltsov, editor do *Pravda*, também compareceu. Quando falou, ele recordou o primeiro encontro internacional de escritores em Paris, em 1878, que tivera entre seus participantes Victor Hugo e Turgenev. Afirmou que "atualmente escritores russos podiam falar com os companheiros ocidentais de maneira muito diferente: as sumárias condenações à prisão, o analfabetismo generalizado... os governantes despóticos não mais os ofuscavam".[16] Em 1938, Koltsov foi preso e fuzilado como espião.

André Breton era talvez um dos poucos escritores que ao menos faziam uma idéia daquele pano de fundo sinistro. Tendo sido oficialmente excluído da participação no congresso, todas as noites, sentava-se no fundo do salão e, de vez em quando, incomodava com perguntas. Chocado com a morte de Crevel, o congresso finalmente propusera um acordo no último minuto. Foi permitido ao poeta Paul Éluard que falasse em nome dos surrealistas. À meia-noite e vinte, no quarto dia de congresso, Éluard se aproximou do microfone para discursar para um salão quase vazio e ler um pronunciamento escrito por Breton. Este atacava os organizadores como sendo acadêmicos, burocráticos e conservadores, mas reservou sua invectiva mais feroz para o

"Realismo Socialista", nova doutrina soviética. Breton insistia em que a arte não podia seguir nenhum ditame senão o da liberdade de expressão e que "devia resistir a toda falsificação da direita ou da esquerda". Ele sempre pensara que o inimigo era a burguesia decadente. Agora que havia sido censurado e proibido de falar, compreendia que "os soviéticos podiam ser tão traiçoeiros e intolerantes quanto qualquer potência ocidental".[17] Depois desse episódio, ele romperia todos os laços com o comunismo francês e o internacional.

Subjacente a estes debates, havia algo extraordinário e muitíssimo importante. A arte se tornara uma peça essencial da ideologia política. Tanto Stalin quanto Hitler e seus asseclas ideológicos buscavam controlar o artista e ditar o que era aceitável. O destino potencialmente trágico do artista se tornou claro no último dia do congresso quando diversos membros da platéia trouxeram à tona o nome de Victor Serge.

Os organizadores sabiam que o assim chamado *affaire* Victor Serge seria abordado e que teria de ser tratado com discrição. Na metade da década de 1930, havia certa relutância em fazer críticas à União Soviética e aos comunistas porque tais críticas serviriam apenas para alimentar os propagandistas da direita. Mas alguns começavam a questionar esta lógica. Deveria a União Soviética poder se esquivar de qualquer escrutínio? Para eles, o dissidente socialista Victor Serge, de acordo com relatos, encarcerado numa cadeia soviética por sua franca oposição ao Estado comunista, era uma *cause célèbre*. Era necessária muita coragem para que esquerdistas fizessem oposição à ortodoxia aceita. Quando a jovem filósofa francesa Simone Weil anteriormente levara o caso de Victor Serge à convenção da Federação Unida de Professores, fizeram-na calar-se aos gritos de "Víbora!". Ela teria sido agredida fisicamente, se amigos não tivessem formado um círculo de proteção ao seu redor.[18]

Gaetano Salvemini era um professor catedrático e ex-membro do Parlamento italiano que tinha sido obrigado a partir para o exílio, na metade da década de 1920, quando Benito

Mussolini consolidou seu poder. No congresso, Salvemini levantou-se para falar em favor de intelectuais perseguidos e liberdade de pensamento e então perguntara o que havia acontecido com o escritor belga-russo Victor Serge. De acordo com os boatos, ele havia sido preso, encarcerado, e então mandado para exílio forçado nos montes Urais.

Logo em seguida, um grupo de jovens parisienses de esquerda, que tinham adotado a causa de Serge, exigiram o direito à palavra. Ainda um tanto ingênuo, André Gide ficou pasmo ao descobrir que esforços ferozes estavam sendo feitos por Ehrenburg e outros para abafar a discussão. Na qualidade de presidente honorário, insistiu para que o caso fosse examinado livre e abertamente e debatido. André Malraux, que presidia a sessão, finalmente permitiu que uma jovem escritora, Magdeleine Paz, subisse ao palco e tomasse a palavra. Invocando o interesse especial do congresso em questões de "dignidade de pensamento... liberdade de expressão, censura e exílio", ela exigiu que os escritores tratassem do problema do destino de Victor Serge.[19]

No ano anterior, Serge conseguira enviar uma mensagem clandestina para Paz e outros amigos na França. Nela, definia a Rússia como um Estado totalitário (mais tarde em suas *Memórias*, Serge observou que talvez tivesse sido a primeira pessoa a fazê-lo). Ele lhes dizia: "Por vezes, começo a me perguntar se, no final, não estamos mesmo condenados a ser assassinados de uma maneira ou de outra, pois existem inúmeras formas de dar cabo desta tarefa."[20] Serge pedia a seus amigos que publicassem a mensagem caso ele desaparecesse.

A versão oficial russa afirmava que Serge tinha participado da agitação contra-revolucionária trotskista que resultara no assassinato, no ano anterior, de Sergei Kirov, assassinato que o próprio Stalin muito provavelmente havia planejado e orquestrado. Serge fora mandado para o exílio, onde recebia um estipêndio do Estado. Pouco importava que, um ano antes do assassinato, Serge já tivesse sido preso e deportado para os montes Urais. Tampouco importava que Serge estivesse passando fome com o estipêndio oficial.

A verdade era que Serge tinha sido preso em 1933 e, depois de oitenta dias de confinamento solitário com prolongados interrogatórios na infame prisão de Lubianka, quartel-general da polícia secreta em Moscou, foi enviado sob guarda armada num comboio de detentos para a cidade de Orenburg, às margens do rio Ural, uma metrópole nas estepes na fronteira entre a Europa e a Ásia. Ele era culpado do crime de não-conformismo. Não tinha feito nada exceto se recusar a se retratar das críticas que dirigira a Stalin e ao sistema soviético.

Serge chegou a Orenburg no meio de uma terrível escassez geral de gêneros alimentícios. Uma campanha do governo contra a religião havia conduzido à destruição de todas as igrejas. Os escombros da catedral dinamitada de Orenburg enchiam a praça central. De acordo com os termos do exílio, Serge estava proibido de deixar a cidade. Liuba, sua esposa, tivera uma série de colapsos nervosos sob a pressão da perseguição, particularmente quando fora julgada, juntamente com o pai, como contra-revolucionária. Ambos foram inocentados. Afinal, ela recebeu permissão para ir se juntar a Serge, em companhia de Vlady, o filho deles de 13 anos.

Durante os dois anos de exílio em Orenburg, Serge continuou sendo vítima de perseguições. Ele e o filho agora estavam sozinhos. Depois de sofrer mais um colapso, sua esposa acabara sendo mandada para Leningrado para tratamento psiquiátrico. Na escola, Vlady era censurado pelo quadro mais graduado de funcionários comunistas por não romper relações com o pai. A polícia política (GPU) tinha cortado a correspondência de Serge com a França e, desse modo, ele não recebia os *royalties* de seus livros. Impedido de trabalhar, ele e o filho quase morreram de fome.

Se houve uma realização significativa do Primeiro Congresso de Escritores em Defesa da Cultura, foi conseguir a libertação de Serge. Depois de encerrado o congresso, André Gide foi à embaixada soviética, na rue de Grenelle, entregar uma carta pedindo uma explicação para o caso de Victor Serge. "É importante", escreveu ele, "que os mais ardentes defensores [da URSS] não se sintam moralmente desarmados e angustiados quando têm que defendê-la."[21] Numa época em que o plano de ação soviético era conquistar o apoio de intelectuais de esquerda na Europa, Serge era um constrangimento. Se ele não tivesse se tornado um autor tão renomado na França, sua situação teria tomado um rumo muito mais sangrento.

Pouco depois do congresso, o romancista francês Romain Rolland visitou Moscou e teve um encontro com Stalin, que, percebendo que havia muito a perder mantendo Serge preso, ofereceu sua garantia pessoal de que Serge seria autorizado a deixar a União Soviética em companhia da família.

Levaria quase um ano para que a saída de Serge se concretizasse, em parte porque não foi fácil encontrar um país disposto a recebê-lo. Embora fosse um escritor e intelectual respeitado, seu histórico o tornava suspeito para os governos da Europa, em sua maioria anticomunistas. O Ministério das Relações Exteriores da França recusou a permissão de entrada pela qual os amigos de Serge rogavam. Tentativas em Londres foram infrutíferas. A Dinamarca e a Holanda também se recusaram a lhe conceder um visto. Finalmente, o governo de sua terra natal, a Bélgica, ofereceu-lhe um visto de residência por três anos. O governo russo deu a Serge três dias para deixar Moscou.

Serge foi libertado com o filho num dia gelado de abril de 1936. Sentado defronte aos guardas, ele observou as planícies brancas das estepes passarem voando pelas janelas do trem e, como todos os exilados, perguntou-se se algum dia voltaria a ver seu país de novo. Em Moscou, maravilhou-se com o suntuoso novo metrô com pavimentação de granito e imensas plataformas, reparando que não havia nenhum banco para passageiros cansados. Ele tivera a esperança de recuperar seus manuscritos, mas um amigo alertou-o: "Vá embora hoje à noite sem falta. Não peça coisa nenhuma."[22] A polícia secreta já estava revendo seu caso.

A esposa de Serge teve permissão para se juntar a ele. Assim que chegaram à Bélgica, Serge iniciou uma campanha para expor publicamente o que estava acontecendo na União Soviética. Isto fez dele um alvo para a direita, pois ainda era considerado um revolucionário de esquerda, e também para os comunistas, que o consideravam um "trotskista-fascista".

Havia muito tempo, André Gide vinha sendo convidado a ir à Rússia, onde seus livros estavam sendo traduzidos. Depois da experiência no congresso, ficou temeroso com a possibilidade de ser manipulado e decidiu que o único assunto a respeito do qual conversaria com Stalin seria a "situação difícil dos homossexuais russos". Sua preocupação era ingênua. Serge publicou uma carta aberta para Gide no jornal de esquerda *Esprit*, na qual o advertia:

> *Estamos construindo uma frente ampla de combate contra o fascismo. Como podemos bloquear-lhe o caminho, com tantos campos de concentração às nossas costas? Permita-me lhe dizer isto: só podemos servir às classes trabalhadoras e à U.R.S.S. se tivermos a capacidade de ver com clareza absoluta. E permita-me lhe fazer um pedido em nome daqueles que têm todo tipo de coragem: tenha a coragem de ver com clareza absoluta.*[23]

Serge advertia Gide de que, vista de perto, a nova Rússia não era o que parecia ser vista do exterior. Ainda que a Europa estivesse encarando o triunfo do fascismo na Alemanha e na Itália (a Espanha logo as seguiria), mentir a respeito do totalitarismo soviético em nome da solidariedade não ofereceria nenhum caminho para a paz. Serge vira o regime repressivo em que a Rússia havia se tornado e o chamara pelo que realmente era: "um universo de campo de concentração". Ele tinha grande respeito por Gide. Extraordinariamente, tudo o que estava lhe pedindo era que mantivesse os olhos bem abertos. Que não se deixasse enganar.

Em junho de 1936, Gide finalmente foi. Como acabaria por se revelar, sua viagem de nove semanas à União Soviética foi um desastre de relações públicas para Stalin. Gide voltou imbuído de profundas críticas ao governo que ingenuamente havia admirado. Em *Retour de l'U.R.S.S.*, o livro que publicou ao voltar, ele criticou a burocracia privilegiada, que havia criado uma nova classe de elite, e o culto ao líder sob o controle impiedoso de Stalin. A imprensa comunista dizia que Gide era uma "vítima de agentes anti-soviéticos e uma espécie de Judas".[24]

Justo no mês seguinte, agosto de 1936, teve início o primeiro dos infames e espetaculosos julgamentos da Moscou de Stalin. Dezesseis altos funcionários comunistas, de grande renome, foram sumariamente julgados, condenados e executados, dando início a um pesadelo de mortes que perduraria por quase duas décadas. À medida que o número de execuções aumentava, Victor Serge, agora na Bélgica, continuava sua campanha de denúncia, mas não conseguia fazer com que se enxergasse a verdade. Sua antevisão era absolutamente inútil. Ele protestou que líderes ocidentais do partido engoliam tudo: "os assassinatos, o absurdo, o culto ao Líder, a Constituição democrática cujos autores foram prontamente fuzilados!" Com vigilância da polícia secreta, julgamentos de engodo e execuções, campos de trabalho escravo e mortes por privação de alimentos, Stalin realmente havia transformado a Rússia em um universo de campo de concentração. "Ninguém estava disposto a ver o mal nas proporções que ele havia atingido", enfurecia-se Serge. Aquilo estava se transformando em "um trágico lapso de toda a consciência moderna".[25]

A coragem de Serge era espantosa. Ele viu a maioria de seus camaradas ser assassinada na Rússia e no exterior e ainda assim continuou a se manifestar publicamente, denunciando "a determinação deliberada de eliminar a inteligência rebelde sem misericórdia". "O que é terrível quando se busca a verdade é que você a encontra", escreveu ele. "Você a encontra e então não está mais livre para seguir os preconceitos de seu círculo pessoal, ou aceitar os clichês da moda." O tempo revelaria que existiam poucos capazes de olhar para a verdade assim, sem recuar.

AMIGOS PARA SEMPRE

Novembro de 1936. Danny Bénédite estava sentado à sua mesa na *préfetucre de police*, quando Paul Schmierer, médico e uma das pessoas que lhe traziam indivíduos que precisavam de vistos, entrou em seu escritório. Com ele, estava um homem de seus quarenta e poucos anos. Ele tinha as feições emaciadas com um nariz de linhas muito retas como se cinzelado e o queixo reto. O rosto revelava pouco de suas experiências: a pele era muito lisa, a boca controlada. Sua atitude era quase palaciana. Mas, por trás dos óculos de armação de aço, os olhos eram argutos e incisivos. Tinha um olhar penetrante e atento, que avaliava você imediatamente. Havia pouca possibilidade de dissimulação diante de olhos que tinham visto tanto. Postado diante de Danny, estava Victor Serge, o homem cujo caso era tão infame. Serge acabara de chegar da Bélgica e viera procurar Danny na esperança de obter o *permis de séjour* (autorização de residência) de que estrangeiros necessitavam para morar em Paris.[1]

O homem de maneiras afáveis que cumprimentou Danny foi uma surpresa. Danny soube imediatamente quem ele era. A partir do final dos anos 20, Serge, que escrevia em francês, havia construído uma reputação como historiador, analista político e romancista. O que comovia Danny era que, a despeito da lucidez e clareza de sua percepção do stalinismo e do fascismo, a despeito de tudo, Serge ainda estivesse lutando pelos ideais da social democracia.

Danny conhecia o romance de Serge, *Les Hommes dans la Prison* que havia sido publicado em Paris em 1930. Tinha o tipo de abertura que não se podia esquecer:

Todos os homens que viveram a experiência de estar presos sabem que seu controle terrível tem um alcance muito maior do que suas paredes físicas. Existe um momento em que aqueles cujas vidas ela esmagará, subitamente, compreendem, com uma horrível clareza, que toda realidade, todo tempo presente, toda atividade – tudo de real em suas vidas – está gradualmente se apagando, enquanto diante deles se abre uma nova estrada pela qual terão de caminhar com o passo trêmulo do medo. Este momento gelado é o momento em que ocorre a prisão.[2]

Danny examinou, com franca surpresa, o homem que estava diante dele. Serge enfrentara a prisão, o exílio, a fome, a morte de amigos, e, mesmo assim, suas maneiras eram afáveis e falava com humor e equanimidade. A raiva tinha de estar lá, refletiu Danny, a fúria contra a perfídia humana. Talvez por isso Serge escrevesse tanto – para expurgar-se do ódio. Danny sentia-se profundamente emocionado por estar na presença daquele homem que se tornara um de seus heróis e que se revelaria um de seus melhores amigos.

Em sua longa conversa com Serge, Danny começou a compreender as raízes da sua coragem moral. Sob a superfície do idealismo, havia no temperamento de Serge algo de profundamente pessimista, até fatalista. Ele próprio explicou:

"Mesmo antes de sair da infância, pareço ter vivenciado, profundamente, no coração, aquele sentimento paradoxal que iria me dominar durante toda a primeira parte de minha vida: o de viver em um mundo sem nenhuma rota de fuga possível, no qual não existia nada, nenhuma alternativa, senão lutar por uma rota de fuga impossível."[3]

A história de sua família era um relato de fugas e desenraizamento. Como oficial de cavalaria da guarda imperial russa, seu pai estivera nos escalões superiores do movimento antitsarista e, quando Alexandre II fora assassinado em 1881, ele tivera de fugir da Rússia. Ao nascer, em 1890, Serge recebera o nome Victor Lvovich Kibalchich e havia sido criado ouvindo histórias de como o pai conseguira se salvar cruzando a nado a fronteira austríaca sob uma saraivada de balas da polícia. Durante a infância, a família vivia em estado de pobreza abjeta na Bélgica. Ele viu o irmão caçula morrer de inanição aos oito anos e meio de idade. Devido às desavenças entre os pais, passou a viver por conta própria a partir dos 13 anos de idade. Em 1919, viajou para a Rússia para lutar pela Revolução, mas, já em 1927, foi expulso do Partido Comunista por criticá-lo como sendo antidemocrático. Neste mesmo ano, Leon Trotski foi preso e, mais tarde, exilado. Serge sempre disse que tinha a sensação de ser membro de uma tribo condenada a qual era sua responsabilidade defender.

Com muito esforço, Danny conseguiu obter para Serge um *permis de séjour* e arranjou-lhe um lugar para morar nos arredores de Paris. O amargo protesto de Serge contra os julgamentos espetaculares de Moscou não tinham passado despercebidos. Em retaliação, o governo soviético orquestrou uma campanha de calúnia e difamação feita por agentes soviéticos na França. Não demorou muito e Serge se viu sob um boicote que era praticamente total. Os poucos aliados que lhe restavam também estavam sob boicote e impotentes para ajudá-lo.

Finalmente conseguiu um emprego de revisor na oficina gráfica Croissant. O bairro onde ficava a Croissant o lembrava de sua infância de classe operária na Bélgica – os *pubs*, os hoteizinhos atendendo à vida amorosa dos trabalhadores das fábricas, o pequeno restaurante onde o socialista independente Jean Jaurès havia sido assassinado em 1914. Os prédios dilapidados do século XIX da Croissant lhe agradavam, bem como o ruído incessante das máquinas de impressão e os cheiros misturados de tinta, papel e poeira. Ao final de cada tiragem, ele adorava a maneira como os "rostos se descontraíam e piadas típicas do ofício eram trocadas de um lado a outro da mesa de paginação". Quando o dia de trabalho se encerrava, os operários saíam para tomar um último trago enquanto esperavam pela edição final.[4]

Na França, Serge não interrompeu suas atividades políticas. Proferia infindáveis discursos – em sedes de agremiações socialistas, em reuniões de sindicatos de classe, na Liga dos Direitos do Homem. Conheceu André Breton e, com ele e alguns outros, fundou uma Comissão de Investigação sobre os Julgamentos de Moscou e em Defesa da Liberdade de Opinião na Revolução. Eles não tinham nenhum dinheiro e costumavam se reunir na sala dos fundos de cafés, primeiro na Place de la République, depois no Odéon. Foi Serge quem insistiu no nome longuíssimo. Tudo que havia vivenciado na União Soviética lhe ensinara que a civilização tinha de ser fundada na liberdade de pensamento e no direito de criticar.

Ele atacava furiosamente os julgamentos espetaculares:

> *A mais desavergonhada mentira concebível imperou... No* Pravda, *pude ler os relatos (todos eles mutilados) dos Julgamentos. Selecionei literalmente centenas de improbabilidades, absurdos, distorções grosseiras dos fatos, depoimentos absolutamente ensandecidos. (...) O Serviço de Inteligência Britânico mesclado com a Gestapo; acidentes de trens se tornaram crimes políticos...; multidões de acusados cujos julgamentos estavam pendentes desapareceram para todo o sempre nas sombras; a sucessão de execuções chegou à casa dos milhares.*[5]

A situação agora se tornara urgente. Naquele verão de 1936, eclodira a Guerra Civil Espanhola. Stalin tinha agentes secretos operando na Espanha. Serge estava temeroso de que esses agentes usassem as mesmas táticas de difamação e assassinato que tinham sido usadas na Rússia para expurgar dissidentes no seio das fileiras comunistas e socialistas. Ele temia que, em meio aos milhares de anarquistas e antistalinistas que agora combatiam contra Franco do lado republicano, muitos acabassem alvo de execução sumária. Dolorosamente, sua previsão se revelaria mortalmente correta.

A EXPOSIÇÃO DE PARIS

1937

O lugar para se estar no verão de 1937 era a Exposição Internacional de Paris dedicada à Arte e Tecnologia na Vida Moderna. A Europa podia estar se encaminhando lentamente em direção à guerra mundial, mas 31 milhões de pessoas visitaram a exposição. Paris estava em festa. Havia corridas de barcos a motor no Sena, corridas de cavalos, lutas de boxe, competições esportivas mundiais e festivais de dança. A peça *Sonho de uma noite de verão* foi encenada nos jardins Bagatelle no Bois de Boulogne. A exposição foi anunciada como uma apresentação na Cidade Luz de "um ritual de Paz e Progresso", uma grande lição de cooperação internacional.[1]

No ano anterior, a Frente Popular de Léon Blum havia sido eleita e assumido o poder, trazendo à França o primeiro governo socialista com uma plataforma de reforma social. Muitos parisienses acreditavam que um governo socialista não tinha nada que gastar milhões em algo tão frívolo quanto uma exposição, quando o país ainda estava em meio à Depressão e centenas de milhares estavam desempregados. Mas, tão logo se saía da estação do metrô Trocadéro e se passava pelos portões da exposição, era impossível não se impressionar. O velho Palais du Trocadéro da exposição de 1878 tinha sido completamente desmantelado. Em seu lugar, erguia-se o Palais de Chaillot, uma estrutura neoclássica imponente, ainda que bastante feia, com alas em colunata se curvando ao redor de um jardim. No centro do jardim, havia uma torre chamada Torre da Paz, flanqueada por esculturas em bronze, espelhos d'água ornamentais e fontes. Do outro lado do Sena, a torre Eiffel compunha o pano de fundo.

Na esplanada central da exposição, o pavilhão alemão erguia-se bem defronte do pavilhão soviético, como se ambos estivessem engajados numa "dramática confrontação arquitetônica".[2] O prédio alemão era o maior e se avultava agourentamente sobre a estrutura soviética como se desafiando-a com impudência. Em seu teto, uma águia de bronze, com as garras cerradas ao redor de uma imensa suástica, abria as asas ameaçadoramente.

Os boatos diziam que o arquiteto de Hitler, Albert Speer, entrara às escondidas no canteiro de obras soviético para dar uma olhada antecipada nas plantas do projeto russo. Temeroso da fúria do Führer, ele tinha de se certificar de que o pavilhão alemão seria mais alto do que o do rival.

Um guia instruía a platéia sobre o significado simbólico do pavilhão alemão: "O grande saguão de entrada cria o efeito de unidade... os departamentos individuais não competem uns com os outros, [e sim] estão todos abrigados sob o mesmo teto, organizados de acordo com a vontade de um homem, unidos no ideal da comunidade do povo alemão – como testemunha da verdade da nova Alemanha e de seu Führer."[3]

Talvez a inclinação alemã para a mitomania – o culto ao líder, o mito da superioridade da raça suprema – só fique clara em retrospecto. *L'Oeuvre*, o jornal de grande circulação de Paris, chamou o *Deutsches Haus pavilion* de "uma imponente manifestação das energias civilizadoras da Alemanha, de uma Alemanha que se despiu do aparato de guerreira e está falando ao mundo por meio das vozes de estudiosos, engenheiros e artistas".[4] Ironicamente, muitos desses artistas e estudiosos já eram refugiados se escondendo dos nazistas em Paris.

Que Hitler levava muitíssimo a sério o simbolismo do pavilhão tornou-se claro três anos depois, quando ele marchou sobre Paris. Na manhã do dia 23 de junho, durante as três horas que passou na cidade recém-derrotada, mandou que o fotografassem na esplanada do Palais de Chaillot.[5]

Mas o público visitante estava indiferente à confrontação simbólica entre os dois totalitarismos. As pessoas só riam dos gigantescos nus, masculino e feminino, corporificações da pureza racial, na frente do pavilhão alemão, e faziam poses sugestivas, apoiadas contra os genitais formidáveis[6], para serem fotografadas. Também se divertiam escrevendo bilhetes anticomunistas no livro de visitantes do pavilhão soviético.

O que realmente os interessava era o Palais de l'Air, o pavilhão mais visitado da exposição, pois o público nos anos 30 estava apaixonado pela aviação. O Palais era, sem dúvida, impressionante. A principal atração era uma vasta galeria que se assemelhava a um hangar de aeroplanos. Em intervalos sobre pedestais, exibiam-se motores de aviões como se fossem esculturas abstratas de Georges Braque. Pára-quedas pendiam do teto como gigantescos cogumelos.

A peça principal da exposição era um avião de combate Ponteix 63 suspenso no ar e rodeado por gigantescos aros de alumínio como os anéis de Saturno. Em meio a toda aquela excitação provocada pela exposição, provavelmente ocorreu a poucos que o que estavam realmente vendo era o futuro do combate de guerra. Não tardaria a chegar o novo dia em que bombas e tropas cairiam dos céus.

PICASSO E O ENSAIO GERAL

Abril de 1937

E uma manhã estava tudo em chamas.

PABLO NERUDA[1]

O ensaio geral para um novo tipo de guerra já estava em curso. A maioria dos visitantes do Palais de l'Air, maravilhada com a imponência do novo aeroplano, não tinha conhecimento do fato de que, poucas semanas antes de o pavilhão ser inaugurado, em maio, uma pequena cidade do norte da Espanha tinha sido a primeira a viver a experiência do horror que aquele avião podia infligir. Embora aviões tivessem sido usados na Primeira Guerra Mundial, o bombardeio maciço de alvos civis era algo inteiramente novo.

A Guerra Civil Espanhola havia irrompido no mês de julho anterior, quando um grupo coordenado de chefes militares apoiou o desembarque da guarnição das ilhas Canárias e do Marrocos espanhol na Espanha e deu início a uma insurreição militar para derrubar o governo republicano democraticamente eleito. No final de julho, os insurgentes controlavam um terço do país. Em novembro, Hitler e Mussolini haviam reconhecido os Nacionalistas (como eles se autodenominavam), comandados pelo general Francisco Franco, como o governo oficial da Espanha. A Frente Popular de Léon Blum havia concordado em enviar artilharia e aviação para dar apoio aos republicanos, mas, sob a pressão da Grã-Bretanha e de membros mais conservadores de seu próprio gabinete, Blum retirou o apoio. Temerosas de iniciar um conflito europeu mais amplo, as democracias ocidentais optaram por não intervir. Só a União Soviética (certamente por seus próprios motivos cínicos) e organizações internacionais de esquerda apoiaram abertamente os republicanos sitiados. Organizaram brigadas internacionais de voluntários para ajudar a lutar contra Franco.

O governo enfraquecido da Espanha estava determinado a usar o pavilhão na Exposição de Paris para reafirmar sua legitimidade política no palco mundial. Josep Lluis Sert, um jovem arquiteto catalão, foi encarregado de projetá-lo. Já tendo asseguradas a participação do artista Joan Miró e a do cineasta Luis Buñuel, Sert foi procurar Pablo Picasso em janeiro para pedir-lhe que pintasse a grande tela que ocuparia o mural principal.

O governo considerava Picasso o maior pintor vivo da Espanha. Em setembro de 1939, no princípio da guerra civil, nomearam-no diretor honorário do Museu do Prado. Eles precisavam de sua credibilidade internacional. A nomeação revelou-se trágica. À medida que a guerra civil se intensificava, a única função de Picasso foi orientar a evacuação às pressas das obras-primas do Prado, primeiro para Valência e depois para a segurança da Suíça neutra.

Em Paris, sabia-se que Picasso estava trabalhando num conjunto de caricaturas grotescas de gravura em água-forte, chamado *Sonho e mentira de Franco*, em que manifestava seu desprezo sem limites pelo ditador, retratando-o como a encarnação do mal.

Para acomodar a tela enorme que os organizadores do pavilhão lhe estavam encomendando, Picasso alugou um estúdio de dois andares na rue *des* Grands-Augustins. Esboços remanescentes sugerem que ele havia se decidido por um tema – o retrato do artista em seu estúdio –, uma imagem para celebrar a criatividade.

Então, na tarde de 26 de abril, um ato de pavorosa barbaridade abalou profundamente o artista. A pequena cidade basca de Guernica, no norte da Espanha, foi bombardeada e totalmente destruída. Inicialmente pensou-se que tinham sido os pilotos nacionalistas de Franco que levaram a cabo o bombardeio. No dia seguinte, o *New York Times* descrevia a destruição:

> *O fogo completava hoje a destruição de Guernica, antiqüíssima cidade dos bascos e centro de sua tradição cultural, que foi iniciada no final da tarde de ontem por um terrível e violento ataque aéreo dos pilotos militares insurreitos do general Francisco Franco.*
>
> *O bombardeio desta cidade, desprotegida e muito distante das linhas de combate, durou precisamente três horas e 15 minutos. Durante este período, uma poderosa frota de aviões composta de três modelos de guerra alemães – Junkers e Heinkel tipo bombardeiros e Heinkel tipo avião de combate – não cessaram de descarregar bombas pesando até 450 quilos e projéteis incendiários de alumínio de cerca de 900 gramas. Estima-se que mais de 3 mil desses projéteis tenham sido lançados.*
>
> *Enquanto isso, aviões de combate arremetiam do centro da cidade para dar vôos rasantes e metralhar os civis que tivessem se refugiado nos campos.*
>
> *Logo, praticamente toda a Guernica estava em chamas. [...] Às duas horas da manhã de hoje, quando este escritor visitou a cidade, toda ela era uma visão de horror, ardendo em chamas de ponta a ponta. O reflexo das labaredas podia ser visto nas nuvens de fumaça acima das montanhas a quilômetros de distância. Ao longo da noite, casas desmoronaram, até que as ruas se tornassem longos amontoados impenetráveis de ruínas incandescentes.*[2]

Na verdade, o raide aéreo havia sido planejado e executado por pilotos alemães da Legião Condor. Guernica fora apenas uma oportunidade para testar novos aviões e a eficiência de bombas incendiárias. Também era um ensaio geral da estratégia de *blitzkrieg* (guerra relâmpago) com que Hitler e seus generais esperavam vencer a Grande Guerra.

A primeira notícia dos bombardeios chegou a Paris em 27 de abril através de uma transmissão da rádio Bilbao. Com crescente indignação, o presidente basco, José Antonio Aguirre, inicial-

Guernica

mente responsabilizou os nacionalistas de Franco pelos bombardeios. Mas então se tornou claro que a Legião Condor alemã, agindo com a cooperação de Franco, havia executado o raide aéreo. A rádio Nacional, que apoiava Franco, afirmava que não houvera quaisquer aviões alemães no ar naquele dia e, de maneira ainda mais afrontosa, que nem sequer havia tropas alemãs na Espanha. A rádio Sevilha (também pró-Franco) noticiou que Guernica tinha sido intencionalmente "destruída por elementos extremistas, em meio aos 'Vermelhos', em retirada, que primeiro haviam dinamitado e depois incendiado a cidade".[3]

Ao ler sobre o ataque em *Ce Soir*, *Le Journal* e *Le Figaro*, Picasso inicialmente ficou horrorizado pelos bombardeios e depois estarrecido com as mentiras. Ao longo de dois meses, ele despejou toda sua fúria e consternação na tela, completando os 3,50 x 7,80m de *Guernica* em junho, a tempo de ser exibida no pavilhão espanhol.

Guernica é uma obra aterradora, uma mistura grotesca de rostos e membros do corpo destroçados de animais e seres humanos, com um sol ou um olho brutal em posição de destaque no alto, impassível diante de todo aquele horror. Diferindo por completo de todo o brilho resplandecente da Exposição de Paris de 1937, esta pintura foi um testemunho profético da desintegração que se avizinhava e que estava à beira de engolfar a Europa inteira. Quisera as pessoas tivessem podido entendê-la.

Mas algumas compreenderam. Na esteira da decisão da França de se manter neutra em 1936, milhares de civis britânicos, europeus e norte-americanos afluíram em bandos para a Espanha para se alistar nas Brigadas Internacionais no que acreditavam ser a primeira barricada contra o fascismo europeu. O pintor surrealista Max Ernst ofereceu seus serviços às autoridades republicanas.[4] George Orwell estava lutando ao lado dos republicanos em Barcelona, assim como Antoine de Saint-Exupéry e Simone Weil. Weil havia conseguido se juntar a um pequeno comando autônomo de voluntários franceses, italianos e alemães, combatendo no rio Ebro. Ela era a única mulher. Weil ficou apenas uma semana, até sofrer um acidente na base de operações do grupo o que a obrigou a abandonar a frente de combate.[5]

Muitos escritores estavam escrevendo sobre a guerra. Ernest Hemingway usava o Ritz Hotel em Paris como base, enquanto fazia incursões à Espanha para relatar o avanço da guerra para a agência de informação NANA (*North American Newspaper Alliance*). Ele também organizou um comitê de resgate para retirar voluntários americanos doentes e feridos da Espanha. Até Gertrude Stein teve de tirar os olhos de seu trabalho: "O tempo todo em que estou escrevendo a revolução espanhola se intromete e se impõe. [...] Conheço tudo aquilo tão bem... todos os lugares que eles estão mencionando e as coisas que estão destruindo."[6]

Mary Jayne Gold tinha a mesma sensação de trágico reconhecimento. Ela conhecia bem a Espanha. Morara lá durante alguns meses na metade da década de 1930 e até se apaixonara por um jovem catalão. Agora havia combates brutais nas ruas de Barcelona por onde havia caminhado com o amante. E gostaria de saber o que teria sido feito de Ramón Maura. Teria o duque de Maura retornado de seu exílio em Biarritz? Estaria Ramón agora lutando contra os insurgentes de Franco? Estaria ele ainda vivo?

Apesar de os combates estarem se desenrolando ao longe, a idéia de um país devorando a si mesmo era inquietante. Ainda assim, a maioria das pessoas dizia que, apesar de tudo, era uma "guerra civil", acontecendo em outro lugar. Ainda não era A GUERRA.

ARTE DEGENERADA

Munique, 1937

"Por que as mentes totalitaristas têm medo da arte?", perguntei.
"Porque a arte entra em você", respondeu Leonora Carrington. "Pode aterrorizá-lo ou lhe dar alegria."

LEONORA CARRINGTON[1]

Dezenove de julho. O dia estava quente, mas, mesmo assim, milhares de pessoas faziam fila esperando para entrar no Instituto de Arqueologia de Munique. Os objetos habitualmente expostos de paleontologia tinham sido retirados, e as minúsculas salas agora estavam cheias de obras de "arte degenerada". O mestre-de-cerimônias, Adolf Ziegler, fez o discurso de inauguração:

– Por toda parte ao nosso redor, os senhores vêem as criações monstruosas da insanidade, imprudência, imbecilidade e pura degeneração. O que esta exposição mostra inspira horror e repulsa a todos nós.[2] – As pessoas, evidentemente, estavam curiosíssimas. O que iriam ver?

Quando as portas finalmente se abriram para a exposição Entartete Kunst, os visitantes ávidos viram-se subindo por uma escadaria em perigo de desmoronar e entrando numa sala mal iluminada de teto baixo arqueado. No espaço estreito, com cerca de apenas quatro metros de largura, as pinturas se amontoavam pelas paredes, algumas não emolduradas, outras coladas em aniagem, a maioria pendurada torta. À medida que a multidão avançava aos empurrões para olhar mais de perto, o efeito era de uma apavorante claustrofobia.

Havia nove salas, cada uma ostentando um rótulo temático. No primeiro andar, estavam "Zombaria insolente do Divino sob

Hitler visita a Entartete Kunst, a exposição de "arte degenerada".

o governo centrista" e "Revelações da alma de raça judaica". No segundo andar, as salas menores tinham títulos como "Um insulto à dignidade da mulher alemã", "O ideal – cretino e prostituta" e "O anseio judeu pela natureza selvagem inóspita se revela – na Alemanha, o negro se torna o ideal racial de uma arte degenerada". Nas paredes abaixo de muitas pinturas, havia etiquetas escritas à mão indicando quanto os museus alemães tinham gasto para adquiri-las. Etiquetas adesivas vermelhas ostentavam as palavras: "*Bezahtl von den Steuergroschen des arbeitenden deutschen Volkes*" – pago com dinheiro dos impostos dos trabalhadores alemães.[3]

As paredes também estavam todas grafitadas: "Louco a qualquer preço." "A natureza conforme vista por mentes doentias." As mentes doentias incluíam Marc Chagall, Max Ernst, Wassily Kandinsky, Lyonel Feininger, George Grosz, Paul Klee, os dadaístas Oskar Kokoschka, Käthe Kollwitz, Otto Dix. No total, havia 650 obras de 112 artistas, entre os quais seis eram pintores judeus. Os epítetos condenatórios – judeus, bolcheviques, criminosos – eram usados alternativamente; eles eram sinônimos.

Mensagens didáticas de discursos de Hitler também estavam afixadas nas paredes: "Não é missão da arte chafurdar na imundície pela imundície, só pintar o ser humano em estado de putrefação, desenhar cretinos como símbolos da maternidade ou apresentar idiotas deformados como representativos da força masculina."[4]

O público respondeu com o ultraje esperado. "Os artistas estão zombando de nós", disseram. Estes autodenominados artistas não sabiam nem desenhar nem pintar. Certamente havia uma conspiração de diretores de museu, críticos e *marchands* da arte degenerada para enganá-los. Eles queriam seu dinheiro de volta.

Crianças em idade escolar foram levadas de ônibus para Munique para ver a exposição: "Vão e vejam como o mundo se tornou degenerado", disseram-lhes. E a lição era claríssima. A arte moderna era ameaçadora, perigosa, revoltante. Os artistas tinham a intenção de destruir o povo alemão, e aquela exposição deveria ser o funeral deles.

Alguns historiadores consideram o ataque de Hitler à arte moderna como sendo pessoal. Quando jovem artista aspirante, ele havia sido rejeitado pelo *establishment* artístico, e agora, como Führer, deleitava-se com a vingança. Outros, no entanto, vêem algo mais sinistro nisso.

Joseph Goebbels, ministro da Informação e da Propaganda, estava usando a arte moderna e experimental para instigar o ódio popular. Ele sabia que as pessoas podiam ser facilmente manipuladas de modo a sentir medo da arte, especialmente de uma arte que não compreendiam. Goebbels percebeu o valor de uma campanha de propaganda contra a arte *degenerada*. Podia localizar o inimigo, cultivar e aproveitar a ansiedade e o temor do público do desconhecido e passar a ser o defensor da moralidade pública. Chamar a exposição de degenerada foi um brilhante golpe de propaganda. *Entartet* (degenerada) é "essencialmente um termo biológico, definindo uma planta ou animal que perdeu ou teve alteradas as qualidades próprias de sua espécie".[5]

Degenerada era uma das palavras favoritas de Hitler. No final da Primeira Guerra Mundial, lamentando a derrota da Alemanha, ele escreveu em seu diário: "O ódio cresceu em mim. Ódio por aqueles responsáveis por este feito, os degenerados e miseráveis criminosos. Nos dias que se seguiram, meu destino se tornou claro para mim. Resolvi entrar para a política."[6]

Nesse meio tempo, os artistas incluídos na lista de alvo dos nazistas tinham motivo para se sentir temerosos. No dia anterior, 18 de julho, durante a inauguração da Casa da Arte Alemã, Hitler advertira: "Vamos travar uma guerra impiedosa de destruição contra os últimos elementos de desintegração cultural [...] todos esses [...] grupos exclusivos de tagarelas, diletantes e falsificadores de arte serão presos e liquidados."[7]

Uma fotografia de Hitler na exposição Entartete Kunst o mostra parado diante de uma pintura de Max Ernst, intitulada *La belle jardinière* ("A bela jardineira"). Acima dela, está o cabeçalho: "Um insulto à mulher alemã". A pintura desapareceu e nunca mais foi encontrada. Acredita-se que tenha sido queimada.

A exposição Entartete Kunst viajou por toda a Alemanha e Áustria durante mais de quatro anos e foi vista por mais de três milhões de pessoas. Foi a mais bem-sucedida exposição de arte da história alemã.

Ao longo de 1938, os nazistas continuaram a confiscar obras de arte moderna de coleções particulares e de museus alemães. Em março de 1939, depois de Hermann Göring, "o pretenso *connoiseur* de arte do Partido Nazista", ter selecionado o que ele queria para seu pavilhão de caça particular, pelo menos 4 mil obras roubadas foram queimadas em uma imensa pira no pátio do principal quartel de bombeiros de Berlim.[8] Escaparam mais de setecentas peças, consideradas os exemplos mais valiosos do modernismo. Estas os nazistas foram vendendo discretamente em leilões na Suíça. Os lucros obtidos com a venda de obras roubadas de artistas como Gauguin, Chagall, Klee, Matisse e outros foram diretamente para os cofres do Partido.

O *ANSCHLUSS* OU A ANEXAÇÃO

Março de 1938

Na sexta-feira, 11 de março, Hertha Pauli e seus amigos estavam sentados no café mais famoso de Viena, o Herrenhof. Como todo mundo, discutiam o plebiscito, marcado para o domingo. Finalmente pedia-se aos austríacos que votassem sim ou não por uma Áustria livre e independente. O chanceler austríaco Kurt von Schuschnigg tinha convocado o plebiscito como um derradeiro esforço desesperado para repelir a pressão de Adolf Hitler para anexar a Áustria, seu primeiro movimento para concretizar a visão de uma Alemanha Maior. Os jovens ativistas políticos no café jamais tiveram dúvidas quanto ao resultado da votação. Seria um avassalador sim em favor da independência da Áustria.

Viena estava em alvoroço. Jovens austríacos nazistas que apoiavam o *Anschluss* (ou reunificação de regiões de língua alemã com o Reich Alemão) tomavam de assalto as ruas urrando "Heil Hitler!", e aqueles a favor de uma Áustria independente gritavam em resposta as cores da bandeira austríaca: "Vermelho, branco e vermelho até morrer." Naquela noite de sexta-feira, Hertha Pauli, de 28 anos, foi visitar os pais. Pouco depois das sete, a família se reuniu ao redor do rádio.

O chanceler da Áustria estava falando. Informou que um efetivo de 40 mil homens das tropas alemãs estava reunido na fronteira da Áustria.

> *O governo do Reich Alemão apresentou ao presidente federal um ultimato com prazo, exigindo a formação de um governo de acordo com as propostas alemãs, com a entrada de tropas*

> *alemãs na Áustria ao final desse prazo. [...] O presidente federal me instruiu a anunciar ao povo austríaco que estamos cedendo em face da ocupação pela força. Determinados a todo custo e mesmo nesta hora gravíssima a evitar derramamento de sangue, instruímos nossas Forças Armadas a se retirarem sem opor resistência.*[1]

O chanceler disse que o referendo deveria ser adiado para abril e anunciou sua renúncia.

Bastante abalada, Hertha Pauli deixou a casa dos pais e voltou a seu apartamento pelas ruas repletas de nazistas austríacos que gritavam: "Um povo, um Reich, um Führer!" Do alto, aviões ainda atiravam folhetos em apoio ao voto pelo sim para o que deveria ser o plebiscito de domingo. Pauli sabia que precisava entrar em contato com um amigo, o poeta alemão Walter Mehring. Ele corria grande perigo. O nome dele estava na lista de Goebbels de escritores banidos, e a Gestapo estaria à sua procura. No seu elegante apartamento, ela esperou Walter Mehring e o parceiro de negócios, Carli Frucht, com quem ela dirigia uma agência literária, a Austria Correspondence.

Quando Frucht chegou, abraçou-a e, olhando para os manuscritos espalhados por toda parte no assoalho do apartamento, disse calmamente:

– Teremos de nos livrar dos perigosos.

Mehring chegou às nove da noite em estado de colapso nervoso e quase incapaz de agir. Bandos de baderneiros tinham cercado seu táxi. O motorista só conseguira escapar ao entrar a toda velocidade numa ruela escura.

– Walter – disse Pauli –, teremos de embarcar você no próximo trem.

Mehring e Pauli passaram a noite acordados telefonando para amigos em busca de ajuda, enquanto Frucht circulava a esmo pelas ruas, tentando se livrar dos manuscritos antinazistas da agência. Ao amanhecer, Frucht foi até o hotel de Mehring para recolher alguns de seus objetos pessoais e lá ficou sabendo que a Gestapo alemã, já ativa em Viena, tinha de fato vindo perguntar pelo poeta. Os três seguiram para a estação Westbahnhof.

Quando viu os guardas alemães patrulhando a entrada principal, Mehring perdeu a coragem.

– Não vou conseguir – disse ele. Mas os três acabaram se esgueirando despercebidos para dentro da estação por uma entrada lateral, não vigiada. Em lugar do passaporte alemão, que havia sido confiscado, Mehring tinha um passe de viagem francês. Embarcou no Expresso Viena-Zurique-Paris justo quando um oficial da SS se aproximava. O oficial perguntou:

– Quem era aquele?

– Apenas um professor francês – responderam-lhe.

Mas Hertha Pauli e Carli Frucht também estavam em perigo. Eles tinham se recusado a representar autores nazistas em sua agência literária. Pauli escrevera uma biografia de uma ativista pacifista austríaca, Bertha von Suttner, e a obra havia causado grande polêmica. Certa ocasião, ao ler um capítulo do livro na rádio de Viena, jovens fascistas lançaram bombas de fumaça malcheirosa na estação. O livro estava proibido na Alemanha.

No domingo, o próprio Hitler chegou a Viena. Enquanto circulava em sua Mercedes preta pelas ruas da cidade, agora apinhadas de austríacos acenando com bandeiras com a suástica, Pauli e Frucht alcançaram a estação de trens. Encontraram-na guardada por tropas alemãs. Do alto dos tetos em arco, alto-falantes anunciavam o triunfo da Alemanha.

Frucht insistiu em que seria mais seguro se eles partissem separadamente. Para evitar despertar suspeitas, Pauli comprou uma passagem de ida e volta para Paris. Ela precisaria do dinheiro que pudesse obter ao devolver o bilhete de volta, uma vez que austríacos tinham permissão de levar apenas dez *schillings*, ou cerca de três dólares, quando saíam do país sempre que viajassem.

Na fronteira, em vez dos funcionários de alfândega habituais, homens da SS embarcaram no trem. As portas foram trancadas, passaportes confiscados, malas abertas e seus conteúdos revirados. "Aja com impudência", disse ela a si mesma.

O interrogatório girou em círculos – por quê, de onde, para onde, com quem, para quê. Senti o laço da corda se apertar ao redor do pescoço até que mal conseguia respirar. Os olhos do homem da SS quase me levaram à loucura; mas eu os encarei. Eram olhos cinza-esverdeados de lobisomem que nunca se despregavam dos meus... Por que você partiu ontem à noite?... Ele me perguntava repetidamente, e eu respondia. [...] Em nenhum momento desviei meus olhos dos dele. [...] Por que especialmente ontem à noite?

" Quis esperar pela chegada do Führer." [...] Ele piscou os olhos. Subitamente meus dedos seguravam um passaporte. Meu passaporte.[2]

Depois de quatro horas, o trem recebeu autorização para seguir viagem. O domingo, dia 13, o dia em que o referendo deveria ter assegurado a independência da Áustria, estava quase acabado. Haviam sido necessários apenas três dias para que Hertha Pauli perdesse seu país e se tornasse uma exilada. Ela agora não possuía mais nada exceto o que trazia na pequena valise.

Na segunda-feira, Carli Frucht se juntou a Pauli em Zurique. Ele não havia esperado pelo telegrama dela anunciando que chegara em segurança e decidira partir imediatamente ao perceber que um nazista, ostentando uma suástica na lapela, o havia seguido ao sair da estação. Por sorte, o perseguidor era um dos autores que ele representava que havia se tornado colaborador e o advertiu de que a Gestapo o estava vigiando.

Quando Pauli e Frucht embarcaram no expresso para Paris, na semana seguinte, encontraram o trem quase vazio. A fronteira francesa com a Suíça já havia sido oficialmente fechada, mas se abriu brevemente enquanto o trem deles atravessava. Surpreendentemente, Walter Mehring, que já havia chegado a Paris, conseguira telefonar para um amigo, Monsieur Comert, em seu gabinete oficial no Quai d'Orsay, o Ministério das Relações Exteriores da França. Ele explicou a situação difícil dos amigos e, para seu grande alívio, Comert havia concordado em abrir a fronteira por uma hora. Quando, mais tarde, os três amigos se encontraram com Monsieur Comert, ele os congratulou por agirem com tanta presteza. A França agora estava exigindo vistos especiais de quem entrasse no país, vindo da Suíça. Ele lhes disse que tinham saído bem a tempo.

OS CLIENTES DE VARIAN FRY

Você perde um lar após o outro, digo a mim mesmo. Aqui estou eu, sentado com meu bastão de viandante. Meus pés estão doloridos, o coração cansado, os olhos secos. A infelicidade se agacha ao meu lado, cada vez maior, cada vez com maior brandura; a dor demonstra seu interesse, torna-se imensa e amável; o terror se aflora, se manifesta, e nem sequer me assusta mais. E esta é de todas as coisas a mais desoladora.

JOSEPH ROTH[1]

Sempre que eles queimam livros, estarão também, no fim, queimando seres humanos.

HEINRICH HEINE[2]

Em abril de 1938, o romancista austríaco Joseph Roth estava sentado à sua mesa favorita no Café de Tournon, na esquina da *rue* de Tournon, do outro lado da rua do Hôtel Foyot, bem diante dos jardins do Luxembourg. A mesa era a mais afastada da porta. Ele gostava de se sentar de costas para a parede e de ter acesso fácil e rápido à cabine de telefone público. Sempre podia ser encontrado em sua mesa, dia e noite, escrevendo artigos com a letra meticulosa, bebericando o copo de *slivovitz*, que parecia tão inocente quanto água. A *patronne* mantinha a garrafa pessoal de aguardente de ameixa de Roth atrás do balcão do bar e cuidava dele carinhosamente, trancando seus manuscritos à noite se estivesse bêbado demais para levá-los de volta para o Hôtel Foyot, onde tinha um quarto.

Artistas exilados famosos e personalidades políticas vinham sentar-se à mesa de Roth, assim como uma bela negra, Manga Bell, que dizia ser casada com um chefe de tribo da província francesa de Camarões, ainda esperando pacientemente que ela voltasse para a África.

Pela manhã, Roth chegava com uma rosa vermelha com a qual, cerimoniosamente, presentearia Manga Bell, depois do que quase nunca deixava sua mesa, exceto para dar misteriosos telefonemas. A mesa dele era como uma célula nervosa conectada pelos mais tênues tecidos aos centros de poder. Mesmo no exílio, ele sempre sabia das últimas notícias. E agora já estava no exílio havia cinco anos.

Quando Hitler foi nomeado chanceler, em fevereiro de 1933, Roth estava em Berlim. Seus livros estavam entre aqueles queimados nas ruas e depois foram oficialmente proibidos. Ele fez as malas naquele mesmo dia e embarcou para Paris. Tinha cortado todos os laços com a Alemanha e, portanto, perdido os editores alemães, a clientela nos jornais alemães, o público de língua alemã. Sua carreira muitíssimo bem-sucedida como jornalista estava encerrada. Com desespero e fúria, conseguia ganhar a vida escrevendo artigos para jornais de exilados em Paris e Praga.

Roth passou muitas semanas da primavera de 1938 observando os operários que, finalmente, estavam pondo abaixo o Hôtel Foyot onde ele havia morado intermitentemente desde a primeira viagem a Paris, em 1925. À medida que o prédio se transformava lenta e definitivamente em escombros, permaneceu sentado escrevendo, uma frase e então um gole de bebida e então outra frase, registrando a demolição.[3]

Na última manhã da demolição, apenas uma parede solitária do Hôtel Foyot ainda estava de pé. Os operários ergueram andaimes contra ela e a derrubaram pedaço por pedaço. Enquanto permanecia ali sentado, Roth podia distinguir o papel de parede azul-céu no que outrora havia sido seu quarto. Ao final do dia, quando os homens terminaram, ele os convidou para um drinque.

– Agora já se foi, a sua parede – disseram em tom brincalhão sobre o papel de parede.

Ao alto da primeira página do manuscrito, Roth escreveu o título: "Rest While Watching the Demolition" ("Descanse enquanto assiste à demolição"). Para ele, a demolição do hotel era uma metáfora perfeita da demolição da própria Europa, que ele estava testemunhando. Como todos os exilados forçados, Roth sentia que algo de profundo lhe havia sido roubado. A idéia de um lar. Anos de lembranças preciosas estavam perdidos para ele, porque nunca lhe tinha sido permitido vivê-las.

Os refugiados austríacos fugindo do *Anschluss* sempre acabavam na mesa de Roth no Café Tournon. Eles o procuravam porque tinha escrito *A marcha de Radetzky*, o maior romance austríaco da década, e se tornara um fugitivo literário muito conhecido. Procuravam-no porque ele, um judeu, havia muito tempo percebera o que estava para acontecer. Em 1934, ele havia escrito num jornal de Praga: "A Europa só é possível sem o Terceiro Reich. A Alemanha deveria ser posta em quarentena."[4]

À mesa de Roth, vieram Walter Mehring, Hertha Pauli e seu parceiro Carli Frucht. Pauli perguntou-lhe se a aconselhava a voltar à Áustria para contribuir com seu voto no longamente adiado plebiscito. Hitler, cinicamente, o havia remarcado para 10 de abril, ocasião em que o resultado já estaria definido. Roth desenhou dezenas de minúsculas cruzes. Com pequeninos traços, transformou-as em suásticas. Então disse a Pauli: "Vá e arrisque-se. A esta altura, o resultado provavelmente já está impresso."[5] Ela não foi. Quando os votos finalmente foram contados, 99 por cento dos austríacos tinham votado a favor da união com a Alemanha. Hitler e seus aliados no seio do governo austríaco sempre tiveram a intenção de sabotar o plebiscito e anexar a Áustria.

Não havia muitos que tivessem a clareza e a consistência de pensamento de Roth. Quando lhe pediam que explicasse o insucesso do mundo em resistir ou mesmo responder à agressão alemã, Roth respondia que "os alemães sempre tiveram o dom de matar como música para os ouvidos dos outros":

> *As pessoas se habituaram a assistir às vergonhosas cenas teatrais que são produzidas na Alemanha de tempos em tempos através dos mesmos binóculos para ópera que levam para assistir às produções de Wagner. [...] Os atuais governantes da Alemanha [...] sabem exatamente como explorar isso da melhor maneira. Eles armam algum cenário wagneriano e oferecem aos estran-*

> *geiros uma encenação operística de sua política de oportunismo vulgar. [...] existe alguma coisa na natureza humana que prefere interpretar a brutalidade como brincadeira. Então ou você fecha os olhos e finge que não vê ou, quase tão eficientemente quanto isso, você interpõe um par de binóculos de ópera.*[6]

Imobilizado pela clareza com que via o mundo, Roth bebia o dia inteiro e até tarde da noite. Tragicamente, em 1939, depois de receber a notícia do suicídio de um grande amigo, o revolucionário dramaturgo Ernst Toller, que havia conseguido fugir para Nova York apenas para se enforcar em seu apartamento, Roth sofreu um colapso na mesa do café. Foi levado às pressas para o hospital, onde morreu de pneumonia e *delirium tremens*. Ele tinha 44 anos. Quando os alemães invadiram a Holanda na primavera de 1940, eles dedicaram um tempo a destruir todo o estoque holandês do último romance de Roth, *The Tale of the 1002nd Night* (O conto da 1002ª noite), que acabara de ser publicado na Holanda.

Roth havia aconselhado Hertha Pauli, Walter Mehring e Carli Frucht a saírem da Europa a qualquer custo e o mais depressa possível. Eles rapidamente se juntaram à fila de refugiados na embaixada dos Estados Unidos. Era interminável; dava voltas no quarteirão. De todo modo, o esforço deles foi inútil. Funcionários da embaixada os informaram de que as quotas de imigração americanas estavam preenchidas e que vistos de visitantes só eram emitidos para pessoas que pudessem regressar a seus países de origem. Mas um refugiado político é, por definição, alguém que não pode voltar.

Enquanto esperavam na fila, Pauli e Frucht fizeram troça dizendo que a situação deles era "desesperada, mas não séria", uma velha piada da Primeira Guerra Mundial das trincheiras austríacas. Recordando, Pauli diria: "Minha pátria estava ligada a mim de maneira inseparável, mas estava perdida para sempre. Eu não estava viajando; eu estava no exílio. Não podia, não devia jamais voltar para meu país. Esta era a diferença, e não havia como transpor esse abismo."[7]

A CIDADE SOMBRA

1938

De modo a poder entrar, tínhamos de aprender a nos esgueirar despercebidos pelas fendas, pelos buracos, usando todos os truques e estratagemas para deslizar para fora daquele labirinto que, continuamente, adquiria uma nova configuração.

LISA FITTKO[1]

A partir de 1933, Paris lentamente havia se tornado duas cidades. Em 1938, existia a Paris claramente visível e havia a cidade sombra, cheia de colônias de refugiados, subdividida por grupos lingüísticos.[2] Havia exilados russos, alemães, italianos, espanhóis, e agora austríacos. Alguns emigrados refugiados eram indivíduos abastados. Alguns tinham apoio financeiro de amigos ou de parentes. Revoltados com a ascensão de regimes totalitários e fascistas em seus próprios países, buscavam asilo em Paris por causa da longa tradição da cidade de dar boa acolhida a estrangeiros. Mas havia outros, freqüentemente artistas, intelectuais banidos ou dissidentes políticos, que chegavam sem um tostão. Seus bens tinham sido confiscados e agora viviam em alojamentos apertados ou em hotéis miseráveis nos *arrondissements* decadentes da cidade. Esses "marginais" eram rotulados de SDFs (*sans domicile fixe*, sem domicílio permanente) e estavam sujeitos a prisão ao acaso por violação ao Código Civil.[3]

Para permanecer no país, os refugiados tinham de mostrar prova de independência financeira. A maioria não pudera trazer nenhum dinheiro do próprio país e não podia trabalhar em Paris. Para fazê-lo, exigia-se um *permis de travail*, ou uma licença de trabalho, e isto era quase impossível de se obter. Irmgard Keun, uma jovem romancista, fora obrigada a ir para o exílio quando seu trabalho foi classificado como antialemão. Ela se lembraria de que os quarenta e poucos refugiados da comunidade literária alemã exilada costumavam passar de mão em mão uma única nota de mil francos. Cada emigrado a apresentava quando chegava sua hora de visitar o quartel-general da polícia para provar que ele ou ela não era um peso para os cofres públicos. Quando chegou a vez de Keun apresentar a nota já em frangalhos, o *commissaire* comentou:

– Parece-me que já vi esta nota antes.[4]

O governo da Frente Popular de Léon Blum finalmente tinha caído naquele abril de 1938, provocando uma forte reação contra socialistas, comunistas e todos os de esquerda. Como Léon Blum era judeu, a derrota também abriu caminho para o antissemitismo latente. Em maio, o *premier* Édouard Daladier, defensor da política do apaziguamento com a Alemanha, estava de volta ao poder. Depois do *Anschluss*, que levou à França, em busca de asilo, entre 6 mil e 8 mil refugiados políticos austríacos, Daladier voltou sua atenção para a "questão dos refugiados". Seu governo pediu um relatório sobre a situação deles na França. O número incessantemente crescente era um fardo para a segurança social e para a economia, e eles constituíam uma ameaça à ordem pública. "Os *étrangers clandestins*", declarou Daladier, "não eram dignos da hospitalidade francesa." Novas medidas restritivas eram necessárias para controlá-los. Ele garantiu ao público que estas medidas não afetariam refugiados políticos, mas apenas os "ilegais" que estivessem sem documentos. Mas eram precisamente os refugiados políticos que não os possuíam. Os nazistas tinham confiscado passaportes e documentos da grande maioria, antes que fugissem. Logo se iniciaram debates sobre fechar as fronteiras francesas para refugiados. Finalmente, foi exigido que todos os estrangeiros já residentes na França tivessem carteiras de identidade.

Mais assustador ainda, no dia 12 de novembro de 1938, o governo francês, fazendo a distinção entre "*les bons éléments*" (os bons elementos) e "*les indésirables*" (os indesejáveis), aprovou um decreto (*décret-loi*) que fornecia base legal para o internamento de refugiados. Agora havia uma lei em vigor permitindo a abertura de campos de internamento na França.[5] A imprensa de direita deu início a uma campanha xenofóbica para demonizar estrangeiros: eram eles os responsáveis pelos problemas sociais e econômicos da França; eles eram uma ameaça à ordem pública. Deveriam ser presos.

A REALIDADE À DISPOSIÇÃO

Verão de 1938

A propaganda alemã funcionou de maneira brilhante, como aquelas equipes que produzem efeitos especiais para filmes de Hollywood. A equipe de propaganda alemã se confrontava, a cada vez, com o seguinte problema: se expandir, a Alemanha precisa absorver um determinado território. Como poderiam apresentar esta nova exigência ao mundo de tal maneira que perturbasse seu discernimento e confundisse sua consciência? Então as equipes lançavam slogans. Os slogans se contradiziam, mas, como sabem as agências de publicidade, o povo não tem memória.

ANTOINE DE SAINT-EXUPÉRY[1]

Mary Jayne Gold vestiu a jaqueta de piloto de bombardeiro, calças de couro e botas, pôs uma echarpe de seda branca no pescoço e seguiu de carro para o aeroporto. Tinha os mapas, roteiros e gráficos necessários e estudara os índices de consumo de combustível. Estava pronta para voar para Verona. No bolso, levava o brevê de piloto e o passaporte americano.

Voar não era nem de longe tão romântico quanto algumas pessoas imaginavam. Era uma atividade suja, repleta de graxa e barulho e exigia destreza e concentração. Também era perigosa. Mas Mary Jayne adorava o perigo. Os pilotos do sexo masculino observavam mulheres que pilotavam com desconfiança, mas ela nunca permitira que noções tradicionais do que uma garota deveria fazer a detivessem. Quando implicavam com ela, respondia gracejando que o avião não se importava com quem o estivesse pilotando. Ela subiu na asa de seu Vega Gull e se acomodou no assento de piloto. Afivelando o cinto de segurança, olhou para o céu sem núvens através da cobertura de vidro da cabine. Ajustou os óculos de proteção e taxiou pela pista.

Era o verão de 1938. Seu plano era viajar para Verona para visitar a família Murari. Ela conhecia Giangi Murari desde os 19 anos. Naquela época, ele se orgulhara de ser um dos primeiros a se filiar ao movimento da juventude do Partido Fascista Italiano. Ele e seus jovens amigos tentaram convertê-la. O fascismo era uma idéia moderna, corajosa e antiburguesa, diziam. "Melhor viver um dia de leão do que mil dias de cordeiro."[2] Havia coisas inebriantes – os uniformes, os desfiles e os slogans – e sim, ela se sentira um pouco atraída por todo aquele glamur. Mas, nos oito anos desde que fizera de Paris seu lar, tornara-se menos ingênua. Mesmo assim, afirmava não estar interessada em mudanças políticas nem nos acontecimentos do momento atual. Sua grande paixão ficava reservada para visitar lugares interessantes. Ela dissera a Giangi que se preparasse para ir a algumas das velhas cidadezinhas no norte da Itália. Seria divertido chegarem em seu Vega Gull.

Mary Jayne chegou a Verona, mas, no aeroporto, descobriu que todos os aviões de registro britânico estavam sendo proibidos de voar. Mussolini estava em viagem de visita pelo norte e esperava-se que fizesse um discurso na cidade.

A família Murari morava num *palazzo* perto da velha igreja de San Fermo, em Verona, desde os anos 1450, de modo que não era surpreendente que o *conte*, a *contessa* e seus amigos tivessem sido convidados para assistir de uma sacada de varanda na Piazza Brà, perto de onde Mussolini discursaria.

Um número considerável das entradas para a *piazza* tinha sido fechado com cordão de isolamento como se a polícia esperasse que fosse haver violência. A praça só estava metade cheia quando Mussolini apareceu na varanda adjacente. Mary Jayne teve de admirar seu domínio de retórica. Enquanto ele andava de um lado para o outro na varanda, ela observou o ministro da Propaganda mover-se em passos curtos e rápidos atrás dele, levantando os braços, pedindo aplausos sempre que *Il Duce* fazia uma pausa de efeito, então baixá-los rapidamente quando o líder se virava para seguir na direção oposta. "*Duce, Duce, Duce*", o pequeno grupo de partidários camisas-negras gritava no centro da *piazza*, enquanto algumas pessoas circulavam em volta. Ela achou tudo aquilo muito pouco inspirador.[3] Nos velhos tempos, teria ficado impressionada. No *collegio*, ela e uma companheira de quarto tinham escrito a Mussolini pedindo-lhe uma fotografia, como outrora havia feito com astros de cinema. Mais tarde, dois *carabinieri* vieram à *villa* para checar potenciais conspirações de assassinato.

Mas agora era mais fácil levar Mussolini menos a sério. Ele era o objeto permanente de piadas nos cabarés de Montmartre; os jornais satíricos como *Le Canard Enchainé* chamavam os fascistas de *les fessistes* (um jogo de palavras com *fesse*, nádega) e sugeriam que suas camisas negras eram uma invenção italiana para economizar nas contas de lavanderia.[4]

No dia seguinte, contudo, quando Mary Jayne viu o jornal local, a fotografia de primeira página mostrava a *piazza* lotada de gente aplaudindo freneticamente. Ao examinar a foto mais de perto, percebeu que muitas das cabeças tinham tamanhos diferentes e que algumas das pessoas estavam olhando para a direção errada. A fotomontagem deu-lhe náuseas. Subitamente, ocorreu-lhe que o mundo estava mudando. A realidade, agora, pertencia a quem tivesse o poder de manipulá-la.

Nuvens se aglomeraram encobrindo os Alpes. Embora Mary Jayne possuísse brevê de piloto, não tinha nenhuma experiência de voar por instrumentos, e assim ela e Giangi ficaram em terra. Mas estar temporariamente paralisada na Itália não era nenhuma provação. Sempre se podia viajar até Vicenza, nas vizinhanças. Ela adorava a intimidade do teatro Palladio. Em Pádua, estavam os afrescos de Giotto.

O mês de setembro já ia bem avançado, e Mary Jayne ainda estava na Itália. Certa manhã, ao ler o jornal italiano, ela perguntou com espanto a Giangi por que Daladier, Chamberlain, Hitler e Mussolini estavam se encontrando em Mônaco. Ela havia lido errado a palavra italiana.

– Não é Monte Carlo, *cara* – respondeu ele – , é Munique.[5]

Ele explicou que os chefes de Estado estavam se reunindo em Munique e que aquilo podia significar guerra. Por um momento, ela pensou em seu avião. Os italianos, com certeza, o confiscariam se irrompesse a guerra. Mary Jayne ficou revoltada e enfurecida ao pensar que aqueles homens tinham o destino de toda a Europa nas mãos.

Era 29 de setembro de 1938. Hitler exigia o direito de autodeterminação para os três milhões de habitantes de "etnia" alemã nos Sudetos, um quadrilátero de território nos limites ocidentais da Checoslováquia. As estações de rádio italianas transmitiam os sons de nazistas berrando: "Como os camaradas de nosso povo por toda parte, exigimos justiça!"[6] Ao longo dos dias que se seguiram, os líderes da Europa concordaram em permitir que Hitler anexasse uma grande parte da Checoslováquia, aceitando o argumento plausível de que, afinal, na realidade, se tratava da Boêmia alemã. Chamberlain já se encontrara reservadamente com Hitler em seu retiro em Berchtesgaden (na mesma sala em que Hitler havia jurado ao chanceler da Áustria respeitar a independência austríaca). Hitler garantira que aquela seria sua última "exigência territorial", e Chamberlain assegurara ao mundo que o Führer era "um homem em cuja palavra se podia confiar". Ao retornar à França, depois da conferência de paz em Munique, o *premier* Daladier ficou chocado ao ver que a pressa covarde com que a aliança Ocidental havia cedido os sudetos a Hitler tinha lhe conquistado uma recepção de herói na pista de aterrissagem do aeroporto de Le Bourget. Ele esperara ser denunciado, não festejado como um apaziguador. Em vez disso, os franceses estavam aliviados de que a guerra, que todo mundo temia, tivesse sido adiada mais uma vez. Menos de seis meses depois, Hitler ocupou e dissolveu o resto do território do Estado checoslovaco.

Quando afinal Mary Jayne pôde pilotar seu avião de volta para Paris, os cartazes do governo, conclamando uma mobilização geral do exército francês contra a Alemanha, que tinham sido colados em muros e quiosques pela cidade inteira, estavam sendo retirados.

Anos depois, ela analisou a escalada de violência e a dimensão do auto-engano que havia cegado as pessoas: "Hitler sempre fazia suas manobras na primavera: a crise de Rhineland, o Anschluss e todo o resto. Alguma coisa ia ruir, mas não agora, ainda não. [...] A ameaça de guerra vinha a cada ano junto com a neve da primavera; mas preferíamos passar deslizando por cima de ambas, ignorando a avalanche que estava se formando logo abaixo da superfície."[7]

SEREI EU O GUARDIÃO DE MEU IRMÃO? A FRONTEIRA FRANCESA

Fevereiro de 1939

Nunca houve nada na história moderna que se assemelhasse à recente fuga do exército e da população civil catalães para a França.

JANET FLANNER[1]

Em fevereiro de 1939, chegaram boatos à *préfecture de police* de Paris de que havia um grande influxo de gente nos Pireneus, vindo da ensolarada Espanha. Danny Bénédite esperava por isso. Ao longo de meses, os doentes e feridos das brigadas internacionais na Espanha chegavam à gare de Austerlitz no trem da madrugada de Barcelona. Ele ouvira falar de homens com os intestinos pendurados, outros com membros amputados por explosões. Franco estava vencendo a guerra espanhola.

Agora, 450 mil pessoas – soldados do exército republicano espanhol e civis, inclusive mulheres e crianças –, de acordo com os relatos, amontoavam-se na fronteira espanhola com o exército de Franco a persegui-las.

Nos dias 1º e 2 de fevereiro, o jornal *Le Populaire* noticiou que manifestações estavam sendo organizadas na região de Paris para exigir que a fronteira franco-espanhola fosse aberta para os refugiados que tinham sido "postos para correr de seus lares pelos horrores da guerra e pelas ameaças de retaliação dos generais espanhóis que tinham traído seu país". A manchete dizia: "A ameaça de Franco é uma ameaça direta à segurança da França."[2]

O governo francês decidiu que não havia, afinal, nenhuma maneira de mandar de volta os refugiados espanhóis. A fronteira foi aberta, e os refugiados espalharam-se em bandos pelos Pyrénées-Orientales, rapidamente superando em número seus

200 mil habitantes. Para conter os refugiados, o governo construiu grandes acampamentos. Nas largas extensões arenosas das praias de Saint-Cyprien e Argelès, 200 mil pessoas foram confinadas, outras 60 mil na cidade de veraneio de Amélie-les-Bains e as restantes, em menores acampamentos.[3]

Era o mês de fevereiro. Ventos frios e cortantes varriam a neve das montanhas para baixo. Não havia qualquer abrigo. Homens usando cobertores como se fossem xales andavam de um lado para outro nos campos de refugiados sob os olhares da *garde mobile* ou dormiam em buracos escavados na areia molhada e imunda. Todo mundo estava faminto. Alguns dos espanhóis tinham trazido vacas e cavalos, que eles abateram. O governo destinou a cada grupo de 25 pessoas 900 gramas de pão. Aldeões penalizados trouxeram arroz e feijão, que os homens cozinhavam em baldes e caldeirões de ferro. Os vinhedos locais eram dizimados quando as pessoas arrancavam qualquer madeira e vegetação rasteira que pudessem encontrar para queimar como lenha.

A França estava totalmente despreparada para receber centenas de milhares de pessoas em poucos dias, mas o governo já havia aprovado as leis que tornavam o confinamento de estrangeiros em campos de presos uma solução legítima. Os refugiados viveram durante semanas em condições de horrenda imundície e muitos morreram. Mas médicos e enfermeiras vieram prestar socorro, e comitês de assistência a refugiados foram criados. Os comitês enviaram sacos de dormir para os acampamentos.

A divisão francesa da Associação Internacional de Escritores para a Defesa da Cultura conseguiu montar um Comitê de Recepção para Intelectuais Espanhóis, patrocinado, entre outros, por Pablo Picasso.[4] Em menos de um mês, eles tinham encontrado lares para quinhentas pessoas, inclusive os poetas Rafael Alberti e Antonio Machado, considerados como estando entre os maiores poetas espanhóis. Machado, de 64 anos, cruzou os Pireneus a pé com a mãe frágil e idosa e um irmão e acabou adoecendo durante a jornada. Apesar de transferido para a cidade de Collioure, morreu pouco depois.

Danny acompanhou o debate sobre o destino dos refugiados espanhóis na imprensa francesa. Já em 15 de fevereiro, *Le Populaire* protestava contra a fome e as privações das dezenas de milhares de refugiados espanhóis ainda detidos em campos de relocação. Exigiam que camas portáteis e cozinhas de campanha do exército lhes fossem enviadas e que o governo cessasse a "propaganda escandalosa" dentro dos acampamentos por meio da qual tentavam obrigar pessoas a se repatriarem contra a vontade. Os nomes de crianças desaparecidas sendo procuradas pelos pais eram publicados em colunas. Mas o jornal também noticiava que crianças nos colégios em Paris estavam recolhendo alimentos e roupas e que auxílio generoso vinha de todas as classes sociais.[5]

A 15 de fevereiro, *Le Figaro* noticiou o retorno para a Espanha de 38 mil nacionalistas partidários de Franco. Enquanto isso, 150 mil refugiados se espalharam por toda a França, e o general Besson fora enviado de Paris para inspecionar os acampamentos onde os refugiados remanescentes ainda eram mantidos à míngua.[6]

O jornal de direita *Le Matin* escreveu que a França não deveria se permitir ser chantageada pela piedade (*le chantage à la pitié*), enquanto o *Gringoire* publicava um cartum grotesco em que um ladrão, com um grande saco de tesouros artísticos roubados nas costas, sorrateiramente, atravessava a fronteira de entrada na França, dizendo: "Encontrarei trabalho de sobra por aqui."[7]

A imprensa de direita saudava as vitórias militares de Franco e a "*débâcle des rouges*", a derrocada dos vermelhos, com gritos de alegria. Danny compreendia que não se podia contar com aqueles que congregavam forças com Franco para lutar contra Hitler.

Para Danny, como para muitos, a Guerra Civil Espanhola tinha sido um *bouleversement* político, uma virada de cabeça para baixo. Por causa do que acontecia na Espanha, ele e a esposa, Theo, se transformaram de pacifistas em militantes, chocados pela recusa do governo francês e da comunidade internacional a saírem em auxílio da Espanha na luta contra o fascismo. Quanto aos refugiados espanhóis que fugiam dos exércitos de Franco, só o governo do México ofereceu auxílio substancial ao conceder asilo a 30 mil pessoas.[8] Agora, sentado em seu escritório na *préfetucre de police* em Paris, Danny assumiu o compromisso de oferecer toda ajuda que pudesse aos refugiados espanhóis.[9]

No dia 1º de abril de 1939, Franco anunciou sua vitória. Tornou-se um bordão político na França que todos os refugiados espanhóis deveriam ser repatriados para a Espanha o mais rápido possível, com exceção daqueles que pudessem ser fuzilados ao retornar. Mas como saber quem seria fuzilado? O governo exigiu que Franco declarasse uma generosa anistia para todos os refugiados. Franco não se mostrou interessado. Por que haveria ele de se deixar intimidar por exigências francesas quando os aviões de guerra de seus aliados alemães agora estavam a três horas de distância de um ataque direto a Paris? Enquanto isso, ele estava ocupado em assinar decretos definindo quais os "atos políticos cometidos pelos elementos vermelhos" seriam considerados traição e que sentenças seriam aplicadas aos considerados culpados.[10] Uma grande porcentagem dos soldados espanhóis republicanos que tinha fugido para a França em busca de refúgio se veria definhando em campos de detenção franceses durante anos.

LOUCOS PARA FESTEJAR

Paris, verão de 1939

Na maior parte da França, a vida cotidiana continuava como antes. Os turistas chegavam e era quase impossível encontrar uma mesa nos cafés nas calçadas. As pessoas ficavam nas ruas, buscando conforto na multidão. A colunista social da revista *New Yorker,* Janet Flanner, relatou aos leitores americanos que Paris estava vivendo "um surto de prosperidade, alegria e hospitalidade". O verão de 1939 foi "a primeira boa temporada desde que a má temporada havia começado em Munique".[1]

Impelido por uma não admitida ansiedade, o público estava decidido a festejar. As colunas de intrigas descreviam aristocratas numa verdadeira farra: naquele verão, o *comte* Étienne de Beaumont ofereceu um baile a fantasia em que os convidados se vestiram ao estilo do século XVII. Maurice de Rothschild usou o famoso diamante da mãe num turbante otomano. E a anfitriã britânica, lady Mendl, mandou vir três elefantes para distrair os 750 convidados na *garden-party* que ofereceu em Versalhes.[2] O governo noticiou que o franco estava forte. A Depressão estava acabada. Enquanto os alemães concentravam tanques na fronteira da Polônia, os ioiôs se tornaram a nova paixão da França. Algumas portas depois do Ritz, a casa do estilista de moda Cartier vendia ioiôs feitos de ouro. "Os sofisticados enrolavam e desenrolavam essas bugigangas em público como se contando as contas num rosário contra o desastre."[3]

A notícia que estava sendo acompanhada assiduamente naquele verão não era sobre a guerra, e sim sobre o sensacional julgamento de um assassino serial alemão. Eugene Weidmann matara uma turista americana e enterrara os despojos no porão de sua modesta casa de campo nos arredores de Paris. Depois assassinara mais cinco pessoas. Em um artigo para o *Paris-Soir,* a romancista Colette escreveu sobre o silencioso e sinistramente atraente Barba Azul alemão. Ela fez questão de reafirmar que o fato de ser alemão não a induzira a ficar contra ele, mas que o homem era inquestionavelmente culpado. Na noite que antecedeu a sua morte na guilhotina, os cafés tiveram licença para funcionar por toda a madrugada. Impacientes para assistir ao espetáculo, homens, mulheres e crianças acorreram para os portões do pátio da prisão mal raiou o dia. Weidmann foi o último criminoso na França a perder a cabeça em público. Para desestimular esse tipo de mórbido *voyeurismo*, o Ministério da Justiça logo aprovou um decreto segundo o qual todas as futuras execuções deveriam ser efetuadas atrás dos muros da prisão.[4]

No verão de 1939, o Louvre abriu as portas com uma exposição intitulada Ballets Russes de Diaghilev 1909-1929, apresentando as cortinas de palco e figurinos desenhados e pintados pelos mais famosos modernistas, inclusive Max Ernst, Picasso, Giorgio de Chirico, Modigliani e Matisse. A exposição nostalgicamente retornava ao tema de "*les beaux jours*", os dias áureos dos anos 20, depois da Primeira Guerra Mundial, a guerra para acabar com todas as guerras, quando uma nova era de arte e cultura modernas mudaria a civilização para sempre.

No dia 23 de agosto, Hitler assinou com Stalin um Pacto de Não-Agressão por dez anos, e a ilusão, interesseira e mentirosa, de que suas ambições territoriais fossem modestas, finalmente, foi destruída. Todo mundo compreendeu que o ponto central do pacto era assegurar que a Rússia se mantivesse neutra na guerra que estava por vir. E o fato de que haveria guerra na Europa Ocidental estava eminentemente claro. Por assinar o pacto com Hitler, Stalin obteve metade das presas de guerra da Polônia. A Rússia estava demonstrando ser uma potência imperialista como qualquer outra. Isto deixava os comunistas franceses e europeus numa posição especialmente difícil. Os fascistas agora eram seus aliados. Embora estivesse evidente que Stalin pouco se importava com o proletariado da Europa, ainda havia aqueles que conseguiam permanecer cegos para o fato.

Os ricos na França continuaram a festejar freneticamente, mas muitos outros começavam a encarar a verdade. Simone de Beauvoir registrou como era estar em Paris em agosto de 1939. Os restaurantes, teatros e lojas estavam fechados, como acontecia todo mês de agosto, quando a cidade inteira fechava as portas para os *congés annuels* (período de fechamento para férias anuais). A cidade parecia morta.

> *A mistura de jactância e covardia, desesperança e pânico, cujo odor percebíamos no ar, fazia com que nos sentíssemos muitíssimo inquietos. As horas se passavam lentamente. Não havia nada para fazermos e não fazíamos nada, exceto vagar pelas ruas vazias, exaustos e de má vontade, e agarrar cada nova edição dos jornais diários. Ao entardecer, íamos ao cinema. [...] Quando adormecíamos, a cada noite, nossa última pergunta era sempre: "O que vai acontecer amanhã?" E, quando acordávamos, era para o mesmo estado de espírito de ansiedade angustiosa. Por que tínhamos sido postos nessa posição? Mal tínhamos completado trinta anos, nossa vida estava começando a adquirir forma, e agora, brutalmente, essa existência nos era roubada. Será que conseguiríamos recuperá-la? E, se conseguíssemos, a que custo?*[5]

Hitler preparava-se para testar mais uma vez a capacidade de recuperação da Europa. Será que lhe seria permitido engolir rapidamente a Polônia como tinha feito com a Áustria e com a Checoslováquia? Ele precisava de um pretexto para justificar a invasão. Por ordens do Führer, prisioneiros foram retirados de campos de concentração alemães, drogados, vestidos com uniformes poloneses e fuzilados. Os corpos foram espalhados ao redor de uma estação de sinalização alemã próxima da fronteira com a Polônia.[6] No dia 1º de setembro de 1939, em retaliação a este "ataque", o exército alemão invadiu a Polônia. No dia 3, a Inglaterra e a França declararam guerra, e o mundo subitamente se transformou numa obra de ficção de Kafka.

A CONVOCAÇÃO

Setembro de 1939

> L'Européen – c'est presque fini. (*Está quase liquidado.*)
> André Breton[1]

Os cartazes da campanha de mobilização geral, *appel immédiat* (convocação imediata), retirados no verão anterior depois da crise de Munique, foram postos de volta. E desta vez eles continuaram afixados. A paranóia grassava. Para se assegurar de que agentes inimigos não pudessem calcular o número de homens das tropas francesas sendo mobilizados, as autoridades do governo telefonavam ou enviavam mensageiros às residências de todos aqueles aptos para o serviço. Isto era absurdo, é claro. Tudo que os agentes inimigos tinham de fazer era contar os recrutas que faziam fila na Gare de l'Est e na Gare du Nord, com sacolas de equipamento e botas do exército penduradas no ombro, esperando por trens que seguiam para o nordeste. Eles circulavam por ali, despedindo-se de esposas, namoradas e mães, alguns com os olhos vidrados e as pálpebras vermelhas, outros chorando de soluçar. Era evidente quem passara a noite fazendo amor apaixonadamente e quem se entregara à exaustão nervosa. Preparando-se para embarcar, estavam não só os jovens, mas também homens de meia-idade que tinham combatido na Primeira Guerra Mundial e não haviam esquecido os horrores da guerra com seu fardo de separação e morte.

No dia 1º de setembro de 1939, André Breton estava na casa dos pais em Lorient, na Bretanha. Sua esposa, Jacqueline, partira no final de julho para uma temporada com Dora Maar e Picasso em Antibes. Para manter a própria independência criativa, Jacqueline, periodicamente, escapulia rumo à liberdade. A filha deles, Aube, fora encontrar-se com a mãe em agosto, e Breton se sentia sozinho e amargurado. Estava ansioso. Não era um bom momento para estar separado da família. Como todo mundo, esperava que a guerra fosse eclodir. Mas não, é claro, quando aconteceu.

Exatamente no dia seguinte, 2 de setembro, Breton foi mobilizado pelo exército e partiu rumo a Vincennes para se incorporar ao corpo médico. Ele não exercia medicina havia 21 anos, desde que servira como médico de campanha na última guerra.

No dia 3 de setembro, no quartel, ouviu a rádio francesa fazer, com grande entusiasmo, a contagem regressiva das horas para o início das hostilidades. "Falta apenas uma hora, apenas cinco minutos." Breton ficou revoltado com toda aquela euforia. Ninguém parecia ter consciência da monstruosidade da situação. A gritaria crescente entre os soldados ao seu redor fazia "lembrar a hora do recreio numa escola".[2]

Para ele, estava tudo acontecendo de novo. Em 1915, no começo da Primeira Guerra Mundial, Breton fora convocado para receber treinamento básico. Tendo acabado de completar 19 anos e com o crédito de apenas alguns meses de escola de medicina, trabalhara como enfermeiro em Nantes e depois no hospital neuropsiquiátrico em Saint-Dizier no nordeste da França, onde fora assistente do diretor, auxiliando-o com uma nova categoria de vítima de guerra – soldados sofrendo de fadiga de combate ou neurose de guerra. Breton ficara estarrecido com as imagens que emergiam das entrevistas com eles. Um caso em particular de insanidade clínica havia atraído sua atenção: o de um jovem soldado que fora mandado de volta da frente de combate por causa de "imprudência".

Durante os bombardeios, o soldado ficara completamente exposto, de pé em parapeitos, apanhando granadas que voavam e rebatendo-as com os dedos. Ele dizia que as granadas "de faz de conta" não podiam lhe fazer nenhum mal. Acreditava que os ferimentos no corpo dos companheiros eram maquiagem e que os cadáveres eram feitos de cera. Acreditava que todo o espetáculo da Primeira Guerra Mundial tinha sido uma encenação para sua diversão pessoal.[3]

Breton ficara horrorizado, mas também fascinado ao observar as mentes dos pacientes, acometidas de neurose de guerra, inventarem a própria realidade. Aquilo lhe despertou o fascínio pelo fenômeno do automatismo psíquico. Ele começou a ler Freud e suas contrapartes francesas, e finalmente foi ocupar um posto sob o comando de Joseph Babinski, na época um famoso neurologista clínico. Em meio aos pacientes psiquiátricos, Breton havia encontrado "a carta dos itinerários para a grande jornada artística do novo século: a jornada interior".[4] O automatismo psíquico seria a base do processo artístico que ele mais tarde chamaria de surrealismo.

Mas, naquela época, o próprio Breton não conseguiria escapar da experiência pessoal do horror. Em novembro de 1916, foi enviado para a frente de combate perto de Verdun como padioleiro e passou quatro semanas sob bombardeio constante numa "neblina encharcada de sangue", só podendo ir resgatar os feridos sob a cobertura da escuridão, enquanto se desviava de granadas inimigas. Ele havia realizado trabalho de triagem numa caverna à luz de uma única lâmpada acetileno. Fora uma cena aterradora: "Tínhamos de atravessar uma encruzilhada horripilante na treva mais profunda da noite. Em intervalos, a rocha iluminava os torsos estropiados, o festão de ruína, então mais uma vez seguir de volta para os caldeirões traiçoeiros."[5]

Vinte e três anos depois, Breton se via esperando por uma repetição do velho pesadelo; estava sendo lançado de volta no "escoadouro de sangue, lama e idiotismo".[6]

Daniel Bénédite tinha sido convocado em 25 de agosto, dez dias antes que a guerra fosse realmente declarada. Tanto ele como a esposa Theo conseguiram manter a bravura na hora da separação, mas ambos sentiam uma ansiedade aterradora com relação ao destino do filho, Peterkin. Theo nunca imaginara que teria de criar o filho sozinha, numa Paris dilacerada pela guerra.

Danny seguiu para Lorraine. Como *sous-officier* de um regimento de artilharia, ficou estacionado em Hautes-Vigneulles, um pequeno vilarejo lamacento, na fronteira francesa com a Alemanha, numa fortaleza bem na frente do que se considerava ser a inexpugnável Linha Maginot.

Em construção desde 1930, a Linha Maginot era um sistema de defesa de "regiões fortificadas". O comando de Estado-maior francês se gabava de que era o sistema mais impressionante de fortificação permanente desde a Grande Muralha da China.

A linha tinha 140 quilômetros e se estendia de Basle, na fronteira suíça, até Longwy, na fronteira com Luxemburgo. Incluía 100 quilômetros de túneis e 450 quilômetros de rodovias e estradas de ferro. Engenheiros franceses tinham construído centenas de quilômetros de obstáculos antitanques e de arame farpado. Profundas valas antitanques vinham a seguir, e então, escalonadas em intervalos de cinco a seis quilômetros e meio de distância, havia maciças fortificações construídas nas profundezas da terra. Estas maravilhas da engenharia militar eram chamadas de "arranha-terras". Como uma cidade subterrânea, cada forte tinha quartel-general, alojamentos para até 1.500 soldados, cinemas, ginásios esportivos e áreas de recreação. Trens em miniatura viajavam através dos túneis interconectados.[7]

A fronteira francesa com a Bélgica permaneceu não-fortificada. Discutiu-se bastante a respeito de estender a linha ao longo da fronteira belga até o canal da Mancha, mas o terreno alagadiço teria tornado isso muito caro. Presumiu-se que o ataque alemão viria, como acontecera em 1914, através do centro e norte da Bélgica. Embora a França e a Bélgica tivessem assinado uma aliança militar em 1920, a Bélgica, àquela altura, se declarara neutra e estava totalmente despreparada para lutar. Apesar disso, o comando francês tinha estacionado tropas na fronteira, confiante de que estavam prontas para o inimigo.

Logo ao norte da Linha Maginot, estendia-se o maciço de Ardenas, constituído em grande parte por colinas íngremes e planaltos cobertos por densa floresta, cortados por vales. A extremidade oeste era protegida pelo rio Meuse, que era largo e tinha margens muito escarpadas. Transportar um grande exército por essa área, com as estradas limitadas, seria um pesadelo logístico. Não haveria tanques avançando pela floresta de Ardenas. E, mesmo que viessem, haveria tempo para reforçar o setor, antes que os alemães estivessem prontos para fazer a travessia do rio. Envolvidos pela mentalidade Maginot, debaixo da terra, milhares de homens dormiam, se exercitavam e esperavam que a batalha começasse.[8]

Quando Danny chegou à linha, ficou irritado com a complacência dos oficiais superiores. Eles pareciam mais preocupados com o próprio conforto, "bebendo e jogando carta na praça de armas dos oficiais suntuosamente mobiliada com os espólios confiscados de casas na zona evacuada".[9] Em 22 de setembro, 19 dias depois de declarada a guerra, ele saiu para inspecionar um pequeno vilarejo na área de fronteira que tinha sido designado como terra de ninguém.

Ele ficou chocado ao descobrir as casas da aldeia abandonadas, portas arrombadas a pontapés, janelas arrancadas. Toda a mobília possível de ser carregada tinha sido retirada, e as paredes estavam cobertas de pichações. Um gendarme local ainda na área contou-lhe o que havia acontecido.

No dia 1º de setembro, a polícia ordenara uma evacuação imediata da área. Obrigados a abandonar as casas levando apenas o que podiam carregar, os moradores tinham sido arrebanhados em caminhões que deveriam levá-los para local seguro. Durante 12 dias, nada aconteceu. Então os oficiais franceses voltaram para inspecionar o vilarejo. Eles saquearam as casas, levando peças de mobília, vinhos e outras bebidas alcoólicas. Depois chegaram os soldados e esvaziaram as casas de qualquer mobília que tivesse restado. Finalmente uma outra leva de soldados, enfurecidos porque não restava mais nada, brutal e metodicamente reduzira as casas a ruínas.

Danny vadeou em meio a pilhas de cacos de vidro e mármore quebrado. Os soldados tinham "defecado no assoalho e usado as cortinas como papel higiênico". Ele ficou chocado.

– Onde estavam os oficiais? – quis saber.

– Bebendo em suas fortalezas – foi a resposta.

O choque se transformou num profundo sentimento de vergonha. Esta era a elite francesa que estava demonstrando tamanha rapacidade e desprezo pelos próprios compatriotas.[10]

Ele imediatamente pediu transferência daquela unidade. Devido à proficiência em inglês, foi designado como tradutor e cartógrafo para as tropas inglesas que já tinham desembarcado na França. A Força Expedicionária Britânica (BEF), como era chamada, estivera estacionada mais ao norte em Bersée, nos arredores de Lille.

LA DRÔLE DE GUERRE

Outono de 1939 – Primavera de 1940

Há uma lua gloriosa nascendo sobre Sant-Germain-des-Pré, fazendo com que pareça uma igreja campestre. Por toda parte, subjacente a tudo, um sentimento de horror insondável. Não se pode prever nada, nem imaginar como será, nem compreender a situação em ponto nenhum. [...]

Uma voz obstinada ainda sussurrava em minha cabeça: "Isso não pode acontecer comigo, não uma guerra, não comigo."

SIMONE DE BEAUVOIR[1]

Paris estava num estado de profundo choque. Quantas vezes os alemães podiam voltar? Eles haviam vencido em 1870, perdido por um fio em 1918 com 10 milhões de mortos e, agora, estavam atacando de novo. Não era lógico. Era um pesadelo. Até que a guerra fosse de fato declarada, às cinco horas da tarde do dia 3 de setembro de 1939, as pessoas queriam acreditar que um milagre as salvaria. Então, a manchete "C'EST LA GUERRE" havia aparecido em letras gordas e negras na primeira página de todos os jornais vespertinos. Todo mundo que podia partir recebeu ordens de evacuar a cidade imediatamente.

As crianças foram levadas para o campo. (Cerca de 16.500 crianças foram contadas e listadas.) Um êxodo em massa começou ao longo dos *quais*. Carros e táxis, com as capotas com grandes pilhas de bagagens, roupas de cama e comida, se enfileiraram em longas procissões. Logo as auto-estradas para o sul e para o oeste estavam apinhadas de gente na esperança de um abrigo seguro na Bretanha ou no Midi.

Cartazes com advertências sobre ataques com gás apareceram em muros públicos. Aqueles que permaneceram na cidade fizeram filas em centros de distribuição para receber máscaras de gás. Estações de metrô, bem como porões em restaurantes, hotéis e prédios foram transformados em abrigos antiaéreos. Sirenes clangorosas quebravam o silêncio que o medo impusera à cidade.

Com os homens mobilizados e as praças vazias de crianças, a cidade foi dominada por uma mentalidade de cerco. A Defesa Civil exigiu um blecaute geral, ou um *blue-out*, como chamavam os jornais. Os postes de luz ornamentados nos parques e nas largas avenidas foram vendados ou pintados de azul-marinho, e todas as janelas públicas e particulares foram pintadas de preto ou cobertas com tecidos grossos. À noite, os carros tinham permissão de usar apenas um farol, pintado de azul. Circular pelas estreitas ruas secundárias à noite, subitamente, tornou-se parecido com tentar encontrar o caminho numa caverna escura. Ainda não havia toque de recolher, mas os cafés fechavam às 11 da noite, e os clubes noturnos e teatros estavam de portas fechadas.

Nos dias que se seguiram, caminhões do departamento sanitário da cidade despejaram pilhas de areia diante de prédios, e os *consierges* receberam ordens de carregar baldes cheios para telhados e sótãos, para ajudar a prevenir o alastramento de incêndios causados por bombas incendiárias. Monumentos públicos, inclusive Napoleão em sua coluna na Place Vandôme, foram protegidos com sacos de areia na base e reforçados com andaimes de madeira. Os museus foram fechados, e os acervos foram encaixotados e enviados para as províncias. Os animais mais raros dos zoológicos foram evacuados.[2]

Todo mundo estava à espreita de espiões. Palavras cruzadas foram proibidas nos jornais para o caso de conterem informações em código. Para usar um telefone público, era preciso mostrar a carteira de identidade. Para receber um telegrama numa agência de correio, era necessário ter a notificação rubricada na delegacia de polícia, que, por sua vez, exigia um comprovante de residência. Qualquer luz vazando por uma janela era sinal de espionagem e poderia merecer uma bala através dos postigos. As pessoas constantemente comunicavam ter avistado aviões de reconhecimento alemães voando sobre os céus de Paris. A paranóia se espalhou como um gás venenoso. Logo campos de detenção estavam sendo montados para receber residentes estrangeiros.

A propaganda suplantou a realidade, à medida que o governo orgulhosamente se gabava da força inerente da França. Até o momento, diziam eles, os alemães não tinham sido realmente postos à prova. Eles não tinham enfrentado a Linha Maginot. Os jornais publicavam mapas mostrando os vastos recursos dos impérios francês e britânico. Mas quem na verdade acreditava neles? As pessoas se acovardavam e esperavam que as bombas caíssem.

Lentamente, contudo, tornou-se evidente que as hostilidades não haviam sido iniciadas na frente de combate. As transmissões de rádio alemãs para a França eram conciliadoras. Diziam que a guerra era culpa da Inglaterra. *Por que rapazes franceses deveriam morrer pela Inglaterra?* Havia rumores de que soldados alemães na linha de frente estavam afixando cartazes com os dizeres: "Nós não temos nada contra os franceses e não dispararemos a menos que vocês disparem."[3]

Aquela estava se tornando a mais insubstancial e fugidia das guerras. À medida que o tempo foi passando, as pessoas começaram a se referir a ela como um novo tipo de guerra – algo a ser resolvido pela diplomacia. Jean-Paul Sartre fez o famoso comentário para Simone de Beauvoir: "Esta será uma guerra moderna, sem matanças, exatamente como a pintura moderna não tem tema, a música moderna não tem melodia, e a física moderna não tem matéria sólida."[4]

Pouco mais de duas semanas de iniciado o mês de setembro, teatros e salões de dança foram de novo abertos. As pessoas, pouco a pouco, começaram a voltar para a cidade. Vendedoras de lojas começaram a amarrar laços de fita de seda nas máscaras de gás. Na Place Vendôme, os manequins nas vitrines usavam-nas, e na *avenue de* l'Opéra, um confeiteiro vendia caixas de chocolate no formato de máscaras. Schiaparelli lançou uma linha de vestidos em forma de pára-quedas. No Casino, Maurice Chevalier cantava: "*Paris sera toujours Paris.*"[5]

Contudo, a despeito da fachada corajosa, as pessoas estavam cada vez mais temerosas. Pouco a pouco, boatos começaram a circular pela cidade. Os poloneses estavam sendo massacrados, e o país deles, dividido entre a Alemanha e a Rússia. Falava-se sobre ofensivas, sobre o exército francês atacar a Rússia. Ninguém tinha nenhuma informação precisa. Simone de Beauvoir, que demonstrou ser uma testemunha tão convincente, escreveu em seu diário que "Hitler anunciou no princípio de abril que entraria em Paris no dia 15 de junho, mas ninguém levou este exemplo de fanfarronice a sério".[6]

VERGONHA

Setembro de 1939

Mas havia aqueles para quem a *drôle de guerre*, a guerra tola, de mentira, era absolutamente real. Eric Sevareid, um jornalista americano de 27 anos, que mais tarde faria carreira como correspondente nacional da CBS News, estava morando em Paris, trabalhando no *New York Herald Tribune* durante o dia e na United Press, à noite. Nascido em Dakota do Norte e descendente de noruegueses, ele havia ajudado e feito amigos entre os exilados europeus que tinham fugido dos nazistas. Em seu apartamento em Paris, até tarde da noite, e depois de incontáveis garrafas de conhaque, Sevareid ouvia Hertha Pauli e o amigo Carli Frucht tentarem descrever para ele o que estava acontecendo na Alemanha fascista. Sevareid encontrava-se estarrecido. Acreditava neles, é claro, e, no entanto, "nenhum esforço de vontade ou de imaginação seria capaz de me levar a penetrar plenamente no mundo [deles]".[1] Quando Joseph Roth morreu no hospital, ele sentiu o mesmo pesar que os austríacos.

Em 5 de setembro, apenas dois dias depois de a guerra ter sido declarada, Sevareid reparou que Hertha Pauli e Carli Frucht tinham desaparecido, do mesmo modo como todos os seus outros amigos refugiados. Calculou que a polícia os tivesse detido, mas as perguntas que fez na *Préfecture de Police* não obtiveram nenhuma resposta. Logo vazou a informação de que o governo francês, assim como seus aliados britânicos, depois de 3 de setembro, tinha ordenado a prisão de todos os cidadãos de nacionalidade alemã (a qual agora incluía austríacos e checos). Quer vivessem na França havia décadas, quer tivessem acabado de chegar da nova

Alemanha buscando asilo, todos, subitamente, viram-se classificados como "estrangeiros inimigos". Para a maioria deles, o rótulo teria parecido ridículo. Até que a polícia veio bater à porta.

O governo havia decidido que era mais eficiente prender todos os estrangeiros alemães. A *criblage*, ou o trabalho de triagem de simpatizantes pró-nazistas, que poderiam demonstrar ser espiões inimigos, e de exilados antinazistas, que tinham direito de asilo, poderia ser feita mais tarde. Ao longo de vários dias, estima-se que entre 14 e 18 mil *ressortissants de nations enemies* foram arrebanhados e isolados em estádios esportivos e outros centros.[2] As pessoas receberam ordem de ir para os centros de triagem por conta própria (algumas tomaram táxis) e foram instruídas a levar garfo e faca. Muitas obedeceram.

O poeta Walter Mehring, que havia escapado de Viena com Hertha Pauli e Carli Frucht, foi preso, mas libertado por meio da intercessão do PEN Club da França. Carli Frucht continuou detido no Stade Colomb, onde cartazes ainda anunciavam os últimos jogos de futebol e partidas de tênis.[3] Depois de uma semana, foi transportado para um "centro de reunião" – na verdade, um campo de detenção. Simone de Beauvoir registrou em seu diário que Billiger, um amigo austríaco tinha sido preso ao sair do café Rotonde. Ele foi levado para a delegacia de polícia local, onde um inspetor "furioso" rasgou seu passaporte austríaco e o enviou para a *préfecture* para instauração de processo. Lá, para seu enorme espanto, encontrou um grupo de refugiados espanhóis. Num esmero burocrático, a polícia também estava detendo exilados espanhóis.[4]

Os relatos de exilados arrebanhados e detidos contêm os mesmos detalhes. Eram presos sem nenhuma chance de entrar em contato com amigos; não permitiam que levassem roupas extras; eram conduzidos a um estádio esportivo ou algum prédio público semelhante, onde dormiam no chão.

No campo de detenção para o qual Carli Frucht foi transportado, as pessoas foram obrigadas a dormir em pisos de celeiros sem revestimento ou em lama misturada com palha, durante semanas, até que catres de arame de galinheiro fossem construídos. Havia uma torneira de água para setecentos homens. Passavam-se horas na fila para receber uma refeição. Enquanto os homens não escavaram as próprias fossas, não havia instalações sanitárias. Alguns tinham visto para ir para a América, mas não puderam sair do campo e fazer uso deles. Eles pediram que fossem integrados na formação de batalhões de trabalho para o exército francês, mas os apelos foram ignorados. Aqueles que possuíam algum dinheiro foram roubados pelos guardas.

Durante a *drôle de guerre*, pode não ter havido nenhum combate de qualquer importância na linha de frente, mas os censores e a imprensa militar travaram a própria guerra atrás das linhas. Os campos de detenção eram zona proibida para todos os repórteres franceses e estrangeiros.

Boatos de sua existência começaram a aparecer na imprensa internacional. Um artigo dos Estados Unidos, intitulado: "A França copia Hitler", foi publicado no *New Republic*, no dia 15 de janeiro de 1940. O artigo se referia ao "tratamento chocante que os franceses atualmente estão dando a refugiados estrangeiros em seu território. [...] Eles são levados para campos de concentração [*sic*]. [...] Embora quase todas essas pessoas possam provar prontamente seu ódio a Hitler e às obras dele, elas estão sendo tratadas como se fossem leais nazistas".[5]

O departamento de propaganda do Ministério do Interior da França era especialmente sensível à opinião de países neutros como os Estados Unidos e, imediatamente, justificou a existência dos campos com o argumento de que não havia outra alternativa. Refugiados políticos *alemães* eram um perigo para a segurança nacional. Eles não podiam servir como soldados – ou se revelariam traidores ou os nazistas os fuzilariam no instante em que os avistassem. Tampouco podiam ser deixados nos cafés de Paris onde a presença deles seria uma afronta aos soldados franceses de licença.[6]

Ressaltando a má impressão que a França estava causando na América, Eric Sevareid pediu permissão para inspecionar um campo de refugiados da Europa central. Para sua surpresa, o Ministério da Informação enviou um tenente para conduzi-lo em uma excursão guiada. A experiência ficou gravada a ferro e fogo na memória de Sevareid:

> *Subimos degraus quebrados do que havia sido o palheiro de um enorme celeiro. Homens de todos os tamanhos e idades, em casacões e calças disformes, estavam deitados de costas, de lado e de bruços sobre catres baixos, feitos de arame gradeado de galinheiro. No lugar de travesseiros, tinham trouxas de roupas velhas.[...] Reparei num homem de cerca de quarenta anos, robusto e pálido, vestindo apenas calças de veludo cotelê e uma camiseta imunda, que se aproximou de mim, tentando chamar minha atenção. [...] Vi que o queixo dele tremia como se estivesse desesperadamente tentando encontrar coragem para falar. [...] As lágrimas subitamente jorraram de seus olhos. [...] Austríaco, ele havia sido o correspondente em Viena do* Telegram *de Amsterdã. Seu nome era familiar; era um jornalista de algum renome. De repente, ele foi até seu catre, encontrou um coto de lápis e um pedaço de papel. Escreveu o nome e o endereço de um amigo em Paris e colocou-o em minhas mãos. Os dedos se fecharam sobre os meus por um momento, e ele tentou dizer mais alguma coisa, mas não conseguiu, explodiu em soluços e se afastou. [...]*
>
> *Quando saí do celeiro para o pátio, fui imediatamente cercado por homens imundos e barbados.*
>
> *Todos começaram a falar ao mesmo tempo, em inglês, francês e alemão. Eu era o primeiro homem de fora do campo que eles viam desde que tinham sido presos, quase quatro meses antes. Cada um estava desesperado para ser ouvido. [...] Alguns começaram a chorar, e outros, enrubescidos de ansiedade e raiva, exigiam que eu parasse. Tinham a aparência de animais humanos, e quem eram eles: um produtor de cinema de Praga, um famoso romancista de Viena, o principal tenor da Ópera de Viena; eram jornalistas e poetas, médicos, advogados e univer-*

sitários. Eram todas as coisas que homens civilizados e ambiciosos se tornam na Europa civilizada.

Quando o tenente me conduziu ao último alojamento, o bolso de meu casaco estava abarrotado de fragmentos de papel, cartas de baralho e pedaços rasgados de lenços nos quais eles haviam escrito os nomes de amigos em Paris, Londres, Nova York e Washington – amigos que poderiam ajudá-los. [...] Escurecia naquela tarde de inverno. Quando comecei a discernir vultos nos catres de aramado, ouvi uma voz sufocada gritar: "Sevareid! Sevareid!" No corpo baixo, gorducho e maltrapilho diante de mim, reconheci Kurt Dosmar, jornalista do Saar que cobrira comigo o julgamento do Weidmann para o Tribune *de Chicago. Sua voz atraiu passos apressados que ecoaram pelo assoalho de tábuas, e um instante depois Carli Frucht estava ao meu lado.*

Creio que era a barba que lhe dava certa aparência de Cristo. A barba de alguma forma tornava os olhos meigos e gentis mais notáveis que nunca. O rosto estava um pouco encovado, os pulsos muito finos. Foi curioso; ele só conseguiu pronunciar algumas palavras formais de saudação, e eu sabia que minha voz soava fria e estranha. Oficiais franceses esperavam por mim no carro junto ao portão. Tínhamos combinado jantar no melhor lugar do vilarejo, a taverna onde serviam pato com laranja – que me garantiram ser de fato notável, tendo em vista a cidadezinha. Carli caminhou comigo até o portão, e não havia nada que pudéssemos dizer. Quando estávamos a poucos metros do grupo de oficiais, ele passou o braço sobre meu ombro. Afastei-me dele e comecei a chorar. Estava cheio de vergonha e de raiva de mim mesmo. Mas não consegui me conter; fiquei parado ali no meio da lama, vestido em meu falso uniforme francês, diante dos oficiais meus anfitriões, e chorei com a cara enfiada no lenço.

Voltei para o miserável quarto de hotel em Le Mans e peguei no sono ainda vestido e de botas. Tive pesadelos e acordei pouco antes do amanhecer. Estava coberto de suor e o qua-

dril doía, onde eu estivera deitado sobre a espessa protuberância no bolso do casaco – as palavras enchumaçadas deles, seus gritos silenciosos por socorro.[7]

Anos mais tarde, Carli Frucht se recordaria de como Sevareid parara junto ao portão chorando e, sem uma palavra, lhe dera seu sobretudo, antes de embarcar no carro dos impacientes acompanhantes franceses.[8]

PESADELO DE UM HOMEM

Setembro – Dezembro de 1939

Os artistas Max Ernst e Leonora Carrington postaram-se do lado de fora de sua casa de fazenda em Saint-Martin d'Ardèche e admiraram suas esculturas sobressaindo-se em relevo das paredes. Leonora esculpira um baixo-relevo de uma cabeça de cavalo, enquanto Max criara um relevo de uma mulher nua, com seios delicados, segurando um pássaro numa das mãos e estendendo a outra num gesto de pedido de calma. Ao lado dela, havia um gigantesco homem-pássaro, com as mãos lançadas para o alto e o bico magnífico aberto como se estivesse grasnando. As paredes e lintéis internos e externos da casa continham um bestiário fantástico: havia animais em vários estágios de metamorfose, lagartos-pássaros, uma sereia, mulheres com cabeças de animais de caça. Parados ali admirando a casa (cujo trabalho de reconstrução havia levado um ano), eles formavam um casal extraordinário.

As mulheres costumavam dizer que Max Ernst parecia um anjo decaído. Ele tinha um físico "de uma delicada perfeição".[1] Aos 49 anos, magro e naturalmente elegante, tinha cabelos totalmente brancos, olhos azuis enormes e um nariz adunco e fino que se assemelhava a um bico. Max afirmava ter um *alter ego* a quem chamava de Loplop, o Pássaro Superior. Leonora Carrington era igualmente bonita. Tinha cabelos negros ondulados que lhe desciam sobre os ombros, a pele de alabastro e belíssimos olhos escuros. Havia algo de etéreo nela. Uma amiga comentou: "Eu sempre disse que ela era capaz de se esgueirar por uma fenda na porta, como se tivesse um dedo da mão e um do pé a menos que todos nós, seu físico era tão afilado."[2] Filha

Esculturas de Max Ernst e Leonora Carrington
em sua casa em Saint-Martin d'Ardèche

de pais ingleses da aristocracia, ela fora apresentada à corte, mas havia muito tempo decidira não ser uma mulher *decorativa*. Vestia-se com roupas que comprava em lojas de segunda mão, usava calças de montaria e botas, e era impetuosa e exótica, como os cavalos vivazes que pintava em seus auto-retratos. Max a chamava de sua "noiva de vento".

Os amantes tinham se conhecido em Londres durante a exposição individual que ele fizera na Mayor Gallery, em 1937. O encontro tinha sido *un choc amoureux* (um choque de amor).

Eles fugiram para a costa da Cornualha e depois para Paris. Max nunca possuíra nada, mas, em 1938, com Leonora, ele comprou a casa de fazenda em ruínas em Saint-Martin d'Ardèche (a data no lintel acima da porta era 1735), e eles se entregaram à tarefa de torná-la um palácio surrealista dedicado à paixão. Já sendo objeto de curiosidade por causa das criaturas inquietantes esculpidas na casa, ele e Leonora se tornaram notórios na aldeia quando encenaram uma peça surrealista no café local. "Com o cabelo pintado de azul, Max desempenhou o papel de um cirurgião que extraía quilômetros dos intestinos de Leonora (usando um tubo interno) [...] e ela dançou a dança da barata hindu sobre as mesas do café." Indiferentes a roupas, quase sempre trabalhavam nus, depois do que desciam em direção ao rio, só vestindo trajes de banho quando a primeira das casas se tornava visível. Os aldeões escandalizados deram para ficar a espiá-los, escondidos atrás de arbustos.[3] Para os amantes, 1939 foi um verão de encantamento. Max estava em meio à pintura de *Um momento de calma*. O quadro retrata uma floresta neobotânica cujos habitantes parecem suspensos numa folia de verde benevolente.

Naquele mês de setembro, Max atendeu a alguém que batia à porta. Era o gendarme local que tinha vindo para prendê-lo. Enquanto Leonora assistia com lágrimas impotentes, ele foi levado algemado e preso como "cidadão do Reich alemão". Embora vivesse na França por 17 anos, de repente, ele se tornara um estrangeiro inimigo.

Na manhã da prisão, Max foi levado para uma cadeia havia muito tempo fora de uso, na cidade próxima de Largentière, guarnecida por dois capitães, dois tenentes e dez suboficiais, todos lá para guardar os 25 internos do lugar. Ao saber que Ernst era pintor, o comandante do campo fez um trato com ele. Se Ernst pintasse uma paisagem de Largentière com a prisão no meio, ele lhe concederia três horas de liberdade por dia. O comandante sabia que o pintor não oferecia risco algum. Max tinha "excelentes testemunhos" de sua lealdade à França, que sempre trazia consigo.

Leonora alugou um quarto numa estalagem próxima e fazia caminhadas diárias com Max fora dos muros da prisão. Ela lhe trazia tintas e telas para que pudesse trabalhar, e, em uma ocasião, uma de suas pinturas concluídas que ela havia encontrado em Saint-Martin d'Ardèche. Deve ter sido uma das obras em seu estilo surrealista habitual. Quando Max mostrou-a ao comandante do campo, ele ficou revoltado. Aquilo não era pintura, disse, e revogou as três horas por dia de "privilégios de caminhada". Depois de seis semanas, Max foi transferido para Camp des Milles, nos arredores de Aix-en-Provence, onde sua verdadeira provação começou.[4]

No dia 31 de agosto de 1939, como preparativo para a guerra que, todo mundo sabia, logo seria declarada, o prefeito de Aix-en-Provence requisitou uma fábrica abandonada de tijolos e cerâmicas, nos arrabaldes da cidade de Les Milles, para servir de campo de detenção para estrangeiros alemães.[5] Era uma localização ideal, uma vez que a estrada de ferro passava ao lado dela, e os presos podiam ser transportados para lá com um mínimo de inconveniência. Os vinte prédios dilapidados, apressadamente cercados com arame farpado, deveriam abrigar mil internos.

Durante o outono de 1939, cerca de 1.800 internos viveram atrás do arame farpado de Camp des Milles. Trinta oficiais e 130 soldados do 15º Regimento Regional comandaram o campo como instalação militar. Os internos foram informados de que estavam apenas *rassemblés* (reunidos), não presos.

Eles dormiam em catres de palha, um ao lado do outro, entre duzentos e trezentos homens por alojamento. Não havia cadeiras nem mesas. A cada nove metros, uma lâmpada de 25 watts pendia do teto, o que era insuficiente para se ler ou escrever. Por volta das cinco horas da tarde, os presos eram trancados nos prédios até o dia seguinte.

Max Ernst conseguiu encontrar um espaço pequenino, semelhante a uma caverna, que outrora estivera na área do pátio que abrigava os fornos. Ele o dividia com o amigo Hans Bellmer, pintor francês surrealista, alemão de nascimento. Tijolos quebrados atravancavam os pátios, e a poeira de tijolos invadia tudo. Penetrava as escassas rações de alimento; penetrava até nos poros da pele. "Tinha-se a impressão", comentou Max, "de que se estava destinado a se tornar um tijolo quebrado."[6]

Os prisioneiros podiam receber embrulhos enviados pela família, e Leonora, mais uma vez, trouxe tinta e telas para Max. Ele e Hans Bellmer tinham permissão de pintar ao ar livre no pátio. Para controlar tanto a raiva quanto a fome, eles pintavam o máximo que podiam. Pintar era uma maneira de assegurar o autocontrole para quem se sentia totalmente violentado. Bellmer pintou um retrato de Ernst em um padrão de mosaico como se o rosto dele fosse uma parede de tijolos. Os desenhos de Ernst retratavam cenas de pânico e terror: monstros enlouquecidos perseguindo vultos em fuga em florestas iluminadas pelo luar, pessoas encurraladas em situações vagas demais para serem deci-

Camp des Milles

fradas precisamente. Também pintou imagens trágicas de sua amada perdida.

Em novembro de 1939, o filho de 19 anos de Ernst, Jimmy Ernst, que trabalhava no setor de correspondência do Museu de Arte Moderna de Nova York, recebeu um cartão-postal esfarrapado, datado de 27 de outubro, com o endereço: Camp de les Milles, Les Milles, França. O texto dizia:

Meu querido Jimmy,

Obrigado por sua carta. Estou sendo mantido preso aqui. Você pode me ajudar (a conseguir a libertação) por meio de seus excelentes contatos. Faça alguma coisa. Peça a pessoas importantes.

Com um beijo de seu pai, Max.

ps. (Escrevo um postal porque cartas são proibidas)[7]

Jimmy não tinha quaisquer contatos com pessoas influentes, mas, corajosamente, arrostou o gabinete intimidador de Alfred Barr, o diretor do museu, com o patético cartão-postal na mão, e lhe pediu ajuda. Barr disse que faria o que pudesse. Enquanto isso, Leonora trabalhava incessantemente pela libertação de Max. O poeta Paul Eluard veio em seu auxílio e revelou-se um amigo fiel. Quando ele e Max se conheceram em Paris, no princípio dos anos 1920, descobriram que já tinham se encontrado antes. Em fevereiro de 1917, durante a Primeira Guerra Mundial, tinham combatido na linha de frente da mesma batalha, Eluard do lado francês e Ernst do lado alemão. Eles provavelmente tinham disparado armas um contra o outro.[8] Com a intervenção de Eluard, Max finalmente foi libertado em dezembro, depois de três meses de encarceramento.

No Camp des Milles, Max Ernst teve excelente companhia. Entre os companheiros de prisão, estavam: o poeta e dramaturgo Walter Hansenclever; o romancista Lion Feuchtwagner; o dramaturgo Wilhelm Herzog e o filho de Thomas Mann, Golo Mann, que trabalhava como professor de história na Universidade de Rennes, antes de ser preso. Também internos no campo, estavam o dr. Otto Meyerhof, ganhador do Prêmio Nobel de Medicina em 1922, e o dr. Thadeus Reichstein, que descobriria a cortisona e ganharia o Prêmio Nobel de Medicina em 1950.

Com tantos artistas e intelectuais no Camp des Milles, alguns internos organizaram conferências e oficinas de pintura. Murais pintados pelos prisioneiros cobriam as paredes do refeitório dos guardas – eram retratos cômicos de sofisticados banquetes.[9]

Mas nada diminuía os horrores do encarceramento: a extorsão clandestina, os subornos, a chantagem, a predação sexual por companheiros presos; o labirinto desumanizador de dossiês e interrogatórios oficiais; as equipes de trabalhos forçados e o tédio incessante; as filas intermináveis para as refeições, para usar os sanitários e a chamada do toque de reunir; a disenteria e as doenças. Era destruidor para a alma, quase impossível de suportar.

No final de dezembro, a administração francesa finalmente começou a organizar a separação de prisioneiros nos campos de detenção. Antes do final de janeiro, 7 mil dos 15 mil "estrangeiros inimigos" mantidos em campos de internos espalhados por toda a França foram libertados.[10] Entre esses estavam prisioneiros que, por meio de contatos externos e amigos influentes, podiam provar que eram antinazistas e que se manteriam leais à França. Outros presos escaparam dos campos ao se alistar nas *compagnies de travailleurs étrangers*, equipes de trabalhadores estrangeiros organizadas pelo governo, ligadas ao exército francês, designadas para executar obras de defesa. Embora os combates de verdade não tivessem se iniciado ainda, todo mundo sabia que não tardariam muito a começar, e os *prestataires*, como eram chamados, foram designados para cavar trincheiras. Acreditava-se que os prisioneiros deixados para trás nos campos ainda constituíssem uma ameaça de colaboração com os alemães quando eles viessem, como certamente viriam.

L'HUMOUR NOIR

Creio que uma época bastante interessante pode estar começando, sob condição, é claro, de conseguirmos sobreviver a ela.

André Breton[1]

Quando a guerra foi declarada em setembro de 1939, André Breton se viu de volta ao uniforme de médico do Exército, promovido a tenente, integrante da 401ª Divisão Antiaérea estacionada na fortaleza de Noisy, em Romainville, nos subúrbios a nordeste de Paris. Ele havia jurado, depois da Primeira Guerra, que nunca mais permitiria ser convocado de novo. Mas, agora, tinha uma filha para cuidar e não queria passar a guerra na cadeia.

À medida que a guerra esquisita seguia empacada na expectativa, foram-lhe concedidas licenças freqüentes e era comum vê-lo no Deux Magots no *boulevard* Saint-Germain. Uma de suas preocupações era a publicação da *Anthologie de l'humour noir*, havia tanto tempo adiada. Ele inventara o termo *humor negro*. Escreveu a seu editor Jean Paulhan na Gallimard: "Parece-me que este livro teria um considerável valor *tônico*."[2]

A atitude de Breton com relação à guerra era fatalista. Guerras eram iniciadas porque alguém acreditava que podiam ser vencidas. Ele considerava a guerra uma explosão patológica tornada inevitável pela monotonia e limitações da vida burguesa. Generais octogenários incompetentes comandavam as Forças Armadas francesas, e o populacho, tendo passado por uma lavagem cerebral, se comportava como um rebanho de ovelhas.

No princípio de janeiro, a escola de treinamento de instrução de aviadores à qual estava incorporado como médico foi transferida para Poitiers. Separado da família e absolutamente sem qualquer fonte de renda, Breton ficou abatido. Tinha muito pouco que fazer no campo de aviação, e a própria Poitiers guardava poucos mistérios. Ficou aborrecido com o fato de que não conseguia encontrar seus livros nas livrarias. Iniciou uma amizade com uma jovem estudante de 19 anos, Maud Bonneaud, a quem tinha conhecido num dos hotéis da cidade durante um blecaute. A moça fazia uma leitura da peça surrealista de Alfred Jarry, *Ubu Rei*, com amigos, quando as luzes se apagaram. Conhecer Breton quando as luzes voltaram lhe indicou que o destino havia preparado o encontro. Breton passava grande parte do tempo livre com Maud em intensas conversas diárias.

Para a jovem Maud, o encontro com Breton tinha sido um total *bouleversement*. Ela sentia que havia mudado sua vida. O segredo do poder de Breton, diria ela em retrospecto, foi que ele lhe ensinara o "êxtase, delírio". "Ele era como um vento demolindo os castelos de areia dos normais [...] um tufão devastando uma pequena ilha de vida confortável. Entretanto, a desolação era bela, comovente."[3] Com infinita paciência, ele a conduziu pelo que ela chamou de estranhos caminhos, uma extraordinária "estrada de ferro cênica" da mente. Breton era um feiticeiro com as palavras, e ela se sentia deliciosamente capturada em sua armadilha.

Evidentemente, ela estava apaixonada. Mas Breton só estava interessado em erotismo mental. Ele censurava os companheiros surrealistas, como Paul Eluard, que eram atraídos para casos amorosos, libertinagem, bordéis ou sexo em grupo. Tais indulgências, advertia ele, eram prejudiciais à dedicação exclusiva que o artista devia à sua musa.[4]

Breton era fiel a Jacqueline Lamba. Para Maud, ele pintava um retrato da esposa como "adornada de jóias numa floresta de maravilhas de Rousseau". É claro que Maud, agora, queria ser esta idéia na mente de um homem. Mas ela sempre pensaria em Breton como um personagem de "extraordinária nobreza, guiando os outros com um gesto de amizade em meio a corredores escuros rumo ao ar livre".[5] Ela sentia que era um privilégio tê-lo conhecido.

Enquanto Breton estava em Poitiers, Jacqueline e Aube ficaram com Picasso e Dora Maar, que agora moravam na cidade da costa do Atlântico de Royan, a apenas 160 quilômetros de distância. Pelo menos Breton podia passar as licenças à beira-mar com a família, renovando os laços de amizade com Picasso. Ao ver a penúria em que a família se encontrava, Picasso deu a Breton uma de suas obras para vender. Mesmo em tempo de guerra, havia compradores. Ao retornar a seu posto, Breton lhe escreveu:

"Tenho de lhe dizer como fiquei feliz de passar algum tempo em sua companhia, como levando tudo em conta isso me trouxe de volta o gosto pela vida. E obrigado, OBRIGADO mais uma vez, por ter-me oferecido ajuda tão espontaneamente, da forma mais sedutora possível."[6]

Breton estava preocupado com os amigos. Max Ernst finalmente tinha sido libertado do Camp des Milles, embora estivesse com a saúde muito abalada. Mas seu mais íntimo confidente, o poeta Benjamin Péret, agora estava na prisão em Rennes, por fazer declarações derrotistas e tentar organizar uma célula trotskista. Enquanto a guerra esquisita se arrastava, Breton concentrou a atenção na antologia. Ele mudara de editores, e agora o livro deveria ser entregue à gráfica para ser impresso em maio, com o lançamento previsto para 10 de junho. O que ele não sabia era que sua *Antologia do humor negro* estava planejada para ser lançada exatamente no dia em que Paris sucumbiu aos alemães.

RETIRADA: OPERAÇÃO DÍNAMO

26 de maio – 4 de junho de 1940

Nós devemos... nós devemos... Eu gostaria tanto de ser recompensado antes que seja tarde demais, de ter o direito de amar, de conhecer e reconhecer por quem estou morrendo.

ANTOINE DE SAINT-EXUPÉRY[1]

Quando a França e a Grã-Bretanha declararam guerra à Alemanha, o embaixador dos Estados Unidos, William Bullitt, fez um apelo a todos os cidadãos americanos para que voltassem para os Estados Unidos. Os americanos dedicados ao comércio de luxo da Place Vendôme fecharam as lojas. Do mesmo modo, turistas, estudantes, bem como artistas expatriados rumaram para os portos ocidentais onde os escritórios das companhias de transporte de passageiros foram inundados por pessoas desesperadas para sair.

De volta a Paris, depois de passar o mês de agosto nos Vosges, Mary Jayne Gold se deu conta de que teria de tomar uma decisão. Ela vivera na França durante oito anos, e ali era mais seu lar do que os Estados Unidos. Ela ainda tinha acesso a seu fundo fiduciário. "Se os franceses podem agüentar isso", disse a si mesma, "eu também posso."[2] Seu primeiro gesto para confirmar a decisão foi oferecer o Vega Gull à Força Aérea francesa.

Mary Jayne estava sozinha em Paris. A cidade estava melancólica. Transeuntes nas ruas desoladas pareciam atordoados e ansiosos. Os blecautes e treinamentos para ataques aéreos estavam afetando os nervos das pessoas. A maioria de seus amigos abandonara Paris – Yola Letellier estava em Bordeaux, Zabette estava em Nova York, e a outra irmã de Danny, Hélène, estava na Normandia.

Concluindo que a família ficaria mais segura fora de Paris, Theo Bénédite tinha se mudado com a sogra e o filho de um ano e meio, Peterkin, para Châteauneuf-sur-Loire, duas horas ao sul de Paris. Ela encontrara abrigo numa pequena casa de hóspedes na propriedade de uma velha amiga, a ilustradora Camille Roche. No clima agradável do outono da região do Loire, tão mais quente que Paris, ela esperou por notícias de Danny na linha de frente.

Mary Jayne decidiu fechar o apartamento na *avenue* Foch e se juntar à família Bénédite. Lançando um último olhar para o *décor* elegante em que havia trabalhado tão zelosamente para criar, pegou Dagobert no colo e, girando a chave na fechadura, perguntou a si mesma se algum dia voltaria a ver de novo seu apartamento.

Ela conseguiu alugar um chalé na minúscula aldeia de Mesnil, logo nos arrabaldes de Châteauneuf-sur-Loire. Fora propriedade da diretora da escola e tinha um minúsculo quarto, cozinha e sala. Mary Jayne trouxera consigo a cozinheira e a arrumadeira e conseguiu quartos para elas num vilarejo próximo, mas elas logo se cansaram da vida no campo e voltaram para Paris.

Verdadeiramente sozinha, talvez pela primeira vez na vida, Mary Jayne descobriu que amava a solidão. Aprendeu a cozinhar o trivial e mantinha a casa aquecida avivando o fogo no forno de porcelana da sala. A única maneira de tomar banho era numa banheira rasa de latão, posicionada diante da lareira para se manter aquecida. Quando se banhava, imaginava-se numa pintura de Renoir.

O inverno foi extremamente frio, de fato, um dos mais frios em quase meio século. Neve pesada caía por toda a Europa, chegando até mesmo a lugares mais distantes ao sul, como Roma. À meia-noite, na véspera do Ano-Novo, a mensagem oficial do presidente da França foi transmitida: "O ano de 1940 será mais feliz para toda a humanidade."[3] As pessoas tinham acabado por se habituar à "guerra esquisita", preferindo acreditar na inexpugnável Linha Maginot.

Mas o inverno, ainda que brutal, foi curto, e a primavera chegou cedo, deslumbrando a região do campo com salpicos de jacintos, narcisos silvestres e açafrões. Mary Jayne pôs mãos à obra e plantou um jardim, perguntando-se se o veria florir. Em meio a tanta beleza, era difícil acreditar na guerra.

Todo mundo esperava que Hitler fizesse sua manobra costumeira da primavera no jogo mortal que estava fazendo. No dia 9 de abril, o exército alemão desencadeou um ataque contra a Noruega, que não tinha defesas aéreas e foi facilmente derrotada. No mesmo dia, invadiu a Dinamarca. Hitler entregou um ultimato, e os dinamarqueses, mal armados, se renderam praticamente sem qualquer luta. "Eles nos tomaram pelo telefone", declarou o primeiro-ministro dinamarquês.[4] A Grã-Bretanha e a França enviaram tropas para a Noruega, numa tentativa mal planejada de repelir os alemães. Tinham poucos suprimentos, e as tropas mal conseguiram ser evacuadas a tempo de evitar um massacre.

Um mês depois, no anoitecer de 10 de maio, quando Mary Jayne comprou o jornal da noite, as manchetes estavam em imensas letras negras. "Esta manhã", leu ela, "durante a madrugada, a Alemanha invadiu a Holanda e atacou a Bélgica e Luxemburgo." O aeroporto de Lyon tinha sido bombardeado. Aviões podiam ser ouvidos sobrevoando Paris, embora a cidade não tivesse sido atacada. "Começou", pensou ela. O medo estava mesclado com um inesperado sentimento de alívio. Finalmente a espera intolerável estava acabada.

O aviador e poeta Antoine de Saint-Exupéry, autor de *O pequeno príncipe*, estava sentado a uma mesa de um café em Paris, no *boulevard* Saint-Germain, escrevendo num grande livro-razão. Parecia um homem firme e experiente, os olhos duros e frios. Quando indagado sobre o avanço alemão, dizia apenas: "Do ar, a guerra é um friso. Você vê pontos negros que são os tanques e os caminhões e o véu de poeira. Não há nenhum movimento quando você vê isso de 20 mil pés de altura. É uma natureza-morta."[5]

A recusa de dar sua opinião em público decorria da desilusão e da revolta. Desde meados de março, ele estivera servindo no 2/33 Esquadrão de Reconhecimento e voara em missões de observação sobre território inimigo. Trouxera de volta fotografias de engenheiros alemães lançando pontes flutuantes sobre o meio do Reno. Com muita antecedência, ficara claro para ele que o plano alemão era invadir a França através da supostamente impenetrável floresta de Ardennes. Mas o alto comando Aliado não conseguia imaginar que o exército alemão tivesse a capacidade de atravessar o terreno montanhoso das Ardennes com tanques e equipamentos e assim posicionou o grosso das tropas muito mais ao norte, no que lhes parecia uma parte mais vulnerável da fronteira franco-belga.

No dia 13 de maio, o assalto à França começou. A coluna de blindados alemães, com mais de 130 quilômetros de comprimento, estendendo-se para trás até o outro lado do Reno, penetrou facilmente o norte da Linha Maginot na cidade francesa de Sedan, perto do rio Meuse. A batalha começou com um bombardeio aéreo, de oito horas, por cerca de mil bombardeiros Stuka com suas sirenes uivando. Somente o barulho já era assustador, as explosões, aterradoras. Então os soldados alemães atravessaram o Meuse em dingas de borracha trazendo equipamento para lançar cabeças-de-ponte. Atravessando pelas pontes improvisadas, milhares de tanques Panzer se espalharam pelo território francês e, em menos de quatro dias, os alemães estavam a 150 quilômetros de Paris. Sabendo que poderiam capturar a maior parte do exército de defesa francês, em vez de prosseguir para Paris, eles desviaram o avanço para o norte, seguindo rapidamente em direção aos portos do canal da Mancha.[6]

O Primeiro Exército Francês e a Força Expedicionária Britânica tinham sido logrados. Agora os alemães estavam em seu flanco, e as forças aliadas se viram obrigadas a recuar em direção à cidade francesa de Dunquerque no canal da Mancha.

A cada manhã, no Ministério da Guerra em Paris, o oficial encarregado das informações, com um apontador como professor, assinalava o avanço do "bolsão" alemão, nunca deixando de mencionar as pesadas perdas alemãs. O *London Daily Mail* publicava a manchete em letras garrafais: "Mil tanques alemães perdidos." Mas a verdade era outra.[7] O exército francês estava atordoado. Com a Linha Maginot, eles tinham se preparado para lutar uma guerra defensiva, mas os alemães inventaram uma tática nova e impiedosa: a *blitzkrieg*, a Luftwaffe alemã fazendo ataques-relâmpago contra alvos que incluíam populações civis, enquanto as divisões Panzer desciam rapidamente o terreno difícil.

Danny Bénédite estava servindo como tradutor na Primeira Divisão da Força Expedicionária Britânica. Com o rompimento das linhas pelos alemães em Sedan, a BEF recebeu ordens de avançar para o sul para defender as guarnições da fronteira. Quando a divisão dele chegou à fronteira belgo-francesa, não muito longe de Lille, ele foi imediatamente enviado de volta para o norte para buscar mapas da região. Absurdamente, a BEF não dispunha de mapas atualizados da França. Não se esperava que os alemães fossem estar na França.[8]

Requisitando o pequeno Austin do capelão anglicano da companhia, Danny e Luthwaite, o motorista *cockney*, dirigiram contra a maré humana de soldados movendo-se para o sul para enfrentar o ataque alemão. Eles seguiram de volta em direção a Dunquerque. A estrada havia se tornado "uma torrente de cáqui: soldados belgas, ingleses, franceses, caminhões militares, motocicletas com carro conjugado, até um tanque seguido por uma carroça puxada por um cavalo". Quando Danny pediu a um PM, que tentava administrar o caos, instruções sobre como chegar a Dunquerque, o soldado apontou para o horizonte ao norte onde uma coluna de fumaça negra subia em rolos para o céu: "Não há como errar, senhor."

Os aviões alemães, Messerschmitts e Stukas, bombardeavam e metralhavam a estrada. Como uma cicatriz, o bombardeio se gravou a ferro e fogo na mente de Danny, e, mais de 40 anos depois, ele conseguiu reproduzir detalhes com brutal nitidez. Em seu livro de memórias, escreveu:

A violência das explosões enchia o ar com escombros de tijolos, madeira e humanos. [...] Das asas curvadas, os Stukas descarregavam bombas que produziam um uivo aterrador antes de estraçalhar a paisagem. Sangue fresco se empoçava no asfalto, e cadáveres mutilados atravancavam o solo. Médicos revoltados, atendendo aos gritos desesperados que vinham de todos os lados, não conseguiam liberar as ambulâncias do engarrafamento. Havia caminhões abandonados espalhados pelos campos, alguns saqueados pelos soldados, outros em chamas, apesar da chuva que, de quando em quando, caía em súbitos aguaceiros. [...] [Em todo o trajeto para Dunquerque], não vi um único civil. Lamentavelmente eles foram misericordiosamente afastados das estradas, reservadas para o exército em retirada. Quem ainda não deixara sua casa viu-se obrigado a se esconder em cavernas.[9]

Em seis horas, Danny e Luthwaite tinham coberto apenas 40 quilômetros, diversas vezes sendo obrigados a abandonar o carro e correr para valas para se abrigar dos bombardeios. Quando finalmente chegaram a Dunquerque, a cidade era um desastre. Rajadas de vento haviam aprisionado a fumaça negra de reservatórios de óleo em chamas no porto. Ondas de bombardeiros enchiam o céu.

Danny perguntou-se o que estava fazendo procurando por mapas naquele inferno. Ninguém estava no controle, e ele estava sendo enviado para o perigo, para a morte, por nenhum outro motivo senão o de que o comando não recebera os mapas corretos e precisava executar as fúteis instruções recebidas. Mas o sentido de absurdo de Danny começou a atuar. Com tudo se desfazendo em pedaços desordenadamente, que importância tinha se preocupar demais com o risco?

Abrindo caminho cautelosamente em meio às ruínas de casas e ruas destroçadas por crateras de bombas, eles encontraram um escritório de construções abandonado. As casas em ambos os lados do prédio estavam em chamas, mas Danny saltou do carro, subiu correndo as escadas e vasculhou as escrivaninhas atravancadas até encontrar o que buscava. Conseguiu escapar do prédio bem no instante em que o telhado se incendiou. Reparando que Danny tinha perdido o capacete, Luthwaite apontou para cinco ou seis soldados britânicos mortos estendidos na beira da rua.

– Vá e sirva-se – disse Luthwaite.[10]

Mais uma vez movendo-se contra a maré humana, desta vez de refugiados que fugiam para o oeste para escapar dos alemães, eles se mantiveram nas estradas secundárias onde o fogo inimigo era menos feroz. Finalmente encontraram a divisão deles.

– Como está correndo o embarque? – foi a primeira pergunta que o general inglês lhe dirigiu.

– Que embarque? – perguntou Danny. Ele não sabia que as tropas britânicas e francesas tinham aceitado a derrota e estavam tentando evacuar a área.

A divisão de Danny recebera ordens de fazer meia-volta e marchar para o norte, de volta para Dunquerque, onde ele acabara de arriscar a vida para obter os mapas inúteis. O novo papel da divisão seria dar cobertura para a retirada para o norte da BEF. O gabinete do novo primeiro-ministro britânico, Winston Churchill, lançara um pedido de socorro a todas as embarcações em condições de navegar nos portos do canal da Mancha e no mar do Norte. Uma flotilha de transportes de tropas – balsas de passagem, pequenas embarcações e barcos de passeio de todos os tamanhos – estava a caminho de Dunquerque. Entre 26 de maio e 4 de junho, eles iriam evacuar 198.315 soldados britânicos e 139.911 soldados aliados (principalmente franceses), transportando-os para o outro lado do canal para a segurança na Inglaterra.[11]

Durante a indescritível confusão nas praias do norte, Danny foi separado de sua unidade. Exaurido pela falta de sono, pela fome e sede, ele afinal também foi recolhido e levado de barco para Dover.

Aquilo foi uma vitória momentânea em meio à derrocada do malogro total. Em 1942, a indústria cinematográfica transformaria este corajoso esforço de resgate num dos mais bem-sucedidos filmes da guerra: *Rosa da esperança*. Mas, como diz a famosa frase de Churchill: "Guerras não são vencidas com retiradas."

Em Yorkshire, enquanto sua unidade esperava para voltar à França, Danny tentou desesperadamente enviar notícias para a esposa e a mãe, avisando-as de que havia sobrevivido a Dunquerque e que não tinha sido capturado. Entre 30 e 40 mil soldados franceses que tinham conseguido sobreviver à batalha foram deixados para trás nas dunas de Dunquerque. Considerados prisioneiros de guerra, foram transportados para campos de presos no interior da Alemanha. Quatro anos se passariam, antes que as famílias voltassem a vê-los.[12]

A QUEDA DE PARIS

10 de junho de 1940

Quando Paris acaba, o mundo acaba; é inútil ver a verdade como se poderia suportar admiti-la?

VICTOR SERGE[1]

No dia 4 de junho de 1940, uma recepção estava sendo oferecida no Ministério da Aeronáutica. Entre os presentes, havia oficiais militares, políticos e diplomatas estrangeiros. O embaixador americano William Bullitt encontrava-se junto ao bufê, uma taça na mão, quando uma bomba entrou pelo teto, atravessou cada um dos andares sucessivos e aterrissou a seus pés. Ninguém se moveu. Por sorte, a bomba não explodiu. Mas o serviço de informações alemão, evidentemente, era muito bom. A Luftwaffe também bombardeou os prédios da fábrica da Citroën no Sena, e bombas isoladas caíram nos arredores da *avenue* de Versailles.[2]

Agora, apanhados como os refugiados do norte em meio aos escombros da guerra, os parisienses começaram a compreender que aquilo poderia ser o fim. Aviões de guerra roncavam sobre os telhados; as casas tremiam, o emboço rachava, pratos e garfos deslizavam das mesas. Vidro pulverizado se empilhava em pequenos montes de cristal nas calçadas, e o cheiro acre de cordite das bombas a ar tornava a atmosfera carregada. Parecia que Paris estava morrendo.

As ruas da cidade estavam cobertas de cartazes: “Nós venceremos porque somos os mais fortes.” Em meio ao gemido de sirenes de raide aéreo e ao crepitar da artilharia antiaérea, as pessoas, movendo-se como autômatos, desciam para as estações de metrô e para abrigos improvisados em trincheiras escavadas nos parques públicos. Uma espessa fumaça pairava sobre a cidade, enquanto autoridades no Quai d'Orsai arremessavam arquivos pelas janelas para as fogueiras que ardiam nos gramados. O Ministério do Exterior não queria que documentos delicados caíssem nas mãos dos alemães.

Ninguém sabia o que esperar. Escritores de direita, em jornais como o *Action Française*, afirmavam que os comunistas dos subúrbios industriais aproveitariam a ocasião para se apoderar de Paris. Eles saqueariam, assassinariam e ateariam fogo. Mesmo a ocupação alemã seria preferível a uma revolução comunista. Mas onde estavam os comunistas? A maioria estava na cadeia ou tinha fugido para escapar às prisões que haviam começado no mês de novembro anterior quando o governo, ao tornar ilegal o Partido Comunista Francês, aprovara um decreto para internar todas as pessoas consideradas perigosas para a segurança nacional.[3]

Graças à intervenção de Danny Bénédite, que lhe obtivera uma permissão de residência, Victor Serge havia se juntado às fileiras de refugiados estrangeiros em Paris e agora morava no distrito operário de Pré-St. Gervais. Embora estivesse doente e isolado, por sorte e graças a sua capacidade de *débrouillard* (alguém com o talento para, de alguma forma, escapulir pelas brechas), tinha sido poupado dos riscos do internamento.

Paris vivia um dos mais belos meses de junho de que se tinha registro. Na manhã do dia 3, Serge e sua companheira, Laurette Séjourné, encontravam-se na varanda do apartamento, escutando os sons de bombas distantes e de artilharia antiaérea.[4] Um sentimento de repulsa os dominou ao mesmo tempo que o sol dançava na vidraça das janelas que tremiam atrás deles. Paris inteira estava em pânico. Pouco além dos subúrbios a leste, as pessoas sabiam que colunas motorizadas alemãs estavam se reunindo para entrar na cidade.

Desiludo pela tragédia espanhola, pela traição da União Soviética, pelo niilismo que parecia imobilizar Paris como um torno, Serge angustiava-se. Os jornais estavam repletos de mentiras – frases sobre solidariedade americana, resistência até a última trincheira, a lembrança de Joana d'Arc, a fadiga do inimigo. Era tudo bobagem, escondendo o verdadeiro horror. Ele sabia que as Forças Aliadas não tinham possibilidade de medir forças com os armamentos alemães.

Companheiros belgas que conseguiram escapar para a França tinham lhe contado sobre o massacre da cavalaria francesa nas Ardennes – uma cavalaria contra tanques! Eles também disseram que, embora na fronteira francesa a polícia estivesse deixando entrar a torrente de civis com passaportes ou vistos, todos os *apatrides*, pessoas que tivessem perdido a nacionalidade de origem e estivessem oficialmente sem pátria e sem documentos, estavam sendo mandados de volta. Essas pessoas não tinham documentos precisamente porque os nazistas os haviam confiscado. Serge estava enojado. A burocracia francesa ainda funcionava eficientemente – impedindo a entrada dos inimigos de seu próprio inimigo. Os *apatrides* só conseguiram atravessar a fronteira depois de os guardas franceses terem fugido de seus postos.

Gardes mobiles, de rifles carregados, davam batidas em cafés de estudantes no Quartier Latin. Todos os estrangeiros cujos papéis não estivessem em ordem eram embarcados em caminhões e levados para o quartel-general de polícia. O último país do continente onde se asilar parecia ter perdido o juízo.

Serge estava decidido a adiar sua saída de Paris até o último minuto. Ainda tinha uma vaga esperança de que o mundo pudesse se equilibrar, e, de qualquer modo, praticamente não tinha nenhum dinheiro. Ele não era o único. Muitos parisienses adiaram a partida, esperando uma reviravolta no último instante na guerra.

No dia 10 de junho, enquanto viajava de metrô, viu homens e mulheres em lágrimas, as mãos cerradas amassando os jornais que noticiavam que Mussolini havia quebrado a promessa de neutralidade. A Itália entrara na guerra do lado de Hitler.

– Fomos traídos a cada passo – dissera um velho e saltara cambaleando do metrô, resmungando: – *Ah! Nom de Dieu! Nom de Dieu!* Duas guerras em uma vida![5]

Serge iniciou o que acreditava ser sua última caminhada pela adorada Paris. "Vistos pela última vez, os objetos adquirem um realce sem precedentes", escreveu em seu livro de anotações. "As cadeiras vazias ao longo das balaustradas nas Tuileries criavam sombras que pareciam traçados surrealistas nas alamedas de cascalho. Nem uma única criança brincava com um barco a vela na fonte." Nas proximidades, lia-se em um cartaz: "Abrigo 80 pessoas." Que decepção, refletiu Serge. Nunca havia nenhum abrigo. Ele parou para lançar um último olhar para o Sena onde "alguns pescadores ainda recolhiam as linhas entre as pedras achatadas sem cor e a água sombria", enquanto a Europa desmoronava acima de suas cabeças. "Um grande pânico imóvel pairava sobre os cais, as estátuas eqüestres e janelas escurecidas." As lojas estavam com os postigos de ferro fechados. Enquanto ele olhava para mais abaixo pelo Champs-Élysées, o Arco do Triunfo aparecia "como um monumento em um cemitério".[6]

Ao meio-dia, a fumaça escura já obscurecia o sol. Ela avançava se estendendo pelo Champs-Élysées e obliterava o topo da abóbada branca da Sacré-Coeur. Os boatos grassavam rapidamente. Alguns diziam que o exército francês tinha ateado fogo às reservas de combustível para criar uma cortina de fumaça para sua retirada. Outros garantiam que os tanques de gasolina em Rouen estavam em chamas para encobrir o avanço dos alemães sobre Paris.[7] As pessoas passavam o dia inteiro sentadas, ao lado do rádio, esperando que lhes dissessem o que fazer. Paris se defenderia ou não? Deveriam partir ou ficar? Elas esperavam por gestos de coragem ou de desafio por parte do governo.

Mas o próprio governo estava paralisado. Em março, o *premier* Daladier renunciava depois de não conseguir obter um voto de confiança quanto à maneira como estava conduzindo a guerra e havia sido substituído pelo político conservador Paul Reynaud. Mas Reynaud demonstrou ser igualmente ineficiente. Seu governo parecia incapaz de tomar quaisquer decisões ou de dar quaisquer instruções exceto dizer *restez tranqüilles*.

Enquanto a gigantesca máquina mecanizada alemã avançava inexoravelmente em direção a Paris, Reynaud anunciou em um pronunciamento no rádio para um populacho desesperado por orientação:

– Se, algum dia, me dissessem que somente um milagre poderia salvar a França, eu diria: "Acredito neste milagre, pois acredito na França." – Reynaud, acompanhado por generais, assistiu à missa solene na catedral de Notre Dame para rezar por uma salvação miraculosa.

Nos bastidores, o Comitê de Guerra Francês estava em reunião e a atmosfera era rancorosa. Reynaud queria engajar unanimemente o governo na resistência. Eles dariam continuidade à guerra a partir da África. Mas ele mostrou-se vacilante, e a palavra *armistício* flutuava ameaçadoramente no ar. O general Maxime Weygand vociferou que a França estava pagando por "vinte anos de graves erros e negligência". "Está fora de questão", declarou o general, "punir os generais e não os professores que se recusaram a desenvolver um sentimento de patriotismo e sacrifício nas crianças."[8] A idéia de solicitar um armistício aos alemães passou ao primeiro lugar na ordem do dia. Os generais disseram que a França deveria sair da guerra.

Em 10 de junho, o governo francês, depois de anunciar que deixava Paris a fim de salvar a França, deu início à sua retirada periclitante para Tours, onde os ministros foram espalhados entre os *châteaux* no vale do Loire. Antes de partir, eles declararam Paris uma cidade aberta – não seria defendida. Os alemães poderiam tomá-la sem disparar um tiro.

Hipnotizada pela velocidade do avanço alemão, a França já havia aceitado a derrota. No dia 11 de junho, quando o primeiro-ministro inglês Winston Churchill voou para o vale do Loire para se encontrar com Reynaud, a fim de tentar revigorar o esforço de guerra francês, ele falou veementemente em defender Paris rua a rua. "Os franceses visivelmente gelaram", relatou. A idéia de montar um combate em Paris era inconcebível para eles.[9]

Ignorante, como todo mundo, das atividades nos corredores do poder, Serge decidiu abandonar Paris no anoitecer do dia 10 de junho. Com Laurettte e seu filho, Vlady, ele seguiu para a gare de Lyon, mas imediatamente percebeu a violência no ar. Uma multidão inquieta circulava em torno da estação. Não havia mais lugar lá dentro e, de qualquer modo, não havia mais trens. Por uma espantosa sorte, ele conseguiu encontrar um táxi onde ele, Laurettte, o filho e um amigo espanhol que se juntara a eles entraram. O motorista, também fugindo de Paris, estava disposto a levá-los para o sul, para longe do avanço alemão. "É assim que a salvação vem quando vem", refletiu ele. "Com a maior simplicidade." Você tem de "confiar na sorte, mas com uma vontade racional e tenaz".[10]

O táxi se juntou à caravana silenciosa que seguia pela *avenue* de Vincennes, os faróis camuflados colados contra o pára-choque do carro da frente. A noite estava tão escura, que apenas o som de pés se arrastando ou uma tossidela ocasional traíam a presença de centenas de milhares de pessoas caminhando junto ao carro. Parecia que Paris inteira estava fugindo. O táxi atravessou os bosques de Fontainebleu sob um fogo de barragem de bombas e avançou, em paralelo à auto-estrada engarrafada, em direção ao sul, seguindo a maré de fugitivos.

Estranhamente, lado a lado com o pavor, Serge sentia uma espécie de euforia. Muito embora mais uma vez tivesse perdido todos os bens materiais – livros, objetos pessoais, manuscritos –, ele vivenciava uma sensação de libertação. A Europa vivia num "sufocante beco sem saída", e todo mundo sabia que aquilo não poderia durar. Serge escreveu em suas memórias: "O salto para o desconhecido foi dado. Será negro e terrível, mas aqueles que sobreviverem verão um novo mundo renascer."[11]

Por um momento, Serge sentiu-se de volta à infância quando vivera entre os revolucionários russos exilados. Eram idealistas esperando pelo cataclismo necessário. Eles aguardaram pacientemente em meio a uma perseguição brutal por meio século. E a revolução tinha vindo. Por um momento, Serge apegou-se à velha fé, por um breve instante se esquecendo de como, mal ocorreu a revolução, ela foi corrompida.

Não encontrando nenhum lugar para parar, o motorista de táxi simplesmente dirigiu para fora da estrada, mergulhando na escuridão, e a família dormiu em campo aberto. Acordaram ao amanhecer, no meio de uma região rural, sob uma chuva fina. As auto-estradas ainda estavam repletas de fugitivos do exército francês em retirada, de parisienses e de refugiados da Alsácia, Lorraine, Bélgica, Holanda e dezenas de outros lugares. Era um cenário de caos inacreditável. Todo tipo de veículo tinha sido levado para a estrada: caminhões, carros, carroções de feno puxados por cavalos, carroças de estrume, qualquer caixa provida de rodas com pilhas altas de pertences de família embrulhados em colchas e com freqüência cobertos com colchões para proteção contra disparos dos aviões. Havia coches fúnebres transportando pacientes idosos evacuados de asilos e pacientes de instituições mentais.

– O que está acontecendo? – As pessoas perguntavam aos soldados quando estes passavam. Os soldados estavam sem líderes e sem instruções. Muitos dos oficiais tinham fugido. "*Nous sommes foutus*", diziam eles. ("Estamos perdidos.") "*Nous sommes vendus.*" ("Eles nos venderam.") Vilarejo após vilarejo se esvaziava, os aldeões assumindo um lugar na procissão, seguindo a caravana condenada. Animais de criação doméstica, libertados dos celeiros para que não morressem de fome, andavam à solta pelos campos, pisoteando as plantações de grãos que amadureciam. Os boatos se espalhavam como um fogo ganhando intensidade gradualmente: os americanos tinham entrado na guerra; os russos bombardearam Berlim; o papa se suicidara; a Inglaterra tinha sido invadida. As pessoas estavam além do espanto. As linhas de telefone tinham sido cortadas. Não havia como saber.[12]

Os refugiados quase sempre encontravam má acolhida nas cidades. Eram encarados com desconfiança – devoravam os suprimentos de alimento e faziam os preços ir às alturas. Eles roubavam bicicletas. Suspeitava-se até de que eram inimigos, especialmente se tivessem sotaque estrangeiro. Havia histórias de grupos de freiras na auto-estrada que acabaram por se revelar agentes alemãs disfarçados.

Fazendeiros com iniciativa montaram barraquinhas nas margens da estrada, alguns vendendo até água. Mas também havia aqueles que abriam os celeiros para abrigar os sem-teto e que davam leite fresco às crianças. Alguns donos de lojas tinham fugido, deixando as portas destrancadas, com o convite: "Levem o que quiserem."

A partir de meados de maio, estima-se que entre seis e oito milhões de pessoas abandonaram os lares e seguiram para as estradas em direção ao sul e ao oeste.[13] Esta migração em massa seria chamada de *la pagaille* (o grande tumulto). Cidades inteiras se tornaram cidades-fantasma da noite para o dia. As auto-estradas estavam repletas de carros abandonados depois de ficarem sem gasolina ou enguiçarem. Com freqüência, eram empurrados para campos adjacentes e ali ficavam como despojos esqueléticos; alguns, ruínas queimadas; outros, capotados com as rodas girando. Os alemães bombardeavam as estradas para impedir o avanço dos soldados franceses e para aterrorizar os civis. As pessoas corriam em busca de qualquer abrigo. Depois dos bombardeios, os aviões desciam preguiçosamente em vôos rasantes, com as metralhadoras cuspindo bala para matar quaisquer sobreviventes.[14]

Tudo havia parado de funcionar, exceto a burocracia francesa. Na França central, 2 mil sepulturas tinham sido cavadas e, instantaneamente, mais de um milhão de formulários para enterro, com espaços em branco para nome, data e causa da morte, foram impressos. Se a França não estivera preparada para o combate, ela certamente estaria preparada para a morte.[15]

Victor Serge e a família procuraram algum lugar onde se refugiar. Ele tinha endereços de amigos socialistas e anarquistas, mas a cada porta eram rejeitados. Um antigo colega socialista disse:

– Leve meu carro, mas saia daqui rapidamente. Eles estão vindo nesta direção. – O homem explicou que havia mudado. Ele agora acreditava em governo forte e simpatizava com Hitler.

Numa ocasião, Serge e Laurettte foram presos, mas a polícia logo os deixou ir. Parecia que a prisão havia sido apenas uma formalidade – todo mundo estava sendo preso. Serge e a família seguiram o fluxo rumando para o porto do extremo sul, Marselha. Não havia nenhuma lógica nesse movimento, exceto se distanciar o máximo possível dos alemães que avançavam. Marselha havia se tornado o repuxo de um horripilante funil humano; metade da Europa parecia jorrar para seus abrigos obstruídos, na esperança de fugir dos combates.

Em 14 de junho, às cinco e meia da manhã, o exército vitorioso do Terceiro Reich entrou em Paris. Estava um dia quente de junho. Nuvens salpicavam o céu, e o canto de pássaros enchia o ar. Os tanques Panzer e os carros blindados alemães, pesados, escuros e em formações rígidas, roncaram pelos bulevares do norte e do leste da cidade. Como parte do esperado de uma cidade aberta, a polícia francesa enfileirava-se nas calçadas do Champs-Élysées com cassetetes na mão para manter a ordem. Mas havia apenas um punhado de parisienses abatidos e sérios enfileirados ao longo das ruas. A maioria dos que ainda estavam na cidade ficou dentro de casa e assistiu ao espetáculo humilhante através de frestas dos postigos das janelas fechadas. Num pequeno gesto de rebeldia, o elevador da torre Eiffel tinha sido desmantelado para impedir os alemães de tirarem a bandeira tricolor da França. Soldados alemães diligentemente subiram as escadas até o topo e hastearam a suástica.

Numa cerimônia formal, na embaixada americana, que durou apenas dez minutos, o embaixador William Bullitt, como mediador neutro entre a França e a Alemanha, aceitou o tratado resumindo os termos para a ocupação de Paris. Estes incluíam a garantia de que nenhuma "ação inimiga" teria lugar, nem "represálias imediatas seriam impostas à população civil". Ele deveria entregar o tratado ao comandante militar francês.[16] Washington tinha ordenado que Bullitt seguisse o governo francês na ida para Tours, mas ele se recusara, alegando que nenhum embaixador americano jamais deixara Paris. (Em um gesto absurdo, ele havia enviado um cabograma a Washington, no dia 6 de junho, pedindo 12 submetralhadoras.) O presidente Roosevelt estava furioso, acreditando que Bullitt havia custado aos Aliados a oportunidade de convencer Reynaud a não se render. O embaixador foi rapidamente chamado de volta aos Estados Unidos.[17]

Já em 16 de junho, o governo francês havia recuado para ainda mais longe. Abandonando o vale do Loire, eles voltaram a se reunir em Bordeaux. Naquele dia, o *premier* Reynaud, no que em retrospecto se considerou uma manobra estratégica para adiar a votação de um armistício com a Alemanha, apresentou o pedido de renúncia. Para seu grande choque, foi aceito. O marechal Henri Philippe Pétain, que reagrupara as tropas na batalha crucial de Verdun, na Primeira Guerra Mundial, e era a coisa mais próxima que a França tinha de um herói nacional, foi nomeado chefe do governo. O soldado octogenário assumiria o poder absoluto e se revelaria uma marionete das forças sinistras favoráveis à colaboração. Sob sua liderança, a democracia da Terceira República logo foi extinta por voto e substituída por um regime autoritário, antidemocrático, dedicado a trabalhar em estreita ligação com os nazistas.[18]

MEDO

As pessoas tinham se esquecido de que é tão natural para o animal humano esperar pelo massacre, fugir pelas estradas, se esconder em florestas quanto o é nascer, crescer, lutar e morrer de velhice.

VICTOR SERGE[1]

Para Mary Jayne Gold, uma das lembranças mais vívidas da guerra sempre seria o desfile melancólico de nômades fugindo pelo vale do Loire, os carros e carroções de fazendeiros com enormes pilhas de objetos domésticos – primeiro os holandeses, depois os belgas e finalmente os franceses. O *curé* de Châteauneuf-sur-Loire e os fazendeiros locais organizaram uma cantina de beira de estrada, e ela ajudava a distribuir comida para os refugiados, enquanto jovens trabalhadores rurais encontravam lugares onde eles pudessem descansar. À noite, voltando para casa de bicicleta, Mary Jayne observava as carroças passando puxadas pelos grandes e fortes Percherons. Viajantes desalentados e exaustos rumavam para os campos para montar acampamentos. Em contraste com as estrelas de verão, as centelhas das múltiplas fogueiras criavam um quadro estranhamente belo.

Mas logo as placas dos carros começaram a apresentar o número 75, o código de Paris, e o pânico aumentou. E então veículos militares e soldados feridos se juntaram à torrente rumo ao sul.

Mantendo-se informadas do progresso da guerra pelo rádio de ondas curtas, Mary Jayne, Theo e Eva se debruçavam sobre mapas, traçando as vitórias alemãs. A divisão Panzer do general Rommel avançou do norte, Reinhardt forneceu a arremetida central, e Guderian pressionava do leste. Quando os alemães entraram em Paris no dia 14 de junho, as mulheres não suportaram falar a respeito do assunto. Silenciosamente empilharam as malas em uma pequena carreta que haviam fixado no Citroën e se juntaram à fuga para o mar.

No dia 15, a linha de frente de combate tinha quase chegado a Chartres, ao sul de Paris, e divisões alemãs dirigiam-se para oeste, para os portos do Atlântico de Brest e Cherbourg. No mesmo dia, os alemães também avançaram para o sul ultrapassando Dijon e seguiam em direção à cidade de Lyon. Uma enorme onda de refugiados civis os precedeu. Parecia a desintegração de uma civilização inteira.

Mary Jayne, Theo e Eva decidiram seguir para sul e depois para oeste em direção ao porto de Bordeaux, onde tinham a esperança de encontrar navios evacuando civis para a Grã-Bretanha e para a América. Mas elas estavam na margem norte do rio Loire e precisavam atravessar para o outro lado. Transpondo as estradas de terra batida, Mary Jayne guiou o Citroën até a ponte mais próxima, na cidadezinha de Sully. Acima delas, podiam avistar aviões alemães voando na direção de Orléans que ficava nas proximidades. Quando alcançaram a ponte, estava completamente engarrafada, automóveis de pára-lamas colados aos pára-choques de veículos militares. O exército francês dava continuidade à sua retirada para oeste para fazer uma última tentativa de defesa no vale do Loire. Quando Theo perguntou aos soldados o que estava acontecendo, disseram-lhe: "A França está perdida. Vamos ter de lutar a partir da África."[2] A notícia foi atordoante. Tinham se passado apenas quatro semanas desde a invasão.

Estava escurecendo. Civis recebiam permissão para atravessar apenas intermitentemente. Justo quando o Citroën de Mary Jayne chegou ao final da ponte, elas ouviram um zumbido estridente, enquanto um bombardeiro lançava sua bomba. A ponte inteira estremeceu. Os franceses responderam com artilharia antiaérea, e o avião se afastou.

Uma garoa fina estava caindo, e os faróis de blecaute mal forneciam luz suficiente para penetrar a escuridão. Elas pararam no primeiro celeiro que encontraram e, ao subir para o palheiro, encontraram dúzias de refugiados. Elas avançaram agilmente se desviando dos corpos adormecidos e se deixaram cair na palha, exaustas demais para dedicar mais que um momento de reflexão à terrível constatação de que o mundo delas estava se desmoronando.

No dia seguinte, à medida que seguiam para sudoeste, começaram a ver soldados viajando em pequenos grupos. Passaram por tanques e caminhões abandonados e viram pilhas de rifles e metralhadoras que tinham sido descuidadamente atiradas em valas. Naquela noite, bateram à porta de uma casa de fazendeiros isolada, e a mulher lhes ofereceu abrigo. Ninguém tinha nenhuma notícia do que estava acontecendo.

Por volta da uma da tarde no dia seguinte, elas chegaram a Guéret, na beira da Auvergne. Pararam na praça central para almoçar. Mas havia algo de errado. As pessoas circulavam meio a esmo, falando nervosamente. As vozes se elevavam. Uma moça chorava. Alguém comentou que a frota francesa estava pronta para partir para a Inglaterra. Quando elas entraram num café e perguntaram o que havia de errado, um garçom lhes contou que o marechal Pétain, o comandante supremo do exército francês, tornara-se o chefe do governo.

– A França se rendeu – disse-lhes o dono do bar.[3]

Mary Jayne e Theo se entreolharam angustiadas. Queriam chorar. O que fazer? Qualquer coisa poderia acontecer. Era "como se fosse o fim do mundo, e tudo em que se acreditasse estivesse sendo dominado por aquela coisa maligna... mas, por outro lado, você sentia que não podia ser, não era possível... nada que se assemelhasse àquilo podia vencer, e era preciso apenas seguir adiante e esperar pelo melhor".[4]

Elas decidiram prosseguir, mas sem o pequeno trailer. Enquanto arrumava algumas últimas coisas numa única mala, Mary Jayne foi "súbita e incompreensivelmente dominada pelo pânico, um sentimento abjeto e covarde de medo".[5] Só conseguia pensar em dar as costas às amigas e fugir o mais depressa que pudesse. O pânico era tão intenso, que ela tremia da cabeça aos pés. O perigo anterior fora muito maior, mas seguira adiante, levada pelo medo. Agora sentia-se atingida pelo choque pleno do horror que tinham enfrentado. Só conseguia pensar em fugir, em abandonar todo mundo. "Foi uma coisa medonha." Tão subitamente quanto veio, a onda de medo passou, e ela se sentiu profundamente envergonhada.

Ninguém lhe havia percebido o pânico. Conseguira conversar com muita sensatez sobre qual seria a melhor rota possível para Brive, a caminho de Bordeaux. Theo ainda não tivera notícias de Danny, mas esperava que tivesse sido levado para a Inglaterra. Ela ainda não sabia que ele já voltara para a França. Em 9 de junho, oito dias antes, ele atravessara o canal da Mancha e desembarcara em Cherbourg. Danny tentava desesperadamente mandar um telegrama para a família. Mas para onde enviá-lo?

A CAPITULAÇÃO

Danny tinha sido evacuado para a Inglaterra no final de maio. Desembarcando no porto inglês de Southampton, foi enviado para o norte, para Yorkshire, para reagrupamento. A batalha em Dunquerque tinha sido horrenda – a missão francesa ligada à Força Expedicionária Britânica, proporcionalmente, havia perdido mais homens que qualquer outra unidade francesa.

Os franceses e os aliados britânicos queriam levar os sobreviventes de Dunquerque de volta à guerra o mais rapidamente possível. No dia 9 de junho, juntamente com cerca de seiscentos homens de sua antiga divisão, Danny foi repatriado por navio-transporte para Cherbourg na costa noroeste da França.

Tão logo a unidade de Danny desembarcou, as coisas foram de mal a pior. Ele e seus companheiros soldados foram transferidos de uma estação a outra num comboio de vagões de gado, movendo-se peripateticamente pela paisagem de Caen para Angers, então para Périgueux, de volta para Limoges, descendo então para Millau, atravessando o oeste e o Midi. Danny tinha voltado para combater, de modo que aquela perambulação errante era profundamente irritante. Um camarada sugeriu que estavam sendo impedidos de se aproximar dos alemães por causa das grandes perdas em Dunquerque. Danny respondeu que aquilo não era maneira de se lutar uma guerra.

Em vez disso, estavam sendo testemunhas oculares da derrocada: o pânico e as desventuras dos civis que fugiam da invasão; os destacamentos de soldados desmoralizados, abandonados pelos oficiais; o tráfego engarrafado na fuga rumo ao sul. O pior de tudo era que Danny não tivera notícias da esposa e do filho.

Sem líderes, os homens simplesmente organizaram os próprios grupos. Com sete outros sobreviventes de Dunquerque, inclusive o amigo Jean Gemähling, Danny se viu paralisado num desvio na estação de trem de Niort, perto de Poitiers, comendo rações de sardinha e descansando ao sol. Era meio-dia de 17 de junho. Enquanto ouviam música no rádio do posto de sinalização, subitamente, uma voz trêmula, interrompeu a transmissão. Era o octogenário marechal Pétain, que assumira a chefia do governo. Pétain estava fazendo um pronunciamento para o país:

> *A pedido do presidente da República, assumo a liderança do governo da França a partir de hoje. Certo da afeição de nosso admirável exército, que combateu com um heroísmo digno de suas longas tradições militares contra um inimigo superior em número e em armas. [...] Certo da confiança de todo o povo da França. [...] entrego minha confiança ao povo e me dedico à França para aliviar sua dor. [...] É com o coração pesado que digo-vos hoje que é necessário cessar os combates. Tomei [...] a iniciativa de procurar o inimigo para lhe perguntar se está pronto para tentar encontrar, entre soldados, com a luta encerrada e com honra, os meios de pôr um fim às hostilidades.*[1]

Danny virou-se para os amigos. Todos mais ou menos esquerdistas, eles haviam construído um laço fraternal. Tinham vivido o pior da derrocada e sofrido perdas irremediáveis. Descobrir, agora, que a França estava capitulando aos alemães era profundamente chocante. Eles se entreolharam, horrorizados, quase que em lágrimas. Contudo, ao redor deles, ouviram gritos de júbilo. As pessoas se congratulavam: *paz finalmente*. Soldados e civis deram vivas à coragem de Pétain, que acabava com a carnificina inútil.

Na realidade, dada a rapidez do avanço alemão, Danny soubera que não poderia haver outro resultado senão a derrota. Quando Paris fora declarada cidade aberta e os alemães simplesmente entraram marchando, ele reconhecera que tudo estava acabado. Mas havia pensado, vagamente, que uma resistência poderia ser montada a partir da África. Alguma coisa tinha de ser feita. Ressentia-se profundamente da reação de júbilo dos soldados à queda da França.

Naquele momento, parado no desvio de trens na estação de Niort, enquanto ouvia o marechal Pétain fazer o pronunciamento no rádio, Danny tomou uma decisão. Ele podia prever o bombardeio de mentiras e demagogia que o regime de direita de Pétain traria e as medidas brutalmente repressivas que seriam tomadas contra todos os simpatizantes de esquerda. Imediatamente compreendeu que os inimigos a combater não eram apenas os ocupantes alemães, mas também o próprio espírito do fascismo, "seus partidários e cúmplices quem quer que fossem e onde quer que pudessem ser encontrados, a começar por aqueles mais próximos". Ele decidiu ali, naquela hora, que, se as classes dominantes francesas tivessem se tornado colaboradoras, ele se tornaria um resistente.[2]

CARTÕES-POSTAIS DA ZONA LIVRE

No dia 17 de junho, quando o marechal Pétain fez o pronunciamento no rádio anunciando que o governo francês se aproximaria do inimigo alemão para acabar com o combate, o sentimento predominante em toda a França foi de um enorme alívio. A rapidez do avanço alemão deixara as pessoas traumatizadas. Passadas menos de seis semanas de combate, entre 15 e 19 mil soldados franceses estavam mortos.[1] Ainda estava bem fresca na memória coletiva a Primeira Guerra Mundial, em que grande parte dos combates ocorrera em território francês; 1,3 milhão de franceses tinham morrido, e um milhão de sobreviventes ficaram inválidos. Outro derramamento de sangue dessas proporções era inimaginável.

A maior parte das tropas francesas levou a sério as palavras do marechal e, acreditando que um armistício fosse iminente, dezenas de milhares depuseram as armas: por que ser morto quando a guerra estava efetivamente acabada? As margens de estradas e valas estavam cheias de rifles abandonados. Regimentos inteiros ficaram sentados nos quartéis, esperando que os alemães chegassem.

Os soldados franceses que queriam continuar lutando se viram rejeitados e até atacados por civis. Mulheres gritavam para as tropas: "A guerra tem de acabar. Vocês querem que eles nos massacrem com todos os nossos filhos [...] por que ainda estão lutando?" Dizia-se que civis estavam apedrejando soldados.[2]

As pessoas se apavoravam com a perspectiva das conseqüências da resistência. Em 18 de junho, quando a linha de frente alemã se moveu para Angers no vale do Loire e aviões bombardearam a estação de trem, os habitantes da cidade suplicaram aos soldados defensores a não abrirem fogo contra os alemães. No dia 20, o prefeito de Angers anunciou no jornal local que "toda resistência e oposição armada está formalmente proibida e será severamente punida pelas autoridades francesas. O chefe de polícia e o prefeito fazem um apelo à população para manter a calma, frieza e disciplina".[3]

Em Nantes, a ocupação correu sem percalços. As tropas alemãs entraram rapidamente em caminhões e motocicletas, enquanto os habitantes da cidade enchiam as calçadas. O *curé* da cidade de Sainte-Croix descreveu que as pessoas se debruçavam nas janelas, enquanto os alemães entravam. Soldados alemães filmaram a cena para usá-las como propaganda e à noite invadiram as lojas comprando jóias e meias de seda. "Havia uma atmosfera festiva e não de pesar."[4]

No dia seguinte ao pronunciamento de Pétain, as manchetes anunciavam na primeira página do *Le Monde*: "Parlamento e Senado dissolvidos." O *Courrier du Centre* noticiava: "O destino da França está nas mãos de Pétain."[5] Pétain entoava: "Pelo menos nossa honra está salva." Mas ele cometera uma erro tático. Ao ordenar uma cessação prematura dos combates, havia entregado qualquer poder de barganha que pudesse ter com Hitler. Quando o armistício finalmente foi assinado no dia 22 de junho, os alemães impuseram os termos por *diktat*, para serem aceitos sem negociação.

Pétain entregara os soldados da França. Um milhão e meio deles foram feitos prisioneiros, pelo menos metade depois do pronunciamento de Pétain do dia 17 de junho. Eles se permitiram ser arrebanhados pelos alemães, crendo que seriam desmobilizados e devolvidos a suas famílias. Mas, de acordo com os termos do armistício, o governo francês concordava com que os prisioneiros franceses permaneceriam em mãos alemãs. Eles foram despachados em vagões de carga para campos de trabalhos forçados na Alemanha. Durante quatro anos, serviram aos alemães como instrumento de barganha para manter os franceses em ordem.[6]

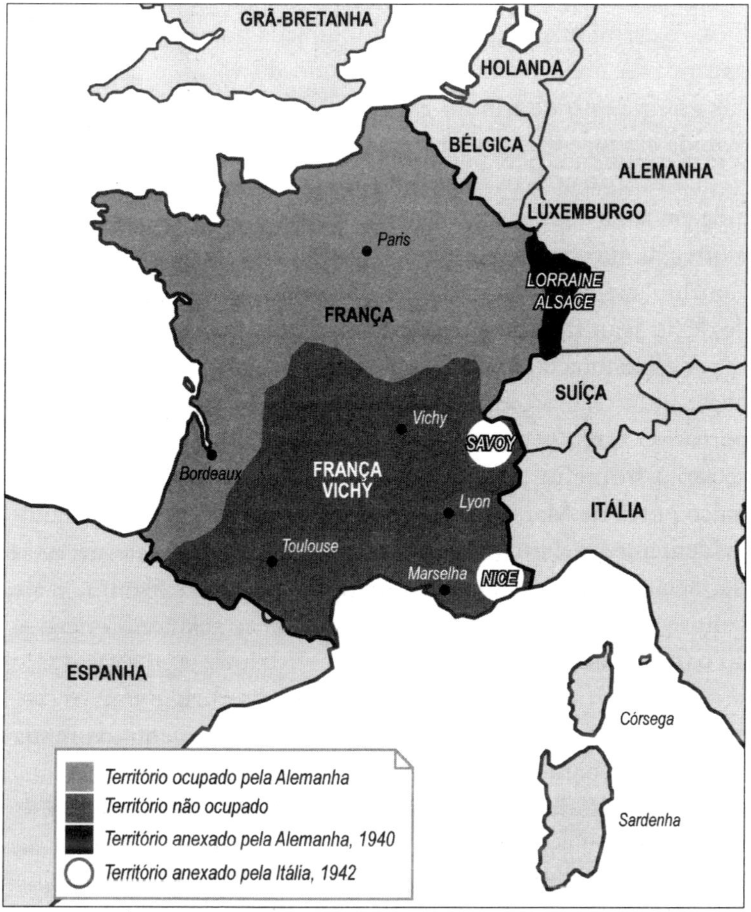

Mapa indicando a fronteira entre a
França ocupada pela Alemanha e a França de Vichy

Hitler se certificou de que a assinatura do armistício fosse tão humilhante e simbolicamente dolorosa para os franceses quanto era possível. Teve lugar na mesma clareira nos bosques de Compiègne onde os alemães tinham capitulado aos Aliados em 1918. Hitler ordenou que um vagão de trem usado naquela ocasião fosse removido do Musée de Compiègne e levado para o local. A cerimônia de assinatura foi filmada por seu valor de propaganda. A imagem de Hitler saltando do vagão e batendo na coxa num gesto de triunfo e satisfação maligna mais tarde seria exibida em jornais cinematográficos por toda a França.[7]

De acordo com os termos do armistício, a França ficava dividida em zona ocupada e zona não-ocupada. Uma linha negra serpenteava da fronteira franco-suíça, nas proximidades de Genebra, até Tours no oeste, e então seguia para o sul até a cidade de St. Jean Pied de Port, perto da fronteira com a Espanha.

A Alemanha controlava dois terços do país, inclusive Paris, o norte industrial e toda a costa do Atlântico com seus valiosos portos. O terço restante – as províncias centrais e do sul, com acesso à fronteira espanhola sobre os Pireneus ocidentais, e o único porto de Marselha permaneciam sob o controle de Pétain. Evidentemente, Hitler considerava a ocupação total desnecessária. Seria um peso administrativo para as forças alemãs, e ele sempre acreditou que o governo de Pétain se sujeitaria às regras do partido fascista.

O armistício também exigia que a França arcasse com os custos da própria ocupação; dali por diante, 60 por cento da renda nacional iria para o Reich Alemão.

No dia 1º de julho, o novo governo francês se mudou de Bordeaux para estância hidromeral de Vichy, no Massif Central. Reunindo-se no cassino de Vichy no dia 9 de julho, o Parlamento votou quase que por unanimidade a aceitação da proposta de rever a constituição. No dia seguinte, foi concedida ao marechal Pétain a autoridade para fazê-lo. Ele imediatamente emitiu uma série de atos institucionais que efetivamente lhe deram poder absoluto e dissolveu o Parlamento até convocação posterior.

Em Vichy, Pétain e os novos líderes imediatamente embarcaram numa "cruzada ideológica" para refazer a França. Rebatizando a desastrosa derrota de "Revolução Nacional", os ideólogos de Vichy afirmavam que a França fora autora da própria tragédia. O intelectualismo e as cidades cosmopolitas, aqueles repositórios do vício, tinham minado os valores tradicionais.

O lema da República – *Liberté, Egalité, Fraternité* – foi substituído por *Trabalho, Família, Pátria*. Um documentário de Vichy atribuía a culpa da derrota francesa aos "fins de semana ingleses, bares americanos, coros russos e tangos argentinos".[8]

Vichy tinha de encontrar um inimigo para culpar pela humilhação da França. Um dos primeiros atos do regime foi instaurar um tribunal para investigar a derrota. Entre os réus, estavam os antigos *premiers* Léon Blum e Édouard Daladier.[9] A imprensa de direita deu início a violentos ataques contra a Frente Popular Socialista. Nos jornais de direita como o *Gringoire*, Blum era ridicularizado. Um *cartoon* o retratava como um flautista mágico, de nariz adunco, atraindo ratos comunistas e socialistas para a França. Estava claro para onde isso estava se encaminhando. Os inimigos não eram os alemães. Eram os traidores dentro dos portões de casa: os socialistas, os comunistas e os judeus. Os alvos especialmente atacados como inimigos da França eram todos os estrangeiros e todos os refugiados.

De acordo com os termos do artigo 19 do armistício, a França concordava em "entregar de imediato" todos os cidadãos de nacionalidade alemã cuja extradição fosse solicitada pelo Terceiro Reich. Isto incluía refugiados de países conquistados como a Polônia, Áustria e Checoslováquia que tinham sido absorvidos na Grande Alemanha pela guerra. Intelectuais, artistas, políticos, na realidade, qualquer indivíduo que tivesse manifestado publicamente opinião crítica ao Partido Nazista e que tivesse fugido para a França em busca de asilo não podia mais esperar proteção do governo francês. As fronteiras francesas estavam fechadas. Qualquer um que desejasse partir da zona não-ocupada, e isto incluía cidadãos franceses, agora precisava de uma permissão de saída de Vichy para deixar a França.

Quase imediatamente depois de assumir o poder, o governo de Pétain criou uma comissão para redefinir a cidadania francesa. Eles tinham como alvo uma lei de 1927 que havia liberalizado a nacionalização de estrangeiros. Todos os cidadãos naturalizados a partir de 1927 deveriam ser examinados, e os "indesejáveis" seriam despojados da nacionalidade. A legislação subseqüente "proíbe que filhos de imigrantes tenham licença para exercer medicina, advocacia, ou integrar o serviço público". Esta recusa de reconhecimento dos direitos de "assimilação da segunda geração" foi "um afastamento drástico da tradição francesa".[10] Os judeus franceses ficaram particularmente vulneráveis. Dos 350 mil judeus franceses residindo na França, pelo menos a metade nascera no exterior. A Lei Marchandeau de abril de 1939, que proibia ataques na imprensa às pessoas ou grupos em virtude de raça ou religião, foi revogada. No princípio de setembro, uma nova lei foi aprovada autorizando os *préfets* a internar, sem julgamento, indivíduos considerados um perigo para a segurança pública. A zona não-ocupada havia efetivamente se tornado um estado policial.

A passagem pela linha de demarcação que agora dividia a França em zona ocupada e não-ocupada era objeto de rígido controle como qualquer posto de fronteira internacional. Ser descoberto cruzando a linha ilegalmente podia ser fatal. As comunicações eram restritas. O único tipo de correspondência pessoal permitido entre as zonas eram os "cartões interzonas", "cartões-postais impressos no formato de múltipla escolha que permitiam aos que os enviavam transmitir apenas mensagens-padrão". Um desses cartões interzonas convidava o remetente a marcar com um "x" uma das seguintes escolhas: "em bom estado de saúde/ cansado/ ligeiramente doente/ gravemente doente / ferid(o/a)/ mort(o/a)."

SALVEM AS CRIANÇAS

18 de junho – 15 de julho

Mary Jayne Gold dirigiu o carro para a praça principal de Brive, ainda a vários quilômetros do porto marítimo de Bordeaux. Era dia 18 de junho. Aparentemente da noite para o dia, a população de Brive passara de 30 mil para 100 mil habitantes.[1] A cidade estava entupida de refugiados dominados pelo pânico, enlouquecidos de medo e com apenas uma palavra na boca: *evacuação*. No café na praça, as pessoas estavam agrupadas ao redor do rádio. Nas ruas, grupos vagavam nervosamente. Homens enfurecidos discutiam aos berros. Mary Jayne ficara sem gasolina, e Eva Bénédite saltou do carro com uma lata para entrar na fila. Do carro, Mary Jayne e Theo observaram-na encetar uma acalorada discussão com um homem. Ela gritou:

– Eu, me render? Nunca.[2]

Ele a esmurrou no peito. Theo correu em socorro da sogra antes que as coisas se complicassem. O atendente do posto anunciou que as bombas estavam vazias. Não haveria mais gasolina.

– Meu Deus, o que foi? – perguntou Theo. Em lágrimas, Eva respondeu:

– É o armistício. Eles estão brigando sobre se deve haver um armistício.

Sem gasolina, elas não tinham saída. Só lhes restava procurar um hotel. Apesar de todo o caos, conseguiram encontrar alojamento e até uma refeição. Durante o jantar, Eva Bénédite comentou que tinha esbarrado com uma mulher que conhecia, Madame Leduc, uma "arqui-reacionária"[3] que estava a caminho de Bordeaux, para onde o novo governo francês havia se retirado. Todos os integrantes da classe dominante estavam seguindo para Bordeaux. Eva tinha certeza de que Madame Leduc deveria ter conseguido rações adicionais de gasolina.

Naquela noite, Eva e Theo chegaram à porta de Mary Jayne com as roupas de dormir. Os olhos de Theo estavam inchados de tanto chorar. Elas pediram para entrar. Depois de se sentarem na beira da cama, Theo disse de supetão que queria que Mary Jayne levasse Peterkin embora. Ela poderia continuar a viagem com Madame Leduc. Mary Jayne era americana e podia sair. Theo e Eva não tinham chance de escapar, uma vez que isso envolveria obter vistos para os Estados Unidos o que certamente lhes seria recusado. Mary Jayne não teria problema para ser repatriada.

Theo estava segura de que, mesmo se o governo francês já tivesse aceitado a derrota, haveria resistência em território francês e por parte de soldados franceses baseados nas colônias. Haveria guerra e seria sangrenta. Mary Jayne ficou estupefata.

Era uma decisão dolorosa entregar o filho de modo a salvá-lo, mas Theo estava inflexível. Mary Jayne poderia levar Peterkin até os parentes dele nos Estados Unidos.

Ainda que relutante, Mary Jayne acabou por concordar. Contudo, foi um momento tão difícil, que não conseguia olhar nos olhos de Theo.

Na manhã seguinte, Madame Leduc concordou em levar Mary Jayne e a criança. Uma vez que não era conhecida pela generosidade, o gesto provavelmente foi interesseiro. Americanos neutros como Mary Jayne poderiam se revelar influentes.

A partida foi terrível. Carregada de roupas de bebê e fraldas, Mary Jayne tentava parecer eficiente. Ela aceitou o menino dos braços de Theo, que mal conseguia disfarçar o desespero. Eva disse que elas iriam para Vaucluse e lá esperariam até descobrir o que havia acontecido com Danny.

Mary Jayne acomodou-se no banco do carona com Peterkin, enquanto a empregada de Madame Leduc sentava-se no de trás ao lado de um monte de bagagem. Ela assumiu o papel de navegadora e, quando Madame Leduc comentou seu talento para ler mapas, Mary Jayne a informou de que já havia pilotado seu próprio avião. Ela conhecia bem o jogo do "eu sou melhor que você" que teria de jogar; embora o detestasse, era muito boa jogadora. Madame Leduc tinha de ficar muito impressionada. Mary Jayne transbordou de charme e distinção.

À medida que elas seguiam a viagem, Madame Leduc falou bombasticamente sobre os refugiados espanhóis que haviam espalhado sífilis por toda a França e sobre os males do velho governo da Frente Popular com o revoltante sistema de previdência social e férias pagas. Reclamou da empregada por não ter conseguido anotar o número da placa de um veículo que batera no dela por trás, o que significava que ela não poderia receber o seguro.

– Hitler vai trazer ordem, você verá – disse a Mary Jayne.[4]

Soldados franceses tinham erguido tantas barreiras na estrada para Bordeaux, que logo se tornou claro que a cidade estava essencialmente fechada para civis. As mulheres decidiram então prosseguir para Biarritz. Enquanto Madame Leduc se juntava a amigos num *château* nos arredores da cidade, Mary Jayne, encantada de se ver livre dela, seguiu de ônibus para o Hôtel du Palais.

Quando chegou à recepção, desgrenhada e carregando uma criança, foi encaminhada à entrada de criados. Embaraçada, ela vasculhou o *lobby* em busca de amigos e finalmente avistou o *maître d'hotel*. Fazia nove anos desde que ela havia passado o verão ali, sendo cortejada pelo jovem duque de Maura, mas, depois de alguns momentos, o velho a reconheceu. Com grande cortesia, ele a acompanhou pelo saguão e informou ao chefe da recepção que Mademoisellle Gold era uma hóspede de grande distinção e que lhe deveria ser dado tudo do que precisasse.

Ao sair para a rua principal de Biarritz com Peterkin, Mary Jayne ficou chocada com a calma do cenário diante dela. Quando havia se oferecido para levar a criança para a América, elas tinham imaginado que até os menores portos marítimos estariam num terrível estado de caos: soldados franceses por toda parte, evacuações de último minuto, boatos sobre a intervenção da frota americana ou britânica vindo apanhar seus cidadãos encalhados ali. A calma que encontrou era irritante. As lojas no bairro elegante ainda estavam abertas. A primeira coisa que ela fez foi comprar um conjunto de linho rosa-shocking. Agora, pensou ela, a encenação pode começar.

Devidamente vestida para impressionar, partiu para desempenhar sua missão. Primeiro, foi ao consulado americano, onde um funcionário a informou de que os Estados Unidos não aceitariam uma criança sem um visto legal nem um passaporte regular. Ela teria de falar com as autoridades francesas. O funcionário francês na *préfecture* a informou de que, é claro, como cidadã americana, ela poderia ter um visto de saída quando quisesse, mas não a criança. Quando ela corou apropriadamente e lhe disse que a criança era "fruto de um amor", seu filho ilegítimo, ele a informou de que teria de provar isso. Mary Jayne se levantou e foi embora.

Agora ela estava num dilema. Como contatar as Bénédite, que estavam a caminho de Vaucluse à procura de Danny? Como tinha o endereço de destinação delas, enviou um telegrama informando que o plano de mandar Peterkin para a América havia falhado. Enquanto isso, ficou aguardando no hotel, na esperança de que a mensagem afinal acabasse por encontrá-las.

Certa noite, Mary Jayne foi acordada pelo som de marcha e aceleração de motores. Correu para a janela. Os alemães tinham chegado a Biarritz. Vestiu o casaco, apressadamente e desceu discretamente até o *lobby*. Lá encontrou apenas o porteiro de serviço. Juntos eles ficaram postados impassíveis e assistiram aos inimigos de capacetes brotarem da escuridão azul. Os motociclistas apareceram primeiro, usando colares de cartucheiras e faixas no braço com a suástica parecendo sinistras aranhas negras sobre círculos brancos. Então veio o rugido dos tanques, avançando sobre as pedras redondas do calçamento, parecendo britadeiras perfurando rochas.

O porteiro ofereceu um Gauloise a Mary Jayne. Eles fumaram em silêncio. A parada grotesca parecia não ter fim.

– Eles vão ocupar a costa inteira – comentou ele e cuspiu na calçada.

– *Merde alors* – respondeu ela. Não havia mais nada a dizer.[5]

Quando desceu para tomar o café na manhã seguinte, os generais alemães tinham se mudado para o hotel. Mary Jayne os observou enquanto passeavam pelo salão de baile onde ela e Ramón Maura outrora haviam dançado. Era dia 23 de junho, o dia seguinte do armistício, e ela descobriu que agora não tinha como sair da França ocupada.

Durante quase duas semanas, Mary Jayne esperou impacientemente no Hôtel du Palais por notícias de Theo e Eva. Ela e Peterkin gastavam o tempo em passeios pela Promenade de la Grande Plage. Mary Jayne sentia-se repugnada com o ar de proprietário com que os oficiais alemães caminhavam descontraidamente olhando as vitrines ou sentavam-se em bares tomando cerveja.

Então, por volta do dia 5 de julho, finalmente recebeu uma resposta para o telegrama, que miraculosamente tinha chegado às mãos de Theo e Eva em Vaucluse. Elas a advertiam de que teriam de se encontrar em algum lugar seguro dentro da zona não-ocupada e sugeriram Toulouse. Mas, subitamente, viajar tinha se tornado muito complicado. Mary Jayne e a criança precisariam de autorizações oficiais para deixar a França ocupada. Biarritz não era um centro *administrative*. Teriam de obter os documentos necessários na cidade próxima de Bayonne.

Quando chegaram a Bayonne, foi fácil encontrar o *Kommandantur* – o prédio estava coberto por uma enorme bandeira com a suástica. No escritório bem arrumado, sob uma fotografia de Adolf Hitler, um oficial nazista carimbou as licenças de viagem para ela e Peterkin sem hesitação – os nazistas ficavam satisfeitos em evacuar estrangeiros da costa. Quando Mary Jayne e Peterkin atravessaram de trem a linha de demarcação, os documentos foram carimbados de novo. A França não-ocupada havia se tornado outro país.

Theo e Eva estavam esperando na plataforma da estação de Toulouse quando o trem chegou. Mal Mary Jayne desceu a escada, Theo tomou o filho nos braços e o abraçou. Não foram necessárias palavras. Duas pessoas acompanhavam Theo e Eva Bénédite. Eva as apresentou a Mary Jayne como Charles Wolff e Miriam Davenport.

Toulouse estava uma calamidade. A cidade tinha sido designada como centro para refugiados belgas e poloneses, e a população havia quadruplicado em 15 dias para cerca de um milhão de habitantes. Os hotéis estavam tão cheios, que as pessoas dormiam em cima ou debaixo de mesas de jantar, em cadeiras na recepção ou na rua, dentro de automóveis e em parques públicos. Todo mundo procurava por alguém. Anúncios apareciam em jornais de gente em procura do marido, esposa e filhos. "Mãe procura filha de dois anos, perdida na estrada entre Tours e Poitiers durante a retirada" ou "Generosa recompensa por informações que auxiliem a reencontrar meu filho, Jacques, de dez anos, visto pela última vez em Bordeaux, no dia 17 de junho."[6] Mensagens eram deixadas em quadros de avisos na prefeitura até haver tantas, que esvoaçavam ao vento como bandeiras brancas.

Quando Charles Wolff encontrou por acaso Eva e Theo na rua e descobriu que elas tinham acabado de chegar a Toulouse, imediatamente insistiu para que ocupassem seu quarto de hotel. Ele disse que poderia conseguir uma cama num dos centros de refugiados.

Charles Wolff, jornalista e musicólogo alsaciano, era um velho amigo de Danny. Companheiro socialista e militante anticomunista, com freqüência procurara Danny na *préfecture de police* em Paris, em busca de ajuda para abrigar refugiados políticos espanhóis e alemães. Era um rapaz frágil, de aspecto tuberculoso, com uma calva que só ficava exposta quando tirava a boina basca, algo que raramente fazia. A aparência não sugeria que tivesse lutado na Guerra Civil Espanhola.[7]

Ele trouxera a amiga Miriam Davenport até a estação para conhecer a jovem americana que estava trazendo o filho de Danny de Biarritz. Theo havia falado nela com uma afeição tão profunda, que estava curioso. Ele e Miriam Davenport tinham se conhecido em Paris, quando ele viera avisar ao vizinho dela que o exército francês estava cercado no norte e que eles não tinham mais que uma semana ou dez dias para partir antes que os alemães entrassem em Paris.

Todo mundo gostava imediatamente de Miriam Davenport. Era impaciente, divertida e prática. Aos 25 anos, gostava de dizer que era uma loura sem graça e que usava a chave Phi Beta Kappa "como uma espécie de placa de identidade".[8] Ela estava às vésperas de obter o diploma de mestrado em História da Arte na Universidade de Paris, quando a guerra começou.

"A guerra parecia uma desculpa fraca para abandonar tudo", explicou.[9] Depois de registrar a saída na delegacia de polícia local, embarcou no trem noturno para Toulouse, onde havia acertado prestar os exames escritos na universidade. O trem dela foi o último a fazer o percurso por aquela linha. No dia seguinte, os trilhos foram bombardeados. Em Toulouse, ela descobriu que a validade de seu passaporte americano tinha expirado e, ao procurar o consulado americano para renová-lo, disseram-lhe que seu plano de permanecer na França era frívolo. O passaporte só poderia ser renovado para repatriação imediata para os Estados Unidos pelo porto de Bordeaux. Ela não mencionou que o verdadeiro motivo para querer ficar na Europa era se encontrar com o noivo iugoslavo, Rudolph, que estava doente e não podia sair de Ljujana. Embora os alemães não fossem invadir a Iugoslávia antes da primavera de 1941, Miriam sabia que era extremamente difícil viajar para aquele país.

Miriam e Charles Wolff voltaram a se encontrar na movimentada Place du Capitole, onde ele e os amigos se reuniam em um pequeno café. Miriam começou a passar a maior parte do dia ali, lendo os jornais. À noite, ouvia a conversa deles sobre a complexidade barroca da política na Europa. "Para mim, a mesa deles se tornou uma espécie de seminário político, onde rapidamente perdi a inocência americana", ela comentaria mais tarde.[10] Ainda assim, eles eram jovens e havia muito com que se divertir. Charles era especialmente bom com obscenas canções folclóricas francesas. Ele e um cartunista da publicação semanal *Le Canard Enchaîné* faziam todos morrer de rir.

Certa noite, Charles levou Miriam ao Cinéma Pax, em Toulouse. Os assentos tinham sido removidos e o piso, coberto de palha para servir de leito. Agora era um dormitório para refugiados. Subitamente os refugiados políticos e intelectuais a respeito de quem ela ouvira falar ganharam um rosto. Ela conheceu Konrad Heiden, o biógrafo nada lisonjeiro de Hitler; Katia Landau, cujo marido comunista tinha sido assassinado na Espanha pelos stalinistas, ela própria tendo ficado presa em Barcelona; Justus Rosenberg, um garoto de 15 anos, filho de judeus de Danzing. Ele viera de bicicleta de seu *collège* em Paris para Toulouse. Miriam logo o apelidou de Gussie. Também conheceu rapidamente o poeta alemão Walter Mehring, que ela soube ser não só um dos maiores poetas alemães, famoso pelas canções antinazistas que havia escrito, mas também um dos primeiros na lista dos mais procurados pelos nazistas.

Depois de levar a família Bénédite de volta para o hotel, Charles seguiu com Mary Jayne e Miriam para a Place du Capitole. Os cafés estavam cheios naquela noite quente de verão. Enquanto sentavam-se no Tortoni's, Charles e Miriam puseram Mary Jayne a par das últimas notícias.

Milhares de refugiados franceses do norte já estavam voltando para casa. Charles disse que, agora que o armistício havia sido assinado e a França estava fora da guerra, o governo estava mandando trens de carga de volta para o norte num esforço para repatriar as pessoas o mais rápido possível. Mas Toulouse abrigava um pequeno número de estrangeiros que não queriam ser repatriados para a zona de ocupação. Eram artistas, intelectuais e ativistas políticos que tinham todos os motivos para estar apavorados de cair nas mãos dos nazistas. Miriam estava desesperada para encontrar uma maneira de ajudar essas pessoas que considerava suas novas amigas.

Na manhã seguinte, Mary Jayne embarcou num trem de carga para La Bourboule. Ela queria apanhar seu cachorro que tivera de abandonar numa fazenda sob os cuidados de estranhos. Todo mundo agora precisava ter um *sauf-conduit* (passe de salvo-conduto) para viajar, mesmo na, assim chamada, *zone libre*. Mary, por ser americana e estar com todos os documentos em ordem, não teve nenhum problema em obtê-lo. Antes de partir, ela tomou um café com Miriam no Tortoni's. Quando soube dos planos de Miriam de se juntar ao noivo na Iugoslávia, a despeito da resistência da pouco amistosa família dele, que a considerava uma americana sem um tostão, indigna do filho brilhante deles. Mary Jayne comentou que era rica e que, se Miriam ficasse sem dinheiro, ela adoraria ajudar. Para confirmar a oferta, deu a Miriam o endereço de seu *homme d'affaires* em Chicago.[11] Enquanto o trem partia, ela gritou para Miriam:

– Vejo você em Marselha. – Elas combinaram de se encontrar no consulado americano.

MARSELHA I

Julho de 1940

Os nazistas abriram uma porta proibida na alma. Suponho que, se o indivíduo tem de se apropriar dessa ideiazinha, deste pequeno território que diz que ele é a raça superior, e então tem de defendê-lo, algo de horrível sempre acontece... quando ele afirma ter certeza, quando ele diz que ele sabe.

LEONORA CARRINGTON[1]

Marselha repousava como um crescente à beira do Mediterrâneo. Do alto das colinas adjacentes, a gare de Saint-Charles e a igreja de Notre-Dame de la Garde observavam o porto. Refugiados que chegavam de trem, de carro e a pé afluíam em torrentes que se espalhavam pela cidade e seus diques, deixando-se atrair pelo chamado do cheiro do mar trazido pelo vento. Alguns dos mais famosos artistas e intelectuais da Europa tinham descido pela magnífica escadaria de pedra da estação de trem para o *boulevard* d'Athènes logo abaixo.

Aqueles que tinham dinheiro hospedavam-se no elegante Hôtel Splendide, onde um porteiro cumprimentava os recém-chegados. Mas a maioria seguia adiante pelo bulevar e então dobrava na Canebière, a larga avenida que conduzia ao porto. Tudo se ramificava desta artéria. Uma torrente de refugiados pobres no limite de suas forças enveredava pelos pequenos hotéis obscuros, escondidos nas ruelas secundárias.

No porto, a Canebière se encontrava com o *quai des* Belges, onde o porto se estendia numa bacia retangular magnificamente protegida do mar aberto. Do lado esquerdo, ficava o *quai de* Rive Neuve (a nova margem), que por fim levava ao farol e ao forte de Saint-Nicolas, onde a guarnição francesa estava abrigada. Do lado direito, ficava o *quai du* Port. Nele, erguia-se o Hôtel de

Ville e também a antiga casa de quarentena do século XVII, que outrora servira de refúgio forçado para doentes de cólera. Então, finalmente, vinha o forte de Saint-Jean, agora a base principal da Legião Estrangeira na França. Sessenta soldados ingleses da Força Expedicionária Britânica ainda estavam presos no forte. Eles haviam conseguido escapar dos alemães em Dunquerque, apenas para ser internados pelos franceses. Por vezes, podiam ser encontrados no porto de licença por um dia.[2]

Erguendo-se um de cada lado do porto havia dois imensos pilones. Uma escadaria de ferro conduzia a uma passarela elevada que se estendia por sobre o vazio. Suspensa por cabos, uma larga plataforma abaixo levava carga e pessoas de um lado para outro do ancoradouro. Os moradores locais chamavam a ponte de *transbordeur*. Fora concebida para facilitar a entrada e o carregamento de navios no porto, mas todas as embarcações agora estavam imobilizadas no porto. Apenas os pequenos barcos de pesca tinham liberdade de movimento, partindo de madrugada e retornando para descarregar o pescado do dia nas docas.

Atrás da margem direita do porto, estendendo-se pelo alto da colina, ficava a Vieille Ville (cidade velha) com escadarias íngremes conduzindo por vielas estreitas e prédios altos que se apoiavam uns nos outros. Cordas de roupas para secar se estendiam de lado a lado das ruelas, embora os prédios fossem tão próximos, que o sol só batesse ligeiramente. Uma vala cheia de esgoto malcheiroso descia pelo meio das ruas. A Vieille Ville era um lugar perigoso onde o submundo do crime florescia e as casas de prostituição atendiam à clientela da cidade. Era literalmente um submundo. Túneis interligavam os porões das casas. Contrabandistas tinham-nos usado durante séculos para evitar a alfândega e para esconder mercadorias roubadas. Armazéns que não figuravam em nenhum mapa da cidade eram utilizados como depósito para guardar contrabando, drogas ilegais e até o Degas ocasional. Sabia-se que a polícia relutava em entrar na Vieille Ville.

A maioria das casas tinha alçapões, escondidos atrás de vasos sanitários ou debaixo de tapetes, que conduziam a porões e ade-

Cartão-postal antigo – Vieux-Port.

gas. Alguns, mais cavernas que adegas, se abriam para antiqüíssimas catacumbas onde os mortos tinham sido enterrados havia milhares de anos no passado. Por fim, o labirinto de túneis conduzia até o mar e a quebra-mares onde um *dinghy*, escondido em meio aos barcos de pesca, podia oferecer uma fuga rápida e para onde o butim era trazido.

Marselha não havia escapado à violência. Em 1º e 2 de junho, a força aérea alemã trouxera a guerra à cidade. Trinta pessoas tinham sido mortas nos ataques de bombardeio aéreo, e pelo menos 70 tinham sido feridas quando os bombardeiros alvejaram o porto e as fábricas adjacentes. No dia 21 de junho, os italianos bombardearam Marselha num ataque que pareceu não ter outro objetivo senão causar terror. Cento e quarenta pessoas foram mortas.

Três dias depois de o armistício ser assinado, o governo de Vichy decretou dia de luto nacional pela derrota da França. Todas as lojas de Marselha ficaram fechadas. Bandeiras negras foram penduradas nas janelas, os trabalhos nos tribunais foram suspensos, e as pessoas acorreram às igrejas para rezar. Horrorizada pelos bombardeios, grande parte de Marselha aclamou Pétain como o salvador, e o culto a ele cresceu.

O discurso oficial em Vichy era que uma conspiração internacional de plutocratas e socialistas, inspirada por judeus, tinha sido responsável pela derrota da França. Ruas com nomes em homenagem a "socialistas" como Rousseau, Anatole France e Jean Jaurès foram rebatizadas. Os estrangeiros foram demonizados. No dia 8 de julho, foi decretado que nenhum "residente estrangeiro" tinha mais permissão para viajar ou se mudar do domicílio atual. Uma ordenança municipal foi aprovada, impedindo refugiados de morar em hotéis por mais de cinco dias.[3]

No *Paris-Soir*, agora impresso em Marselha, foi publicada uma história intitulada: "O marechal e o camponês – Uma lenda moderna". Supostamente, Pétain havia convidado um velho camponês para ir a Vichy para uma "saudável conversa de homem para homem". Quando o camponês partiu, relatava-se que ele teria dito a respeito do general: "*C'est un homme*, um camponês honesto como eu." Já Pétain declarara: "Esta entrevista me convenceu de que tenho a confiança total da classe camponesa."

A mesma edição do jornal trazia um editorial endossando o novo decreto "que tornou obrigatório o uso de roupas de banho de duas peças, de comprimento na altura do joelho, tanto para homens quanto para mulheres em Nice". "Chega de shorts e de mulheres francesas disfarçadas de homens – *La Revolution Nationale marche.*"[4] Rolos de filmes de propaganda franco-alemães começaram a aparecer nos cinemas locais. As platéias francesas assistiam a damas da Cruz Vermelha Alemã distribuírem alimentos. Uma voz tranqüilizadora entoava: "Empregados alemães e seus camaradas franceses empreendem a reestruturação da França."[5]

Em nome da revolução paternalista – *Trabalho, Família, Pátria* –, Vichy aboliu o divórcio e decretou punição de pena de morte para o aborto. A legislação de família premiava o nascimento de crianças. Então o racionamento de alimentos foi instituído no dia 6 de agosto. Logo não haveria comida suficiente para alimentar aqueles novos bebês que Vichy encorajava os cidadãos a conceber.

Naquele verão em Marselha, multidões de refugiados substituíram os turistas. Em torno de 190 mil pessoas deslocadas haviam subitamente aumentado a população da cidade, estimada em 650 mil habitantes em 1939.[6] Os números eram estonteantes. Todo mundo sabia que poucos navios ainda estavam por partir, mas, mesmo assim, os refugiados continuavam a vir para o porto. Eles não tinham nenhum outro lugar para ir. Sentavam-se em tavernas como o Bar Mistral e esperavam por socorro. Muitos deles tinham sido liberados de campos de presos de guerra, ou do exército francês onde alguns tinham escolhido trabalho como *prestataires* para escapar à detenção. Outros permaneciam clandestinos para escapar à caça aos estrangeiros ilegais.

Os refugiados viviam sob temor constante. Boatos corriam pelas ruelas estreitas: os alemães estavam prestes a ocupar Marselha; candidatar-se a uma permissão de residência era uma passagem direta para um campo de concentração; agentes da Gestapo estavam em Marselha disfarçados de civis. Os refugiados sabiam que Vichy estava cooperando com Hitler.

O foco principal deles era passar despercebidos; mesclar-se com o populacho e, ao mesmo tempo, evitar contato mais próximo com quem quer que fosse; serem confundidos com nativos franceses numa cidade que havia quase que dobrado de tamanho numa questão de semanas. Cento e noventa mil refugiados precisavam solicitar à *préfecture* um *permis de séjour* (autorização de residência temporária) para ficar na cidade legalmente. Mas, para obter a autorização, eles precisavam provar que tinham toda a intenção de partir; precisavam obter vistos internacionais para outras destinações. Sem eles, podiam ser mandados para campos de prisioneiros. Com tanta freqüência quanto ousavam, tomavam o trole para um *château* em Montrédon, nos arredores de Marselha, onde ficava situado o escritório de vistos do consulado americano. Poderiam ter-se poupado da visita. Os cartazes afixados do lado de fora do escritório – "Encerradas as solicitações para a Europa Central", "Cota de transferências de Paris interrompida" – deixavam claro que a embaixada emitia poucos vistos.[7]

Uma vez que todos os jornais e estações de rádio estavam sob o comando da "Nova Ordem", os refugiados só contavam com os boatos para se informar. No final de julho, um desses boatos se consolidou em fato. O governo de Vichy cumpriria os termos do artigo 19 do armistício: "entregar de imediato" todos os cidadãos de nacionalidade alemã cuja extradição fosse solicitada pelo Terceiro Reich. Para essas pessoas, era agora imperativo sair da França. Mas quem estava na lista dos alemães e como iriam sair? O armistício tinha deixado todo o tráfego marítimo, quer fosse na França ocupada ou não-ocupada, sob o controle dos alemães, e a marinha alemã patrulhava o Mediterrâneo. O número de navios partindo de Marselha reduziu-se a quase nada. Como Portugal se mantinha um país neutro, ainda havia partidas internacionais do porto de Lisboa, mas a papelada exigida para chegar lá havia se multiplicado exponencialmente. Era preciso ter passaporte, passe de salvo-conduto para chegar à fronteira francesa, visto de saída francês, vistos de trânsito português e espanhol e além de um visto internacional para seguir para o exterior.

Todo mundo sabia que não demoraria muito tempo para que esses documentos pudessem ser comprados no mercado negro – os funcionários de Vichy logo estariam conduzindo um movimentado comércio de vistos de saída, e até mesmo refugiados apátridas poderiam comprar um passaporte falso.

Mas quem, exceto uns poucos privilegiados, tinha algum dinheiro? Os refugiados miseráveis certamente não tinham. Parecia que só lhes restava um consolo. Levaria meses até que Vichy se tornasse eficiente o bastante para pegar todos eles.

Logo grupos de auxílio internacional começaram a chegar a Marselha. O Comitê de Serviço de Amigos Americanos, mantido pelos quacres sob o comando da srta. Hollbeck; a YMCA

(Associação Cristã de Moços) sob o comando do dr. Lowrie; o Comitê de Serviço Unitarista; a HICEM, agência internacional judaica de apoio e auxílio aos imigrantes; a Oeuvres de Secours aux Enfants (OSE), comitê de auxílio às crianças. Havia a Cruz Vermelha Francesa, a Cruz Vermelha Belga e a Cruz Vermelha Americana, organizações russas e checas, os Menonitas e o Comitê de Resgate de Emergência americano. Um número suficiente de organizações para manter os refugiados prisioneiros da esperança.[8]

ELES SE REÚNEM

Eis aqui uma ruela de mendigos reunindo os restos de revoluções, democracias e intelectos esmagados.[...] Em nossas fileiras, há um número suficiente de médicos, psicólogos, engenheiros, educadores, poetas, pintores, escritores, músicos, economistas e homens públicos para vitalizar um grandioso país inteiro. Nossa desgraça contém tanto talento e expertise *quanto Paris nos tempos de glória; e nada disso é visível, apenas homens acossados, terrivelmente cansados, nos limites de suas reservas emocionais.*

VICTOR SERGE[1]

A família da filósofa francesa de 31 anos Simone Weil, que outrora tomara a seu encargo o caso de Victor Serge, estivera fora de casa, fazendo compras, no dia 13 de junho, quando o pai de Simone viu um aviso anunciando que Paris fora declarada cidade aberta. Aberta para os nazistas. Ele sabia o que aquilo significava para os judeus. Sem retornar ao apartamento para pegar roupas ou pertences, os Weil seguiram direto para a gare de Lyon. Por sorte, o dr. Weil dera para andar com grandes quantias em dinheiro. Embora guardas nacionais cercassem a estação, recusando-se a deixar entrar qualquer pessoa, Madame Weil conseguiu convencê-los de que o marido estava encarregado de um comboio médico. Os três conseguiram se espremer no último vagão lotado com destino ao sul. Os alemães entraram em Paris no dia seguinte.

Depois de passar dois meses em Vichy, a família chegou a Marselha, onde o dr. Weil encontrou um apartamento espaçoso na *rue des* Catalans com vista para o porto. Antes que a demarcação da linha entre zonas ocupada e não-ocupada fosse fechada, eles conseguiram mandar vir do apartamento de Paris vários baús contendo seus pertences, inclusive os manuscritos da filha. Os Weils, tinham esperanças de conseguir vistos para Portugal ou mesmo para o norte da África. Eles esperaram 18 meses.[2]

O romancista Lion Feuchtwanger era um dos autores mais lidos da Alemanha, com obras traduzidas para uma dúzia de línguas. Mas, em seu romance de 1930, *Erfolg* (*Sucesso*), ele tivera a temeridade de satirizar Hitler e o cada vez mais popular Partido Nacional Socialista. Em 1933, quando os nazistas assumiram o poder, a cidadania de Feuchtwanger foi revogada por "deslealdade ao Reich alemão e ao povo alemão". Ele imediatamente foi para o exílio na França.

Em meados de maio de 1940, Lion Feuchtwanger estava deitado em seu sofá, pensando no romance em que andava trabalhando. O crepúsculo invadira a salinha onde mantinha o rádio, no andar térreo de sua casa, em Sanary-sur-Mer, na Riviera francesa. Ele estava sozinho, deitado de olhos fechados, ouvindo vagamente os boletins de notícias, quando escutou: "Todos os cidadãos de nacionalidade alemã residindo nos arredores de Paris, tanto homens quanto mulheres, e todas as pessoas entre 17 e 55 anos que nasceram na Alemanha, mas que estão sem cidadania alemã, devem se apresentar para internamento."[3] Ele continuou ali deitado, procurando controlar o pânico. Provavelmente aquilo se aplicaria apenas a Paris, assegurou a si mesmo. Não ao sul da França. Não ali, no vilarejo de Sanary, na costa do Mediterrâneo, onde morava havia sete anos. Aquela região não estava ameaçada pela guerra, pensou, e, de qualquer maneira, já havia sido investigado tantas vezes e tinha sido apurado que ele era um inimigo jurado dos nazistas. Talvez o governo francês estivesse apenas tentando dar ao público a sensação de que alguma coisa estava sendo feita. Mas uma voz interior lhe dizia que tais racionalizações eram absurdas. "Desde os primeiros dias da guerra, os piores temores têm se tornado realidade", recordou a si mesmo.[4]

Lion levantou-se lentamente do sofá e saiu para andar no jardim. Caminhou em meio aos canteiros tocando delicadamente nos botões. O cheiro salgado do mar penetrou em suas narinas, confundindo-lhe os pensamentos. Um profundo silêncio dominava a paisagem. O gato se intrometeu entre seus pés. Ele se abaixou para acariciar-lhe o dorso e, na noite cálida, subitamente se sentiu gelado. Lion virou-se para voltar e contar à esposa. Pelo menos, estava começando a esquentar. "As geadas acabaram", pensou.

Uma semana depois, eles vieram buscá-lo. Uma batida na porta. Transporte para o Camp des Milles. Ele já conhecia o lugar. Estivera internado ali no mês de setembro anterior, durante a *drôle de guerre*, embora logo tivesse sido libertado. Desta vez, passaria um mês no campo. Quando o exército alemão avançou em direção ao sul, a administração francesa libertou os prisioneiros no Camp des Milles para que se virassem por si mesmos. Agora ele e a esposa estavam em Marselha, tentando orquestrar a derradeira fuga.

Victor Serge agora morava com Laurette Séjourné e o filho de vinte anos, Vlady, no Hôtel de Rome. Tinha sido apanhado em várias batidas da polícia, numa ocasião chegara a ser incluído numa lista para seguir para o campo de concentração, mas os documentos estavam em ordem e fora posto em liberdade. Por enquanto. Serge escreveu em suas memórias:

> *Marselha, animada e despreocupada com os bares repletos, as ruelas no velho porto engrinaldadas de prostitutas, as ruas burguesas com janelas de gelosia, o cais sem vida e as paisagens marítimas brilhantes... vendendo, comprando e vendendo de volta documentos, vistos, papel-moeda e fragmentos de informações... [todos nós exilados] passando por incontáveis variedades de terror e coragem, antecipando cada destino que podemos imaginar à espera mais adiante.*[5]

Max Ernst havia conversado incessantemente com Leonora Carrington sobre deixar a França. Mas morar em Nova York? A América parecia um lugar primitivo do Oeste Selvagem. Não podia imaginar abandonar Paris. De qualquer maneira, o termo *estrangeiro inimigo* lhe parecia ridículo. Ele tinha certeza de que haveria alguém com quem poderia falar, alguém que poderia tomar as providências especiais, se alguma coisa desse errado. Na França, definitivo nada era.[6]

Mas Ernst estava enganado. Foi denunciado em maio por um residente da aldeia que alegou que ele era um espião alemão e que havia transmitido sinais luminosos para o inimigo. Na ocasião, o inimigo ainda estava a 965 quilômetros de distância, perto de Dunquerque. Mais uma vez, foi algemado e levado pelos gendarmes locais para Camp Loriol e depois de volta para Camp des Milles. A esta altura, o número de prisioneiros no campo aumentara para 35 mil. Ernst conseguiu fugir uma vez, mas logo foi recapturado.

No dia 22 de junho, o mesmo dia em que o armistício estava sendo assinado, o exército alemão chegou a Andance-sur-Rhône. O comandante do Camp des Milles anunciou que um trem estaria disponível para todos os prisioneiros em risco se caíssem nas mãos dos nazistas. O trem deveria levá-los para um porto do sul de onde, diziam os boatos, seriam embarcados para trabalhar em equipes de trabalhos forçados na linha Trans-Sahara, nas colônias da França do norte da África. Ernst foi um dos 25 mil prisioneiros que embarcaram naquele trem.

Os prisioneiros chamavam-no de "trem fantasma". Logo a maioria dos guardas desapareceu, deixando um prisioneiro encarregado de cada vagão para se assegurar de que ninguém escapasse. Quando se aproximavam de Carcassone, Max Ernst considerou a possibilidade de fugir, mas se lembrou das palavras do amigo Joë Bousquet: "É impossível esconder sequer um camundongo em Carcassone." Não havia muito sentido em fugir. Sem os documentos de identificação apropriados e cartões de racionamento, a vida em liberdade era impossível.

O trem fantasma seguiu sacolejando pelo sul da França, parando apenas para inverter a direção. Os prisioneiros foram aconselhados a queimar todos os documentos que pudessem ser comprometedores, especialmente declarações juramentadas de fidelidade à França.[7]

No dia 27 de junho, quando o trem desembarcou seus prisioneiros num campo isolado em Saint-Nicolas, perto de Nîmes, onde os internos dormiram em tendas sem qualquer instalação sanitária e repleta de piolhos, Ernst levou a cabo sua fuga. Seguiu a pé para a aldeia de Saint-Martin d'Ardèche, só para descobrir que Leonora Carrington havia partido. Aterrorizada e sozinha, ela sofrera um colapso nervoso. A própria descreveu sua experiência depois da prisão de Max: "Chorei durante várias horas no vilarejo; então fui para casa onde, por 24 horas, me entreguei a vômitos voluntários, induzidos pela ingestão de água de flor de laranjeira e interrompidos por um breve cochilo. Esperava diminuir o sofrimento com esses espasmos, que me dilaceravam o estômago como terremotos."[8]

Sabendo que ela não tinha como obter dinheiro, o dono do bar local permitira que bebesse à vontade. Quando lhe apresentou a conta, sugeriu que Leonora passasse para ele a propriedade da casa de Max que estava em nome dela. Estaria mais segura nas mãos dele do que em mãos alemãs, disse-lhe.[9] Temendo por sua sanidade, amigos encorajaram Leonora a se juntar a eles no êxodo rumo à fronteira espanhola.

Ao chegar à aldeia, Ernst descobriu que o dono do bar havia se apoderado de sua propriedade. Foi obrigado a arrombar a casa no meio da noite para reaver suas telas. Faminto e sozinho, ele viveu às escondidas em Saint-Martin d'Ardèche até poder seguir para Marselha.

André Breton encontrava-se na Gironde, depois que sua escola de treinamento de aviadores foi evacuada. Foi desmobilizado na zona não-ocupada, a cerca de dois ou três quilômetros da linha de demarcação. Ele seguiu para Marselha, com a intenção de se juntar à esposa e à filha que o aguardavam lá. Ele tinha consciência do perigo. "Certos cortesãos do novo regime [...] chegaram ao ponto de acusar na imprensa o surrealismo de ter tomado parte na derrota militar. As perspectivas imediatas eram muitíssimo alarmantes. O torno estava apertando com mais força a cada dia", comentou em retrospecto.[10]

Breton encontrou-se com a família e buscou abrigo na casa do amigo Pierre Mabille em Salon-de-Provence, uma pequena cidade ao noroeste de Marselha. Juntas, as famílias se mudaram para uma cabana de pesca abandonada na praia em Martigues, perto de Marselha, e planejaram como iriam escapar para a América. Não seria fácil. Para entrar nos Estados Unidos, precisariam de um visto americano, de um patrocinador americano e de dinheiro para a passagem, o qual não tinham porque tudo que possuíam tinha sido deixado para trás em Paris. Lembraram-se do amigo Kurt Seligman, pintor suíço de nascimento, que em 1939 mudara-se definitivamente para Nova York. Talvez ele pudesse conseguir algum tipo de patrocínio – uma exposição surrealista, um *tour* de palestras, qualquer coisa que convencesse os funcionários de Vichy a lhes conceder os fugidios vistos de saída.

A jovem agente literária austríaca Hertha Pauli e seu amigo, o poeta alemão Walter Mehring, tinham deixado Paris pouco antes da chegada do exército alemão. Caminharam ao longo de duas semanas, "cruzando um país moribundo, passando por aldeias sinistras cujos nomes nunca descobriram. As casas pareciam parte de cenários".[11] As portas se fechavam na cara deles quando batiam para pedir comida. Uma padaria, de vez em quando, podia lhes render uma bisnaga. Bebiam água de poços de fazenda e dormiam em valas sempre que eram postos para fora de celeiros. A maior parte do tempo, eles não sabiam onde se encontravam os alemães de quem estavam fugindo – se mais à frente, atrás ou por todo lado.

Com os pés ensangüentados e os sapatos em frangalhos, certa tarde, Pauli perdeu as forças e deixou-se cair numa vala, incapaz de se mover. "Em Orléans, haverá café de novo", disse Mehring, sorrindo, e tentou levantá-la. Quando ela se recusou a erguer-se, ele disse: "Espere, vou lhe arranjar uma cama." Pauli pensou que ele a tivesse abandonado de vez, mas, depois de algum tempo, ele voltou. Numa fazenda próxima, conseguira uma cama que pertencera a um soldado morto. Presumindo que fossem refugiados belgas, a viúva se apiedara quando Mehring dissera que a "esposa" estava morrendo numa vala nas vizinhanças. Aquele era um Mehring que Pauli nunca tinha visto antes – com coragem e otimismo suficientes para sustentar ambos.

Quando finalmente chegaram a Bayonne, juntaram-se a uma multidão que tentava embarcar no único navio inglês no porto, mas a polícia militar dispersou-a. O navio só estava embarcando militares. Tentaram comprar algum veneno para o caso de caírem nas mãos dos alemães, mas, para comprá-lo, precisavam de receita. Ao ouvir que a costa seria ocupada, decidiram ir para o interior, seguindo por estradas secundárias somente nas regiões montanhosas. Não podiam correr o risco de ser pegos sem passe de salvo-conduto. Em meados de julho, encontravam-se em Lourdes. Lá, por acaso, conheceram Alma Mahler, viúva de Gustav Mahler, e seu marido, o romancista Franz Werfel, cujos livros tinham sido proibidos e queimados na Alemanha em 1933. Em seu baú, Alma ainda trazia as partituras das sinfonias de Mahler e da Terceira Sinfonia de Bruckner.

No princípio de junho, Pauli, Walter Mehring e dois amigos enviaram um telegrama a Thomas Mann, que estava morando nos Estados Unidos, lecionando na Universidade de Princeton. Eles pediram-lhe ajuda para sair da França e assinaram "em nome de todos nós".[12] Todos aqueles que estavam em apuros na França, inclusive o próprio irmão de Mann, Heinrich Mann; seu filho Otto; Lion Feuchtwanger; o biógrafo de Hitler, Konrad Heiden e muitos outros. Walter Mehring continuava a acreditar que a resposta de salvação de Mann de alguma forma os encontraria, mas Pauli duvidava. Ela achava que, mesmo que uma resposta fosse enviada, nunca lhes chegaria às mãos.

Seguiram a pé para Toulouse, onde, inesperadamente e com grande alegria, encontraram Carli Frucht, ainda tendo consigo o casaco de Eric Sevareid. Ele tinha sido libertado do campo de concentração ao concordar em prestar serviço militar desarmado como *prestataire*, trabalhando em obras de defesa, o que se revelara inútil, uma vez que nenhuma defesa foi montada. Mas agora tinha documentos de baixa do exército que o tornavam semilegal.

Os três amigos conseguiram comprar passagens de trem para Marselha. Os vagões estavam tão lotados que, para grande alívio deles, o condutor não pôde passar para pedir-lhes os documentos. Mas, sem a documentação apropriada, a questão era: o que lhes aconteceria quando chegassem a seu destino? Haveria polícia por toda parte na estação. Quando se aproximavam da garagem Saint-Charles, o trem parou. Carli abriu a porta e os três saltaram. Desceram correndo a encosta de uma colina em direção ao mar até chegarem a Point Rouge, um pequeno vilarejo de pescadores. No Bar Mistral, havia outros refugiados.

– Aqui no bar é relativamente seguro – disseram. O bar ficava fora do alcance das incursões da *préfecture* de Marselha. – Mas mesmo assim precisam ser cautelosos.

Como muitos outros, em sótãos escuros por toda parte na região de Marselha, esconderam-se em quartinhos de janelas redondas e pequeninas como alvos, em cima do Bar Mistral. Tarde da noite, em meio à neblina cerrada, escutando o rugido solitário do mar, e com apenas uma lâmpada fraca balançando no fio, ficavam conversando sobre fugir ou se voltavam para seus manuscritos, escrevendo ou lendo uns para os outros seus relatos de testemunha.

Por vezes, Pauli observava, enquanto Mehring e os outros refugiados discutiam sobre quem estava correndo mais perigo.

– Eles me odeiam há muito mais tempo – gritava Mehring, sem se preocupar com quem poderia estar ouvindo ali embaixo no café. – Fui pessoalmente expatriado... destituído de minha cidadania alemã, numa das primeiras listas de Goebbels.

O romancista alemão Leonhard Frank retrucava:

– Parti por minha livre e espontânea vontade. Como um suposto ariano, só teria de mudar de atitude... Tenho minhas convicções. Lá na Alemanha, eles odeiam isso mais que qualquer coisa.

Pauli punha um fim às discussões:

– Agora estamos todos no mesmo barco. [...] Vamos sair para dar um mergulho.[13]

Mas então, saído não se sabe de onde, um novo boato chegou ao Bar Mistral em Pointe Rouge. Alguém, uma pessoa que iria ajudar, estava para chegar da América.

O romancista Hans Natonek, amigo de Hertha Pauli, advertiu-a:

– Tenha cuidado. Um sujeito aqui diz que sabe o nome de um americano que diz que está procurando por nós. Quer apenas 50 francos. Mas, depois que você paga, ele pergunta seu nome e endereço.[14]

O americano poderia ser uma cilada. Escondendo-se em cafés públicos, mantendo-se juntos por segurança, os refugiados olhavam para trás nervosamente. Seria aquilo o derradeiro engano? As pessoas não podiam confiar umas nas outras. Se alguém tinha alguma informação secreta, guardava para si mesmo. "Por vezes, você achava que tinha encontrado uma pista, tinha ouvido o nome do salvador americano mencionado em alguma conversa sussurrada, por exemplo; quando perguntava a respeito, a resposta era um dar de ombros."[15] Todo mundo queria ser o primeiro no bote salva-vidas, mas o bote salva-vidas era um fantasma. Era preciso ser um *débrouillard*, um artista em sobrevivência, sabendo como peneirar os boatos, até encontrar o fragmento de informação que poderia salvá-lo.

Por acaso, Hertha Pauli encontrou um velho colega, um jornalista vienense, no Vieux Port de Marselha. Enquanto caminhavam de braços dados em meio às peixeiras apregoando suas mercadorias, o amigo sussurrou:

– Ele está hospedado no Splendide.

– Quem? – retrucou Pauli.

– Ora, o americano, é claro. Já fui recusado. Não estou na lista dele. Mas talvez você esteja, e ele vai receber você. Bem. – Ele sorriu radiante. – Sou seu amigo ou não? – Pauli o observou desaparecer em meio às barraquinhas, lembrando-se, tarde demais, de que esquecera de lhe perguntar o nome do americano.[16]

Pauli entrou no *lobby* do Hôtel Splendide. Exceto por dois policiais, estava deserto. Dirigiu-se à recepção e balbuciou algo sobre querer ver um cavalheiro americano. O funcionário avaliou-a com o olhar, perguntou-lhe o nome e então o berrou pelo telefone do hotel. Ela se encolheu de medo, esperando ser presa ali mesmo. Em vez disso, foi instruída a subir ao quarto 307, no terceiro andar, o último à esquerda. No elevador gradeado, semelhante a uma jaula, a tensão foi aterradora – estaria se encaminhando para uma cilada?

Um rapaz em mangas de camisa estava sentado a uma pequena escrivaninha ao lado da cama. Por alguns minutos, ele continuou a escrever, ignorando-a ali de pé. Finalmente levantou a cabeça.

– Bem, srta. Pauli – disse ele. – Seu nome está na minha lista.[17]

Naquele primeiro encontro, soube que ele se chamava Varian Fry. E pouco mais que isso. Uma vez que Pauli não falava bem inglês, ele rapidamente passou para um francês fluente. Tinha um rosto impassível, neutro. Fez a ela uma série de perguntas. Pauli sentia-se como se estivesse "se candidatando a um emprego". Era extremamente embaraçoso. Pauli examinou o que pensava ser seu "rosto de Buster Keaton". Este era seu pretenso salvador.

Ele lhe disse que ela estava com sorte. No dia anterior, a polícia apanhara todos os seus clientes e levara-os na *panier à salade* (cesta de lavar salada, como os franceses chamavam os camburões de polícia). Ela ficou visivelmente abalada, tanto com a notícia das prisões, quanto com a maneira despreocupada com que ele falou delas.

– Não se preocupe – disse ele –, todos foram logo liberados. Já estabeleci relações cordiais com a Sûreté. É claro que tive de destruir todos os documentos neste quarto. Nunca se sabe. A Gestapo poderia achar conveniente meter a mão nas coisas. Estou novamente reduzido a uma lista básica de nomes. Talvez possa me ajudar.

Ela examinou a lista. Lá estava seu nome. E também o de Ernst Weiss, o romancista checo; Hans Natoneck, o humorista checo; Walter Hasenclever; Lion Feuchtwanger; Heinrich Mann. A lista número 1 de escritores alemães, austríacos e checos. Ela conhecia a maioria deles. Lá estava também Walter Mehring, mas Carli não.

– Estou em contato com Natonek – disse Fry. – Mas o que aconteceu com Weiss?

– Os alemães o encontraram no dia em que marcharam sobre Paris. Ele havia tomado veneno e depois, para garantir, cortou os pulsos – explicou Pauli.

Fry cortou o nome de Weiss da lista.

– Agora tenho três vagas – observou.

Pauli ficou chocada. Os mortos tinham se tornado vagas.

Fry perguntou sobre Walter Mehring, e Pauli comentou que ele estava hospedado no Bar Mistral. Bar Mistral, Fry escreveu em sua lista.

– Traga-o com você amanhã – disse. – *Au revoir*. – A entrevista estava acabada.

Uma Pauli abalada conseguiu voltar para o esconderijo na praia em Pointe Rouge. Ela e seus amigos passaram a noite ansiosamente examinando os fatos. O salvador deles havia se materializado. Um jovem americano de óculos, em mangas de camisa, estava procurando por todos eles. Quem estava por trás dele? Será que merecia confiança? Será que tinha algum poder? Ele parecia não fazer idéia do que haviam passado. Será que os ajudaria ou ingenuamente os conduziria a uma cilada?

MARSELHA II

Agosto de 1940

Se algum dia alguém precisasse de um amigo num momento de crise, não existia ninguém melhor que Miriam Davenport. Ela era uma pragmática romântica de 25 anos, seguindo o coração por uma Europa em tempo de guerra, mas pronta a ajudar qualquer pessoa que encontrasse no caminho. Estava em Ljubljana, visitando o noivo Rudolph, quando chegara a notícia de que os alemães tinham invadido a Holanda. Apressou-se em voltar para Paris, certa de que a França logo declararia guerra. Agora que a França havia se rendido e que o armistício tinha sido assinado, estava decidida a voltar para a Iugoslávia para salvar Rudolph. Seria apenas uma questão de tempo até que a Iugoslávia caísse frente aos nazistas. Havia o enorme problema de obter uma autorização para cruzar a Itália fascista e então de encontrar um cargueiro que os levasse para os Estados Unidos, mas era difícil detê-la. O noivo havia se curado de uma doença grave no ano anterior, e ela não iria abandoná-lo.

Ao chegar a Marselha, a primeira providência de Miriam foi visitar o anexo do consulado americano para renovar o passaporte. Ficou profundamente abalada com as longas filas de refugiados, os rostos que revelavam cada nuança de pânico mudo, desespero, fúria educada, orgulho ultrajado. Observou o rude tratamento que eles eram obrigados a suportar nas mãos do porteiro do consulado. À sua pergunta sobre se havia organizações americanas em Marselha cuidando das necessidades dos refugiados, a resposta foi: “Não, nenhuma!”[1]

Ela logo descobriu que americanos com empregos em outros países não tinham quaisquer problemas de passaporte. Miriam exigiu ver o cônsul geral e lhe disse que tinha um emprego de professora na Iugoslávia. Seria inútil voltar aos Estados Unidos onde apenas se juntaria às fileiras de desempregados. Magicamente, viu seu passaporte ser renovado.

Em seguida, ela entrou em contato com Mary Jayne Gold, que estava de volta a Marselha. Encontraram-se no Pelikan, um café logo defronte ao consulado americano – o preferido pelos refugiados estrangeiros. As duas acabaram por conversar sobre a situação angustiante de intelectuais antifascistas como Konrad Heiden e Katia Landau, a quem Miriam conhecera em Toulouse e já considerava como amigos. Mary Jayne era uma antifascista engajada. Ela havia ensinado Dagobert a latir furiosamente quando ouvia *Heil Hitler!*[2] Juntas decidiram fazer o que pudessem para ajudar.

Entraram em contato com a Cruz Vermelha Americana, só para ouvir que sua ajuda não era necessária. A organização estava limitando a assistência a ajudar os franceses a entregar leite de graça por intermédio das companhias de gás da França. Elas então viram um breve anúncio num jornal francês dizendo que um certo "Valerian [*sic*] havia chegado dos Estados Unidos com um navio carregado de leite". Elas o descartaram: "Mais um leiteiro."[3]

Agora já era a terceira semana de agosto. Miriam fez a pé o percurso da *rue* Madagascar, onde morava no Hôtel Paradis Bel-Air (seu "acampamento esquálido", como o chamava). O quartinho de sótão lhe custava 50 cêntimos por mês. Estava indo para o Café Pelikan. Ao sentar-se com Mary Jayne, ouviu seu nome ser chamado baixinho. Levantou a cabeça e viu um vulto pequenino encolhido contra a parede num terno tão desalinhado e esfarrapado que poderia facilmente ser confundido com um batedor de carteiras. Apertando os olhos para enxergar melhor em meio à penumbra, ela subitamente reconheceu o poeta alemão Walter Mehring, que havia conhecido recentemente em Toulouse.

Furtivamente, Mehring pediu para falar com ela. Estava angustiado e ao mesmo tempo excitado. Explicou que acabara de sair da delegacia de polícia. Tinha ido se encontrar com o americano Varian Fry no Hôtel Splendide, o tal a respeito de quem todo mundo estava falando. Fry tinha dinheiro, vistos e uma lista de pessoas que iria salvar. Ele próprio estava na lista.

Mehring havia marcado um encontro para ver Fry de novo, no dia seguinte, mas, ao sair do hotel, fora apanhado pela polícia e interrogado durante três horas, Não ousava voltar ao Splendide. Miriam era americana. Não estava em perigo. Poderia procurar Fry em seu nome, explicar o que havia acontecido e solicitar um encontro num local mais seguro? Embora Mary Jayne se oferecesse para fazer-lhe companhia, Mehring estava assustado demais para ficar no café, de modo que Miriam o levou para a sala de espera do consulado americano do outro lado da rua. Depois de aconselhá-lo a fazer bom uso do sabão no banheiro dos homens, ela partiu para desincumbir-se da tarefa.

Miriam entrou no espaçoso saguão da recepção do Splendide e tomou o elevador para o terceiro andar, juntando-se à fila de refugiados que se estendia pelo corredor. Quando chegou sua vez, um rapaz ouviu-lhe pacientemente a história e então a levou até um outro rapaz, que trabalhava sentado a uma mesa do lado oposto do pequeno quarto. Ele estava em mangas de camisa, e Miriam reparou nos óculos de tartaruga que emolduravam seu rosto. Foi apresentada, ele se levantou e apertou-lhe a mão com um sorriso inquisitivo, gesticulando para que se sentasse.

Quando ela contou a Fry que Mehring estava com medo de retornar ao hotel, ele imediatamente combinou um encontro com o poeta para a manhã seguinte, num café tranqüilo. Então Miriam perguntou se ele gostaria de contatar Konrad Heiden, Katia Landau e outros e deu-lhe o endereço de Charles Wolff em Toulouse.

Fry lhe perguntou por que estava em Marselha. Miriam explicou que esperava por vistos para voltar à Iugoslávia, e ele comentou:

– É um processo lento. Você gostaria de um emprego?

Miriam respondeu:

– Ah, é claro. Você está fazendo exatamente o que eu, há muito tempo, sonho fazer.[4]

Fry perguntou-lhe se estaria disposta a ser nomeada "secretária-geral" de um comitê que estava criando.

– Seria útil termos um bom nome americano como Davenport – disse ele.[5] – Não haveria trabalho de verdade. Você só teria de assinar o relatório anual.

Ele também precisava de uma entrevistadora no escritório que estava com esperanças de abrir. Pagaria a ela 3 mil francos (27 dólares) por mês. Ele se desculpou pela quantia modesta, mas para ela estava ótimo.

Miriam se juntou à equipe de Fry no dia 27 de agosto de 1940. Ao contrário de Hertha Pauli, achava Fry atraente – mais tarde diria que tinha "um fraco por estudiosos e santos".[6] Em sua opinião, Fry era sempre caloroso, sensível, espirituoso e descontraído com os clientes deles. A diferença de percepção entre as duas mulheres pode ter sido cultural. Miriam reconhecia o estilo de um compatriota americano. A aparente arrogância e os modos abruptos de Fry eram apenas a velha e boa eficiência americana. Entretanto, os riscos nunca foram tão altos para Miriam. Ao olhar para aquele estranho, Pauli soubera, muito mais do que ele, que Fry tinha nas mãos a sua vida.

O AMERICANO TRANQÜILO

Imaginem a situação: as fronteiras estão fechadas; você caiu numa armadilha, poderia ser preso a qualquer momento; sua vida pode ser considerada como praticamente acabada – e, subitamente, um jovem americano em mangas de camisa está enchendo seus bolsos de dinheiro, passando o braço em volta de seu ombro e sussurrando numa imitação amadorística dos modos de um conspirador: "Ah, existem meios de tirar você daqui", enquanto, com os diabos, as lágrimas escorrem pelo meu rosto, lágrimas de verdade [...] e aquele sujeito agradável [...] tira um lenço de seda do bolso do paletó e diz: "Tome, fique com ele. Perdoe-me por não estar mais limpo."

HANS SAHL[1]

O senhor tem de nos salvar, sr. Fry.

ALMA MAHLER WERFEL[2]

Enquanto Hertha Pauli e Walter Mehring se escondiam de aviões alemães e dormiam em valas à medida que atravessavam a França, eles não tinham idéia de que o telegrama que haviam enviado no dia 9 de junho para Thomas Mann, em Princeton, implorando por ajuda, finalmente chegara às mãos dele, na Califórnia, onde estava morando.[3] O famoso autor estava ansioso para fazer tudo o que pudesse. Membros de sua família estavam presos na Europa.

E havia outros que queriam ajudar. Desde 1934, a International Relief Association (IRA – Associação Internacional para o Auxílio de Refugiados) de Albert Einstein vinha trabalhando para ajudar os refugiados. Mas não era fácil sensibilizar o público americano. A grande maioria era isolacionista. Mesmo americanos influentes, simpáticos à sua causa, acreditavam que, embora "todo o auxílio deva ser dado aos refugiados do nazismo [...], os Estados Unidos não devem de forma alguma se envolver diretamente".[4]

Havia dois homens que discordavam disso e trabalhavam ansiosamente por trás dos bastidores. Karl Frank era um psicanalista austríaco ativista político que fugira da Alemanha em 1933, mudando seu nome para Paul Hagen. Ele trabalhou clandestinamente, primeiro em Praga, depois em Paris, e então em Londres, organizando opinião política contra Hitler. Com freqüência, viajava para os Estados Unidos para angariar fundos e logo criou o Comitê de Amigos Americanos da Liberdade Alemã, presidido pelo teólogo Reinhold Niebuhr.

Quando finalmente se mudou para os Estados Unidos em dezembro de 1939, procurou o jovem Varian Fry, cujo artigo sobre as violentas desordens provocadas pelos nazistas em Berlim, publicado no *New York Times* em 1935, ele havia admirado muitíssimo. Eles compreendiam bem a amplitude da ambição de Hitler. Os fascistas não queriam nada menos que dominar o mundo.

Na cidade de Nova York, o escritório de Hagen na Quinta Avenida com rua Quarenta e Um leste ficava a apenas um quarteirão do escritório de Fry na rua Quarenta oeste, onde ele trabalhava como editor-chefe da Foreign Policy Association's Headline Books. Eles costumavam se encontrar no restaurante favorito de Fry, o Child's, para debater o deplorável estado das coisas na Europa.

Quando Hitler invadiu a Holanda em 10 de maio de 1940, Hagen convocou Fry para uma reunião de emergência no Child's. Os nazistas têm uma lista, explicou ele.

– Toda pessoa apontada como inimiga do Reich... políticos, ativistas sindicalistas, artistas, romancistas, poetas, cientistas, músicos, jornalistas, intelectuais... toda e qualquer voz dissidente será rotineiramente caçada pela Gestapo.

Se a França viesse a cair, essas pessoas seriam "sumariamente executadas ou condenadas a uma morte lenta em campos de concentração".[5]

Não havia tempo a perder. Ali mesmo, eles decidiram que era imperativo criar um comitê de resgate. A única preocupação de Fry era como conseguiriam localizar esses refugiados que precisavam ser salvos, mas Hagen assegurou-lhe que havia uma rede conhecida como o "telégrafo dos refugiados". Alguém sempre sabia onde até mesmo os refugiados em maior risco estavam se escondendo.

Hagen não poderia ter encontrado um melhor aliado que Varian Fry. Os dois eram um tanto excêntricos, iconoclastas e politicamente independentes, além de ser igualmente movidos pela revolta moral. Fry era o filho único de um corretor de ações que trabalhava na Wall Street. Nascido em 1907, foi criado em Ridgewood, Nova Jersey. Sua educação era impecável. Aos 15 anos, foi mandado para a Hotchkiss Scool em Connecticut. Desprezando o fetiche do dinheiro em sua escola preparatória, devotou-se aos rigores da mente, lendo tudo em que podia pôr as mãos, enquanto reservava sua paixão mais profunda para o latim e o grego.

Ele passou no exame de admissão para Harvard entre os primeiros colocados em nível nacional. Despertando para o fato de que era 1930 e a Depressão, tornou-se um ativista político em seu último ano, liderando o contingente de Harvard em marchas pela Broadway clamando por trabalho para os desempregados.

Depois de se formar, Fry se casou com Eileen Hughes, sete anos mais velha e editora no *Atlantic Monthly*, que partilhava com ele a mesma política liberal. Ela o achava muito atraente. Ele era bonito, carismático e verbalmente inventivo; contudo, por baixo da "carapaça bem-educada", havia uma seriedade impressionante.

Morando em Nova York, o casal partilhava a paixão por causas políticas. Em 1935, Fry conseguiu trabalho como editor no *Living Age* e começou a escrever artigos sobre os perigos que Hitler representava para a paz mundial. Fry podia ser dogmático e rígido em seus princípios, mas, com freqüência, porque estava correto. Ele tomou a posição malquista de que a América deveria abandonar a política de isolacionismo. Hitler deveria ser detido imediatamente.

Varian Fry.

Em 1936, com Eileen, ele entrou para o Spanish Aid Committee (Comitê de Ajuda Espanhola), uma ampla coalizão de grupos ideológicos trabalhando pela causa republicana na Guerra Civil Espanhola. Logo foi elevado a um cargo executivo no comitê, bem adequado para ele. Fry adorava organizar. No entanto, em seis meses, acabou sendo expulso do comitê por ser tão agressivamente crítico às táticas divisoras da facção comunista.

Em 1937, recebeu uma oferta de trabalho na Foreign Policy Association, que publicava uma série de panfletos e livros sobre questões internacionais. O emprego era perfeito para ele. Logo se tornou editor da série inteira de Headlines.

Determinados a viabilizar e pôr em ação o novo projeto deles, Fry e Hagen foram procurar Harold Oram, angariador de fundos profissional e militante político, a quem Fry conhecia bem, uma vez que tinham trabalhado juntos no Spanish Aid Committe. Oram sugeriu entusiasticamente que organizassem um almoço formal privativo no Commodore Hotel. A data escolhida foi 25 de junho. Eles dispunham de seis semanas.

Com a ajuda de Oram, Fry e Hagen foram atrás de convidados para compor a mesa principal – reitores de universidade, personalidades da mídia e filantropos. A lista abrangia de Reinhold Niebuhr a Raymond Gram Swing, um dos mais famosos astros de rádio do momento. O dr. Frank Kingdon, um ministro metodista, britânico de nascimento, escritor famoso e reitor da Newark University, foi convidado a presidir a tarde. John Dos Passos e Upton Sinclair foram chamados para emprestar o prestígio de seus nomes e imediatamente aceitaram.

Em 15 de junho, dez dias antes do almoço, lia-se na manchete do *New York Times*: "Alemães ocupam Paris [...] Tanques do Reich desfilam pela Champs-Elysées."[6] A notícia era extremamente desanimadora. Parecia tarde demais para eles.

Na segunda-feira, 24 de junho, um dia antes do almoço, Fry abriu o *Times* e leu: "Sombra nazista cobre metade da França."[7] Ele correu para o telefone e convocou Hagen para um encontro no Child's. Lá chegando, Fry exclamou com incontido entusiasmo que os alemães tinham ocupado somente metade da França. O restante do país ainda estava livre.

– Uma porta de entrada pelos fundos da Europa, afinal, havia sido deixada aberta – disse ele.

Mas Hagen o desiludiu. As 24 cláusulas do armistício já haviam sido publicadas, e ele chamou a atenção de Fry para o artigo 19. "O governo francês fica obrigado a entregar de imediato todos os cidadãos de nacionalidade alemã cuja extradição seja solicitada pelo governo alemão na França, bem como em possessões e colônias francesas, territórios sob seu protetorado e sob seu mandato." Ele disse a Fry que haveria apenas um breve intervalo de tempo em que poderiam tirar pessoas do país. Então os nazistas "deixariam que os franceses fizessem o trabalho sujo por eles".[8]

O almoço formal no Commodore Hotel foi um evento bastante sombrio. Compareceram os ricos para quem Paris era um símbolo de civilização. Ainda estavam todos atordoados com a notícia de que a cidade havia sido ocupada e agora se encontrava nas mãos dos nazistas. As pessoas preencheram avidamente o cheque em branco colocado junto a cada talher. Trinta e cinco milhões de dólares, uma quantia espantosa para um almoço, foram arrecadados com facilidade.[9]

Quando as pessoas acabaram de comer e terminaram os discursos dos presidentes das mesas, Erika Mann, filha de Thomas Mann, tomou a palavra. Ela sugeriu que se aproveitasse o almoço para se criar um comitê permanente.

– Não devemos esquecer – disse ela – que apenas dinheiro não vai resgatar pessoas. A maioria delas está retida sem visto, sem um passaporte que ouse usar. Elas não podem simplesmente embarcar num navio e partir. Alguém tem de estar lá para *tirá-las* de onde estão.[10]

Tão logo ela disse isso, o fato tornou-se gritante, e o Comitê de Resgate de Emergência foi criado.

Naquela noite, com vários amigos de Hagen que tinham chegado recentemente da Europa, ele e Fry planejaram sua estratégia. A primeira coisa a fazer era compilar uma lista abrangente de pessoas que precisavam ser resgatadas. Pediram a Alfred Barr, do Museu de Arte Moderna (MoMA), e sua esposa Margaret Scolari Barr, que já estavam em contato com artistas em risco, que fornecessem os nomes de pintores e escultores. A longa lista que eles apresentaram incluía Max Ernst, Marc Chagall e Jacques Lipchitz. Thomas Mann identificou editores, críticos de arte, escritores e dramaturgos, incluindo Lion Feuchtwanger, Hans Sahl, Anna Seghers, Walter Mehring e Hertha Pauli, bem como seu irmão Heinrich Mann e o filho Golo. O próprio Hagen registrou e inscreveu seus aliados do Partido Social Democrata Alemão. O jornalista emigrado Max Ascoli forneceu o nome de italianos antifascistas; o líder exilado checo Jan Masaryk fez o mesmo em relação a fugitivos checos; Alvarez del Vayo e Joseph Buttinger acrescentaram fugitivos espanhóis e austríacos; o dr. Alvin Johnson, diretor da Nova Escola de

Pesquisa Social, expandiu a lista com mais nomes de intelectuais, cientistas e compositores. O teólogo francês Jacques Maritain e o romancista Jules Romains completaram a lista.[11]

Inevitavelmente surgiram disputas em relação aos nomes na lista. "Maritain acusou Thomas Mann de favorecer escritores alemães. Max Ascoli disse a Maritain que ele estava ignorando os italianos e incluindo nomes franceses demais. Jules Romains queixou-se a Hagen que ele estava se esquecendo dos judeus."[12] Toda aquela discussão a respeito dos que seriam salvos era realmente estarrecedora. No entanto, todos sabiam que um nome na lista sempre significava que outro nome não seria incluído.

A segunda coisa a fazer era persuadir o Departamento de Estado dos Estados Unidos, que recentemente assumira o controle sobre a imigração, a conceder vistos para estrangeiros proeminentes. Não seria fácil. Era um "segredo de polichinelo" que os funcionários e diplomatas no Departamento de Estado e em várias embaixadas e consulados no exterior não estavam nem um pouco dispostos a permitir a entrada de ninguém, quanto mais a de intelectuais progressistas de esquerda e judeus. Qualquer refugiado "em fuga de um governo estrangeiro – inclusive o de Hitler – era quase *de facto*" suspeito.[13]

Em julho de 1938, depois da fuga maciça de refugiados austríacos, o presidente Roosevelt havia convocado uma conferência de 32 nações em Evian, na França, para debater a crise internacional de refugiados. Mas a conferência foi um fracasso quanto a seu principal objetivo: encontrar um destino para eles. À medida que as sessões prosseguiam, delegado após delegado apresentava desculpas eximindo seu país de aceitar qualquer número maior de refugiados. Um senador democrata do Colorado manifestara a opinião da maioria, nos Estados Unidos, quando insistira em que o país não devia ser "lugar de descarga de toda aquela gente". A Depressão havia causado desemprego maciço. Dois terços dos inquiridos numa pesquisa da revista *Fortune* disseram: "Nas atuais condições, devemos tentar mantê-los fora do país."[14]

Àquela altura, já se sabia que os nazistas tinham como alvo específico os judeus. O terror de Estado havia transformado os judeus num bode expiatório político conveniente, e o confisco de suas propriedades tornara-se um negócio lucrativo. Mas, nos Estados Unidos, como em outros lugares, o anti-semitismo estava em alta. Como resultado da conferência, Roosevelt assumiu a posição de que aumentar "as cotas de imigração americanas ou a concessão de empréstimos de fundos públicos [...] daria ensejo a controvérsia pública".[15]

Se, por motivos políticos, Roosevelt vacilou, sabia-se que sua esposa era simpática à causa. No dia 27 de junho, Hagen e Fry viajaram para Washington para implorar o apoio de Eleanor Roosevelt. Depois de conversar por 20 minutos ao telefone com o presidente, ela relatou aos dois homens que a aguardavam sentados que, embora as cotas de refugiados já estivessem mais que preenchidas, um número de "vistos de emergência para visitantes" seria disponibilizado para um grupo seleto de refugiados políticos.[16]

Agora a questão concreta que preocupava Hagen e Fry era quem seria enviado à França para tirar os refugiados de lá?

A pessoa ideal seria um exilado europeu que tivesse conhecimento do que estava acontecendo. Mas era impossível enviar um europeu de volta para a França. Ele ou ela certamente seria preso. Mesmo um cidadão francês trabalhando em prol de refugiados seria rotulado como anti-Vichy. Um verniz de legalidade pelo menos protegeria um americano, uma vez que os Estados Unidos ainda eram um país neutro.

Fry se ofereceu para ir se mais ninguém se apresentasse, mas Paul Hagen descartou a oferta. Ele gostava de Fry como amigo e o respeitava. Mas qual o sentido de "um intelectual neurastênico e especialista em Grécia antiga" se meter num trabalho de resgate?[17] Ele achava que Fry não tinha o temperamento adequado para operações clandestinas.

Entretanto, à medida que a lista de candidatos encolhia, Hagen começou a ver Fry com outros olhos. Até mesmo o fato

Varian Fry em Berlim, 1935.

de que não fosse uma escolha óbvia o fazia começar a parecer ideal. Ele falava alemão e francês e podia fazer ligação com os consulados americanos. O governo de Vichy e os alemães o descartariam como um ianque ingênuo. E, no mínimo, ele não apareceria nos arquivos da Gestapo.

Contudo, Hagen o estava subestimando. Fry tinha uma idéia muito clara do que estaria enfrentando. Em julho de 1935, antes de assumir o cargo de editor do *Living Age*, ele viajara para Berlim. Passara dois meses na Alemanha de Hitler. Aquela viagem tinha sido tão chocante, que mudara profundamente a sua vida.

Na noite de 15 de julho de 1935, Fry desceu ao *lobby* do hotel Pension Stern, na larga e arborizada Kurfürstendamm. Os outros hóspedes, seus companheiros, estavam aglomerados junto às janelas, olhando para fora nervosamente.

– É uma violenta manifestação contra os judeus – alguém explicou.

Fry esgueirou-se para a rua e seguiu a multidão que corria em direção ao que parecia ser um grupo de pessoas aplaudindo. Quando conseguiu abrir caminho em meio à turba, ele cambaleou diante da orgia de sangue que se descortinou à sua frente. Um judeu idoso foi agredido a pontapés até cair ao chão; a cabeça sangrava, e as mãos arrebentadas procuravam proteger-lhe a face. A frágil esposa, que tentara afastar o bando de agressores, acabou esmurrada no rosto e também foi derrubada a pontapés, enquanto a multidão se fechava sobre eles.

Quando Fry se recuperou, viu outros bandos partirem para cima das vítimas indefesas aos socos e pontapés. A multidão também estava parando carros. Se os ocupantes não pudessem provar que eram arianos, os automóveis eram sacudidos, e eles, retirados à força e surrados. Em ambos os lados da rua, a horda avançava, destruindo lojas e restaurantes judeus, enquanto deixavam intocados os estabelecimentos não-judeus, facilmente identificáveis, uma vez que policiais berlinenses montavam guarda na frente.

Para o horror de Fry, iniciou-se uma cantoria frenética. Ele sabia alemão o suficiente para compreender a letra da canção popular: "Quando sangue de judeus esguicha das facas, então as coisas ficam ainda melhores." O nível de ódio avolumou-se como uma neblina poluindo o ar. Algum terrível pesadelo estava sendo desencadeado. A multidão estava eufórica com uma espécie de sede de sangue atávica caçando o inimigo judeu bolchevique que os nazistas haviam identificado.

Fry se abrigou num café. O que se seguiu foi a parte da história que Mary Jayne Gold se lembraria que ele relataria de novo só muito raramente e num sussurro.[18] Dois policiais da tropa de choque, com calças de montaria e camisas marrons com braçadeiras nazistas, entraram no café. Avistando um homem, claramente judeu, numa mesa de canto, tentando se fazer invisível, eles avançaram em sua direção ameaçadoramente. Quando o homem pegava sua cerveja, "uma faca reluziu no ar e se cravou prendendo-lhe a mão na mesa. Os policiais gargalharam."[19]

Aquela cena, gravada a ferro e fogo na retina e no cérebro, voltaria à memória de Fry a cada vez em que ele precisasse ser lembrado do motivo por que estava na França fascista.

No dia seguinte, "num estado de imensa indignação [pela] bestialidade da noite anterior", Fry visitou o Ministério da Propaganda de Goebbels, onde lhe havia sido concedida uma entrevista com Ernst Hanfstaengl, chefe da Divisão de Imprensa Estrangeira. "Putzi", como era conhecido entre os amigos, estudara em Harvard. Na conversa entre ex-alunos de Harvard, Putzi havia se mostrado inesperadamente franco. "Com seu sotaque culto de Harvard", disse a Fry que provavelmente os policiais haviam instigado os violentos distúrbios. Ele explicou que, no seio do Partido Nazista, havia uma divisão de opinião com relação a como "solucionar o problema judeu". Os moderados queriam expulsar os judeus ou confiná-los em reservas, como os americanos tinham feito com os índios nativos. Os radicais queriam seu "extermínio". Fry não acreditou em Putzi. Não conseguia imaginar que uma nação culta como a Alemanha "pudesse considerar seriamente uma idéia tão monstruosa".[20]

O artigo de Fry sobre o infame tumulto da Kurfürstendamm, enviado por meio da Associated Press, foi publicado pelo *New York Times*, no dia 17 de julho de 1935. Um segundo artigo saiu no dia 27 de julho. Ele mencionava que Putzi identificara o Partido Nazista como o instigador do tumulto e fizera a distinção entre dois grupos anti-semitas no seio do partido: aqueles que queriam "derramamento de sangue" e os que "desejavam segregar os judeus em áreas específicas". (Fry mais tarde lamentaria o fato de ter amenizado as palavras do Ministério da Propaganda.) Num artigo com o subtítulo de "Hanfstaengl diz que ele não eximia de culpa os judeus nos tumultos", Putzi era citado com tendo dito que o relato de Varian Fry de suas pretensas palavras nada mais era que "ficção e mentiras do princípio ao fim".[21]

Depois de retornar aos Estados Unidos, Fry continuou a escrever sobre a agressão nazista. Num artigo intitulado "Em busca de que está Hitler: o contexto histórico da política externa alemã", publicado na *Scholastic* em março de 1936, ele previa exatamente os planos de guerra de Hitler, bem como o ritmo de tirar o fôlego do rearmamento alemão.[22] Mas ninguém estava ouvindo. Para Fry, a conseqüência prática dos artigos foi que ele não podia mais visitar a Alemanha nazista em segurança.

A oportunidade de trabalhar em prol dos refugiados na França era exatamente aquilo que Fry estivera esperando. Ele debateu a questão com a esposa, Eileen. Estavam casados havia nove anos, e a separação seria dura para ela. A missão poderia ser perigosa, mas ele lhe garantiu que a viagem seria breve. Ela concordou que era dever dele ir. Eileen também tinha um interesse oculto. Aos 39 anos e sem filhos, queria que o marido lhe trouxesse uma criança refugiada. Só teve coragem de lhe dizer isso por carta, que escreveu na véspera da partida dele, assegurando-se de que só o alcançaria depois que ele chegasse à França. Eileen escreveu: "Não lhe falei a respeito de trazer uma criança francesa com você, algo que, provavelmente, vai lhe parecer um absurdo neste momento, e é claro que não quero que você saia atrás de uma. Apenas quero dizer que você só deve trazê-la se se sentir impelido a isso em relação a alguma criança em especial. Posso resolver os problemas de transporte e de emigração. Mas espero que sua simpatia se volte para alguém."[23] Era um pedido pungente e indicava, ao mesmo tempo, a solidão dela e o silêncio que permeava o casamento deles. Infelizmente Fry não atendeu a esta súplica e o tema nunca mais foi abordado seriamente.

O contrato de Fry com o Comitê de Resgate de Emergência era vago. Resumia-se a uma carta declarando: "Sua tarefa para nós na Europa é, por um lado, exploratória e, por outro, específica." Ele deveria:

> *a) apurar e nos relatar as condições sob as quais os refugiados se encontram e os trabalhos de resgate que devem ser realizados [...] com atenção particular a transporte, transferência de dinheiro, vigilância pessoal, atitudes de autoridades americanas e estrangeiras etc.*

> *b) tentar localizar e auxiliar com orientação e dinheiro, conforme lhe for instruído, certos indivíduos os quais este comitê especificará, de modo que possam chegar a Lisboa ou Casablanca, estando assim numa posição melhor para serem transportados para este continente.*
>
> *c) investigar e recomendar indivíduos em centros tais como Lisboa, Toulouse, Marselha etc. os quais possamos no futuro designar como agentes para atuar por nós nesses centros.*[24]

Solicitava-se que usasse o próprio discernimento para determinar que nível de cooperação deveria estabelecer com o cônsul americano em Marselha e que informações deveria trocar com o consulado com relação ao bem-estar dos refugiados sob seus cuidados.

Fry se dedicou sistematicamente a preparar a viagem. Começou por ir diretamente ao topo. Escreveu a William Bullitt, ex-embaixador na França, agora de volta aos Estados Unidos, e solicitou um *briefing*. Ao perguntar "Que tipo de refúgio os cônsules poderão dar às pessoas que tenham visto cujas vidas possam estar em perigo?", Fry recebeu a seguinte resposta: "Nenhum." Bullitt também o advertiu de que a situação estava bastante instável, que o bloqueio poderia ser estendido de modo a incluir a Espanha e que Fry poderia acabar sendo preso na França com "um bilhete sem volta".[25]

Então Fry escreveu para Eleanor Roosevelt. Ela respondeu em termos concisos: "O presidente viu sua carta de 27 de junho. Ele vai tentar obter a cooperação de países da América do Sul para dar asilo político a refugiados."[26] Não era exatamente a resposta que ele esperava, uma vez que sugeria que os tão aguardados "vistos de emergência americanos" seriam poucos, mas teria de se virar com isso.

Fry foi então renovar o passaporte. Ele foi validado por seis meses de viagem pela Europa, acompanhado por uma severa advertência sobre os perigos da viagem. Finalmente ele comprou um terno novo. Precisava estar vestido a caráter para desempenhar o papel de americano intrépido e respeitável.

A INGLATERRA É URSULA; A FRANÇA É HEINRICH

A coragem é como uma conta em banco para ser usada em momentos de necessidade. A diferença é que nunca sabemos qual é nosso saldo até a hora de fazermos a retirada.

LORD MORAN[1]

Na tarde de 4 de agosto, Fry embarcou no clíper da Pan Am no aeroporto de La Guardia, em Nova York. Os clíperes que atravessavam o Atlântico mais pareciam baleias do que máquinas voadoras. A viagem era desconfortável, com o avião dando solavancos quando encontrava turbulências e vibrando ao ritmo dos motores de propulsão. Levava 36 horas, com duas paradas para reabastecimento no caminho. Durante o dia, os passageiros ficavam sentados em poltronas reclináveis razoavelmente confortáveis e andavam inquietos pelos três aposentos do clíper, se acalmando com uísque. À noite, dormiam nos leitos em estilo *pullman*.

Fry estava ansiosíssimo. No bolso, levava um caderninho de anotações com o código básico que ele e o Comitê de Resgate de Emergência combinaram usar de modo a não despertar suspeitas dos censores. "Dinheiro" era "leite"; "transporte" era "roupa"; "barco" era "agasalho". Os países tinham nomes.

INGLATERRA = URSULA
ÁFRICA = LELAND
ESPANHA = ERNEST
ALEMANHA = ELOISE
FRANÇA = HEINRICH[2]

Dificilmente poderia ter sido mais amadorístico. Com certeza, não enganariam nenhum criptógrafo sofisticado com aquela brincadeira de criança.

Fry levava a sério a responsabilidade que o acaso e a história lhe haviam confiado. Passou uma semana em Lisboa, fazendo contatos com vários consulados, organizações de auxílio particulares e grupos religiosos, muitos dos quais haviam montado quartéis-generais em Portugal. Ele precisava saber quem estava trabalhando em prol dos refugiados. Então seguiu para Barcelona, de onde pegou o trem para Marselha. À medida que o trem atravessava a Costa Brava, ele viu as cicatrizes da Guerra Civil Espanhola que havia acabado dois anos antes. A província catalã da fronteira pagara caríssimo por seu posicionamento contra Franco. A terra ainda estava carbonizada, os prédios quase em ruínas, e nas paradas freqüentes em pequenas estações maltratadas, Fry observava pessoas de olhos baços e emaciadas vagando pelas plataformas. Ele havia entrado no velho mundo, onde amargas divisões raciais e ideológicas tinham destruído a paisagem.

Foi um Fry dominado pela sobriedade que saiu da gare Saint-Charles na madrugada de 14 de agosto, refazendo os passos dos refugiados que tinha vindo salvar.[3] Enquanto se detinha no alto da escadaria de pedra, que levava à saída da estação, observou do alto a magnificência de Marselha, que se abria abaixo dele. A maneira como a cidade se estendia a seus pés foi um choque, um efeito criado pela altura estonteante. A escadaria descia mais de cem degraus até a rua. Ocorreu-lhe que só os vitoriosos construíam escadarias como aquela. Estátuas do império a flanqueavam: de um lado uma Ásia nua, usando uma tiara real e reclinando-se languidamente ao sol do Mediterrâneo; do outro, uma África voluptuosa, mais erótica, mais cheia de expectativa. Fry leu as inscrições: "*Colonies d'Asie; Colonies d'Afrique.*" A escadaria havia sido construída em 1923, quando a França era uma potência mundial. Em breves 17 anos, o sonho acalentado de império fora destruído, e ela estava cambaleante na derrota.

Cartão-postal antigo – Marselha, Notre-Dame de la Garde.

Ele desceu a escada carregando uma mala cheia de roupas de verão, o suficiente para durar várias semanas. Ingenuamente havia presumido que poderia dar conta do trabalho nesse tempo. O vôo de volta para Nova York estava marcado para 29 de agosto. Trazia um saco de dormir e um colchão inflável. Esperava se embrenhar com a mochila nas costas pelos cantos mais remotos do sul em busca de refugiados. Trazia uma lista com cerca de duzentos nomes de pessoas que o comitê de Nova York queria que salvasse. Três mil dólares estavam presos com fita adesiva em sua perna, fora da vista de ladrões e de funcionários encarregados da vigilância na fronteira da França. Também trazia uma carta de apresentação do Departamento de Estado, obtida por intercessão da sra. Roosevelt, que lhe dava status quase diplomático. Corretamente vestido com o "terno de risca de giz da Brooks Brothers, camisa Finchley com colarinho separável, boas abotoaduras, sapatos de qualidade, relógio Patek-Philippe, chapéu-coco", não poderia estar mais respeitável. Seu sorriso cordial, impessoal, sugeria que seus negócios estavam "acima de qualquer censura".[4]

Na cidade superlotada, o único quarto que conseguiu encontrar foi no ordinário e barato Hôtel Suisse. Embora estivesse exausto de sua longa viagem, saiu naquela primeira tarde para visitar o consulado americano. No balcão de recepção no segundo andar, uma moça indiferente lhe disse que, se estava interessado em refugiados, deveria visitar a seção de vistos do consulado, situada num prédio no subúrbio de Montredon, no leste da cidade. Ele tomou o bonde para fora da cidade e, ao longo do percurso de meia hora, deu várias cochiladas, enquanto observava a paisagem se transformar nas colinas de pedra calcária de tom cinzento dramático da costa e se perguntava o que estava fazendo. Fry examinou seus companheiros de viagem. O bonde lotado estava repleto de homens e mulheres vestidos em andrajos, olhando ao redor furtivamente e falando baixinho numa cacofonia de línguas. Ele não demorou muito a reconhecer seus futuros clientes.

Consulado americano, Place Félix Varet 6, Marselha.

O bonde praticamente se esvaziou diante da imponente *villa* que abrigava a seção de vistos do consulado. Enquanto os outros prontamente entravam na longa fila que serpenteava ao redor do prédio, Fry, com a segurança de um americano, avançou confiantemente passando pela entrada e seguindo pelo vestíbulo. Um jovem guarda o abordou e ordenou-lhe que voltasse para a fila, mas recuou apressadamente quando ouviu seu impecável sotaque americano. Fry entrou no escritório interno e apresentou seu cartão. Foi recebido por um funcionário que lhe disse que o cônsul-geral, Hugh Fullerton, no momento estava ocupado. Ele sentou-se e ficou esperando por duas horas, até que, finalmente, dominado por uma raiva silenciosa, levantou-se e foi embora. Então aquela era a assistência que poderia esperar de seus compatriotas. Com a imagem do abandono dos refugiados gravada na mente, na viagem de volta, refletiu sobre o trabalho que teria pela frente. Fry era um homem obstinado que detestava autoridade arbitrária. Ele encontraria a determinação para agir contra aquela indiferença pelo destino trágico dos outros.

Naquela noite, encontrou-se com os primeiros clientes refugiados da lista, Franz e Alma Werfel. Ele havia procurado a irmã de Werfel em Lisboa, e ela lhe dissera que o casal estava hospedado no luxuoso Hôtel du Louvre et de la Paix, na Canebière. O romance de Werfel *Os quarenta dias de Musa Dagh*, sobre a heróica resistência armênia à invasão turca de 1915 que havia resultado em genocídio, tinha sido lido na Alemanha como uma alegoria contra o nazismo, e fora proibido e queimado. Ele estava com a sentença de morte decretada. Sua esposa Alma, viúva de Gustav Mahler, era imperiosa. Durante o jantar, bombardeou Fry com pedidos suplicantes de ajuda.

– O senhor tem de nos salvar, sr. Fry – dizia.

Aturdido e nem um pouco intimidado, Fry manteve a calma. Explicou que tinha acabado de chegar. Precisava descobrir como funcionavam as coisas e exatamente o que podia fazer para ajudá-los. Mais tarde, os Werfel relatariam a amigos sua impressão do americano. Ela o achara lacônico e descortês.

– Ele fez seu trabalho – disse ela –, mas aquele rosto impassível dava a impressão de que estava fazendo de má vontade.[5]

Já no segundo dia, Fry se encontrou com Frank Bohn e as coisas melhoraram consideravelmente. Bohn era representante da Federação Trabalhista Americana e do Comitê Trabalhista Judaico. Estava hospedado no Hôtel Splendide, no número 31 do *boulevard* d'Athènes, logo abaixo da gare Saint-Charles. Ele chegara a Marselha apenas alguns dias antes com sua própria lista de nomes. Sua missão era facilitar a emigração de líderes trabalhistas, representantes sindicais e políticos democráticos alemães, austríacos e italianos, retidos em Marselha.

Quando Fry bateu à sua porta, Bohn recebeu-o com um abraço caloroso.

– Estou tão satisfeito que você tenha vindo. Precisamos de toda a ajuda que pudermos conseguir – declarou.

Os dois conversaram no minúsculo quarto de Bohn. Fry imediatamente perguntou-lhe como iria tirar sua gente da França.

– São todas apenas paredes de papel – respondeu Bohn, e passou a descrever a complexidade barroca do sistema de vistos operando na França naquele momento.[6]

– Todos os refugiados precisam de seis documentos – explicou Bohn.

Graças ao governo de Vichy, eles precisavam de passes de salvo-conduto para viajar, de cidade para cidade, dentro da França. Também precisavam de vistos para sair da França. Já que não havia navios partindo da zona não-ocupada, o melhor era sair por terra, através dos países neutros Espanha e Portugal até Lisboa, mas ambos os países exigiam vistos de trânsito separados. Finalmente, os refugiados precisavam de vistos de viagem para o exterior para um país disposto a recebê-los. Obviamente os vistos tinham data para expirar, de modo que era preciso atingir todos os alvos em seqüência.

Quando Fry disse que aquilo soava um bocado desanimador, o entusiasmado Bohn replicou:

– Para a maioria das pessoas, meu velho, é muito simples. A desordem está trabalhando a nosso favor, se me compreende.

Até aquele momento, a maioria dos refugiados comuns parecia conseguir viajar sem os passes de salvo-conduto.

– A polícia não parece estar prestando muita atenção a eles e a Gestapo também não se interessou por eles ainda – prosseguiu Bohn. – Se têm visto para ultramar, podem obter os vistos de trânsito português e espanhol e então seguir até a fronteira e atravessá-la a pé. Alguns *commissaires* na fronteira têm-se apiedado dos refugiados sem vistos válidos de saída e acabam permitindo que sigam viagem nos trens. É uma questão de sorte.

Quando Fry perguntou se alguém havia sido preso, Bohn respondeu:

– Até agora, não.

Se tudo era tão simples, quis saber Fry, por que todo mundo já não tinha saído àquela altura?

– Por vários motivos, meu velho – disse Bohn. – Em primeiro lugar, muitos ainda estão esperando pelos vistos de ultramar. Muitos ainda estão em campos de concentração. – E então, é claro, havia o problema de que os mais proeminentes estavam com medo de aparecer publicamente. Temiam que, se conseguissem chegar à Espanha, seriam reconhecidos, presos e deportados de volta para a Alemanha. A Espanha, embora aliada dos alemães, tinha se declarado potência não-beligerante. Mas sob o regime de Franco, ainda era um Estado policial.

Bohn explicou que muitos dos refugiados com quem estariam lidando eram *apatrides*, pessoas sem pátria. Seus passaportes, todos os seus documentos tinham sido confiscados pelos nazistas.

– Por que não podem usar passaportes falsos? – perguntou Fry.

– Podemos conseguir passaportes falsos – assegurou-lhe Bohn –, mas as pessoas não se atrevem a usá-los por medo de serem reconhecidas e desmascaradas. – Ele estava trabalhando num plano para tirar do país, de barco, ilegalmente, as pessoas mais vulneráveis.

Enquanto isso, para ajudar pelo menos os refugiados comuns, eles podiam jogar com o tempo e com algumas brechas burocráticas. Mas teriam de trabalhar depressa porque as coisas mudavam a cada dia. Além disso, muitas das pessoas que procuravam já estavam passando fome.

– Elas precisam de dinheiro – disse Bohn.

Quando Fry perguntou sobre os vistos de visitante de emergência que Eleanor Roosevelt havia prometido, Bohn se mostrou menos entusiasmado. Ele próprio trouxera alguns desses vistos. A Federação Trabalhista Americana tinha conseguido pressionar o Departamento de Estado a emiti-los. Mas aquilo envolvia uma enorme burocracia de documentação. As pessoas que os recebiam tinham de apresentar declarações juramentadas quanto à sua moral e bom caráter e provar que teriam apoio financeiro quando chegassem aos Estados Unidos. Precisavam de patrocinadores. Fry provavelmente poderia obter alguns vistos de emergência, mas só se seu comitê em Nova York tivesse bons contatos.

Fry então perguntou sobre operações secretas. Seu amigo Paul Hagen o advertira de que precisaria de uma fachada para encobrir suas verdadeiras atividades. Fry conseguira uma carta do dr. Lowrie, presidente da YMCA (ACM), e agora estava se passando por seu representante.

Bohn respondeu que Fry não precisava de uma fachada, pelo menos não por enquanto.

– Talvez na Alemanha, mas não na França. – Ele mesmo andara recebendo refugiados em seu quarto no Splendide e não tivera nenhum problema com a polícia.

Fry surpreendeu-se.

– Quer dizer que você opera abertamente? – perguntou.

– Não exatamente às claras, meu velho – respondeu Bohn. – É necessário manter o maior sigilo.

No dia 12 de agosto, apenas alguns dias antes da chegada de Fry, Vichy parara de conceder quaisquer vistos de saída para refugiados. Bohn disse que a intenção deles, provavelmente, era manter os refugiados na França de modo que, quando a Gestapo afinal se decidisse a cuidar dessa questão, tivesse a tarefa facilitada na hora de arrebanhar as pessoas.

Naquele momento, não havia nenhum meio legal de sair da França. Fugas ilegais através das montanhas podiam ser organizadas. Mas era preciso manter o maior segredo, ser cauteloso e esconder o jogo. Tanto em relação a isso quanto a quaisquer negócios envolvendo passaportes falsos. Bohn explicou sua estratégia:

– Se alguém nos pergunta o que estamos fazendo, dizemos que estamos ajudando os refugiados a conseguir os vistos e dando-lhes dinheiro para viver. Tudo isso é perfeitamente legal, os franceses não podem fazer objeções.

Parecia a Fry que as coisas não estavam tão ruins, na França, quanto aparentavam estar de Nova York, mas Bohn acabou com suas ilusões. Esperava-se que tudo se agravaria depois que a Gestapo e Vichy pusessem suas listas em ordem e começassem a trabalhar sem perder tempo. Agir com rapidez, era o que eles queriam.

Fry não tinha muita certeza de como definir Bohn. Ele parecia ser um blefador, um aficionado de operações secretas. Fry logo desconfiou daquela operação de barco clandestina. Quanto daquilo era bravata? Apesar disso, Fry sugeriu que eles trabalhassem juntos. Deveriam dividir suas listas de pessoas em perigo de modo que não se repetissem. Fry se concentraria nos artistas, escritores e jovens ativistas políticos, enquanto Bohn podia cuidar dos ativistas sindicais e dos políticos.

Naquela noite, Bohn conseguiu um quarto para Fry no superlotado Hôtel Splendide. Fry agiu rapidamente. Escreveu para todos os endereços em sua lista informando os refugiados de sua chegada e dizendo que lhes trazia mensagens dos Estados Unidos. Pediu-lhes que viessem a Marselha se pudessem. Quanto àqueles de quem não dispunha do endereço, esperava que o que Paul Hagen havia chamado de telégrafo dos refugiados estivesse funcionando.

Ele não precisava ter se preocupado. Já no dia seguinte, os refugiados começaram a bater à sua porta no Hôtel Splendide. Era um bando de desesperados. Muitos lhe contaram histórias de fugas de último minuto dos campos de prisioneiros franceses durante o caos criado pelo avanço alemão para o sul. Fugiram para Marselha, quase sempre percorrendo centenas de quilômetros a pé, e então tinham se escondido nos hotéis das ruelas mal-afamadas. Em Marselha, diziam, a polícia estava sobressaltada. Por vezes, havia *râfles*, ou prisões em massa. Podia-se estar num café e, subitamente, ele era cercado pela polícia de Vichy, exigindo a apresentação de documentos. Antes de se sentar num café, era sempre bom se certificar de que havia uma saída discreta pelos fundos. Quem não estivesse *en règle*, era mandado de volta para os campos.

Alguns refugiados que apareceram já tinham conseguido o visto americano. Eles precisavam apenas de dinheiro para chegar a Lisboa e estavam perfeitamente preparados para atravessar a fronteira francesa ilegalmente, sem um visto de saída. Um rapaz até presenteou Fry com o mapa de uma rota secreta para fazer a travessia dos Pireneus, com os postos de controle de fronteira francesa que deveriam ser evitados assinalados com um x. Ele também estava bem informado sobre a rota pela Espanha. Depois que se chegava ali, a polícia espanhola não parecia se importar se você tinha visto de saída. Se pudesse comprovar que tinha dinheiro, eles carimbavam a *entrada* no passaporte, e você podia prosseguir. É claro que havia o risco de ser apanhado pela Gestapo, que se sabia estar operando na Espanha, mas valia a pena. Tudo que os portugueses exigiam era ver um visto internacional provando que se planejava deixar o país. Quem já não tivesse um visto americano, podia comprar, num escritório chinês na *rue* Saint Ferréol, um visto chinês fraudulento por cem francos. De acordo com os boatos, estes "vistos" realmente diziam: "Esta pessoa não terá permissão, sob nenhuma circunstância, de entrar na China",[7] mas ninguém sabia ler chinês. Em todo caso, ninguém pretendia usar o visto. O único objetivo era chegar a Lisboa, onde se podia esperar, em relativa segurança, que o visto americano fosse autorizado.

Àqueles com coragem de partir por conta própria, Fry dava dinheiro e apoio moral. Mas logo descobriu que alguns de seus clientes, exaustos e emocionalmente esgotados, estavam apavorados demais para partir. Eles preferiam esperar escondidos em Marselha. Mais tarde, ele se queixaria:

– Você podia deixá-los preparados com passaportes e todos os vistos em ordem, e um mês depois ainda estariam sentados nos cafés de Marselha, esperando que a polícia viesse e os prendesse.[8]

O trabalho era intenso e, com freqüência, opressivo. Por vezes, Fry ficava sentado olhando pela janela do quarto de hotel, perguntando-se em que se metera. Lá embaixo, via crianças brincando no pátio de uma escola de meninas. Toda aquela liberdade inocente o fazia se lembrar do que estava sendo perdido. E ele voltava para o trabalho extenuante.

Passada a primeira semana, a notícia de que o americano com vistos estava no Splendide parecia ter-se espalhado por toda a França não-ocupada. A fila de refugiados diante da porta do quarto de Fry se estendia pelo corredor e descia pela escada. É claro que não era verdade que Fry pudesse tirar do ar vistos americanos. O processo de obtê-los era longo e complicado e envolvia uma papelada aparentemente interminável. Muitas das pessoas que apareceram na porta de Fry não estavam na lista original. Ele descobriu que algumas naquela lista já tinham fugido; outras não podiam ser encontradas. Algumas até já estavam mortas. A cada noite, tinha de enviar um cabograma para o comitê em Nova York, pedindo para acrescentar nomes à sua lista, e não era fácil obter permissão.

Na segunda semana, as filas diante do quarto 307 tinham se tornado tão grandes, que a gerência do hotel reclamou, e a polícia apareceu. Eles embarcaram os refugiados em camburões e os levaram para o quartel-general para serem interrogados. Fry foi convocado a descer até a recepção, onde, sob interrogatório, reafirmou que estava apenas "fazendo um estudo das necessidades dos refugiados e dando-lhes algum auxílio".[9] Aquilo pareceu suficiente. Os refugiados foram libertados. Mas Fry agora se dava conta de que tinha de se acertar com as autoridades. Se queria continuar, precisava de um escritório, de uma equipe para ajudá-lo e do status legal de um comitê.

Se havia pessoas desesperadas por sua ajuda, Fry logo descobriu que também havia um pequeno quadro daquelas dispostas a ajudá-lo. Quase ao final da primeira semana, um rapaz de vinte e poucos anos chegou ao quarto de Fry. Ele falava inglês com sotaque de Berlim, mas então passou para um francês impecável, sem nenhum sotaque. Cabelos escuros, esguio, olhos alertas e inteligentes, o rapaz tinha uma expressão quase amuada até sorrir, parado diante da porta. O rosto dele então se abriu num sorriso largo radiante. Fry logo o apelidou de "Beamish" – sorridente. Ele disse a Fry que tinha ouvido falar da lista e que queria saber o que podia fazer para ajudá-lo. Naquela noite, relatando sua história, Beamish deu a Fry uma lição detalhada sobre o que era ser um refugiado europeu em fuga.

Albert O. Hirschman nascera em Berlim em 1915. Quando Hitler subiu ao poder, teve de sair da Alemanha rapidamente. Era judeu e estivera trabalhando ativamente com um grupo de socialistas democratas que se opunham aos nazistas. Ele viera para a França "com uma muda de roupa e um volume dos *Essais* de Montaigne" debaixo do braço.[10] Depois de estudar em Paris e na London School of Economics, decidira ir para a Espanha para combater ao lado dos republicanos na Guerra Civil Espanhola. Amargurado com as intrigas assassinas entre os comunistas, partira para a Itália, onde sua irmã estava morando. Tinha conseguido um emprego de professor numa universidade e logo se juntara à resistência clandestina a Mussolini. Ele se tornou um dos maiores especialistas em contrabandear documentos através da fronteira francesa. Quando as leis antijudaicas de 1938 o obrigaram a deixar o país, ele voltou a Paris. Em setembro de 1939, alistou-se ao exército francês, se preparando para lutar contra o fascismo.

Depois que a humilhante derrota deixou o exército francês em desordem total, conseguiu convencer um oficial solidário a lhe fornecer documentos de identidade falsos. Sempre despachado, criativo e previdente, havia escolhido Albert Hermant como pseudônimo e a cidade americana da Filadélfia como local de nascimento. Nem os alemães nem os franceses seriam capazes de rastrear seu registro de nascimento nos Estados Unidos. Então conseguiu receber legalmente baixa do exército. Ele disse a Fry que agora era um cidadão franco-americano, cujos papéis estavam absolutamente *en règle*, e tinha um passe de salvo-conduto legal. Podia se deslocar livremente pela França não-ocupada.[11] Fry imediatamente compreendeu que aquele rapaz poderia revelar-se de valor inestimável.

Certa manhã, uma jovem chamada Lena Fischmann chegou ao Splendide. Disse que o dr. Donald Lowrie da YMCA a enviara. Ela afirmava ser polonesa, mais seguro do que ser russa, o que, na verdade, era, e falava seis línguas. Enquanto Fry e Beamish observavam, ela limpou e pôs em ordem o quarto de hotel desarrumado e contou-lhes como tinha fugido de Paris. Trabalhava no Alto Comissariado para Refugiados que alocava fundos angariados por organizações de caridade americanas. Pouco antes de os alemães chegarem, fugira para o sul e, de fato, conseguira atravessar a fronteira espanhola, mas, como não tinha os documentos em ordem, fora mandada de volta para a França. Então sua sorte mudou. Encontrou um Packard abandonado à beira de uma estrada, inútil sem gasolina, mas não para alguém criativo como Lena. Com a insígnia da Cruz Vermelha recortada de uma caixa e colada no pára-brisa, ela declarava estar em missão oficial e sempre conseguia as rações adicionais que solicitava nos gabinetes de prefeito de pequenas cidades, à medida que rumava para Marselha.[12] Fry imediatamente a contratou como secretária. Logo percebeu que ela era imperturbável.

Fry encontrou um terceiro e surpreendente aliado. Ele havia retornado ao escritório de vistos em Montredon, com a intenção de manifestar sua revolta contra o tratamento que havia recebido e, mais importante, contra a indiferença negligente com que o pessoal consular tratava os refugiados. Foi levado até Hiram Bingham, o alto e imponente vice-cônsul. Bingham lhe estendeu a mão calorosamente e recebeu-o com pedidos de desculpas. Explicou a atitude cínica do consulado dos Estados Unidos quanto a emitir vistos para refugiados: "Pode conceder todos os vistos que quiser, mas não às pessoas que os solicitam." Em outras palavras, exatamente as pessoas que precisavam de vistos não deveriam obtê-los. Seu chefe, Hugh Fullerton, "não era um homem mau, mas era bastante nervoso e estava ansioso para não fazer nada que pudesse antagonizar as autoridades de Vichy". Bingham estava fazendo tudo o que podia para acelerar o processo de obtenção dos vistos para os refugiados, mas isso significava "desobedecer a ordens diretas", e ele estava numa "posição inferior de força".[13] Fry ficou impressionado com o homem. Logo descobriria que Bingham estava dando abrigo e esconderijo aos refugiados em maior perigo. Lion Feuchtwanger, que recentemente escapara de Camp des Milles, e o filho de Thomas Mann, Golo Mann, naquela ocasião estavam se escondendo em sua *villa* no *boulevard* Rivet.

Varian Fry era um homem que aprendia depressa e, imediatamente, pôs mãos à obra. Ele escreveu para a esposa:

> *A vida aqui é muito diferente do que havíamos imaginado antes de minha partida: não existe desordem, não há crianças passando fome nas ruas, e há poucos sinais de qualquer tipo de guerra. O povo de Marselha parece ter se resignado à derrota e até mesmo a levá-la levianamente – como fazem com tudo. Os refugiados franceses estão rapidamente sendo mandados de volta para casa, e logo só restarão os não-franceses e aqueles franceses cujos lares se encontram na chamada* zone interdit...
>
> *É entre os refugiados não-franceses que se encontra a maior miséria atualmente. Muitos deles – certamente a maioria – são judeus, e as agências judaicas tiveram de fechar as portas por falta de fundos. Anteriormente, elas recebiam a maior parte do dinheiro do J.D.C., mas, desde que Washington bloqueou transferências para a França, esta fonte foi cortada, e os refugiados judeus, evidentemente condenados à morte lenta*

por inanição. [...] Gostaria que, de alguma forma, todos na América soubessem quem realmente sofre com a política de bloqueio de fundos. Não são, com certeza, os alemães, nem mesmo os franceses, e sim os refugiados não-franceses. Eles estão sendo esmagados por uma das mais gigantescas tenazes da história. Impedidos de deixar a França, impedidos de trabalhar e, portanto, de ganhar dinheiro na França, impedidos de obter fundos de Paris ou de Londres ou (pelo menos até 2 de setembro) de Nova York, eles literalmente foram condenados à morte aqui – ou, na melhor das hipóteses, ao confinamento em campos de detenção, um destino pouco melhor do que a morte: agora mesmo, há uma epidemia de febre tifóide num desses campos.[...]

O povo francês não está mais preparado para o fascismo do que o americano: até bastante menos, eu diria, porque são o povo mais cordial e cosmopolita do mundo, e o fascismo não é nem uma coisa nem outra. Dúzias deles me disseram que a única esperança para a França é a vitória da Angleterre. *Você vê* Vive Angleterre *rabiscados nos muros. As pessoas perguntam, ansiosamente quanto tempo mais vai levar para que a América entre na guerra e ajude a Inglaterra a salvar a França. [...]*

[O trabalho com refugiados] é exaustivo. Nunca trabalhei tão duramente em minha vida, nem com jornadas tão longas. Estranhamente, embora haja algumas cenas angustiantes todo dia, adoro o trabalho. O prazer de poder ajudar, mesmo que apenas algumas pessoas, compensa o sofrimento de ter de recusar ajuda a outras.

Muito amor, Varian.[14]

No princípio de setembro, Fry abriu um escritório para o Centre Américain de Secours (ou CAS, como chamou a nova organização) na *rue* Grignan, 60, uma rua transversal no antigo embarcadouro, a dois breves quarteirões do porto. Um judeu comerciante de artigos de couro fora dono do escritório, mas o havia fechado. Entrava-se no prédio por um corredor longo e

Escritório de entrevistas do CAS, rue Grignan.

escuro. A meio caminho no corredor, do lado direito, ficava um vão de porta e escadas que levavam ao primeiro andar, onde o vestíbulo se virava de volta em direção à frente do prédio. O escritório consistia em três aposentos. O CAS usava dois para entrevistas, o outro era o gabinete de Fry. Não tardou muito e Fry tinha cinco pessoas trabalhando para ele, incluindo Beamish e Miriam Davenport.

O dia começava às oito da manhã. Os clientes eram entrevistados até o meio-dia. Depois das duas horas rituais de almoço, o comitê se reunia de novo para debater os casos até as sete da noite. Seguia-se o jantar e então eles se recolhiam ao quarto de Fry, no Hôtel Splendide, para decidir quais o comitê poderia ajudar. Novos nomes tinham de ser enviados por cabograma para Nova York, para aprovação. O dia terminava à meia-noite, hora em que o comitê sabia quem havia sido rejeitado.

O CAS recebia as diretivas de Nova York. O propósito era ajudar àqueles que estivessem em perigo iminente. Cada entrevistador via em torno de 40 pessoas por dia e tinha aguda consciência de que seu vigor na defesa do caso determinaria o destino delas. As afirmações de cada refugiado eram diligentemente verificadas. Fry tinha uma regra: só aquelas que podiam ser legitimadas por um membro do comitê seriam aceitas. Ele suspeitava de que a polícia de Vichy o estava vigiando, o que era, de fato, verdade. Tinham começado a reunir informações a respeito dele tão logo descera a escadaria da gare de Saint-Charles. Fry não era ingênuo. Ele temia que os espiões de Vichy pudessem tentar implicar o CAS em atividades ilegais. De fato, ele já havia encontrado cartões de identidade falsos em meio às cinzas do aquecedor do escritório. Suspeitava de que a polícia os tivesse plantado ali. Naquela altura, ele havia contratado um jovem americano da Virgínia, Charlie Fawcett, para guardar o escritório.

Fry pode ter parecido formal e impassível, mas era claro que amava a não-ortodoxia. Sobre sua mesa, geralmente havia uma ou mais garrafas de *grand crus* da Borgonha ou um Armagnac de velha e boa cepa. Quando tarde da noite, a equipe se reunia em seu quarto, para debater as questões, ele com freqüência se tornava brincalhão, até estrepitoso nas gargalhadas e palavras, e era famoso por se despir até ficar só com o relógio Black Watch ou as cuecas samba-canção Royal Stuart de tecido axadrezado para escapar do calor.[15]

Fry escolhia as pessoas que trabalhavam para ele por instinto. Eram todas individualistas, passionais, com um certo desdém pela autoridade. Jovens e entusiasmadas, gostavam de correr riscos. Os ocupantes dos quartos próximos, no Splendide, de vez em quando ligavam para a recepção para reclamar das festas barulhentas no terceiro andar. Quando os jovens integrantes do comitê finalmente se retiravam do hotel, deixando o patrão dormir um pouco seu sono inquieto, eles discutiam seu assunto favorito: Fry. "Quem era ele e por que estava ali?"

É claro que a mesma pergunta poderia ser feita a respeito de todos eles. Por que algumas pessoas se tornam salvadoras?

Certamente, Fry aprendera a lição do fascismo de uma maneira que jamais poderia esquecer. Ele sempre podia recuperar a imagem da mão do homem empalada numa mesa e o riso dos perpetradores. Mas, mesmo quando ainda era um estudante em Harvard, sempre fora impelido a agir em situações em que sentia que a liberdade de pensamento havia sido cerceada e em que achava que a injustiça era óbvia e a estupidez, intolerável. Fry era mais ele mesmo quando estava imbuído de feroz indignação. Seu biógrafo, Andy Marino, afirmou: "A indignação era o sangue vital de Fry [...] Fry não estava realmente feliz se não estivesse de alguma forma ultrajado."[16] E era capaz de absoluta rebeldia. Mesmo quando o Departamento de Estado Americano afinal ordenou que deixasse a França, ele simplesmente se recusou a sair.

Como o próprio Fry, o comitê tinha duas caras. Para o público, eram os empregados de uma gentil organização americana de auxílio dando conselhos a pessoas que queriam imigrar para os Estados Unidos, e, de vez em quando, alguma ajuda financeira. Isto era perfeitamente legal. Mas, por trás das portas fechadas do escritório, Fry e um seleto grupo do comitê tinham outro propósito: auxiliar as pessoas procuradas pela Gestapo a sair do país o mais rápido possível.

Uma vez que a única maneira de certos refugiados deixarem a França era sair ilegalmente, Fry começou a procurar passaportes. Por intermédio do dr. Donald Lowrie da YMCA, descobriu que Vladimir Vocho –, cônsul checo na cidade, estava levando às escondidas voluntários checos para fora da França, para que fossem à Grã-Bretanha lutar com os Aliados. Ele estava em Praga quando os nazistas marcharam sobre a cidade, e esta era sua vingança. O cônsul dissera a Lowrie que estava disposto a emitir passaportes checos para qualquer refugiado antinazista que Fry lhe recomendasse. Fry passou a ir ao quarto de Lowrie, no hotel Terminus, com um envelope de papel pardo com fotos e descrições de clientes. Mais tarde, voltava para buscar os passaportes. No entanto, uma súbita afluência de cidadãos checos em Marselha acabaria chamando a atenção das autoridades de Vichy. Logo o sempre criativo Beamish encontrou outras fontes: passaportes poloneses do cônsul polonês em Marselha e passaportes lituanos do cônsul lituano em Aix-en-Provence.

Além de passaportes, o CAS precisava de cartões de identidade para os clientes. Fry precisava de um falsificador. Beamish lhe trouxe Bill Freier, um jovem cartunista vienense, que tinha ficado famoso na França até que, como outros austríacos, acabara num campo de detenção, de onde havia escapado para Marselha.

Seu verdadeiro nome era Wilhelm Spira, mas ele havia escolhido Freier. *Frei*, em alemão, significa livre, e ele gostava de brincar que era "mais *free* (livre) que Fry".[17] Era um desenhista brilhante e logo estava forjando cartões de identidade para o CAS. Comprava-os em branco nas tabacarias, preenchia-os, então imitava perfeitamente o carimbo oficial da *préfecture*. Quando ficavam prontos, Fry sempre tinha o cuidado de usar um intermediário para buscá-los de modo que as falsificações não pudessem ser relacionadas com o CAS.

Heinz Ernst Oppenheimer, refugiado judeu alemão, logo apelidado de Oppy, apareceu no CAS. Engenheiro, ele fugira para a Holanda nos primeiros tempos para escapar de Hitler e lá montara uma agência de auxílio. Ele entendia muito de contabilidade. Tinha um talento especial para disfarçar "despesas ilegais de várias maneiras engenhosas e preparar belos gráficos estatísticos, tudo absolutamente legal e acima de qualquer suspeita", como Fry explicou.[18]

Não demorou muito e o CAS estava engajado no câmbio de moedas no mercado negro (a penalidade, caso se fosse apanhado, era passar um bom tempo na prisão), em falsificação de documentos de identidade, e em guiar sua clientela em maior risco na travessia da fronteira franco-espanhola. Era trabalho perigoso, e Fry andava armado. Charlie Fawcett, o jovem segurança americano, recordaria uma vez em que ele e Fry tinham parado num café. Ele perguntara ao chefe se, em algum momento, sentia medo, e Fry respondera: "O tempo todo." Fawcett relembraria:

– Era ele quem nos inspirava. Faríamos qualquer coisa por ele e tínhamos vergonha de decepcioná-lo, apesar de a maioria de nós estar morta de medo.[19]

Batia às portas do CAS todo tipo de emigrados europeus: estudantes, profissionais, jornalistas, ativistas, artistas, mulheres com filhos cujos maridos estavam na prisão, a maioria deles sem esperança, sem um tostão e desesperada para sair da França. O CAS estava limitado pela lista original de nomes de Nova York, mas Fry sabia que ela fora redigida às pressas e de memória por pessoas que tinham pouca idéia do que realmente estava acontecendo. Ao mesmo tempo que expandia a lista, ele se sentia obrigado a respeitar a orientação de salvar ativistas políticos, artistas e intelectuais. Este elitismo lhe causava muita angústia. Escreveu à mãe: "Um de meus maiores problemas tem sido encontrar uma definição clara e inequívoca de *um intelectual.*"[20] Cientistas eram intelectuais? Quais amigos deveria ajudar e quais não?

Fry, com freqüência, sentia-se culpado porque tinha de recusar ajuda a refugiados que não estavam em perigo por conta de atividades artísticas, embora ele tivesse plena consciência de que o perigo que corriam não era menos palpável. Muitas daquelas pessoas eram judias. Ele as encaminhava ao Serviço do Comitê de Amigos Americanos ou para o HICEM.

O mais importante, no entanto, era que Fry salvava vidas. Em 12 de setembro, ele acompanhara pessoalmente sete pessoas, incluindo Heinrich e Golo Mann, Franz e Alma Mahler Werfel, até a cidade portuária de Cerbère, perto da fronteira espanhola, para uma travessia ilegal. Enquanto eles escalavam a garganta montanhosa a pé, Fry atravessava a fronteira de trem, levando a bagagem do grupo. Outros refugiados fugiam atravessando os Pireneus ajudados por guias que Fry contratava. Um desses guias era Dina Vierny, uma moça corajosa que trabalhava como modelo no ateliê do escultor Aristide Maillol na cidade de fronteira de Banyuls-sur-Mer.

A austríaca Hertha Pauli foi uma das primeiras refugiadas a fazer a travessia clandestina para a Espanha com a assistência de Fry. Ela conseguiu chegar a Lisboa, de onde partiu para Nova York a bordo do *Nea Hellas*.

No dia 3 de setembro, à medida que o navio saía lentamente do porto ao toque da meia-noite, Pauli acenou para o amigo Carli Frucht. Ele estava no cais, iluminado pelas luzes vermelhas da Feira Mundial de Lisboa, ao fundo. Chegara até ali, mas os americanos tinham-lhe recusado um visto de emergência para entrar nos Estados Unidos. A primavera já teria chegado quando afinal ele conseguisse embarcar de Lisboa para Norfolk, na Virgínia, com um visto obtido por intercessão do velho amigo Eric Sevareid.[21] Enquanto observava Lisboa desaparecer ao longe, Pauli teve uma visão alucinatória da Europa banhada em sangue. Entre todos os seus amigos mais íntimos, só ela estava despertando do pesadelo.

Walter Mehring tivera medo de cruzar os Pireneus com Hertha Pauli, de modo que ainda estava detido na França. Seguindo a informação de Bohn de que as coisas estavam relativamente seguras, no princípio de setembro, Fry o havia mandado sozinho para a fronteira espanhola, onde deveria se encontrar com um guia que o acompanharia na travessia para a Espanha. Mas ele acabou preso num café na estação de trem em Perpignan. Com uma expressão furtiva e ansiosa, um homem miúdo, num terno puído e com uma boina francesa, atraíra a atenção da polícia. Eles pensaram que se tratava de um batedor de carteiras, mas logo descobriram que era estrangeiro e *apatride*, viajando sem passe de salvo-conduto. Pelo menos, ele conseguira jogar o falso passaporte checo, que Fry lhe dera, na latrina da estação. Um documento falso o teria deixado numa situação ainda mais perigosa. Foi transportado para o Camp Saint-Cyprien, um campo de detenção no sopé dos Pireneus.[22]

Fry logo contratou um advogado para tratar do caso de Mehring junto às autoridades. O advogado telegrafou a um colega em Perpignan, não muito longe de Saint-Cyprien, e, poucos dias depois, o comandante do campo chamou Mehring ao seu gabinete. Entregou-lhe uma ordem de soltura sem assinatura, explicando-lhe que não podia assiná-la sem a autorização de Vichy. Mehring foi esperto o suficiente para perceber a sugestão. Com a ordem não assinada, saiu andando do campo. Ele nunca saberia por que havia funcionado. Talvez o comandante tivesse sido subornado; talvez fosse antialemão às escondidas. Não importava. Logo Mehring estava de volta a Marselha e, para grande consternação de Fry, insistiu em se esconder no seu quarto de hotel, no Splendide. Ele explicou que estava apavorado demais para sair de perto de Fry e, de qualquer maneira, não tinha para onde ir.

OS FITTKOS

Setembro de 1940

Não existe um documento de civilização que não seja, ao mesmo tempo, um documento de barbarismo.

Walter Benjamin[1]

Depois do fiasco envolvendo Walter Mehring, Fry se deu conta de que, para os clientes mais vulneráveis, precisaria do apoio de guias para acompanhá-los até a fronteira e, para os que tivessem de fugir ilegalmente, precisaria de uma rota fixa para a travessia dos Pireneus e gente de confiança para guiá-los até o outro lado. Foi Beamish quem encontrou os guias. Ele apresentou Fry a um jovem casal alemão, Lisa e Hans Fittko.

Os Fittkos estavam em fuga. Lisa era judia. Funcionária de um banco em Berlim, dedicara seu tempo livre a participar de numerosas manifestações antinazistas na cidade. Naqueles primeiros tempos, "Hitler era sempre uma piada perversa [...] Goebbels era '*Joey the Crip*' ou o 'Mickey Mouse de Wotan'".[2] No entanto, quando Hitler assumiu o poder na primavera de 1933, as coisas se tornaram subitamente perigosas. Lisa se descobriu numa lista. Esquadrões de tropas de choque começaram a arrebanhar os manifestantes que depois eram transportados para centros de interrogatório nazistas como o quartel-general Storm 33 na Hedemann Strasse. Muitos eram surrados e mortos.

Lisa fugiu para a Checoslováquia, onde conheceu um conterrâneo berlinense, Hans Fittko, que também estava numa lista negra na Alemanha. Jornalista do *Die Aktion*, ele escrevera um artigo criticando os policiais da tropa de choque de Hitler e, quando um jovem camisa-marrom levou um tiro nas costas

Hans e Lisa Fittko em Marselha, setembro de 1940.

(dado por um de seus próprios camaradas, conforme se constatou depois), Hans foi acusado de ser o "mentor intelectual" do crime. Foi condenado à pena de morte.

Quando um informante traiu o esconderijo do casal em Praga, eles fugiram para a Basiléia na Suíça, de onde continuaram a enviar panfletos e cartazes antinazistas para a Alemanha. Mas as fronteiras não significavam nada para a Gestapo. Se eles soubessem onde morava um de seus "alvos", "apareciam sorrateiros com um carro veloz", e o indivíduo desaparecia. Por fim, eles fizeram mira sobre Hans, e o casal teve de fugir de novo, primeiro para a Holanda e depois para a França.[3]

Os Fittkos estavam agora em Marselha. Especialistas na arte da sobrevivência e da fuga, tinham conseguido reunir a maior parte dos documentos necessários para sair da França. Ambos tinham passaportes provisórios checos emitidos para refugiados sem pátria e vistos para ultramar por cortesia do *bureau* chinês em Marselha. Também tinham os vistos de trânsito português e espanhol. Mas sabiam que seria impossível obter os vistos de saída da França. Eles estavam na lista dos procurados por Vichy. Enquanto Hans permanecia em Marselha, Lisa partiu para tentar descobrir uma rota de fuga através dos Pireneus.

Em menos de uma semana, ela havia se estabelecido na cidade portuária de Port-Vendres, a cerca de 15 quilômetros da fronteira espanhola e dentro dos limites da França não-ocupada. Lá, travando conhecimento entre os estivadores, foi aconselhada a procurar o prefeito da cidade pesqueira próxima, Banyuls-sur-Mer. Vincent Azéma revelou-se um socialista compassivo, disposto a ajudar *émigrés*. Ele desenhou um mapa para Lisa, detalhando uma rota segura e secreta de contrabandistas a qual chamava de *la route Lister*, contando-lhe que o general Lister do exército republicano a havia utilizado para evacuar tropas durante a Guerra Civil Espanhola.

Os boatos de refugiados já haviam levado a Albert Hischman (vulgo Beamish) a informação de que Lisa Fittko havia guiado Walter Benjamin na travessia dos Pireneus. Quando Hans foi receber Lisa na estação de trens de Marselha, disse-lhe que dois americanos queriam falar com eles.

– Presumo que tenham ouvido falar que você conseguiu levar Benjamin – disse.

Ele lhe contou que havia concordado em se encontrar com eles no Bistrô Cintra no Viuex Port.

– Eles parecem estar com muita pressa – disse.

Os dois americanos eram Varian Fry e Frank Bohn. Albert Hischman tinha acertado o encontro e os acompanhou.

Bohn, que não falava nem uma palavra de francês, se manteve em silêncio durante toda a conversa. Mas Fry foi logo ao âmago da questão. Ele lhes disse que havia um número considerável de clientes do CAS que precisavam atravessar a fronteira ilegalmente para a Espanha. Os Fittko estariam dispostos a ajudar aquelas pessoas desesperadas?

Lisa imediatamente ofereceu-se para desenhar o mapa da rota de fuga que havia descoberto.

– Isto não vai ser suficiente – respondeu Fry. Lisa lembrava-se vividamente daquele momento.

> *Fry pigarreou como alguém se preparando para fazer um discurso. [...]*
>
> *– O dinheiro não é problema; tudo gira em torno de encontrar a pessoa certa com experiência de fronteira, alguém que esteja preparado para fazer o trabalho e com quem possamos contar. – Ele pigarreou de novo. – Disseram-nos que vocês dois levaram pessoas e literatura antinazista para o outro lado da fronteira alemã. Será que por alguns meses vocês...?*
>
> *– Nós? – disse Hans. – Não, isso é impossível.*[4]

Exceto pelo visto de trânsito espanhol, os Fittkos tinham todos os documentos em ordem. Adiar agora seria temerário, se não francamente insano. Além disso, tanto Hans quanto Lisa desconfiavam daquele homem. Ele era tão "conspicuamente elegante e simpático", como um inocente americano no exterior. O que ele poderia saber a respeito de refugiados? Sua ingenuidade poderia até expô-los a um perigo desnecessário.

Então Hans cedeu um pouco.

– Talvez por um breve período de tempo, pudéssemos treinar alguém – sugeriu.

Se eles ficassem, Fry prometeu, garantia de que os levaria para fora, de alguma maneira, quando o trabalho estivesse terminado. É claro que, para Lisa e Hans, que conheciam bem as dificuldades, aquilo parecia uma promessa absurda, por mais honestamente que Fry a estivesse fazendo.

À medida que o bistrô esvaziava, a conversa passou para o alemão. Albert Hischman lhes assegurou que podiam confiar em Fry, que, embora não tivesse muita experiência, dispunha de recursos.

Naquele momento, Fry cometeu um erro quase fatal. Compreendendo mal o alemão de Hischman, pensou que a conversa se referindo a recursos fosse sobre dinheiro. Ele perguntou:

– Quanto? – ele queria dizer quanto os Fittkos queriam. Presumiu que, como todo mundo, eles tivessem um preço.

Hans ficou indignado. Virou-se para Fry e disse furioso:

– Sabia que auxiliar homens em idade de serviço militar a atravessar ilegalmente a fronteira hoje significa pena de morte? E vem nos oferecer dinheiro. Teríamos de ser muito loucos. Sabe o que realmente significa ser antifascista? Compreende o sentido da palavra *Überzeugung*, convicções?[5]

Fry logo se desculpou humildemente. Não quisera dizer aquilo. Na realidade, estava dizendo que seria necessário dinheiro para as despesas do dia-a-dia, para quem quer que assumisse o papel de guia dos refugiados. E que deveria haver uma reserva para emergências.

– Quando vocês tiverem organizado a nova rota... vamos chamá-la de *Route F*. Poderemos e vamos lhes dar apoio financeiro – prosseguiu.

Hans insistiu em que ele e a esposa precisavam de algum tempo para pensar a respeito. Mas eles não podiam recusar e não recusaram o pedido de Fry. Alguém tinha de correr o risco e, dado o temperamento deles, jamais diriam: "Deixemos que outros façam."

Naquela noite, Lisa recebeu uma outra notícia que a chocou e entristeceu profundamente. Só então soube da morte trágica de Walter Benjamin.

Lisa e Hans Fittko foram guias da nova Route-F para o Comitê de Resgate de Emergência de outubro de 1940 até o início de abril de 1941, por vezes fazendo até três viagens por semana de travessia dos Pireneus.

CONTATOS

Em algum momento no princípio de julho de 1940, Dwight Macdonald, editor da *Partisan Review*, em Nova York, recebeu uma carta em frangalhos pelo correio com o endereço "Auberoche, Faulac, Dordogne, France". Ele não conhecia ninguém naquele endereço. Abriu a carta com uma leve curiosidade e viu que era de Victor Serge. No mês de novembro anterior, Macdonald havia publicado um excerto de romance de Serge, *Ville Conquise*, na revista e enviara-lhe um bilhete junto com um cheque no valor de 38 dólares: "Nesses tempos trágicos, penso muito em você e fico a me perguntar sobre sua vida na França. Pode estar certo de que ainda tem muitos amigos (desconhecidos para você) e admiradores neste país. Você prometeu me mandar seu próximo romance, mas nunca chegou. Suponho que a guerra tenha interferido com sua publicação. [...] Receba minhas calorosas manifestações de respeito fraternal."[1]

Macdonald leu a carta de Serge com preocupação crescente.

> *Por alguma sorte, consegui fugir de Paris no último minuto. Viajamos em trens de carga, passando noites nos campos. Numa pequena aldeia, na região do Loire, estávamos tão cansados, que nos deitamos atrás de uns pedregulhos e dormimos durante um bombardeio inteiro. Em lugar nenhum neste mundo completamente caótico, conseguimos encontrar asilo. Finalmente, as estradas foram fechadas com barreiras e ficamos retidos neste vilarejo no sul de onde estou lhe escrevendo. Não creio que vá poder permanecer aqui, pois não conheço*

> *ninguém, não tenho teto nem dinheiro nem a oportunidade de ganhar algum.*
>
> *De tudo que um dia possuí – roupas, livros, escritos –, consegui salvar apenas o que meus amigos e eu podíamos carregar nas costas em mochilas. É muito pouco, mas, felizmente, inclui os manuscritos que já comecei. Esta carta é uma espécie de SOS que espero que você comunique aos meus amigos conhecidos e desconhecidos na América. Não tenho dinheiro para selos; talvez consiga enviar mais uma ou duas cartas, mas isso é tudo. Preciso lhe pedir que promova algum tipo de ação imediata em prol de um auxílio material pra mim. Restam-me apenas cem francos: estamos comendo apenas uma refeição por dia, na verdade, bastante pobre. Não sei realmente como vamos resistir.*[2]

Macdonald recorreu à esposa Nancy. O que eles poderiam fazer? Gerente comercial da revista e mãe de um menino de dois anos, sua vida já era bem caótica. Mas não era possível dar as costas a um apelo como aquele.

– Temos de entrar em contato com o Departamento de Estado, conseguir um visto americano para Serge e tirá-lo da França – respondeu Nancy. Ela própria se incumbiria da tarefa.

Imediatamente ela escreveu a Serge. Ele lhe garantiu que, por mais insuportáveis que as coisas se tornassem, "eu tenho de resistir e mais uma vez farei todos os esforços para resistir. (...) Sua carta (...) quebrou o terrível isolamento e o sentimento de impotência que tenho sentido".[3] Serge disse que não poderia deixar a França sem o filho, Vlady, que estava com vinte anos, "uma péssima idade na Europa", e sem pátria. A filha de seis anos, Jeannine, no momento, estava segura numa aldeia na Dordogne, mas ele tinha esperanças de que ela também pudesse se juntar a eles. Serge afirmava que ela era, na verdade, sua única alegria, embora não a visse havia mais de um ano. Não havia nenhuma chance de conseguir um visto para a esposa Liuba, que agora estava permanentemente confinada a uma instituição psiquiátrica em Paris. Nenhum país a aceitaria. Ela tivera um último colapso nervoso, do qual nunca se recuperaria.

A 20 de julho, Nancy Macdonald escreveu ao cônsul americano em Marselha:

> *Prezado Senhor:*
> *Estou extremamente ansiosa para tornar possível que meu amigo, Victor Serge, deixe a França e venha para este país morar com meu marido e comigo. Conforme comprova a declaração juramentada em anexo, tenho condições e estou disposta a assumir plena responsabilidade por seu sustento e manutenção [sic] depois que ele entrar nos Estados Unidos.*[4]

Ela passara dias reunindo documentos, obtendo assinaturas juramentadas, telefonando para amigos e pedindo-lhes que apelassem ao Departamento de Estado para que agissem rapidamente. Ela incluiu uma declaração juramentada de que tomaria ao seu encargo o sustento dele, na verdade, um juramento de que garantiria que Victor Serge não se tornaria um encargo financeiro para os Estados Unidos, além de uma declaração atestando seus princípios morais, garantindo que ele se sujeitaria aos padrões de decência e moralidade estabelecidos pelo Departamento de Estado. Também incluía uma carta de seu banco oferecendo quebra de sigilo total de todos os recursos financeiros dela e do marido, de salário e extratos bancários a títulos de renda e ações.

Enquanto isso, em Marselha, Victor Serge ouvira falar, por intermédio do telégrafo dos refugiados, da existência do Comitê de Resgate de Emergência. Ele se dirigiu à *rue* Grignan subiu a escada escura até o escritório do comitê, onde uma simpática Miriam Davenport lhe deu as boas-vindas. Foi-lhe concedido um pequeno estipêndio, não o suficiente para viver, mas importante porque o salvaguardava da acusação de vagabundagem que infernizava a vida de tantos dos refugiados estrangeiros.

No dia 30 de agosto, ele escreveu entusiasticamente para Nancy Macdonald:

Os vistos de urgência foram solicitados, para mim e meus filhos, ontem – por telegrama, me disseram – por M. Frey [sic] [...] o representante do Comitê de Resgate de Emergência [...] Este cavalheiro parece ser um homem de boa vontade. Travei relações amistosas com as pessoas do comitê, elas podem tornar as coisas mais fáceis para mim; mas existem tantas pessoas que estão no limite de suas forças e sem recursos, que faz com que nos sintamos arrasados. [...] Rogo que vocês façam rapidamente o que puderem. Seu fraternalmente, VS[5]

Nancy Macdonald levou o dossiê que havia reunido sobre Serge para o escritório central do Comitê de Resgate de Emergência na rua Quarenta e Dois leste, onde lhe asseguraram que seria dado andamento ao caso dele, imediatamente.

No dia 12 de setembro, Mildred Adams, secretária executiva do CRE, enviou uma carta para George Warren, presidente do Conselho Consultor da Presidência da República para Refugiados Políticos, um comitê criado por ordem de Roosevelt para expedir vistos rápidos para refugiados em grande risco:

Victor Kibalchich, cujo pseudônimo é Victor Serge (...) é um notável antinazista que escreveu e falou publicamente sobre sua oposição ao governo dos nazistas e de Stalin. Ele e sua família estarão em grande perigo se forem capturados.

O sr. Serge viveu na União Soviética de 1912 a 1936. Foi encarcerado em 1928 por oposição ao regime de Stalin e libertado em 1936 devido a pressões impostas ao governo soviético. Ele foi para Paris onde fez carreira como romancista e jornalista.[6]

Dwight Macdonald instruiu seu advogado, John Finerty, a também escrever para George Warren solicitando um visto de visitante para Serge e a família. Warren respondeu com um não categórico. Ele tinha certeza, declarou, de que o Departamento de Estado consideraria o sr. Serge um "quinta-colunista em potencial" e, em particular, um "agente stalinista em potencial".

Ele se recusou a encaminhar o pedido ao Departamento de Estado.[7]

Finerty reenviou o dossiê de Serge para Francis Biddle, procurador-geral dos Estados Unidos, com cartas de apoio de John Dewey, Eugene Lyons, Meyer Schapiro, Sidney Hook, Margaret Marshall, Frederick Reustle, William Troy, Max Eastman, James T. Farrell e Adolph Berle. Ele reiterava que Serge corria "perigo tanto de ser preso pelo governo Pétain quanto de ser entregue ao governo alemão. Este perigo é ocasionado pelo fato de que Victor Serge tem sido um dos escritores mais francamente antinazistas, antifascistas e anticomunistas da Europa".[8]

Finerty finalmente levou o caso diretamente ao procurador-geral. A resposta de Henry Hart Jr., assistente especial do procurador geral, foi rápida:

> *10 de outubro de 1940*
> *Meu caro senhor Finerty,*
>
> *A questão concernente ao Sr. Serge no momento é formal, uma vez que o Conselho Consultor da Presidência da República para Refugiados Políticos não está, e já há algumas semanas não tem estado, submetendo quaisquer nomes para aprovação. Devido a críticas em vários setores, o programa inteiro está em risco e (...) temporariamente foi suspenso.*
>
> *No caso de Serge, contudo, há mais envolvido do que um exercício de discrição. Em virtude do Título II da Lei de Registro de Estrangeiros de 1940, um estrangeiro que "a qualquer qualquer (sic) tempo" tiver sido membro de uma das classes proscritas pela Lei de 16 de outubro de 1918 é inadmissível.*[9]

Qualquer indivíduo que algum dia tivesse sido membro do Partido Comunista estava automaticamente proscrito de ganhar entrada nos Estados Unidos. Embora Serge tivesse passado anos como prisioneiro da União Soviética por suas idéias antitotalitárias e não fosse mais membro de nenhum partido político, o Comitê da Presidência não iria salvá-lo.

Ironicamente, Victor Serge mais uma vez tornou-se um *caso*. Durante dez meses, apelos e contra-apelos determinando seu destino percorreram os caminhos sinuosos dos corredores labirínticos da burocracia americana. Era tudo subterfúgio porque o veredicto estava claro desde o princípio. Serge nunca teria permissão de tocar o solo americano.

Mas Nancy Macdonald se recusava a desistir. Para manter o ânimo de Serge, ela lhe escrevia regularmente. Num esforço evidente para evitar a atenção dos censores, as cartas se tornaram cada vez mais elípticas. Referia-se aos amigos fazendo lobby junto ao governo americano como primos ou tios; as informações eram disfarçadas como notícias domésticas. No princípio de novembro, escreveu que seu amigo Max E. (Max Eastman) "tivera notícias de seu amigo que havia escrito para o sul e que o sul havia respondido que a questão seria resolvida".[10] Ela estava sugerindo que talvez fosse possível conseguir para Serge um visto para o México. Ao menos, eles podiam tentar. Uma vez que não existiam viagens diretas para o México, ele ainda precisaria de um visto de *trânsito* americano, dando-lhe permissão para fazer escala em Nova York, mas os Macdonalds estavam confiantes de que o Departamento de Estado não poderia recusar a Serge um simples visto de trânsito.

Havia um outro tema que preocupava Nancy Macdonald e Victor Serge em sua correspondência. Era o recente assassinato de Leon Trotski. No dia 20 de agosto, Ramón Mercader, um agente da polícia secreta soviética, havia assassinado Trotski em sua residência particular em Coyoacan, no México. Fora um gesto de ousadia chocante e demonstrava claramente que os agentes stalinistas estavam operando livremente em território estrangeiro. Quando Serge leu a notícia, seu primeiro comentário foi de que aquela "mais negra das horas" tinha sido apropriada para o "Velho" partir, mas ficou arrasado com o fato de que uma mente tão magnífica pudesse ser exterminada com tanta facilidade. Ele tivera sérios desentendimentos com Trotski, acusando-o de autoritarismo e de ser "prisioneiro de sua própria ortodoxia". Trotski estivera defendendo a própria doutrina em vez de um socialismo renovado. Mas Serge o havia admirado e até amado. Com Trotski morto, ele agora sentia que estava numa posição singularmente perigosa. Estava sozinho, "a última testemunha *livre* – mais ou menos – de toda uma era da Revolução Russa".[11]

Ele escreveu para Nancy Macdonald, sabendo que ela conhecia a viúva de Trotski, e lhe pediu que transmitisse "a Nathalie Ivanovna toda a afeição desesperada que ela inspira a um punhado de amigos dispersos, mas, não obstante, fiéis – apesar de suas idéias políticas diferentes".[12] Então Serge começou a temer seriamente um assassinato político. Disse a Nancy Macdonald que tentava nunca estar sozinho, especialmente quando estava viajando.

Victor Serge havia lutado por tempo demais nas trincheiras para ser seduzido pela mentalidade de "bote salva-vidas" – ele sempre tentava salvar os outros bem como a si mesmo. Em suas cartas para os Macdonald, incluía o nome de outras pessoas que acreditava também estarem precisadas de resgate. Entre elas, estava André Breton. Com a esposa Jacqueline e a filha Aube, Breton ainda estava morando com Pierre Mabille e sua família na cabana de pesca abandonada na praia de Martigues, perto de Marselha.

Depois de localizar o endereço postal de Breton em Martigues, Serge lhe escreveu. (Mesmo vivendo numa cabana abandonada, Breton se certificou de que poder receber correspondência, para ele, era vital.) Serge lhe disse que havia um homem em Marselha chamado Varian Fry, cujo comitê de *secours* se dedicava a ajudar artistas e intelectuais a sobreviver e, finalmente, a fugir da França.

No dia 13 de outubro, Breton escreveu em resposta:

Meu querido Victor Serge,
Se você vir antes de mim a jovem [presumivelmente Miriam Davenport] do Secours, pode tentar descobrir se, como você

pensava, esta ajuda é regularmente renovável porque, a despeito de esforços contínuos, vamos ficar mais uma vez sem recursos. Eu, sinceramente, não consigo me ver defendendo meu próprio caso diante deles; contudo, nossa permanência na zona "libre" está cada vez mais ameaçada.[13]

Serge sabia que Breton estava se sentindo encurralado. Mesmo com dinheiro, estava se tornando difícil encontrar comida e um lugar para morar, e ninguém tinha dinheiro. Refugiados, quer estrangeiros ou franceses, eram considerados intrusos, mesmo por parentes e amigos, e a vida cotidiana era desagradável. Serge escreveu a Nancy Macdonald sobre a sensação de "decomposição moral" que tornava a vida exaustiva.[14]

Quando Serge sugeriu que Breton viesse para Marselha para se encontrar com Fry pessoalmente, Breton escreveu de volta com evidente alívio: "Caro amigo, Jacqueline e eu chegaremos depois de amanhã a Marselha. Esperaremos por você às 11:45 no Café Riche. Talvez possamos comer juntos. Estarei faminto. *À vous de tout coeur*, André Breton."[15]

KILLER

Quando Mary Jayne Gold se apresentou ao consulado americano de Marselha por ocasião de sua chegada no princípio de agosto, o intrometido rapaz da seção de passaportes lhe disse que era seu dever retornar à América. Naqueles tempos perigosos, ela só faria atrapalhar.

Atravessando a Place Félix Baret com Dagobert a tiracolo, ela se sentou sob o toldo azul do Café Pelikan e ponderou sobre suas opções. Mary Jayne, na verdade, não queria voltar para os Estados Unidos. Durante o ano anterior, ela tivera a sensação de estar participando em uma importante e significativa convulsão histórica. "*C'est finie la grande aventure*", disse desconsoladamente a Dagobert.[1] A aventura estava acabada. Durante as semanas seguintes, ela estaria entrando e saindo de repartições para obter o visto de saída francês e os vistos de trânsito português e espanhol que eram exigidos mesmo de americanos.

Mas ela não havia contado com Miriam Davenport. Naquele mês de agosto em Marselha, as duas tinham se tornado amigas íntimas e se encontravam quase todo dia. Por vezes, Miriam trazia Gussie a tiracolo. Ele era um garoto judeu de 15 anos a quem convencera a ir com ela para Marselha. Gussie estava completamente sozinho no mundo, e Miriam cuidava dele. Conseguira-lhe um quarto no hotel miserável em que estava, o Hôtel Bel-Air na *rue* Madagascar.

Certo dia, em meio à sua alegre tagarelice, pontuada por risadinhas, Miriam confessou a Mary Jayne que tinha convidado três legionários estrangeiros para almoçar. Ela mencionara o detalhe do almoço um tanto envergonhada, porque era óbvio que Mary Jayne teria de pagar a conta — mas os homens evidentemente estavam precisados de uma refeição decente. Imaginando três soldados bronzeados, de quepe branco, parecidos com Rodolfo Valentino, Mary Jayne ficou encantada.[2]

Dois dos homens se revelaram jornalistas americanos que tinham se alistado na Legião Estrangeira para lutar contra Hitler. Eles tinham bons nomes americanos: Robert Selmer, a quem todo mundo chamava de Beaver, e Sarge Newman. O terceiro homem era francês. Era esguio, bem moreno e atraente, de seus vinte e poucos anos, com cabelos negros e uma permanente sombra de barba. Usava óculos de lentes grossas, ou, às vezes, grandes óculos escuros de armação de aço e, quando permitia que o sorriso constrangido se abrisse, tinha uma expressão sedutora. Atendia pelo nome de Claude Aubry, embora Mary Jayne percebesse que seus amigos tropeçavam no nome sempre que se dirigiam a ele. Estivera na Argélia com a Legião Estrangeira. Dizia que cavara trincheiras no Saara durante toda a *drôle de guerre* de modo que tinha sido um alívio quando a guerra de verdade havia começado, e ele finalmente fora embarcado para a Inglaterra. Na Noruega, perdera muitos amigos. Também afirmava ter matado muita gente. Os alemães matavam seus prisioneiros, de modo que a legião também matava. Havia, sem dúvida, certa quantidade de bravata em sua história, mas produziu o efeito desejado. Mary Jayne ficou chocada, mas fascinada.

– Como você mata um homem de mãos ao alto, se rendendo? – quis saber ela.[3]

A companhia de "Claude" havia desembarcado na França dias depois da rendição. Quando o armistício foi assinado, o oficial no comando ficara tão revoltado que dissera a seus homens para desertar. "Claude" viera para o sul, disparando contra os alemães e enterrando as armas que encontrava abandonadas por soldados franceses no caminho. Ele tinha certeza de que voltaria para cavá-las para a luta que viria no futuro.

Ao final da tarde, Mary Jayne tinha descoberto que o verdadeiro nome de Claude era Raymond Couraud.[4] Ele se afastara do exército sem permissão, tendo deixado a Legião Estrangeira falsificando os documentos de desmobilização. Ele disse que o governo Vichy planejava enviar os legionários para a África, para lutar contra os ingleses, mas que não admitia isso. Pretendia se juntar às Forças Francesas Livres do general de Gaulle em Londres. No entanto, se fosse apanhado como desertor com papéis falsificados, as coisas não seriam nada fáceis para ele.

Mary Jayne ficou fascinada. A narrativa de Raymond era heróica e perigosa, e sua autoconfiança parecia ilimitada. Havia um toque de erotismo naquela rudeza.

– Não se preocupe comigo, *bebby* – dizia ele.[5]

Ele chegaria à Inglaterra por conta própria. Seu inglês era tão cheio de palavrões, que fazia Miriam e Mary Jayne se lembrarem do ator Paul Muni no filme *Scarface*, grande sucesso em 1932. Elas o apelidaram de Couraud "Killer" ("Matador") por causa da maneira como assassinava a língua inglesa. Ele fingia achar graça, dizendo que não aprendera inglês numa escola de moças. Mas, quando Mary Jayne elogiou seu francês como correto e refinado, ele sorriu com o prazer tímido de um menino.

Na Marselha lotada, Mary Jayne finalmente havia encontrado acomodações no Continental, um hotel médio que era pelo menos razoavelmente confortável. Tarde naquela noite, o grupo de cinco amigos acabaria no quarto dela onde as noites tinham um charme clandestino. Mary Jayne mantinha uma garrafa de uísque no *armoire*. Miriam, geralmente, já estava meio de pileque com sua bebida preferida – o copo de 30 centímetros de cerveja chamado de um *formidable*. Ela ficava engraçada, estendia-se na cama e divertia os outros, identificando as flores no papel de parede desbotado ao chamá-las de "botânica de hotel".[6]

À uma da manhã, à meia-luz da única lâmpada no teto, Miriam, de joelhos, com a orelha encostada no rádio, ajustava o dial com dedos delicados, tentando sintonizar o sinal. Em silêncio, os amigos ouviam o serviço de notícias francês da BBC de Londres. Quase que inaudíveis em meio à interferência de trans-

Beaver, Miriam, Mary Jayne, Killer e Sarge
num restaurante no Vieux-Port.

missão eletrônica, vinham as palavras: *Ici la France! Trentième jour de l'Occupation allemande.*[7] Seguiam-se as estatísticas da batalha da Bretanha de acordo com o Ministério da Aeronáutica britânico.[8] Os ataques aéreos da Alemanha à Grã-Bretanha tinham começado em 10 de julho. Os ingleses estavam resistindo. Ainda havia esperança. O programa sempre encerrava com um coro emocionante da *Marseillaise*.

Pouco a pouco, Mary Jayne conseguiu montar as peças do quebra-cabeça da carreira exótica de Raymond Couraud. Ele afirmava ter se alistado na Legião Estrangeira para escapar de um chefão do crime a quem havia traído. Tinha recebido ordens de entregar um grupo de prostitutas em Alger, mas, em vez disso, as conduzira para um porto próximo de Oran de modo que pudessem escapar de seus cafetões. Mary Jayne não tinha certeza de se acreditava nele; mesmo assim, estava fascinada por sua rebeldia e imprevisibilidade.

Os cinco amigos se viam constantemente. Eles se encontravam ao meio-dia e passavam as noites em cafés no Vieux Port, planejando o que fariam para manter Raymond fora das mãos da polícia de Vichy e como levar os três homens para a Inglaterra. Eles concluíram que a única maneira de escapar de Marselha era comprar um barco e levá-lo para a Espanha. Mary Jayne imediatamente se ofereceu para contribuir com o dinheiro para o barco.

Ela se sentia profundamente atraída por Killer, mas, antes que tivessem a oportunidade de se tornar amantes, a polícia o prendeu por deserção. Alguém havia lhe armado uma cilada. Policiais à paisana estavam esperando por ele do lado de fora do hotel. Beaver estava com ele e informou os outros de que Raymond havia sido levado para a delegacia de polícia. Aparentemente, Killer dissera à polícia que Mary Jayne era sua noiva. Por mais presunçoso que isso fosse, ela concordou em desempenhar o papel e acompanhou Beaver e Sarge até a cadeia para ver se poderia ajudar.

Killer sabia que ser apanhado com documentos falsos era um delito mais perigoso do que ser um desertor, e assim, audaciosamente, lançou mão de um beijo apaixonado para passar para Mary Jayne os papéis de baixa do exército, os quais ela e os americanos afinal conseguiram jogar fora no turco (um vaso sanitário primitivo que consistia apenas num buraco no chão). Enquanto ia sendo reconduzido à cela, Raymond virou-se e fez um apelo a Mary Jayne:

– É tão fácil ser esquecido – disse.

– Eu vou ficar – respondeu ela. – Vou cuidar de você.[9]

Raymond Couraud teve sorte por encontrar Mary Jayne. Ela era incapaz de deixar quem quer que fosse na mão. E era "louca por homens perigosos e tinha uma queda pela ousadia".[10]

O advogado que ela contratou para representar Raymond disse que levaria alguns meses até que o caso dele fosse levado a julgamento, mas que havia esperança. Sua folha de serviço militar era excelente – tinha recebido a *Croix de Guerre avec Palmes* na Noruega – e sua extrema juventude seria levada em conta. Aquilo a intrigou, uma vez que Raymond lhe dissera que tinha 28 anos, mas deixou passar.

Agora que decidira ficar em Marselha, Mary Jayne estava ansiosa para ajudar Miriam no Centre Américain de Secours. Miriam havia falado do número cada vez maior de refugiados que apareciam no centro, logo não haveria dinheiro suficiente para ajudar todos. Mary Jayne imediatamente ofereceu 5.000 dólares ao comitê, quase que o dobro da quantia inicial com que Fry havia chegado. Era o dinheiro que ela havia separado para comprar o barco para a fuga fracassada de Raymond e seus amigos.

Mary Jayne esperou ser apresentada a Fry e ficou um tanto perplexa quando Miriam lhe disse que não. Por conta própria, Miriam já havia falado com ele sobre trazer a amiga para o grupo. Ela havia pintado um retrato entusiasmado de Mary Jayne, com seu avião particular, férias em Biarritz e estilo de vida requintado. Fry a descartou por completo. Disse que não gostava desse tipo de pessoa. Ela era apenas uma menina rica mimada com uma "paixão por duques" e "amigos ultra-reacionários".[11]

Quando falou a Mary Jayne sobre a reação de Fry, Miriam tentou ser diplomática:

– Varian... diz que pessoas como você não existem. Ele diz que as pessoas não aparecem e oferecem um monte de dinheiro sem nenhum motivo.

– Ora, mas que diabo! – Foi tudo o que Mary Jayne pôde dizer.[12]

Ela ficou imaginando se Fry pensava que estaria tentando se infiltrar em seu grupo, talvez como espiã de Vichy ou do Departamento de Estado americano.

Um encontro por acaso com Fry e Albert Hirchman, seu jovem assistente alemão, na Canebière, resultou nos quatro irem tomar um *aperitif* no Basso's, no Vieux Port. Eles conversaram sobre generalidades a respeito da guerra, como o fato de os antigos líderes dos governos franceses, tais como Édouard Daladier, Léon Blum e Paul Reynaud, agora estarem sob "internamento administrativo", esperando julgamento sob acusação de traição. Quando Fry lhe perguntou se ela havia se juntado ao êxodo de milhões que fugiram de Paris antes de os alemães invadirem a cidade, ela descreveu sua fuga para Bordeaux, terminando com um retrato desdenhoso de Madame Leduc.

Mary Jayne, evidentemente, estava do lado certo. Fry lhe disse que viesse ao escritório. Isso foi uma feliz virada da sorte para um grande número de refugiados. A assistência financeira contínua e generosa de Mary Jayne permitiu que o comitê elaborasse uma segunda lista de refugiados, menos célebres, desesperados para sair da França. Miriam a apelidou de "a lista Gold". Com a ajuda de Boris Kourillo, cambista de moeda no mercado negro, dólares tirados das contas de Mary Jayne na Grã-Bretanha e nos Estados Unidos se converteram numa enorme quantidade de dinheiro.

Ela também foi trabalhar no escritório como entrevistadora. Era uma tarefa terrível. Tinha de lidar com pessoas que haviam chegado ao fim da linha e que estavam destruídas, com freqüência, apegando-se à própria humanidade apenas por fios. E era preciso perguntar a essas pessoas desesperadamente assustadas sobre o número e tipo de documentos que possuíam; se tais documentos eram verdadeiros ou falsos; se mantinham contatos em ultramar que pudessem se responsabilizar por elas financeiramente; em que tipo de atividade antinazista tinham se envolvido para estar em perigo. Os exilados políticos contavam histórias sobre o labirinto crepuscular em que viviam, caçados de um esconderijo a outro, de um país a outro.

Logo Mary Jayne também começou a trabalhar como mensageira. O CAS havia descoberto que a polícia estava grampeando seus telefones de modo que mensagens tinham de ser entregues pessoalmente. Alguns clientes estavam em rigorosa clandestinidade. Para entrar em contato com eles, Mary Jayne tinha de entrar e sair às escondidas de prédios e trocar de bondes abruptamente para se livrar de quaisquer possíveis perseguidores. Havia sempre a possibilidade de ser seguida por um membro da

Comissão Kundt, criada depois da rendição da França para supervisionar o artigo 19 do armistício. Braço da Gestapo, eles andavam à solta em Marselha reunindo informações sobre refugiados antinazistas.[13] Ocasionalmente as excursões de Mary Jayne levavam-na a uma *maison de passe*, uma das casas de tolerância alugadas por hora, onde uma cafetina poderia esconder refugiados por um preço razoável. A polícia já tinha sido subornada para não prestar atenção nela.

Como os outros, Mary Jayne, com freqüência, se sentia massacrada. Tinha nas mãos o destino de indivíduos. Inevitavelmente, por sua decisão, algumas pessoas seriam salvas, enquanto outras seriam rejeitadas.

STATUT DES JUIFS

3 de outubro de 1940

Agora era o princípio de outubro. Embora devesse ter voltado aos Estados Unidos no final de agosto, Fry havia tomado a decisão de ficar indefinidamente. Enviou um cabograma para Eileen no dia 1º de outubro.

> NÃO PODERIA ABANDONAR MEU PESSOAL AQUI DO MESMO MODO COM QUE NÃO PODERIA ABANDONAR MEUS PRÓPRIOS FILHOS PONTO CENTENAS PASSARAM A DEPENDER DE MIM PARA DINHEIRO CONSELHOS E CONSOLO PONTO PARTIR AGORA SERIA CRIMINOSAMENTE IRRESPONSÁVEL PONTO CONTANDO COM VOCÊ PONTO EXPLIQUE ORGANIZE PONTO AMOR FRY[1]

Eileen não ficou nada satisfeita com esta mensagem abrupta. Ela deve ter tido vontade de assinalar que eles não tinham filhos. Contudo, havia se resignado a esperar pacientemente. Afinal, o que o marido estava fazendo salvava vidas.

Logo Fry teve um motivo ainda mais urgente para ficar na França. As coisas subitamente deram uma guinada diabólica. No dia 3 de outubro, apenas quatro meses depois da derrota da França, o governo de Vichy anunciou um novo *statut des juifs*. De acordo com o novo *statut*, todos os judeus deveriam ser excluídos das esferas de influência pública, cargos nas Forças Armadas, serviço público, corpo docente de universidades e de todas as instituições de ensino. Judeus deveriam ser demitidos de todos os cargos na imprensa, rádio, teatro e cinema. Era claramente o princípio da segregação sistemática até mesmo da comunidade judaica francesa de nascimento. Evidentemente o objetivo era negar aos judeus acesso a qualquer fórum onde pudessem influenciar a opinião pública. Mais sinistro ainda era o fato de que o regime de Vichy agora definia o que era ser judeu. O decreto emulava uma ordenança alemã, posta em vigor na zona ocupada, que "designava pertencente à raça judaica qualquer um com mais de dois avós judeus". A natureza verdadeiramente fascista do regime de Vichy se tornou clara. Eles fizeram ainda mais rígido o critério nazista ao declarar que "qualquer um com apenas dois avós judeus e uma esposa judia [estava] sujeito à nova lei".[2]

Embora soubesse que não deveria estar surpreso, Fry ficou abalado. Sua mente voou de volta a Berlim em 1935, quando havia presenciado a orgia de sangue no tumulto da Kurfürstendamm. Ele recuperou a imagem do velho sendo surrado na rua e da frágil esposa sendo agredida pela multidão quando tentava ajudá-lo, e a da mão do rapaz empalada na mesa. Pensou nas palavras de Putzi sobre como os nazistas queriam "solucionar o problema judeu". Mas aqueles eram os nazistas. Esta era a sua amada França.

Ele e Beamish debatiam incessantemente os motivos de Vichy. Beamish dizia que o novo governo de Vichy estava ansioso para provar sua boa-fé para os nazistas e sacrificava os judeus para os próprios propósitos oportunistas. Queriam mostrar aos nazistas que eram capazes de controlar a própria população. Apesar do fato de a Inglaterra ainda estar lutando, eles acreditavam que a Alemanha já havia vencido a guerra. Vichy demonstrava que a França não-ocupada era uma parceira de confiança e merecia um lugar na Nova Europa de Hitler.

No dia seguinte, 4 de outubro, houve um segundo golpe. O governo de Vichy autorizou os *prefets* ou chefes de departamento na França a "internar todos os judeus estrangeiros em campos ou confiná-los a residências obrigatórias em vilarejos distantes, onde podiam ficar sob os olhos vigilantes da polícia local".[3]

Beamish assegurou a Fry que levaria tempo até as novas leis serem implementadas com sucesso. Vichy precisava de uma nova burocracia para executar seus planos. Ainda havia tanto caos resultante da guerra: jurisdições se sobrepunham, as esferas de autoridade eram confusas. Ele conhecia sua gente. Os refugiados já tinham aprendido a desviar atenção, a surrupiar comida e a encontrar alojamentos seguros e documentos falsos. Ainda havia tempo. De fato, ele estava certo. Somente em março de 1941, o governo de Vichy começou a agir de forma sistemática e decisiva contra judeus nativos e estrangeiros.

Mas a realidade estava clara. Os refugiados judeus que tinham vindo para a França em busca de asilo, acreditando estar se afastando ao máximo dos nazistas, ironicamente, se encontravam num dos lugares mais perigosos da Europa.

Os clientes judeus de Fry agora estavam em situação desesperadora. Fry sabia que havia apenas duas organizações dispostas a se engajar em meios legais e quase legais para retirar judeus da França. Donald Lowrie da YMCA estava arranjando passaportes falsos por todos os meios de que dispunha. Já a organização de assistência judaica HICEM, muito maior que o CAS, com pelo menos oitenta funcionários em Marselha, estava ajudando a fornecer documentos essenciais e assistência financeira aos judeus que tentavam partir.[4] Todos, no entanto, esbarravam no mesmo problema – obter vistos internacionais.

Fry ficou ainda mais chocado com o fato de não haver protestos públicos, nas ruas de Marselha, contra o *statut des juifs*. Embora sempre houvesse indivíduos extraordinários dispostos a ajudar, a maioria da população francesa parecia contente em se manter em silêncio. As pessoas estavam preocupadas com outras coisas – com a escassez de alimentos, com o racionamento ou com os próprios filhos e maridos que permaneciam detidos nos campos de prisioneiros de guerra na Alemanha.

Fry pensava nos clientes judeus, nos que já tinha conseguido tirar da França. Lion Feuchtwanger e a esposa agora estavam em segurança nos Estados Unidos. Franz Werfel e a esposa Alma

Werfel, embora ela própria não fosse judia, também estavam em segurança nos Estados Unidos, bem como Hannah Arendt, com o marido e a mãe. E havia numerosos outros. Mas ainda restavam tantos. Pensava em Marc e Bella Chagall. Eram cidadãos franceses naturalizados, mas Fry sabia que isso não os protegeria por muito tempo. Sentia-se culpado com relação aos Fittkos. Havia insistido para que ficassem e agora eles estavam enfrentando um novo risco. Ela era judia. Os clientes Rudolf Breitscheid, o ex-líder do Partido Social Democrata do Reichstag Alemão, e seu braço direito, Rudolf Hilferding, eram problemáticos. Eles ainda esperavam confiantes pela derrota de Hitler e um retorno à República de Weimar. Acreditavam que nem Vichy nem os nazistas tocariam neles. Mas Hilferding era judeu. Fry agora deveria renovar seus esforços para convencê-los a partir.

Fry ainda acreditava que a prioridade era ajudar os artistas e intelectuais ameaçados de extradição para a Alemanha e de morte certa, pelo artigo 19 do armistício. Eles estavam na lista negra dos nazistas e em perigo imediato. Alguns eram judeus, outros não. Ele precisava desesperadamente pôr as mãos nessa lista. Beamish estava trabalhando nisso. Fry também precisava de mais gente. Precisava urgentemente expandir o comitê. E precisava convencer o consulado americano em Marselha a conceder mais vistos de emergência.

NOVO QUADRO DE FUNCIONÁRIOS NO CAS

No dia 20 de outubro de 1940, Danny Bénédite subiu a escada do *Centre Américain de Secours* na *rue* Grignan 60, desculpando-se enquanto passava em meio a homens, mulheres e crianças que esperavam nervosamente na fila. Na sala, viu cinco ou seis funcionários, um tentando manter a ordem e os outros sentados às escrivaninhas conduzindo entrevistas. O som estridente de múltiplas línguas e o cheiro de gente maltrapilha e andrajosa aglomerada num espaço sem ventilação o desanimavam quando pensava na possibilidade de trabalhar ali.

O sr. Fry, presidente do CAS, o havia convidado para uma entrevista. Tinha sido sugestão de Mary Jayne Gold. "*Chère Naynee.*" Ele ainda não sabia disso, mas a entrevista daria início ao processo de reparação do devastador sentimento de perda que a guerra lhe trouxera, quando tivera a sensação de que a própria vida estava se despedaçando.

Depois do armistício, Danny tinha ficado com sua unidade na cidade de Meyrueis, logo a leste de Millau, na zona não-ocupada, ajudando na distribuição de alimentos para os civis. As comunicações estavam caóticas. Havia dois meses, não tinha quaisquer notícias da família, quando Theo e Peterkin finalmente conseguiram localizá-lo e vieram se juntar a ele. Foi um encontro mais do que emocionado. Ambos ficaram aturdidos. Parecia impossível que todos os três tivessem sobrevivido ao desastre.

Desmobilizado em 10 de agosto, Danny ficara perdido, sem saber o que fazer a seguir. Quando debateu planos com Theo, uma coisa estava certa. Eles não voltariam a Paris. Ele poderia facilmente retomar seu cargo na *préfecture* e, se mantendo de cabeça baixa, teria podido remendar os cacos de uma promissora carreira profissional. Mas ele não trabalharia para os nazistas. Para ambos, isso era impensável.

Danny e Theo finalmente decidiram se mudar com Peterkin para a região do Languedoc, bem no meio da zona não-ocupada, para cuidar da fazenda de um tio que, como prisioneiro de guerra, fora levado para a Alemanha. Sua mãe, Eva, foi se hospedar com amigos em Juan-les-Pins, na Côte d'Azur.

Eles logo descobriram que mal conseguiam sobreviver. O único trabalho era colher uvas e vendê-las no mercado local. Danny enviou cartas desesperadas para todos os amigos perguntando se sabiam de algum trabalho na zona não-ocupada, mas tinha a sensação de estar lançando mensagens ao mar em garrafas. Quem poderia ajudar? Todo mundo tinha preocupações. As pessoas enfrentavam seus próprios problemas.

E então ele recebera uma longa carta de Mary Jayne. Ela dizia que havia adiado seu retorno aos Estados Unidos e que estava trabalhando para um comitê envolvido em prestar assistência a refugiados antifascistas. Por que ele e Theo não vinham para Marselha? Estava certa de que poderia lhes conseguir emprego. Tinha certa influência no comitê, uma vez que era uma das "principais angariadoras de fundos".[1]

Fry inicialmente tinha se mostrado cético com relação a contratar um ex-funcionário da polícia, mas Mary Jayne lhe assegurara que Danny não era um daqueles *rond-de-cuir* de Paris, os burocratas que se sentavam em suas poltronas e não faziam nada. Ele era incansável quando se via confrontado com um problema e tinha grande integridade moral.

Tão logo o conheceu, Fry se deu conta de que Danny tinha muitas virtudes. Não só ele já conhecia vários dos clientes – muitos o reconheceram como o jovem funcionário gentil do Service des Étrangers na *préfecture* de Paris que lhes dera o *permis de séjour* –, mas também podia traduzir a correspondência do CAS para o "oficialês" que impressionava ministros e seus subordinados.

Um jantar frugal dos membros do CAS (no sentido horário, a partir da esquerda): Vala Schmierer, Danny Bénédite, Varian Fry, Theo Bénédite, Paul Schmierer, Annette Poupos, Maurice Verzeano e Olivier de Neuville.

Houve um entendimento imediato entre Varian e Danny. Em menos de uma semana, ele considerava Danny seu *chef de cabinet*, cujo trabalho era administrar o escritório e estabelecer contato com os refugiados fora de Marselha, particularmente com os internos em campos. Quando o patrão estava fora da cidade, ele ficava no comando.

A perfeitamente bilíngüe Theo se tornou uma das assistentes de Fry. Jean Gemähling, amigo de Danny, um católico que falava um inglês perfeito e era veterano de Dunquerque, também se juntou ao comitê. Gemähling, embora alsaciano, fora educado numa escola de meninos ingleses e se iniciara na carreira de químico, antes de a guerra eclodir. Fry não sabia, mas Jean já era membro de um grupo nascente de resistência, bem antes de a Resistência Francesa ser organizada.

Fry também incluiu em sua equipe Marcel Verzeano, um jovem romeno. Marcel era conhecido pelo nome de Maurice.

Embora fosse apenas um estudante de medicina, Fry lhe pediu que se juntasse ao comitê como o médico da equipe. Alguns dos clientes refugiados do CAS estavam em tamanha aflição, que precisavam urgentemente de cuidados médicos, contudo não podiam se arriscar a visitar um consultório. O jovem protegido de Miriam, Gussie, se tornou mensageiro. Fry também contratou uma outra secretária, Anna Gruss. Era uma mulher pequenina, inconspícua, com uma enorme capacidade de trabalho. O chefe a via como um inocente e "estranho pequenino gnomo", mas ela se revelaria de valor inestimável quando o CAS se tornasse cada vez mais objeto de escrutínio da polícia.[2]

Durante o outono de 1940, a França se acomodou na psicose da ocupação. A vida comum continuava a seguir rotinas banais e familiares, mas o medo do desconhecido se estendia como areia movediça aos pés de cada um – que passo em falso conduziria ao desastre? Os sinais de ameaça contra intelectuais estavam crescendo. Naquele mês de setembro, o embaixador alemão em Paris, Otto Abetz, publicou a *Liste Otto*, uma lista de livros proibidos, que começava com o seguinte prefácio: "Estes são livros que, por suas mentiras e natureza preconceituosa, têm sistematicamente envenenado a opinião pública francesa; especialmente indesejáveis, são livros de escritores refugiados políticos ou escritores judeus que, traindo a hospitalidade concedida pela França, promoveram a guerra inescrupulosamente na esperança de atingir suas metas egoístas."[3] Na lista, estavam livros de Freud, Thomas e Heinrich Mann, André Malraux, Arthur Koestler, a tradução de Victor Serge de Trotski e muitos outros.

O escritor Pierre Drieu la Rochelle, um franco colaborador dos nazistas, assumiu a editoria da mais influente revista literária na França, *La Nouvelle Revue Française* (NRF). Em seu diário à época, ele escreveu uma nota extraordinariamente vingativa: "Quanto à N.R.F., ela vai se arrastar a meus pés. Aquela corja de judeus, pederastas, surrealistas covardes será miseravelmente posta para andar."[4] Subitamente exigia-se que editores submetessem todos os livros ao conselho de censura para receber uma licença obrigatória para publicação. Sendo assim, o editor de André Breton, Léon Pierre-Quint, submeteu a *Antologia de humor negro* de Breton ao conselho de censura para autorização – estava pronto para ser impresso desde 10 de junho, o dia em que Paris caiu. Meses depois, quando a decisão do conselho finalmente foi entregue, a antologia tinha sido rejeitada com base no fundamento de que Breton era "a negação do espírito de Revolução Nacional [de Pétain]".[5]

Dentre os milhões que tinham fugido do avanço alemão, estavam muitos dos melhores artistas surrealistas do país. A pressa de fugir tinha sido tamanha, que a maioria chegava ao sul só com a roupa do corpo. Certamente poucos tinham conseguido trazer algum dinheiro. Voltar a Paris estava fora de questão. Sem acesso aos seus recursos financeiros e a seu ganha-pão, eles tinham de fazer uma escolha: ficar ou deixar a França. Reféns do medo, a maioria morava em pequeninas e medonhas *maisons de passe* nas ruelas mais miseráveis de Marselha ou em cidadezinhas próximas.

Oscar Dominguez, um pintor das Ilhas Canárias, anteriormente fizera uma fuga dramática da Espanha de Franco para o que pensou ser a segurança da França. Tanto ele quanto Victor Brauner, um artista judeu romeno, estavam se escondendo em Marselha, assim como Wilfredo Lam, um jovem e elegante cubano, de origem mestiça chinesa e cubana. Em agosto de 1939, Picasso conseguira arranjar a primeira exposição individual de Lam em Paris. Um mês depois, com a guerra já declarada, Lam vira as galerias fecharem as portas e os artistas fugirem da cidade. Sua promissora nova carreira, bem como o esplêndido ateliê na *rue* Armand Moisant, atrás da estação de trem de Montparnasse, estavam efetivamente acabados.

Também se escondendo na zona não-ocupada estavam o pintor Jacques Hérold, que vinha da mesma cidade romena que Brauner, e Hans Bellmer, ex-companheiro de prisão de Max Ernst em Camp des Milles. Dois anos antes, ele tinha sido aceito pelos surrealistas depois de descobrirem sua obsessão por fantasmas sexuais, particularmente as desconjuntadas e perversamente eróticas *poupées* (bonecas) que ele criava. O ator e diretor de teatro judeu Sylvain Itkine também estava se escondendo. Ele participara em vários filmes de Jean Renoir, inclusive *La Grande Illusion*, e montara as obras de Alfred Jarry na Comédie des Champs-Élysées com cenários de Max Ernst.[6]

André Masson, pintor surrealista francês, era outro que se mantinha escondido. No momento, vivia com a esposa e filhos num chalé de caça na propriedade de 100 hectares da *comtesse* Lily Pastré, em Montredon, um subúrbio de Marselha. Em resposta à torrente de refugiados chegando ao sul, a *comtesse* tinha aberto seu *château* para cerca de 40 deles, inclusive Darius Milhaud, Francis Poulenc, Pablo Casals e Josephine Baker. Os jantares no formal salão de jantar eram, com freqüência, seguidos por concertos feitos por uma orquestra composta inteiramente por músicos judeus que não tinham mais permissão para se apresentar em público. Na manhã de 3 de outubro, Masson escutava o rádio, quando ouviu o anúncio do *statut des juifs* de Vichy. No mesmo instante, ele teve uma crise de vômito. Sua esposa, Rose, era judia. Ele sabia que teriam de deixar a França o mais rápido possível.[7]

Cada um dos artistas tinha um relato de fuga, mas particularmente doloroso era o de Helen Holzer, namorada de Wilfredo. Em março de 1940, três meses antes da queda de Paris, estava claro para o governo francês que os alemães se preparavam para desencadear sua formidável máquina de guerra. De fato, Hitler fez a primeira manobra um mês depois, quando invadiu a Noruega e a Dinamarca. Sob a justificativa de afastar a ameaça de espiões quinta-colunistas, o governo francês tinha ordenado que todos os cidadãos alemães se apresentassem às autoridades para imediato internamento: não apenas os homens entre 17 e 56 anos, mas também as mulheres. Apanhados por esta rede ampla estavam cidadãos residentes na França havia muitos anos, refugiados comuns, dissidentes alemães antifascistas e alemães simpatizantes do nazismo que se encontravam retidos na França. Era uma mistura assassina, com ataques freqüentes e brutais dentro dos próprios campos, geralmente dos nazistas contra os antifascistas.

Em Paris, do mesmo modo com que outras mulheres *ressortissants allemands* (cidadãs da Alemanha), Helena recebera ordens de se apresentar no estádio de patinação no gelo, o Vélodrome d'Hiver. Obedientemente seguiu de ônibus para o local. Lá foi posta em companhia de um grupo de mulheres destinado ao campo de detenção de Gurs, nos baixos Pireneus. Naquela ocasião, Gurs tinha sido designado como campo de mulheres e crianças e, por fim, acabaria abrigando 10 mil prisioneiros.

Depois de passar dias no estádio quase sem nenhuma comida e sem qualquer abrigo, as mulheres e seus filhos viajaram por toda a noite até o campo, num vagão ferroviário superlotado, com janelas enegrecidas. A parte pior, contudo, foi quando chegaram à estação ferroviária: uma multidão hostil agitava os punhos furiosamente, berrando *Boche* e *assassin*. Helena, mais tarde, recordaria:

– O cheiro de linchamento pairava no ar.[8]

De abril até meados de junho de 1940, Wilfredo percorreu Paris contatando todos os amigos que conseguiu encontrar para descobrir alguma maneira de obter a libertação de Helena, mas, na verdade, não havia nada que ele pudesse fazer. Então, subitamente, descobriu que Helena tinha sido libertada. À medida que o exército alemão avançava inexoravelmente pela França, a maioria dos presos nos campos de detenção por todo o país foi entregue à própria sorte. Com certeza, a maioria das mulheres em Gurs foi libertada. Helena viajou de carona até Marselha. Em pelo menos uma ocasião, ela pegou carona com um motorista amistoso que a escondia debaixo de cobertores na caçamba do caminhão quando passavam pelos muitos postos de controle. Wilfredo então descobriu que Helena esperava por ele em Marselha. Em outubro, eles estavam novamente juntos, vivendo num hotel vagabundo na *rue de la* Rotonde.

"Precariamente alojado" com a família em Marselha, André Breton se encontrava com os outros surrealistas no café Au

Brûleur de Loup, no Vieux Port. Fora o nome "braseiro dos lobos" que os atraíra. Passaram as tardes olhando com intensidade hipnótica para a extensão azul do Mediterrâneo, observando os barcos pesqueiros balançando na enseada. Ao longo de milênios, desde a colonização inicial pelos fenícios, o porto de Marselha tinha sido livre. Mas agora, sem a documentação burocrática correta – vistos de saída, vistos de trânsito, declarações juramentadas de apoio financeiro, testemunhos de caráter e os cada vez mais difíceis e salvadores vistos de emergência americanos –, os barcos para os quais olhavam eram absolutamente inúteis para eles. Em meio aos goles de vinho que, a despeito do racionamento, ainda havia em abundância, as discussões políticas eram acaloradas. Quando os artistas já bêbados berravam enfurecidos contra o governo cretino de Vichy, Breton tinha de fazê-los calar. Senão, todos eles seriam presos.

Nas redondezas, ficava o escritório do periódico literário *Les Cahiers du Sud*, onde artistas refugiados podiam encontrar abrigo por uma noite. Por vezes, até vinte pessoas dormiam no chão. Jean Ballard, o editor, ia publicar o poema de Breton "*Pleine marge*", que ele havia concluído recentemente na cabana de pesca abandonada na praia de Martigues.[9]

Naquele período tenso e aflitivo, Marselha era um lugar perigoso. A polícia dava batidas contínuas nos cafés para checar documentos de identidade; particularmente vulneráveis eram os refugiados nascidos no exterior, cujos papéis raramente estavam *en règle* e que sempre se sentavam nos fundos, perto da saída para uma fuga rápida. Com os jornais censurados, as notícias só circulavam por meio de boatos. Viver sem informação aumentava ainda mais o caos. Tudo se vendia: comida, vistos e especialmente contatos.

Sem teto, sem um tostão e angustiado, André Breton encontrava pouco motivo para otimismo. Ele tivera de deixar tudo em Paris. Em 1923, mudara-se para um estúdio de dois quartos, na *rue* Fontaine 42, no nono *arrondisement*, entre os cabarés e bordéis das Places Blance e Pigalle e o distrito operário da *rue*

Notre-Dame-de-Lorette. No alto da rua, avistava o Moulin Rouge e, dobrando a esquina, podia seguir o incessante e divertido vaivém da Place de Clichy. Ele adorava o fato de o estúdio ficar em cima de um cabaré chamado Le Ciel et L'Enfer (O Céu e o Inferno). Este apartamento, "sempre alugado, nunca próprio", era "seu cristal, seu universo", explicaria a filha Aube mais tarde.[10] Lá, no correr dos anos, o sempre diferente quadro de oficiais dos surrealistas se reunia toda a noite para conversar, e lá Breton mantinha sua vasta coleção de pinturas, de arte africana e de livros esotéricos. Agora tudo aquilo estava perdido para ele.

Ainda estava deprimido com a morte, naquele mês de agosto, de Leon Trotski. Tinha conhecido Trotski no México em 1938 e seu assassinato o abalara profundamente:

– Era de manhã bem cedinho – Jacqueline mais tarde recordaria. – O jornal havia acabado de chegar. Na primeira página, é claro, vinha escrito TROTSKI ASSASSINADO. Não conseguíamos acreditar naquilo. Era inconcebível. E, mesmo assim, lá estava o jornal. Era absurdo não aceitarmos o óbvio, mas simplesmente não podíamos. André soluçava. Ele repetia sem parar: "Os canalhas, eles finalmente o apanharam!"[11]

Agora Breton estava ansioso para sair da França. "Esperamos ir para Nova York", escreveu para o amigo Benjamin Péret num cartão interzonas, "mas ainda não está certo."[12] Para a jovem Maud Bonneaud, ele escreveu: "A América se tornou necessária... apenas no sentido mais negativo. Não gosto do exílio e tenho dúvidas sobre exilados (...) [estamos] de maneira muito desagradável suspensos entre Nova York e Paris (...) e, para lhe dizer a verdade, sem muita esperança."[13]

A VILLA AIR-BEL

Até chegarem a Marselha, Danny e Theo não poderiam imaginar como a cidade estava repleta de refugiados. Na primeira semana, mudaram de um hotel para outro, não conseguindo nunca ficar mais que alguns dias no mesmo, antes que lhes dissessem que havia clientes que já tinham reservado o quarto. Na expectativa de continuar trocando de pensões como uma dança das cadeiras, eles levaram Peterkin para ficar com a mãe de Danny, Eva, na vizinha Juan-les-Pins.

Certo domingo, no final de outubro, Mary Jayne e Theo decidiram sair em busca de uma casa nos subúrbios ao leste de Marselha. Procuravam uma casa pequena com um jardim para Peterkin. Querendo escapar da cidade, Miriam Davenport e Jean Gemähling foram junto com elas. Os quatro tomaram o bonde na gare de Noailles, na Canebière. Depois de cerca de meia hora de viagem em direção ao campo, quando o bonde passava pelo distrito de La Pomme, repararam num pequeno café onde poderiam perguntar sobre propriedades para alugar. Saltaram do bonde e começaram a andar por uma rua delimitada por um dique alto e a linha de trem principal Marselha-Toulon. Do outro lado da passagem rodoviária, por baixo da linha férrea, no número 63 da *avenue* Jean Lombard, encontraram dois grandes postes de portão entalhados com o nome Air-Bel. Miriam exclamou alegremente que este era o mesmo nome de seu hotel vagabundo escrito ao contrário, claramente um augúrio. Ela insistiu que batessem e perguntassem apesar de uma placa dizendo: "*Proprieté Privée/Défense d'entrer.*"

À medida que subiam pela entrada para carros, avistaram uma enorme residência paroquial de três andares do século XIX. Embora um pouco maltratada, ainda mantinha certa elegância, e imediatamente evocava o mundo da alta burguesia de Balzac e de Flaubert. Ao redor de parte da casa, havia uma área de pedra com antiqüíssimos plátanos. A casa tinha até uma estufa de um dos lados. O terraço dava para um jardim formal, com uma fonte e um laguinho como peça central, conduzindo para uma pequena área de bosques com uma vista estonteante das montanhas ao longe. Percebia-se que a casa estava vazia havia alguns anos, pois os jardins tinham sido invadidos pelo mato, e as cercas não estavam aparadas.

– É grande demais para o que nós queremos – disse Mary Jayne em tom decidido.

– Realmente grande demais – acrescentou Theo.

Como aluna sem grandes recursos do Smith College, Miriam tinha morado em alojamentos coletivos e não estava disposta a abrir mão da idéia tão facilmente.

– Vejam – disse ela. – Sairia barato. Poderíamos rachar o aluguel e a comida. Poderíamos até nos dar ao luxo de contratar uma cozinheira. É tão grande que poderíamos convidar outros membros do comitê que possam pagar e, talvez, alguns de nossos clientes pudessem vir morar conosco. Imaginem a companhia que teríamos.

Do outro lado do portão, avistaram um homenzinho ajoelhado cavando a terra. Jean se aproximou para dizer que procuravam uma casa para alugar.

– Não há nada para alugar por aqui – respondeu o velho rispidamente. – Isto é propriedade particular.

– Nós somos americanos – interveio Miriam.[2]

Ao ouvir isto, o velho se mostrou subitamente interessado. Americanos tinham dinheiro. Apresentou-se como dr. Thumin e, advertindo que a casa seria cara, ofereceu-se para mostrá-la a eles. Instruiu-os a esperar, enquanto ia buscar as chaves.

André Breton na biblioteca da Villa Air-Bel.

Quando retornou, o dr. Thumin correu para dentro da casa para abrir os postigos que cobriam as amplas janelas no andar térreo e convidou-os a entrar. A *villa* tinha 18 aposentos e estava totalmente mobiliada.

No primeiro andar, havia três salões de recepção e uma sala de jantar, bem como uma cozinha, uma sala de café, uma copa, um aposento para depósito de lenha e um banheiro. Um espaçoso vestíbulo revestido com piso de mármore preto-e-branco levava à sala de visitas, no centro da qual havia uma grande lareira de pedras ornamentada com acabamento em bronze. Acima da cornija de mármore, havia um enorme espelho com moldura em ouro, manchado pela idade; os ponteiros do relógio dourado que ficava na cornija tinham parado permanentemente às 15 para o meio-dia. As cadeiras e mesas eram, em sua maioria, estilo Louis XV e também havia um piano de armário com candelabros de bronze muito ornamentados.

Na sala de jantar, as paredes eram cobertas por um papel de parede grosso, com trabalho de relevo para simular couro de Córdoba, e as cadeiras e a mesa de jantar tinham um tamanho avantajado e severidade pseudo-espanhóis. Depois da sala, ficava uma saleta de café contendo uma charmosa fonte de mármore para se lavarem as mãos. Na cozinha, havia um fogão a lenha de seis metros e uma grande pia de pedra-sabão. Depois desse aposento, ficava o único banheiro contendo uma banheira. Era de zinco, com torneiras ornamentais em forma de pescoço de cisne.

O andar acima continha três grandes quartos, cada um com uma lareira de mármore branco, uma cama de casal, um grande armário e uma bancada com pia e um grande jarro de louça e um vaso de noite discretamente escondido atrás de uma porta. Todos esses quartos se abriam para uma biblioteca no centro. As paredes eram revestidas com papel preto-e-branco retratando cenas da história antiga, em especial a fuga de Eneas, o primeiro refugiado, escapando do saque a Tróia carregando o pai idoso nas costas. As prateleiras estavam repletas de muitas edições originais, inclusive coleções encadernadas em couro das obras de Lamartine, Musset e Victor Hugo. No último andar, havia mais seis quartos.[3]

Eram as peças de mobília, em sua maioria estilo Segundo Império, que davam à casa a impressão de ser um cenário: a coleção de pinturas laqueadas, as tapeçarias escuras, os livros encadernados em couro, as almofadas. De maneira extraordinária, tudo estava em bom estado para uma casa que não era ocupada havia um bocado de tempo. A eletricidade funcionava – claramente uma reforma recente, uma vez que os fios elétricos se estendiam sobre a superfície de todas as parede. Embora não houvesse gás nem telefone, nem aquecimento central, havia fornos e lareiras suficientes para o clima temperado da região do Midi.

Eles perguntaram ao dr. Thumin quanto seria o aluguel. Ele lançou-lhes um olhar matreiro.

– Não posso pedir menos de 1.300 francos por mês. – Isto significava cerca de 13 dólares. O grupo ficou chocado. O menor quarto de hotel em Marselha custava 15 francos por uma noite. Claramente, Thumin vivia em outra era. Concordando imediatamente com os termos dele, combinaram de voltar com Danny para assinar o contrato.

Quando Danny foi apresentado a ele, o velho foi direto ao assunto.

– O senhor quer alugar minha casa – disse ele. – Nunca aluguei a casa antes. Se eu a alugar, as pessoas têm de ser decentes e bem-educadas, não quero vândalos.

– Sim, doutor – respondeu Danny. – Meus amigos que vão dividir a casa são todos respeitáveis. Escritores de Paris e americanos.[4] – Danny desempenhava bem o papel do parisiense ingênuo.

Sentindo-se um tanto culpado por sua esperteza no negócio, o médico ofereceu incluir a madeira do matagal atrás da casa para ser usada como lenha nas lareiras e acesso livre ao terreno inteiro *da villa*. Danny pediu que isto fosse incluído no contrato. Assinou então um contrato de aluguel por seis meses renováveis e depositou o valor do primeiro mês.

Danny voltou a Marselha e, imediatamente, foi ver Victor Serge para lhe dizer que ele e a família podiam deixar o hotel bolorento e vir morar com eles na *villa* no dia seguinte. Serge aceitou o convite com alívio. Quando Danny lhe contou como a *villa* era grande, Serge lhe deu a entender que André Breton e a família também estavam precariamente alojados.

– Dizem que ele é um homem difícil – disse Serge –, mas posso garantir que é uma companhia enriquecedora e fascinante.[5]

Danny respondeu que não fazia qualquer objeção, mas que teria de consultar os outros.

Inicialmente, Mary Jayne, que, na verdade, estava pagando o aluguel para o grupo, não queria Fry como morador permanente da casa. Ela achava que, pelo menos com relação a ela, Fry se mantinha desconfiado e reservado. Mas ele foi convidado para uma visita no primeiro domingo e, depois que Mary Jayne o viu correr pela casa de aposento em aposento, abrindo armários e gavetas como uma criança feliz da vida, e se deu conta de que a *villa* proporcionaria um lugar de retiro de que Fry tanto precisava, ela amoleceu.[6]

Jean Gemähling foi convidado a morar na *villa*, já que estivera entre os que a haviam descoberto; além disso, depois de terem passado por tanta coisa juntos, ele e Danny tinham se tornado amigos leais. Quando o grupo convidou Beamish para se juntar a eles, ele disse que não estava interessado. Na verdade, Beamish considerava a idéia de alugar a *villa* um tanto repreensível. Ficava a cerca de meia hora da cidade e não tinha telefone, o que significava que os clientes não podiam entrar em contato com eles em caso de emergência. A insistência de Fry de que eles podiam se revezar nos fins de semana, de modo que sempre houvesse alguém disponível, não o convenceu. Sendo assim, o quarto dele foi dado a Maurice (Marcel Verzeano), o jovem médico romeno.

Naquele domingo à noite, no final de outubro, na sala de jantar pseudo-espanhola, os novos residentes da Villa Air-Bel sentaram-se para o parco jantar e comemoraram a sorte de estar ali. Todos os 12 já tinham passado por tanta coisa que aquele momento parecia um milagre, por mais momentâneo que fosse. André Breton estava brincalhão. Tinha encontrado um par de louva-a-deus na estufa, como eles, inesperadamente vivos. A cópula dramática dos insetos constituiu um centro de mesa bizarro. Victor Serge ficou fazendo troça, mas com indulgência. Fry, por um breve instante, se esqueceu do peso dos refugiados frenéticos cujas vidas ele tinha nas mãos. Naquela noite, eles não trocaram histórias sobre os vários traumas por que tinham passado – a sangrenta evacuação de Dunquerque, a *pagaille* enquanto fugiam lado a lado com milhares de outros pelas estradas secundárias do interior da França sob bombardeios dos alemães, as separações dolorosas, e o terror que pesava como um "anão corcunda"[7] sentado sobre os ombros deles. Em vez disso, beberam o vinho abundante; riram e cantaram as misteriosas e melancólicas baladas folclóricas francesas e as canções obscenas dos quartéis. Houve um momento, contudo, em que a diversão parou, e as 12 pessoas ao redor da mesa se entreolharam entorpecidas de espanto, diante do horror que a vida na França havia se tornado. Alguns meses antes, elas não poderiam ter imaginado aquilo.

Foi o pragmático Danny quem olhou para os rostos ao redor da mesa e ponderou sobre o tipo de perigo que cada um deles enfrentava. Ele deixou muito claro que, pelo menos naquele momento, a maior ameaça na sala não vinha dos nazistas. Ainda não. É claro que Danny não sabia realmente quem estava na lista negra dos nazistas, mas suspeitava de que a Comissão Kundt, operando livremente nos campos de detenção e secretamente nas ruas de Marselha, procurava especificamente por pessoas cujos nomes estavam nos arquivos em Berlim. Havia sempre rumores, é claro, de que os alemães estavam a ponto de ocupar a França inteira e de que então todos eles estariam em dificuldade. Mas Danny não considerava isso provável. Por hora, Vichy estava fazendo um bom trabalho de manter os alemães satisfeitos. Ele via pouca diferença entre a ideologia nazista e a de Vichy, embora Vichy ainda não estivesse matando gente. Sim, era Vichy e seus lacaios fascistas que eles tinham mais motivos para temer. Os propagandistas de Vichy tinham identificado os inimigos: judeus, comunistas, socialistas e todos os estrangeiros.

De acordo com as estimativas de Danny, Victor Serge era quem estava em maior risco. Ele era um conhecido "agitador comunista" e um estrangeiro. A qualquer hora, poderia ser preso numa das batidas da polícia. E Danny não considerava paranóia da parte de Serge o fato de ele temer os agentes de Stalin. Ele próprio conhecia histórias de assassinatos cometidos por eles na

Espanha. O marido de Katia Landau, chefe do Partido Operário da Espanha, o POUM, tinha sido assassinado, e ela própria, agora se escondendo em Marselha, tinha por pouco escapado da prisão em Barcelona. Não o surpreenderia saber que os stalinistas estavam atrás de Serge em Marselha.

Breton era um caso diferente. Danny olhava para o homem e lhe admirava o carisma. Era ele quem sustentava o humor bufão da mesa e trazia algum alívio à melancolia generalizada. Provavelmente a mais séria preocupação de Breton era passar fome. Exceto pela quantia miserável que o CAS podia lhe dar, não tinha nenhum dinheiro. Seus livros estavam censurados e, muito embora estivesse claramente disposto a trabalhar em qualquer coisa, não havia trabalho. Quando as tarefas coletivas na *villa* foram distribuídas, Breton mostrara-se disposto, como todos, a meter mãos à obra. O verdadeiro perigo para ele viria depois que Vichy se tornasse mais bem organizado e consolidasse seu poder. Eles iriam procurar bodes expiatórios e nenhum lhes serviria melhor do que os intelectuais degenerados que haviam sido os "autores" da queda da França. Então Breton poderia se ver num campo de detenção.

Fry estava na outra extremidade da mesa. Parecia relaxado pela primeira vez em meses. Danny tinha certeza de que, mesmo se suas atividades ilegais fossem descobertas, Fry seria expulso da França em vez de mandado para a prisão. A embaixada americana o protegeria. O regime de Vichy era oportunista. Eles não iriam querer aborrecer os americanos, que poderiam, por fim, entrar na guerra e até ganhá-la para os ingleses.

Quanto a Naynee e Miriam, também estavam seguras porque eram americanas. E mesmo Theo, embora fosse britânica e uma inimiga, estava comparativamente segura por enquanto. Todas as atividades ilegais do comitê tinham sido cuidadosamente ocultadas das mulheres. As transações envolvendo troca de moeda no mercado negro, passaportes falsificados, ajuda aos soldados britânicos a escapar da França – todas se realizavam no gabinete particular de Fry e a portas fechadas com apenas ele, Beamish e, às vezes, Jean presentes.

Na verdade, embora nunca tivesse dito abertamente, Danny sabia que eram ele e os outros dois franceses que corriam os maiores riscos. Regimes autoritários como Vichy mantinham uma fachada de legalidade, mas havia dois sistemas de lei – um público, o outro secreto. Enquanto se mantivessem abaixo do radar da visibilidade, as forças de Vichy podiam fazer tudo o que quisessem. Vichy não teria escrúpulos quanto a atirar cidadãos franceses na prisão indefinidamente.

Mas, por ora, Danny estava tão grato quanto todos eles por aquela breve trégua. Estava entre pessoas que compartilhavam suas opiniões. A conversa era estimulante, e as piadas sobre Pétain eram engraçadas e um alívio. Ele também comeu sua parca refeição e bebeu o vinho com prazer. Tudo poderia mudar em um segundo. O momento presente era tudo que existia.

TARDES DE DOMINGO: REBELIÃO

É uma coisa notável que ditadores não joguem golfe.

JOSEPH ROTH[1]

André Breton acabara de descer para a sala de visitas da Villa Air-Bel. Era meio-dia. Ao redor da grande mesa no meio do aposento, ele colocou todas as cadeiras disponíveis. No centro da mesa, um grande samovar cheio de chá. Ao redor deste, ele posicionou estrategicamente uma variedade de blocos retangulares de papel, numerosos lápis de cor, pastel, um pote de cola, velhas revistas e várias tesouras. Breton convidara seus amigos surrealistas para vir à *villa*. Enquanto observava seu trabalho com satisfação, comentou com Mary Jayne, que acabara de entrar na sala, que eles iriam jogar jogos surrealistas. Mary Jayne achou graça.

– Isto é ótimo – disse ela. – Nós vamos assistir.

– Ah, não – disse Breton –, isto é para todo mundo.[2]

Breton levava muito a sério os jogos. Ele os criara e aperfeiçoara ao longo de várias décadas como parte de seu ataque à razão e à respeitabilidade burguesa. Agora, enquanto preparava o cenário para jogar o jogo de *cadavre exquis* (cadáver delicioso), seu propósito era afrontar a mentalidade totalitarista que havia dominado toda a França, inclusive o sul não-ocupado, a dita *zona livre*.

Breton era um homem complexo que havia inventado a si mesmo a partir das circunstâncias mais improváveis. Nascido na Normandia, era o filho único de um policial e uma costureira e fora batizado, segundo afirmava, em homenagem a um tio-avô que havia desaparecido no dia do casamento.

– Creio que fui muito bem-educado – observou certa ocasião – poderia dizer que com rancor e ódio.[3]

Sua mãe controlava a família. Ele a descrevia como "autoritária, mesquinha, malévola e preocupada com o sucesso (...) social". Ela o obrigava a ficar parado diante dela "de modo que pudesse me esbofetear, a sangue-frio". A partir do final da adolescência, ele havia se dedicado à arte como um código de conduta que ditava como o indivíduo se comportava no mundo e havia montado seu ataque à burguesia.

A Primeira Guerra Mundial o marcara terrivelmente, assim como a toda a sua geração. Na guerra atual, preferia ser preso a se alistar, mesmo que apenas como médico. Isso, no entanto, teria significado abandonar a família e, embora ele outrora tivesse se mostrado amargurado sobre a paternidade, era muito devotado à filha.

Mas ele dizia palavras afrontosas contra a guerra. Eram as terríveis distorções causadas pela repressão do espírito humano que levavam a sociedade a sancionar a guerra e o massacre armado. Era necessária uma "revolução da mente", um total refazimento do humano. "Tinha de haver um grandioso Não que iniciaria tudo do Zero."[4] Ele era radical: "Quando a sociedade está se dissolvendo, o melhor que se pode fazer é ajudá-la a desmoronar", dizia. Ele era a favor de qualquer coisa que causasse escândalo!

Nas décadas passadas desde a Primeira Guerra Mundial, Breton nunca vacilou em seu papel auto-atribuído de *changer la vie*. Era seguro de si de maneira intimidante, certo de suas opiniões e, pelo menos em termos de seu trabalho, devastadoramente impiedoso com aqueles que discordavam dele, como havia demonstrado a cada vez que expulsava um membro inconstante do movimento surrealista. Tinha feito de si mesmo o "papa do surrealismo" e colecionado seguidores com o correr dos anos. Embora muitos tivessem ficado pelo caminho, aqueles que permaneceram próximos dele achavam seu sentido de clareza e de propósito arrebatador. Breton era dotado, como observou um amigo, de uma "estranha integridade" que "dava às idéias, por assim dizer, uma existência sólida".[5]

Breton achava que o futuro estava no que ele chamava de "novas atitudes que estavam desnudando a mente irracional que existia sob a pele da cultura".[6] Buscando rotas mapeáveis para o inconsciente, ele fez experiências com escrita automática, sessões espíritas e sonhos.

Agora, no meio de uma nova guerra mundial, em que tinham resultado todas as suas idéias? Ele, entre todas as pessoas, que um dia bravamente dissera: "Talvez a imaginação esteja à beira de recuperar seus direitos", estava vivendo em um inferno fascista e compreendia, mais que a maioria, exatamente quão extremo, aterrador e insano era o programa de ação fascista. No entanto, quaisquer que fossem suas dúvidas particulares, Breton mantinha uma fachada corajosa.

O tempo no outono de 1940 continuou se mantendo temperado até boa parte do mês de dezembro; era o que os franceses chamam de verão de Saint Martin. Todo domingo, Breton era anfitrião de uma *open house* na Villa Air-Bel onde recebia os amigos surrealistas. Esses domingos se tornaram um ritual regular e um ponto alto da semana dos refugiados.

André organizava os jogos, e Jacqueline os presidia como musa dominante. Ela possuía uma beleza espetacular, realçada pela maneira como se vestia. Usava saias longas e rodadas, braceletes que retiniam nos braços e tinha o hábito de colocar no cabelo flores ou pedacinhos de vidro colorido, que lançavam raios de luz quando o sol batia neles. Possuía um colar de presas de tigre, e dizia-se que era dona de uma "língua extremamente afiada" para combinar.[7]

Nesses domingos, os surrealistas se entregavam aos jogos com ímpeto e muitas gargalhadas estrepitosas. Para o inferno com os regimes totalitários que não podem tolerar o riso e a irreverência. Jogavam o *cadavre exquis*, um jogo que tinham inventado nos velhos tempos em Paris. Sentados ao redor de uma mesa, cada jogador era instruído a escrever um artigo definido ou indefinido e um substantivo. Então o papel era dobrado, para esconder as palavras, e passado para o vizinho. Em seguida, cada um escrevia

Numa festa em Villa Air-Bel *(no sentido horário a partir da esquerda)*: Varian Fry, Sylvain Itkine, Jacqueline Lamba, Benjamin Péret, André Breton, Jacques Hérold e *(sentados)* Frédéric Delanglade e Laurette Séjourné.

um adjetivo, e o processo era repetido com um verbo, outro artigo definido ou indefinido e, no final, um substantivo. A primeira frase a surgir tinha sido: "Le cadavre /exquise/ boira/ le vin/ nouveau." (O cadáver refinado beberá o vinho novo.)[8] Com o passar do tempo, Breton criaria um formato de pergunta e resposta para o jogo, que, certa ocasião, produziu uma definição divertidamente precisa: "O que é André Breton? Um amálgama de humor e um sentido de desastre; algo semelhante a uma cartola."[9]

A técnica logo foi ampliada para incluir desenhos, e Breton chamava as fantásticas criaturas híbridas que resultavam do trabalho de *les petits personnages*. Na Villa Air-Bel, o grupo fez um desenho coletivo de uma cabeça que intitulou de: "O último romântico sendo molestado pelo marechal Pétain."[10] Uma brincadeira dessas, se descoberta pela polícia, poderia ter mandado a todos para a prisão.

"Breton", nas palavras de Helena Holzer, "era um líder nato. [Ele] fazia de tudo para preservar certos valores espirituais e poéticos em face da destruição e do colapso da dignidade humana."[11] Breton explicava seus jogos mais modestamente – ele estava apenas "na esperança de enganar a angústia da hora".[12]

ESPERVISA

Outono de 1940

É tão simples ser morto neste mundo. Matar é muito mais complicado.

VICTOR SERGE[1]

Foi Victor Serge quem rebatizou a Villa Air-Bel de *Villa* Espervisa – na esperança de obter um Visto.[2] Serge, Breton e suas famílias estavam esperando enquanto se desenrolava o processo longo e tedioso de obter o visto internacional para os Estados Unidos. Era desencorajador. Vichy já havia decretado uma moratória para todos os vistos de saída da França. Vistos ocasionais eram concedidos, mas somente em circunstâncias especiais e depois de exame muito cuidadoso. Afinal, se Vichy fosse cumprir os termos do artigo 19 do armistício – de entregar todos os cidadãos alemães e outros que os nazistas solicitassem –, eles tinham de ter uma variedade de pessoas para serem extraditadas. Os alemães ainda estavam organizando a burocracia da ocupação no norte, e a Comissão Kundt dos nazistas tinha apenas começado a vasculhar os campos de presos de guerra e a passar o pente fino nas cidades em busca de estrangeiros inimigos escondidos. Victor Serge escreveu a Nancy Macdonald que, no momento, a *villa* estava sob vigilância. Nisso, como em outras coisas relativas à polícia, ele demonstrou estar certo.

Mesmo assim, a *villa* oferecia uma trégua de realidades mais duras. Reunindo recursos, seus ocupantes conseguiram contratar empregados para administrar a grande casa. Madame Nouguet, uma marselhesa nativa, assumiu a posição de cozinheira e governanta. Antes de sair para as compras, ela recolhia os talões de racionamento de todo mundo. Estes eram livrinhos de papel ordinário nos quais o número de gramas de alimento destinado a cada pessoa era impresso em pequenos quadrados, prontos para serem cortados pelos lojistas ou donos de restaurantes. Depois de passar longas horas em grandes filas de mantimentos, Madame Nouguet conseguia criar refeições toleráveis se bem que insossas. O café *ersatz*[3] era feito de bolotas de carvalho ou de cevada moída, mas os vizinhos da área traziam verduras frescas e frutas e havia até uma vaca leiteira clandestina, que afinal foi apreendida pela polícia de Vichy que enviou "espiões de comida" para vasculhar as fazendas e confiscar quaisquer produtos que os fazendeiros tivessem escondido. Rosa, uma mulher da região, foi contratada como faxineira, e Maria, uma refugiada espanhola de 15 anos, tomava conta de Peterkin enquanto Theo trabalhava no CAS.

Quando Varian, Danny e Theo voltavam, exaustos pelas pressões brutais do trabalho de resgate, as noites na *villa* eram um alívio bem-vindo. Para Danny, serviam como uma espécie de "desintoxicação".[4]

Com o vinho abundante, eles acabavam ficando na sala de jantar depois de comer. Debatiam os relatórios publicados nos jornais censurados, competindo para ler nas entrelinhas. Quando conseguiam encontrar a transmissão americana no rádio de ondas curtas ilegal, dançavam ao som do "proibido" e decadente jazz de Boston.

Em algumas noites, Breton lia para eles as cartas espirituosas que recebera de Marcel Duchamps e Benjamin Péret. E, é claro, orquestrava jogos: *verité* (verdade), que geralmente incluía excitantes interrogatórios sexuais; uma espécie de jogo de adivinhação em que a pessoa assumia a identidade de um objeto; e assassinato, no qual se permitia que um assassino escolhesse sua vítima (Hitler e Stalin estavam no topo da lista). Era o interrogatório cruzado do assassino que se seguia que oferecia a diversão. Breton, com sua retórica de jurista, era de longe o melhor deles no jogo.

Por vezes, ficavam sentados na biblioteca ao redor do forno de porcelana, enquanto Victor Serge lhes contava histórias de sua prisão em Moscou e do exílio forçado em Orenburgo, na orla do Círculo Ártico. Fry lembraria mais tarde que "ouvi-lo era como ler uma novela russa".[5]

Vlady, o filho de 20 anos de Serge, era um excelente artista e, quando não estava desenhando, passava o tempo lendo textos marxistas. Breton achava que ele tinha muito talento. Divertiu-se imensamente quando Vlady saiu pela casa etiquetando as várias pinturas medíocres do século XIX nas paredes com os nomes de artistas famosos: Nicolas Poussin; atribuído a Claude Lorrain; Escola de Ingres. Divertia-se ainda mais quando as visitas caíam na brincadeira. Vlady tomara para si a educação política de Mary Jayne. Ela se lembraria dele falando sobre a Revolução Russa, na biblioteca do segundo andar, enquanto os dois ficavam encolhidos ao redor do forno de porcelana. À medida que ele lhe explicava com entusiasmo as complexidades do materialismo dialético, ela podia ver no papel de parede atrás da cabeça dele o Rapto de Perséfone. No futuro, ela sempre associaria a Revolução Russa ao inevitável retorno de Perséfone na primavera.[6]

O medo estava de tocaia logo além dos muros da propriedade, mas, dentro da *villa*, a camaradagem e a benevolência reinavam. Todos os residentes compreendiam como tinham sido privilegiados por ter encontrado aquele lugar.

Certa noite, a arrumadeira Rose bebeu tanto, que desceu rolando a escada e ficou desacordada, lá embaixo, coberta de vinho tinto e de vômito. O normalmente fastidioso e exigente Breton, gentilmente, a pegou no colo e carregou-a para um dos quartos. Meia hora depois, ele voltou, comentando que Rose não tinha fraturado nada. Quando os outros manifestaram espanto diante de seu diagnóstico, ele observou:

– Mas eu sou médico formado. – Eles não sabiam.[7]

Provavelmente foi Fry quem mais se beneficiou do refúgio de Villa Air-Bel. No CAS, ele tinha fama de ser arrogante. Embora sempre ouvisse com atenção os refugiados, ele lhes parecia distante, mas esta formalidade era principalmente uma fachada que ele mantinha para inspirar confiança. Na *villa*, um bocadinho da anarquia dos surrealistas o contaminou. Mary Jayne começou a apreciá-lo como um grande piadista, sempre buscando algo para aliviar a desolação que os cercava. Fry chegou até a comprar um *poodle*, que batizou de Clovis. À noite, na *villa*, dançava com tanta animação quanto os outros.

Fry mantinha o trabalho no escritório e a vida na *villa* escrupulosamente separados. Era cuidadoso de nunca falar sobre nenhuma das atividades clandestinas do comitê – quer fosse ajudar os soldados da Força Expedicionária Britânica detidos em Marselha a escapar ou contrabandear as listas dos nomes daqueles famosos demais para serem abertamente mencionados nos telegramas para Nova York. As listas eram cuidadosamente escondidas em tubos de pasta de dente na bagagem de refugiados de partida e dispostos a levá-las. Eles eram instruídos a entregá-las a determinados indivíduos na Espanha e em Portugal que podiam então enviar os nomes para o Comitê de Resgate de Emergência para processamento.

É claro que o segredo de Fry era em parte apenas artifício, uma vez que estava bastante claro para a maioria de seu pessoal o que ele estava fazendo. Certa noite, Mary Jayne voltou tarde para a Villa Air-Bel e observou uma luz sob a porta da sala de jantar. Fry apareceu e perguntou se havia alguma possibilidade de encontrar um pouco de comida na despensa. Disse que tinha convidados e que eles estavam com fome. Ela já ia dizer que todo mundo estava passando fome, quando ouviu vozes abafadas em inglês atrás da porta. Correu até a cozinha onde encontrou vinho, um pão dormido e um pedaço de chouriço. Quando bateu à porta da sala de jantar, Fry aceitou a bandeja, mas não a convidou a entrar. Na manhã seguinte, ela perguntou-lhe se aqueles homens eram oficiais ingleses. Fazendo-a jurar segredo, ele admitiu que sim, acrescentando que o chouriço estava muito bom.

– Era de carne de cavalo – disse ela. – Não conte a ninguém – brincou.[8]

Fry escreveu à mãe que havia encontrado "paz e sossego finalmente, depois dos três meses do trabalho mais exaustivo que jamais fizera na vida. Quase havia se afogado numa torrente de seres humanos angustiados em busca de orientação e ajuda".[9] Ele também escreveu ao pai:

> *É lamentável que haja uma guerra, porque todos nós poderíamos viver aqui em Marselha instalados num lugar que não está longe de ser perfeito. (...) [Nós temos] uma daquelas vistas magníficas de que só o Mediterrâneo pode se gabar, um panorama de pinheiros e oliveiras, verde-escuro e verde-claro, de telhados em tom vermelho suave, de névoa e o fascínio da distância e, por trás de tudo isso, as montanhas recortadas de pedra cinzenta calcária que rodeiam a área de Marselha como um grande anfiteatro. Todo este cenário é emoldurado por uma cerca viva de buxeiros embaixo, pelos troncos de cedros à direita e à esquerda, e pelos graciosos galhos acima... O único problema é a guerra.*[10]

Fry havia muito tempo era membro da Audubon Society e, aos domingos, se tivesse algum tempo para relaxar, com freqüência podia ser encontrado caminhando pelo terreno da *villa* com Danny ou Victor Serge, observando pássaros e fazendo um levantamento da flora e da fauna.

Ele se tornou amigo íntimo de Stéphane Hessel, o filho de 23 anos de uma família de refugiados que havia conhecido em outubro. O pai, Franz Hessel, tinha co-traduzido Proust para o alemão com Walter Benjamin. Anos depois, Stéphane contou à biógrafa de Fry, Sheila Isenberg, que ele havia "cuidado" de Fry durante períodos de depressão – havia tanto trabalho, nunca dinheiro suficiente, e nunca um número suficiente de vistos."Quando estava cansado e desanimado porque a vida não era fácil para ele, então eu aparecia e o alegrava."

Os dois homens saíam para excursões pelo campo, aos domingos, em busca de igrejas de estilo românico. Conversavam sobre casamento – ambos eram casados. Hessel observou que Fry "tinha a postura de um marido que não se sentia inteiramente satisfeito". A amizade deles, dizia, "era um relacionamento muito íntimo entre dois homens jovens, não particularmente homossexual, embora houvesse proximidade física, intimidade, troca de abraços". "Não é que fôssemos fisicamente íntimos ao ponto de que quiséssemos dormir um com o outro. Mas éramos íntimos o bastante para perceber que éramos não apenas almas gêmeas, mas também bons amigos."[11]

Sob a pressão da guerra, muita gente encontrou tanto almas gêmeas quanto parceiros de cama. Marcel Verzeano recordava-se de que "Varian gostava de mulheres bonitas e que, de vez em quando, tinha casos amorosos de breve duração. O mesmo era verdade a respeito de todos nós".[12] Mary Jayne Gold esperava pacientemente que Raymond Couraud fosse libertado da prisão. Miriam Davenport, que ficara menos de uma semana na *villa* antes de partir para a Iugoslávia, agora atravessava a Itália fascista para ir ao encontro do amante. E Jean Gemähling periodicamente ficava de cama por uma semana para se curar de seu caso mais recente de desilusão amorosa.

André Breton observava todos os dramas com tolerância. Ele tinha sua musa em Jacqueline, e seu ofício era escrever. Durante o dia, instalava-se na estufa onde era mais aquecido e trabalhava no novo poema, "Fata Morgana". Era um poema de amor com o nome da grande maga e feiticeira arturiana *Morgan le Fay*, cujo grande talento era a arte de mudar de forma. Mais tarde, ele disse ao poeta americano Charles Henri Ford: "Este poema declara minha resistência, que é mais intransigente do que nunca, às empreitadas masoquistas na França que tendiam a reprimir a liberdade poética ou a imolá-la no mesmo altar junto com todas as outras liberdades."[13]

Fora atribuída a Breton a tarefa de lidar com o senhorio, o dr. Thumin, que geralmente podia ser encontrado esgueirando-se pela vasta propriedade, checando para ver se os inquilinos não haviam roubado suas achas de lenha. Thumin quase sempre insistia para que Breton o acompanhasse até sua casa para ver a vasta coleção de 15 mil borboletas. Breton acabava indo e não apenas para apaziguar o senhorio. Estava fascinado.

Enquanto saltava de uma vitrine para outra, descrevendo para Breton suas preciosidades, os nomes latinos, o sistema nervoso de uma, a bainha da asa de outra, a voz irritadiça e mal-humorada do velho mudava. Subitamente, por meio das palavras de Thumin, vinham visões dos céus azuis, das pradarias e savanas onde seus espécimes tinham sido capturados e de onde tinham sido transportados para aquele aposento escuro. Quando o *tour* acabava, ele imediatamente retomava a *persona* de senhorio, deixando para trás a poesia de passarinhos e borboletas.[14] Era *stupéfiant*, relatava Breton a seus companheiros residentes da Villa Air-Bel. Na pessoa do velho senhorio, era como se a imaginação viva tivesse sido trancada dentro de um sentido de propriedade burguês estéril de uma maneira tão instável, que algo teria de explodir. Para Breton, Thumin era uma alegoria do destino da França; ele detestava o sentido de propriedade burguês que trancava a imaginação num quarto vedado escuro.

Como Breton, Victor Serge nunca parava de escrever. Em seus aposentos esquálidos em Marselha, onde não tivera nem uma mesa, escrevia continuamente. A *villa* foi um luxo inesperado. Ele trabalhava na biblioteca com o papel de parede do século XIX retratando cenas da história clássica como afrescos espalhados pelas paredes: a fuga de Enéas, Atena e as Musas, o Rapto de Perséfone.

Serge, sem dúvida, era uma espécie de Enéas. Aquele era seu quarto exílio, a sétima fuga em vinte anos. Todos os seus parentes próximos, na Rússia, tinham sido presos, inclusive cunhados e cunhadas. Nunca mais se ouvira falar deles. A irmã mais velha e a sogra foram deportadas, e ele nunca soube para onde. Serge acreditava que agentes secretos da OGPU, a polícia secreta de Stalin, ainda estavam procurando por ele.

É muito revelador e torna patente a integridade de Victor Serge o fato de que nunca pediu favores especiais a Fry. Quando precisava discutir seus problemas de visto, tomava o bonde até Marselha e lá esperava na fila nas escadas do escritório do CAS na *rue* Grignan, como todo mundo.

Em Marselha, ele tinha quase tanto medo da polícia de Vichy quanto dos agentes secretos de Stalin. Durante os últimos meses, por duas vezes, Serge fora apanhado em batidas policiais nas ruas, mas, em meio ao caos generalizado, até agora sempre tinha sido libertado. Quando estava com Mary Jayne ou Danny, eles com freqüência comentavam que ele nunca andava sem olhar por cima do ombro e que só se sentava em cantos de café, de costas para a parede. As pessoas não podiam deixar de notar a maneira como ele estava sempre se desculpando com seus acompanhantes. Ele explicava:

– É um velho hábito bolchevique, um hábito que não se consegue deixar com facilidade.[15]

À medida que os dias se passavam com brutal lentidão, Victor Serge trabalhava no romance *O caso do camarada Tulayev*. Incitado pela raiva e dando seu testemunho, ele estava recriando os dias em Moscou quando os julgamentos-espetáculo de Stalin e os expurgos que se seguiram haviam destruído as mentes mais brilhantes de sua geração. Era um homem calmo e benevolente, de "maneiras muito corteses à moda antiga" à altura das de André Breton. Tinha sido apelidado de "a Parede" por sua tendência de se esgueirar e sair furtivamente sem que ninguém percebesse.[16] Mas Serge acreditava que livros tinham de ser como "raios e trovões, cheios de acusações impiedosas".[17]

Em *O caso do camarada Tulayev*, ele bradava não só contra o passado, mas também contra o presente:

> *Diga-lhes que eu gritarei tão alto quanto puder, que gritarei por todos aqueles que não ousaram gritar, que gritarei sozinho, que gritarei debaixo da terra, que pouco me importa uma bala em minha cabeça, que pouco me importa você ou a mim mesmo, porque alguém finalmente tem de gritar.*[18]

MARSELHA III

Outubro de 1940

A cidade de Marselha estava se tornando cada vez mais estranha. Com a gasolina racionada, não havia quase automóveis nas ruas e o silêncio era inquietante. Como se o tempo tivesse se virado sobre si mesmo e voltado atrás, carroças e carruagens puxadas por cavalos se enfileiravam pelos bulevares vazios. Os cafés na Canebière estavam repletos, ressoando como qualquer porto com uma dúzia de línguas diferentes, mas o riso raramente era ouvido. As pessoas pareciam atordoadas, paralisadas.

As bancas de jornal tinham pilhas altas de jornais e revistas, mas estes traziam apenas propaganda e, de qualquer maneira, metade deles era em alemão. As vitrines das lojas estavam cheias, mas não havia clientes, porque tudo estava racionado e poucos podiam obter legalmente um número suficiente de cupons, mesmo para gêneros de primeira necessidade.

Ao final de outubro, quase que da noite para o dia, certos comerciantes tinham espalhafatosamente começado a ostentar a placa "*Entreprise Française*", lado a lado com grandes fotografias do marechal Pétain em suas vitrines. Era o mesmo anti-semitismo que o manifestado na zona ocupada. Lá os judeus eram obrigados a colocar cartazes identificando as empresas "judaicas", mas, aqui, isto era mais hipócrita. Os comerciantes tentavam se justificar explicando que o caso era simplesmente que, afinal, os judeus não eram exatamente franceses. A Légion des Anciens Combattants tinha começado a marchar pelas ruas, gritando slogans como *Vive la France* e *La France aux Français*.

A cada dia, Marselha tornava-se, mais perigosa para refugiados estrangeiros. Era preciso ter os papéis certos para poder cir-

Cartão-postal antigo – Marselha, rue de la République.

cular livremente. Qualquer estrangeiro apanhado sem um *permis de séjour* (autorização de residência) e um *sauf-conduit* (autorização de viagem) podia ser preso e imediatamente enviado para um campo de trabalhos forçados. Era mais seguro ficar em casa, na esperança de se esquivar da polícia que, continuamente, estava efetuando *rafles* ou batidas aleatórias.

Quatro hotéis na cidade, o Hôtel Bompard, o Hôtel du Levant, o Hôtel Atlantique e o Hôtel Terminus des Ports, tinham sido transformados em centros de detenção para mulheres e crianças, em sua maioria judias e espanholas.[1] Muitas das mulheres tinham maridos em campos de presos de guerra como o Camp des Milles, esperando por vistos internacionais, geralmente para os Estados Unidos ou o México, com os quais tinham a esperança de conseguir os vistos de saída especiais para deixar a França.

Alguns hotéis abrigavam até 250 pessoas. Lotados e infestados de insetos, eram totalmente insalubres. O mais triste era ver as crianças ali. As organizações de auxílio intervinham tanto quanto era possível, oferecendo aulas e professores. Mas havia pouco tempo para o ensino. Como os guardas só permitiam que as crianças saíssem dos prédios, as mães viviam mandando-as catar comida ou levar cartas para os pais detidos em outros locais em Marselha ou até em lugares tão distantes quanto Aix-en-Provence.

Como os refugiados podiam ser pressionados a dar dinheiro, a corrupção grassava. O Hôtel Bompard era especialmente notório a esse respeito. Tão logo os primeiros refugiados começaram a chegar a Marselha, um número considerável de mulheres tinha sido preso, sem que houvesse nenhum esforço para justificar tal ação. Elas foram confinadas no Hôtel Bompard, onde ficaram até que os parentes pudessem juntar dinheiro suficiente para pagar seu resgate.[2]

Ao final de agosto de 1940, a Comissão Kundt, com a intenção de localizar refugiados antinazistas, havia identificado 93 campos de detenção na França não-ocupada.[3] De acordo com as estatísticas de Vichy, que eram enormemente deflacionadas, havia 41.500 estrangeiros presos na França e em suas colônias africanas, 29 mil desses na França propriamente dita: 15 mil espanhóis legalistas, 9 mil refugiados alemães e 5 mil cidadãos de 42 países diferentes, a maioria dos quais era de checos e poloneses.[4] Uma estatística mais acurada indicaria que havia 50 mil prisioneiros em campos de detenção na França propriamente dita.[5]

Quando chegou à França, Varian Fry ficara estupefato ao saber da existência dos campos de presos e ainda mais chocado ao receber numerosas cartas de indivíduos em sua "primeira" lista que estavam sendo mantidos atrás de cercas de arame farpado. Ele enviara incontáveis cabogramas para Washington, protestando contra as condições indescritíveis dos campos, mas não obtivera resposta.

Em novembro, Fry pediu a Danny Bénédite que fizesse uma investigação sobre as condições nos campos. A missão de Danny era rastrear clientes do CAS e descobrir como obter a libertação deles. Ele também escreveria um relatório detalhado, incluindo depoimentos dos internos, para ser enviado, como uma forma de protesto, para os governos de Vichy e americano.

Nisso, como em tudo, Danny foi minucioso. Primeiro, ele identificou os numerosos tipos de campos. Havia cerca de 15 *camps de prestataires* – campos de trabalhos forçados onde estavam confinados entre 25 e 35 mil refugiados do sexo masculino em idade de serviço militar, que eram organizados em destacamentos de trabalho.[6] Havia vários *camps de hébergement* – como Gurs, Bram, Rieucros e Noé, onde estavam detidos indivíduos refugiados e também famílias, com freqüência arbitrariamente designados como estando sem recursos ou domicílios permanentes. Havia os *camps de rassemblement* – Saint-Cyprien e Argelès, onde, dois anos depois de sua fuga para a França, os refugiados espanhóis, tanto soldados quanto civis, ainda estavam retidos. Havia os *camps d'internement* como Le Vernet, para os indesejáveis, comunistas, extremistas e qualquer um designado como sendo uma ameaça à paz pública ou "nocivo" à defesa nacional. As condições em Le Vernet eram as piores. Finalmente, havia os *camps de transit* como Camp des Milles, reservados para os refugiados que tinham encontrado um país disposto a recebê-los e aguardavam o visto de saída francês.[7]

O *tour* de Danny incluiu o Camp d'Argelès, próximo de Perpignant. Ele ficou surpreso que um simples certificado do CAS fosse credencial suficiente para lhe permitir a entrada. Para seu horror, descobriu que o campo ainda abrigava milhares de refugiados espanhóis – aquelas mesmas pessoas cujo êxodo da Espanha ele havia trabalhado tanto para facilitar em 1939. Em suas memórias, Danny registrou o que viu: "Um vento médio, soprando em rajadas, levantava nuvens de areia que se insinuavam pelas tábuas do assoalho, penetrando nas roupas, no cabelo, nos olhos, nas narinas. Quando a tramontana soprava, devia levar as pessoas à loucura! Uma gente miserável, esfarrapada, imunda e infeliz povoava aqueles imensos espaços vazios onde nenhuma vegetação crescia. A comida era notoriamente insuficiente, basicamente restos escassos de verdura; não havia qualquer higiene; a água (...) tépida e salobra."[8]

Enquanto andava pelo campo, Danny se sentiu nauseado ao ver milhares de homens, mulheres e crianças agachados apaticamente na areia, os corpos magros, embrulhados em lona, lacerados pelo vento.

Ele também foi a Langlade, um campo de trabalhos forçados onde as condições eram um tanto melhores. Os alojamentos não pareciam muito diferentes dos de soldados franceses comuns. Os homens disseram que a comida era adequada e que os guardas não eram especialmente mal-intencionados. O pior era a ociosidade forçada.

Le Vernet estava fechado a visitantes, mas, antes de retornar a Marselha, Danny decidiu visitar Bram, perto de Castelnaudary, onde outros 5 mil prisioneiros estavam internados. Ele ficara tão horrorizado com Argelès, que Bram pareceu quase aceitável. Embora os internos estivessem visivelmente subnutridos e carentes de cuidados médicos – havia disenteria endêmica e vários casos de febre tifóide –, eles relataram a Danny que pelo menos os guardas não eram sádicos. "Aqui temos que agradecer por pequenas bênçãos." Nas vizinhanças de Carcassonne, Montpelier e Toulouse, havia vários campos que abrigavam um total de 20 mil internos.

Depois do *tour*, Danny voltou para Air-Bel e chocou os residentes com seu relato das condições: as pessoas estavam passando fome, viviam em meio à imundície e doenças e com freqüência eram tratadas com crueldade sádica.[9] E as pessoas estavam morrendo. O campo de mulheres, Gurs, onde Helena Holzer estivera presa, contava 10 mil mulheres e crianças, 5mil das quais eram judias, e uma média de 300 presos morriam a cada mês. Não havia remédios e, em seu estado enfraquecido, as pessoas sucumbiam a doenças cardíacas, diabetes, pneumonia, desnutrição, enterite e quaisquer outras brutalidades que o campo pudesse infligir.[10]

A única coisa a fazer era ir a Vichy e envergonhar o governo de modo a levá-lo a melhorar as condições e permitir que os doentes, assim como as mulheres e crianças fossem libertados. No dia 13 de novembro, Fry e um colega partiram para Vichy com o relatório detalhado de Danny na mão.

Vichy é uma pequena cidade às margens do rio Allier, conhecida desde os tempos romanos por suas fontes terapêuticas. No século XIX, a classe alta elegante ia para lá para prolongadas temporadas de cura para reumatismo, artrite e problemas digestivos. Fry teve a sensação de ter entrado num espetáculo de bufões; era ao mesmo tempo deprimente e ridículo. Nos hotéis imponentes, apressadamente convertidos em ministérios do governo, ele avistou a placa "*Chef de Cabinet*" entre duas portas, uma marcada "*Hommes-Dames*" e a outra "*Bains*" (banhos). Canos pretos de aquecimento saíam serpenteando das janelas dos velhíssimos pavilhões, afogando-os em espessa neblina. Generais, almirantes e coronéis, com as condecorações ostentadas com espalhafato nos uniformes, como um *patchwork*, andavam pomposamente pelas avenidas.

Depois de duas semanas de trabalho incessante de *lobby* entre os membros do gabinete e outras autoridades dos mais altos níveis, as tentativas de Fry mostraram-se infrutíferas. O governo de Vichy não sentia absolutamente nenhum constrangimento pelas condições dos campos. Uma visita à embaixada americana deixou claro para ele que seu próprio governo não tinha nenhuma intenção de intervir. Os campos de presos na França eram um assunto interno da França. Ele esperara que a embaixada ao menos tomasse uma posição moral superior e o ajudasse em segredo. Em vez disso, eles tinham sido francamente hostis.

Se Fry sentia-se ultrajado, não ficou surpreendido de que sua própria embaixada parecesse ansiosa para lavar as mãos e se livrar dele. Já no final de setembro, o cônsul dos Estados Unidos em Marselha, Hugh Fullerton, o havia chamado a seu gabinete para informá-lo de que Vichy se dizia "incomodada" por seu trabalho e o de Frank Bohn "de auxílio aos refugiados". Embora Vichy não tivesse feito acusações formais, Fullerton tomara a iniciativa de telegrafar as queixas para Washington. Ele havia mostrado a Fry a resposta do Departamento de Estado:

> *Este governo não pode aprovar as atividades relatadas do dr. Bohn e do sr. Fry e outras pessoas em seus esforços para evadir as leis de países com os quais os Estados Unidos mantêm relações amistosas.*[11]

O que mais preocupava Fry era o subtexto do cabograma. Que atividades ilegais Fullerton havia atribuído a seu comitê e quem eram as "outras pessoas" que ele havia identificado? Fullerton se recusara a responder às perguntas de Fry e o convidara a sair de seu gabinete, mas não antes de informá-lo de que acreditava que, de qualquer maneira, os nazistas iriam ganhar a guerra.[12]

Fry deixou a cidade de Vichy profundamente deprimido. Seu país queria manter relações amistosas com Vichy, mesmo quando Vichy parecia determinada a transformar a zona não-ocupada em uma vasta e cruel prisão.

O *COMMANDANT*

Na segunda-feira, 4 de novembro, apenas alguns dias depois de a Villa Air-Bel ter sido alugada, Miriam Davenport partiu para a Iugoslávia e, embora esperasse voltar à França com o noivo, repetidas vezes eles tiveram negado o visto de visitantes. Sem Miriam, Mary Jayne sentia-se perdida e à deriva. O CAS lhe dava cada vez menos coisas para fazer.

Ela ainda lhes fornecia grandes quantias de dinheiro. Assim que se juntara ao grupo, doara 500 mil francos (5 mil dólares), e em dezembro aumentara a soma com mais 200 mil francos.[1] Além disso, ela e o comitê tinham tramado o que ela chamava de "conto-do-vigário no bom sentido da palavra". Sempre havia gente rica que conseguia chegar a Lisboa, com freqüência, subornando funcionários de Vichy para obter os vistos de saída e de trânsito necessários. Capazes de provar que eram financeiramente independentes e raramente comprometidos por atividades políticas passadas, não precisavam da ajuda do CAS para obter as declarações juramentadas, atestados ou outros documentos exigidos para obter visto de visitante para os Estados Unidos. Essas pessoas queriam tirar o máximo que pudessem de seu dinheiro da França. Mary Jayne orientava seu corretor a depositar certa quantia em um banco de Nova York ou de Chicago, em nome de um desses indivíduos. Quando a notícia de que o dinheiro de fato tinha sido depositado chegava a Lisboa, o indivíduo providenciava para que uma quantia equivalente fosse entregue ao CAS.

– Eu não precisava de dinheiro para mim mesma – explicou Mary Jayne casualmente. – Estava levando uma vida sem luxos, bastante simples.[2]

Embora ela se mantivesse realmente generosa em suas doações para o comitê, tinha a sensação de estar sendo excluída das atividades mais importantes. Rememorando, ela comentou um tanto nostalgicamente:

– Sabe como é, uma mulher não era muito importante a menos que tivesse uma carreira. Miriam estava fazendo pós-graduação e ela era... bem, eu nunca tinha feito nada, sabe, de modo que não me deram muito o que fazer. Se aquilo tivesse acontecido numa outra geração, tenho certeza de que me dariam um pouco mais de coisas para fazer.[3]

Mas, antes que Miriam partisse, uma missão questionável apareceu para Mary Jayne. O velho amigo de Varian Fry em Nova York, Paul Hagen, co-organizador do almoço que havia criado o Comitê de Resgate de Emergência, apenas cinco meses antes, escreveu dizendo que tinha conseguido vistos de emergência para quatro amigos. Eram membros de um grupo alemão social democrata, o Neu Beginnen, que ele havia ajudado a fundar. O problema era que estavam presos no campo de concentração Le Vernet. Será que Fry conseguiria tirá-los de lá?

Como a embaixada americana exigia que todos os indivíduos viessem retirar seus papéis pessoalmente, prisioneiros de campos de concentração com vistos americanos quase sempre recebiam autorização de viagem (*sauf-conduit*) para ir ao consulado em Marselha, sob escolta armada. Tanto o cônsul quanto Fry tinham escrito ao campo solicitando a libertação temporária dos presos, mas não obtiveram resposta. Estava claro que, embora os prisioneiros tivessem visto americano, Vichy, por presunção ou por conhecimento de que a Comissão Kundt tinha outras intenções para eles, não estava disposta a libertá-los. Com Miriam e Beamish, Fry elaborou um plano mais desesperado.

Miriam e Beamish convidaram Mary Jayne para ir ao Basso's no *quai des* Belges, e, enquanto tomavam um conhaque, apresentaram-lhe uma proposta. Beamish falou das terríveis condições em Le Vernet. Aquele era o campo para os prisioneiros mais indesejáveis. Era cercado por arame farpado e qualquer um que tentasse fugir era fuzilado no ato. Será que ela, suplicaram, visitaria o campo e apelaria diretamente ao *commandant* que liberta os prisioneiros? Quando Mary Jayne perguntou por que ela, Beamish disse que o *commandant* não conseguiria resistir à sua beleza e aparência inocente.

O que eles esperavam que ela fizesse nunca foi declarado abertamente. Mas ela estava preocupada.

– Sou uma péssima mentirosa – disse-lhes.

Beamish insistiu:

– Você é nossa única chance. *Ils jouent leurs têtes* – disse ele. A cabeça deles estava em jogo.[4]

Mary Jayne não se deixou enganar pelo que os outros estavam pedindo. Não tinha idéia do que lhe custaria dormir com o comandante. E, se ela de fato fosse para a cama com ele, que garantia teria de que os prisioneiros seriam libertados? Mesmo assim, concordou em ir.

Viajando ilegalmente, sem passe de salvo-conduto, ela partiu de trem para Le Vernet. Estudou o mapa e ensaiou sua história: tinha primos na área do campo. Era amiga das esposas dos prisioneiros. Saltando na estação de Le Vernet, Mary Jayne fez uma parada no Café du Commerce, do outro lado da rua e, depois de se fortalecer com um conhaque e vários cigarros, subiu a colina até o campo. À medida que se aproximava, percebeu que as torres gêmeas eram equipadas com holofotes de busca e patrulhadas por soldados com metralhadoras.

Foi convidada a entrar no escritório do comandante. Diante dela estava um homem bem-apessoado, de meia-idade, com cabelos ligeiramente grisalhos, claramente um oficial de carreira que provavelmente se encontrava em Le Vernet devido a suas habilidades administrativas. Nervosa e ao mesmo tempo intrigada, Mary Jayne tagarelou sem parar, até que pensou em pedir um cigarro ao comandante. Tragando o cigarro e apagando o fósforo nos dedos estendidos dele, de alguma forma ela conseguiu se convencer de que estava desempenhando o papel de uma heroína em um filme. O pânico diminuiu e ela explicou o caso confiante. Assegurando-lhe que examinaria os dossiês dos quatro prisioneiros, o comandante sugeriu um jantar numa taverna local, e Mary Jayne aceitou.

Foi-lhe permitido visitar os prisioneiros. Ela se chocou com o estado emaciado deles, mas os homens a receberam com sorrisos. Eles conversaram sobre a guerra. Eram políticos experientes, que tinham montado um rádio de ondas curtas no campo e estavam muito mais bem informados sobre o progresso da guerra do que ela. Quando Mary Jayne perguntou sobre as condições de vida deles, responderam que, pelo menos, os guardas não eram sádicos, embora um deles observasse:

– Vocês tem de admitir, Dachau era um bocado mais limpo.[5]

Quais teriam sido as intenções do comandante Mary Jayne jamais descobriu, pois ele faltou ao encontro. Enquanto esperava que ele aparecesse, perguntou-se o que teria feito de errado. Talvez não a tivesse achado nem um pouco sedutora. Estava certa de ter falhado e de que, por ter atraído a atenção para eles, os quatro prisioneiros agora provavelmente estariam sendo deportados para a Alemanha. Com uma coragem notável, ela decidiu que tinha de voltar ao campo e tentar de novo.

Quando foi conduzida ao escritório do comandante na manhã seguinte, ele imediatamente se desculpou. Oficiais da Gestapo da Comissão Kundt tinham aparecido para uma visita inesperada ao campo, na noite anterior. Estavam lá, sem dúvida, para verificar a lista de prisioneiros que pretendiam deportar de acordo com a cláusula de "entrega a pedido" do armistício. Os oficiais tinham convidado o comandante para jantar, um convite que não pudera recusar. Ele manifestou seu pesar e deu-lhe a palavra de oficial francês de que os quatro homens teriam permissão para viajar para Marselha. O comandante cumpriu a palavra dada. Mais tarde, Mary Jayne se encontrou com os quatro sentados descontraidamente com seus guardas num café no *quai* de Rive Neuve.

Certa noite, alguns dias depois, os quatro homens e seus guardas visitaram um bordel barato na *rue* Dumarest. Enquanto os guardas estavam ocupados com outras coisas, os quatro se encontraram com Varian e Beamish em outro quarto para planejar sua fuga de barco de Marselha. Beamish tinha encontrado um capitão, dono de uma velha embarcação, que, em troca de pagamento, faria a travessia ilegal para o Norte da África. Foi fácil escapar dos guardas, mas infelizmente, na segunda noite de viagem, o barco em que estavam foi avistado pela guarda costeira, e os quatro foram presos. Embora aquela primeira tentativa tenha fracassado, os quatro homens finalmente conseguiram fugir. Cada um deles manifestou sua eterna gratidão à corajosa srta. Gold.[6]

No princípio de novembro, Mary Jayne recebeu a notícia de que o caso de Raymond Couraud seria levado a julgamento. Seu advogado, Maître Bottai, garantia que o veredicto provavelmente lhe seria favorável. Ele acrescentou em tom casual que brevemente um rapaz chamado Mathieu entraria em contato com ela. Era uma pessoa que Killer havia conhecido na prisão.

Mathieu se revelou ser um jovem corso. Era pequenino e moreno, com uns gelados olhos azuis e uma atitude que era ao mesmo tempo agressiva e furtiva. Quando se encontrou com Mary Jayne, ficou visivelmente surpreso de que a história de Killer sobre sua namorada grã-fina afinal fosse verdade. Enquanto tomavam drinque num bistrô, onde parecia ser um personagem bastante conhecido, ele imediatamente passou aos negócios. Deserção em tempo de guerra era uma questão séria. A situação ficaria um bocado difícil para Raymond, especialmente porque deixara claras suas simpatias pró-gaullistas. Seria melhor que ela subornasse o juiz. Mary Jayne foi instruída a não falar com o advogado de Raymond, que não gostaria de ser envolvido num suborno. Ela deveria entregar o dinheiro a um contato de Mathieu, um general da reserva com boas relações e simpatia pelo governo de de Gaulle no exílio.[7]

Em meio à guerra, onde ficava a linha que separava o legal do ilegal? Mary Jayne se recordou de que mesmo Varian Fry tinha "um dom para a ilegalidade".[8] Por uma quantia substancial, Mary Jayne comprou o tribunal. Ou será que comprou apenas Mathieu? Ou teriam Killer e Mathieu planejado dividir entre si o dinheiro?

Sob o poder da defesa eloqüente de Maître Bottai, o sargento Raymond Couraud recebeu uma pena de seis meses com suspensão condicional. Mary Jayne nunca saberia se o juiz recebera o suborno ou se acabara nos bolsos de seu amante e do amigo. Em menos de uma semana, Killer estava solto nas ruas de Marselha.

NÓS PROTESTAMOS E NOS RESERVAMOS TODOS OS DIREITOS

Por volta do meio-dia da segunda-feira, 2 de dezembro, ao ouvir um ruído incomum de automóveis, Theo Bénédite olhou pela janela e viu um carro de polícia e dois camburões estacionarem diante do portão de ferro batido da Villa Air-Bel. Quatro policiais à paisana saltaram. Aflita, ela gritou para os moradores da casa:

– Polícia!

Em estado de pânico, todos deram uma busca apressada em seus quartos à procura de documentos comprometedores. Trabalhando em casa naquele dia, Fry estava no andar de cima, ditando uma carta para a secretária, Lena Fischmann, quando ouviu o grito apavorado de Theo. Olhou pesarosamente para Lena e rapidamente atirou na lareira o caderno com todos os endereços particulares que havia acumulado e então, numa reflexão tardia, acrescentou as folhas de contabilidade secreta. Os dois desceram para a sala de visita, onde encontraram o resto dos moradores apressadamente reunidos. Os policiais invadiram a casa, e o inspetor no comando da batida obrigou todos a seguirem para a sala de jantar. Confrontando Fry, ele enfiou um papel diante de seu rosto.

Fry o leu enraivecido.

– Isto é uma cópia carbono de uma ordem do *préfect* para o chefe de polícia autorizando uma busca em todos os locais suspeitos de estarem envolvidos em atividades comunistas – disse para os outros. – Nem sequer está assinada. – Dominado por uma raiva fria, virou-se para o inspetor: – Que bobagem é esta?[1]

– Isto é o suficiente – respondeu o inspetor asperamente. Voltou-se para seus homens: – Revistem a casa.

A busca mal tinha começado, quando houve um barulho repentino no terraço. Danny e Jean Gemähling tinham acabado de voltar para o almoço. Quando se aproximavam da casa, foram fisgados, segundo as palavras de Danny, por dois dos "flics" e brutalmente empurrados para a sala de jantar.

O inspetor voltou-se para eles, dirigindo-se primeiro a Danny, pelo nome de seu pai:

– Ah, Monsieur Ungemach, o anarquista – disse. Quando Danny tentou responder, acrescentou: – Cale-se. Eu o proíbo de falar. – Virando-se para Victor Serge, comentou: – Monsieur Serge, ou será que eu deveria dizer Monsieur Kibalchich?

O inspetor deixara claro que conhecia o nome do pai de Danny – presumivelmente ainda estava em sua ficha de arquivo na *préfecture* de Paris – e também o verdadeiro nome de Serge, embora este, havia muito tempo, o tivesse abandonado por seu *nom de plume*. Estava claro que o inspetor tinha dossiês sobre os dois e provavelmente sobre todo mundo na casa, confirmando que a *villa* estava sob vigilância já havia algum tempo.[2]

Danny olhou ao redor da sala. Fry estava visivelmente angustiado e repetia feito um louco, num francês preciso e controlado: "Nós protestamos e nos reservamos todos os direitos." André Breton andava de um lado para o outro com um ar de suprema agitação, dizendo repetidas vezes: "*Invraisembable, grotesque, extravagant.*" Victor Serge, sentado numa poltrona, folheava um livro, como se sugerindo aos outros que deveriam se acalmar. Aquilo não era nenhuma novidade para ele. Sentada rigidamente ao seu lado, Laurette tentava sem sucesso imitar-lhe a tranqüilidade, enquanto Vlady, seu filho, parecia preocupado. Lena informou que eles já tinham verificado seus documentos quando haviam dado uma batida em seu hotel naquela mesma madrugada, mantendo, durante horas, todo mundo de pé na recepção, com as roupas de dormir. Theo e Jacqueline tentavam controlar as crianças, que tinham percebido a grande tensão na sala. A governanta, Madame Nouget, sentada num canto, mantinha-se imóvel, enquanto Rose repetia histericamente que não tinha roubado nada, e Maria, a babá espanhola, parecia petrificada concluindo que a polícia finalmente tinha vindo para levá-la para um campo de concentração para refugiados espanhóis.

Os moradores da *villa* foram informados de que seriam interrogados separadamente e foram escoltados ao segundo andar para assistir à revista dos quartos.

– Inacreditável – gritou Breton, enquanto ele e a esposa eram os primeiros a ser conduzidos.

Quando voltaram, os policiais depositaram seu butim sobre a mesa de jantar. O primeiro item apresentado foi um revólver.

– O que isto estava fazendo em sua gaveta? – perguntou o inspetor a Breton.

– Eu era um oficial médico, autorizado a portar arma – respondeu ele.

O inspetor rebateu:

– Ter uma arma sem licença de porte é um delito grave.

A polícia também confiscou um pequeno desenho com o título: *Ce sacré crétin de Pétain*. Breton disse ao inspetor que ele estava lendo errado. O que dizia era *putain* – puto.

– Este maldito de um puto cretino – disse na cara do policial.

– Repita isso para o juiz – respondeu o inspetor.

No quarto de Serge, a polícia apreendeu o pequenino revólver com a coronha de madrepérola que ele sempre levava consigo quando deixava a *villa*, para o caso de cruzar com a polícia secreta soviética. Também apreenderam sua máquina de escrever e o manuscrito de *O caso do camarada Tulayev*.

Eles confiscaram o diário de guerra de Danny, afirmando que estava repleto de ataques ignóbeis a oficiais franceses.

– E você trabalhou na *préfecture* de Paris. É um anarquista perigoso. Vai ter de nos responder por isso – disse o inspetor com visível malevolência.[3]

Finalmente eles se apoderaram de todos os papéis oficiais de Fry, inclusive seu relatório e o de Danny sobre os campos de prisioneiros na França. Também confiscaram a correspondência pessoal com Eileen e com sua mãe e seu pai, e suas cartas de apresentação e recomendação. Para Fry, era uma violação imperdoável de sua privacidade.

O inspetor então pediu para ver a mala que tinha sido entregue à *villa* na noite anterior por um portador. Todo mundo pareceu perplexo, até que Jacqueline disse:

– Sim, minha irmã está vindo para uma visita e enviou sua mala antes. – A mala foi apresentada. Pela maneira cuidadosa como a manusearam, a polícia parecia estar esperando uma bomba. Pareceram desapontados ao descobrir que continha apenas roupas de criança.

Em meio a esta confusão, Raymond Couraud irrompeu na sala.

– *Chérie* – exclamou, enquanto corria para beijar Mary Jayne.

Estava de folga e tinha vindo para levá-la para Marselha. Vestindo uniforme e portando o revólver de serviço, ele trazia uma valise. Pelo menos daquela vez, seus papéis estavam em ordem, mas a expressão lívida em seu rosto sugeria que tinha outros problemas. Conseguiu levar Mary Jayne para um canto por tempo suficiente para dizer-lhe que tinha 40 mil francos em ordens de pagamento roubadas na valise.[4]

Aterrorizada, Mary Jayne se voltou para Victor para pedir ajuda. Era o único que tolerava seu namorado. Os outros já tinham deixado claro que achavam Couraud um personagem duvidoso. Victor disse-lhe severamente que Killer tinha de se livrar delas. Mary Jayne suplicou a Jacqueline que distraísse a polícia por um momento. Enquanto ela o fazia, Killer conseguiu pegar as ordens de pagamento e escondê-las atrás de uma pintura de Chagall. Bem a tempo, de fato, uma vez que ele e a valise levaram uma revista completa, e seu revólver foi confiscado. Exigiu um recibo pelo revólver.

– Um *Legionnaire* é responsável por suas armas – blefou.[5]

Sua bravata era uma afronta. Ele e, por associação, Mary Jayne tinham acabado de pôr a casa inteira numa posição desastrosa. Nada teria deixado o inspetor mais satisfeito do que prender todos eles por traficar ordens de pagamento roubadas.

Jacqueline, Theo e as empregadas, que foram deixadas para trás para cuidar das crianças, assistiram incrédulas aos outros residentes da *villa* serem enfiados no camburão. Para acalmar Fry, o inspetor disse:

– Não existe absolutamente nada contra o senhor. Nenhuma suspeita. Mas me faria um favor se acompanhasse os outros, apenas como testemunha. O senhor poderá voltar ao trabalho dentro de uma hora. Eu lhe dou minha palavra de honra de que não o deterei por mais tempo.[6]

Somente Serge conseguiu manter a tranqüilidade. Entrou no camburão com uma pequena valise, que colocou cuidadosamente sobre os joelhos. Continha artigos de toalete, alguns velhos livros e uma muda de roupas de baixo. Explicou a Fry, que estava sentado ao seu lado, que nunca ia para a prisão despreparado. Advertiu-o de que, quando um inspetor diz algumas horas, geralmente isso significa alguns dias, algumas semanas.

– Pelo menos, você é otimista – respondeu Fry malhumorado.[7]

O grupo foi conduzido através da cidade até um pátio onde o camburão finalmente parou abruptamente. Ouviram o clangor de portões de ferro se fechando depois de passarem. Quando saltaram, descobriram que tinham sido levados para o Evêchê (bispado), na Vieille Ville, que agora servia de quartel-general da polícia. Foram levados sob guarda armada para uma grande sala no sótão para os procedimentos de registro. Depois de terem os nomes registrados, foram levados para uma sala maior onde Fry ficou mortificado ao encontrar muitos clientes do CAS, também sob detenção. Seu primeiro pensamento foi que seria um duro golpe para o moral deles verem seu protetor enfrentando aquela mesma situação.

– Sou cidadão americano – bradou Fry furioso. – Exijo permissão para entrar em contato com meu cônsul.

Suas exigências foram peremptoriamente ignoradas. Envergonhado, confessou a Danny que estava sentindo "a extrema indignação que americanos por vezes sentem quando não são tratados como seres superiores em terras estrangeiras".[8]

Logo se tornou claro que a polícia estava mais interessada nos cidadãos franceses. André Breton foi separado dos outros e submetido a um severíssimo interrogatório. Ele tinha ficha na polícia. Em seus tempos de juventude, como surrealista em Paris, fora preso 25 vezes por "perturbação da ordem pública".[9]

Danny também foi objeto de atenção particular. Seu diário de guerra foi lido como prova de traiçoeiros sentimentos pró-britânicos. Disseram-lhe que o diário seria retido como evidência contra ele. Nunca mais voltou a vê-lo.

Às 11 horas daquela noite, chegaram ordens para a evacuação do Evêchê. Em meio à escuridão absoluta, as centenas de homens e mulheres no aposento foram embarcadas numa dúzia de caminhões que estavam à espera no pátio, com os motores ligados. Embora não pudessem ver nada em meio ao negrume que os cercava, parecia que os caminhões estavam se dirigindo para os cais nas proximidades. Será que aquilo significava deportação? Para trabalhos forçados na África do Norte? O terror era palpável nas perguntas sussurradas.

Os caminhões finalmente pararam junto ao *S.S Sinaïa*, um dilapidado vapor atracado no porto. Flanqueados por guardas armados, as mulheres foram conduzidas pela plataforma de embarque para as cabines de terceira classe, enquanto os homens foram levados para os porões. Uma contagem de cabeças revelou que havia 577 detidos no *Sinaïa*.[10]

Enquanto subia pela plataforma, Fry ficou estarrecido ao se dar conta de que era o mesmo navio em que havia feito a travessia do Atlântico mais de uma década antes, quando era estudante em Harvard, para uma visita à Grécia.

O aspecto mais assustador daquela provação era não fazerem idéia do motivo por que haviam sido presos. Naquela noite, aqueles que conseguiram dormiram vestidos sobre sacos de aniagem cheios de palha. Como as escotilhas continuavam descobertas, pelo menos podiam ver as estrelas. Pela manhã, o grupo conseguiu se reunir, e Breton foi buscar a comida deles – pão preto e um balde de latão cheio pela metade de um líquido marrom passando por café. Naquela noite, o jantar foi uma sopa de lentilhas que cheirava terrivelmente mal. Quando Mary Jayne torceu o nariz diante dela, Serge assumiu o comando da situação. Ele a convenceu de que as coisas brancas que flutuavam na sopa nojenta não eram vermes e sim ervilhas verdes que tinham brotado.

– É preciso comer tudo que se consiga engolir – disse-lhe. – E conservá-lo no estômago.[11] – Nunca se sabia se haveria uma próxima refeição.

Na tarde do segundo dia, repentinamente ordenou-se que todos os prisioneiros fossem recolhidos ao porão. Então as escotilhas foram trancadas. Aterrorizados, os prisioneiros se espremeram como sardinhas, no porão escuro. Acima de suas cabeças, o som estranho de apitos trespassou o ar, e o peso de passadas martelou o convés. Rapidamente espalharam-se boatos de que seriam definitivamente transportados para trabalhos forçados nas colônias.

Entre os prisioneiros assustados, havia muitos judeus que tinham ouvido falar sobre deportações para campos de concentração alemães. Eles esperavam ser escolhidos. Estavam indo de pessoa em pessoa, ansiosamente perguntando se eram judeus. Mais tarde, Mary Jayne se lembraria da cortesia da resposta de Serge.

– Por acaso, não sou.[12] – Finalmente, naquela noite, sem qualquer explicação, as escotilhas voltaram a ser abertas.

No primeiro dia a bordo do *Sinaïa*, quando tiveram licença para andar pelos deques, Fry tentara mandar um aviso sobre a detenção deles ao consulado, atirando pela borda uma mensagem embrulhada numa cédula de dinheiro. Um garotinho a havia apanhado. Evidentemente o menino entregara a mensagem, uma vez que, no terceiro dia de detenção, o vice-cônsul Hiram Bingham apareceu trazendo sanduíches de presunto para os residentes da Villa Air-Bel. Ele lhes assegurou que estava fazendo tudo que podia por eles. Já telefonara para a *préfecture* numerosas vezes, mas não conseguira descobrir quais eram as acusações contra eles nem por quanto tempo ficariam detidos. Bingham jurou que continuaria a fazer tudo o que pudesse e partiu.

Na manhã do quarto dia, eles ainda não tinham idéia de qual poderia ser seu destino. Então, por volta das dez horas, um grupo de detetives subiu a bordo com dossiês de aspecto sinistro debaixo do braço e, instalando-se no salão da primeira classe, começou a chamar as pessoas pelo nome. O grupo de Villa Air-Bel foi chamado ao meio-dia. Disseram-lhe que tinham sido presos por terem sido identificados como uma ameaça à ordem pública. Então foram sumariamente dispensados.

Enquanto desciam a plataforma de desembarque, subitamente se deram conta de que Danny não estava com eles. Ele havia sido mantido a bordo. Profundamente ansiosos, encaminharam-se para a estação de bonde em meio a exércitos de varredores de rua recolhendo confete e serpentinas. Fry teve a idéia de enviar um bilhete ao capitão Dubois, seu contato na *préfecture de police.*

Levando consigo a secretária de Fry, Lena Fischmann, Dubois foi imediatamente para o *Sinaïa* e lançou mão de sua autoridade para obter a libertação imediata de Danny. Os três seguiram então de carro para o escritório da *rue* Grignan que, para grande alívio de Lena e Danny, não tinha sido revistado.

– Por que não me chamaram antes? – perguntou Dubois a Danny. – Eu teria mandado soltar todos vocês.

O capitão Dubois explicou que não havia nenhum mistério na detenção do grupo. Nos últimos dias, o marechal Pétain estivera em visita oficial a Marselha. Como precaução, a polícia decidira prender todos os civis que considerava suspeitos, especialmente os estrangeiros. Na véspera da chegada do marechal, eles deram uma varredura na cidade e prenderam milhares de pessoas. Quatro navios, além de alojamentos de soldados e as maiores salas de cinema da cidade tinham sido requisitados para serem usados como prisão. A varredura tinha sido indiscriminada.

Quando os prisioneiros a bordo do *Sinaïa* foram obrigados a ir para os porões, provavelmente o cortejo do marechal visitara um hospital naval num *quay* das vizinhanças.[13] A visão de um navio-prisão teria maculado a imagem do desfile.

Mesmo assim, Dubois especulava, também era possível que algum vizinho tivesse denunciado os residentes da *villa*. A maioria dos moradores da casa era estrangeira e nem um pouco inconspícua. Além disso, a *villa* ficava bem situada para qualquer um que planejasse uma sabotagem. A linha de trem de Marselha passava por um túnel bem ao lado de Air-Bel, e sabia-se que o marechal chegaria de trem. Oito anos antes, uma bomba que tinha como alvo um dignitário estrangeiro havia explodido no mesmo túnel. Os conspiradores nunca foram encontrados.

Talvez a pior parte do incidente tenha sido o impacto que causou em Nova York. Em 4 de dezembro, dois dias depois da prisão do marido, Eileen Fry recebeu uma carta de William T. Stone, do *bureau* de Washington da Associação do Programa de Política Estrangeira:

> *Cara sra. Fry,*
> *O Departamento de Estado acabou de me informar que o sr. Varian Fry foi preso pelas autoridades francesas ontem e está sendo mantido incomunicável num navio-prisão no porto de Marselha. O cônsul americano em Marselha está fazendo todos os esforços para entrar em contato com ele, mas até agora sem sucesso. O Departamento me assegura que continuará fazendo todo o possível para efetuar a soltura do sr. Fry e obter a permissão necessária para sua partida imediata para os Estados Unidos. (...)*
> *Atenciosamente,*
> *William T. Stone*[14]

Os termos eram chocantes: *incomunicável, navio-prisão*. Eileen Fry ficou apavorada com a notícia. Varian estaria sozinho? Haveria outros com ele? O que teria feito? Levaria alguns dias até ela descobrir o que realmente acontecera.

Ainda mais danosa foi a reação do cônsul-geral americano, Hugh Fullerton. Em vez de protestar contra a violação dos direitos de cidadãos americanos, enviou um cabograma para o Departamento de Estado em Washington, que imediatamente o retransmitiu para o Comitê de Resgate de Emergência em Nova York:

> FRY E SENHORITA GOLD POSTOS SOB CUSTÓDIA PRINCIPALMENTE PORQUE FORAM PRESOS EM CIRCUNSTÂNCIAS SUSPEITAS E EM LOCAL SUSPEITO PONTO ELES ESTÃO EM COMPANHIA DE PESSOAS SUSPEITAS (ADEREK LEYYU) E CERTOS OUTROS INDIVÍDUOS PROCURADOS PELA POLÍCIA PONTO[15]

Isto era uma mentira descarada. Quem era Aderek Leyyu? Ninguém jamais ouvira falar nele. O incidente era a mais clara indicação da hostilidade do consulado para com Fry e seu trabalho.

Embora tenha escrito para a mãe descrevendo a prisão como uma "experiência engraçada – inofensiva, mas intensamente incômoda",[16] na verdade, ela foi um choque terrível para ele. Fry escreveu para Eileen:

> *Para mim, acostumado aos princípios da lei anglo-saxônica e romana, esta foi uma das experiências mais surpreendentes e chocantes de minha vida. Ser revistado sem um mandado de busca, preso sem uma ordem de prisão, mantido incomunicável e então libertado sem que em nenhum momento uma acusação fosse feita contra mim – com certeza isso é suficiente para fazer com que você se pergunte onde está. Tenho conhecimento de que este tipo de coisa é comum na Rússia, mas é a primeira vez que ouço falar disso na França.*[17]

Imediatamente depois de sua libertação, Fry telefonou à Associação de Imprensa Americana em Vichy, para relatar detalhes da prisão. Ele estava exigindo um protesto diplomático formal, uma investigação e um pedido de desculpas do governo francês. É claro que não conseguiu nada disso.

"Agora é absolutamente impossível considerar a possibilidade de partir [da França] sem que o pedido de desculpas seja feito", escreveu a Eileen um tanto dissimuladamente.[18] Fry sabia que ela o queria em casa, mas, na verdade, não estava pronto para sair da França e usava a prisão na esperança de que fosse uma desculpa aceitável. No final, ele não lamentava toda a experiência a bordo do *Sinaïa*. Escreveu à mãe que aquilo lhe dera uma "idéia aproximada do que enfrentavam milhares e milhares de refugiados em campos de concentração na França".[19]

Agora que a provação estava acabada, Danny e Theo tiveram a chance de ficar absolutamente furiosos com Mary Jayne. Pouco antes de o grupo ser levado no camburão da polícia, Mary Jayne conseguira falar com Theo e lhe contar sobre as ordens de pagamento roubadas escondidas atrás do Chagall. Theo ficou irada. Temerosa de que a polícia pudesse voltar para dar uma segunda busca, enterrara o dinheiro fora da casa, debaixo de uma pilha de folhas. Na manhã seguinte, conseguira impedir por pouco que o dr. Thumin ateasse fogo a tudo.

Mary Jayne parecia não se dar conta de que a descoberta das ordens de pagamento roubadas teria comprometido não só os residentes da *villa*, mas também todo o comitê e os refugiados que dependiam deles. Nem que, ao tolerar as atividades ilegais de Killer, estava comprometendo todo mundo. Danny e Theo sabiam que deveriam pedir a ela para sair da *villa* imediatamente. O fato de não fazerem isso revelava o quanto o CAS estava desesperado por seu apoio financeiro. Ou talvez, como existia uma longa amizade entre Danny, Theo e Mary Jayne, eles se convenceram de que aquilo fora um lapso que não se repetiria. No futuro, ela teria de ser mais cuidadosa.

Quando Mary Jayne contou a Killer como Theo conseguira salvar as ordens de pagamento roubadas por um triz da fogueira de Thumin, ele caiu na gargalhada e disse que eles tinham sorte: "Se as tivéssemos perdido, Mathieu teria mandado todos nós pelos ares."[20]

A LUA-DE-MEL

Na tarde da libertação de Mary Jayne do *S.S. Sinaïa*, Raymond Couraud chegou à *villa* para levá-la para a "lua-de-mel" por tanto tempo esperada. Era nesses termos que ela pensava na situação. Estava claramente apaixonada, mas, se por ele ou pela aventura perigosa que ele representava, ainda não sabia. Juntos subiram pelas ruas estreitas da Vielle Ville para a maltrapilha Place des Moulins, cheia de prostitutas, só para sentir um bafejo de perigo.

Mary Jayne esperava que Raymond logo retornasse ao serviço ativo na Legião Estrangeira no Norte da África e sempre presumiu que o tempo deles juntos seria romanticamente breve. Mas, logo em seguida, viu-se sendo mandada para a rua para comprar roupas civis para ele. Raymond ia desertar de novo. Disse que se juntaria a Mathieu, que era membro de uma gangue de Marselha, a Guérini, com quem, de fato, a equipe de Fry por vezes fazia lavagem de dinheiro. Para neutralizar quaisquer escrúpulos que ela pudesse ter sobre a associação dele com criminosos, assegurou-lhe que a gangue Guérini era pró de Gaulle e estava secretamente auxiliando os Aliados.[1]

Ela e Killer alugaram um quarto numa *maison de passe* que normalmente cobrava por hora. Eles o chamavam de o "ninho" e logo a proprietária, tomando Mary Jayne por uma inglesa e possivelmente uma agente inglesa, estava lhe relatando notícias que ouvia na BBC em seu rádio clandestino. Mary Jayne tornou o quarto mais caseiro com uma estante de livros de bambu, e a mulher lhes trazia chá. Depois que ele voltava das missões clandestinas, os dois amantes sentavam-se no chão e tomavam chá. À noite, era freqüente ela ter de acalmá-lo depois de pesadelos com a guerra.

Para Mary Jayne, foi uma época escandalosa e romântica, mas estava sendo gradualmente seduzida para o mundo sombrio de Killer. Ela e Killer foram convidados para o apartamento de Mathieu e sua namorada, Odette, onde Mary Jayne foi apresentada aos cafetões locais. Muita de sua energia foi usada para fingir que não estava chocada, mas houve encontros chocantes.

Certa noite, os dois casais foram a um apartamento elegante com vista para o mar onde lhes disseram que os convidados eram "*des gens biens*" – das classes superiores.[2] Um rapaz trabalhava para o Ministério do Interior. Enquanto Mary Jayne observava, ele enrolou a manga da camisa e mostrou o braço cheio de marcas de agulha. Esta foi a primeira indicação que ela teve de que Mathieu traficava drogas. Ao vê-la conversando com outro homem, Killer explodiu num acesso de ciúmes – aquela gente que ele pensava ser da mesma classe de Mary Jayne o ameaçava. Mais tarde, se desculpou:

– Tenho tanto medo de perder você. Nunca tive uma garota como você. – Ela o achava enternecedor.[3]

Nesta companhia, a versão de Mary Jayne de si mesma era de que era corajosa e cheia de bonomia. Na verdade, era espantosamente dócil e aquiescente. Não fazia julgamentos morais e nunca censurava as atividades de Mathieu. Quanto a Killer, parecia perdoar-lhe tudo. Ele tinha "conduta e hábitos malucos e sem princípios", mas estes demonstravam sua "*panache*" ou eram apenas suas "fragilidades enternecedoras".[4]

Na verdade, o relacionamento girava em torno de poder. Killer sempre se recusava a dizer o que estava fazendo. Podia estar apenas indo até a farmácia comprar remédio para seus ataques de malária, mas ela não devia questioná-lo. Ele a estava treinando, e ela era uma aluna dócil.

Killer intuiu que a menção de dinheiro fazia com que Mary Jayne se sentisse culpada e explorava isso. Logo no início da relação deles, ela se dispusera a comprar uma cama adicional para ele, que pretendia instalar no quarto dela na Villa Air-Bel, mas tudo o que conseguiu encontrar foi um catre com um colchão de palha. Uma vez que presumia que Killer brevemente fosse ser chamado de volta para a Legião Estrangeira, comprou-o sem pensar duas vezes.

Furioso, ele acusou-a de comprar para ele material de segunda categoria enquanto dava todo o dinheiro para "aqueles intelectuais refugiados imprestáveis, que, em sua maioria, eram de qualquer maneira *boches* imundos". Em vez de ficar zangada, Mary Jayne explodiu em lágrimas, sentindo-se meio culpada por não lhe ter comprado algo melhor e, ao mesmo tempo, sentindo que os refugiados mereciam tudo que pudesse lhes dar. Espantosamente, ela pediu desculpas.[5]

Killer detestava os residentes da Villa Air-Bel, especialmente André Breton, em cuja presença ficava visivelmente sobrepujado. Aquilo desencadeava nele uma reação de arrogância, e ele desdenhosamente descartava os companheiros intelectuais de Mary Jayne.

Era uma hostilidade juvenil e perigosa. Numa ocasião, Mathieu veio à *villa* e sumiu com Clovis, o cachorro de Fry. Mary Jayne tentou convencer os outros de que aquilo era apenas uma brincadeira, embora secretamente estivesse preocupada de que os dois pudessem estar planejando pedir um resgate pelo cão. Eles o devolveram no dia seguinte.[6]

Várias semanas depois, os dois irromperam na *villa* na hora do almoço. Como gângsteres do cinema, brandiam revólveres supostamente escondidos debaixo dos casacos e berravam insultos ao grupo. O que queriam era um mistério, uma vez que não pediram dinheiro nem qualquer outra coisa. Mary Jayne "berrou com eles que dessem o fora dali", e os dois se foram. Ela disse a si mesma que Mathieu estava induzindo Killer a aprontar aquelas brincadeiras de mau gosto e falou a ele que seria melhor "deixar o comitê em paz se quisesse continuar com" ela.[7]

Somente Victor Serge parecia aceitar Killer. Ele disse a Mary Jayne que Killer o recordava de si mesmo quando era jovem.

Serge estava se referindo ao fato de que, aos 24 anos, quando morava em Paris, andara envolvido com a gangue Bonot, um grupo de anarquistas franceses e belgas. Eles viviam numa comuna e Serge era o orador de rua e propagandista deles, encorajando outros a fazerem "sua própria revolução ao serem homens livres e viverem na camaradagem".[8] A gangue se engajou no que eles chamavam de atividade "ilegalista", que envolvia assaltos a bancos, de modo muito semelhante a seus descendentes de tempos posteriores, os Black Panthers ("Panteras-negras") ou os integrantes do Baader-Meinhof. Como eles, contavam com a simpatia do público como revolucionários românticos, até que um gerente de banco foi morto num ataque, e outras atrocidades se seguiram. Serge havia se desvinculado da criminalidade deles, descrevendo aquela descida à violência como "uma espécie de loucura" e uma forma de "suicídio coletivo". No entanto, quando a gangue foi presa, foi condenado a cinco anos de prisão em confinamento solitário como "mentor intelectual" do grupo. Em 1917, foi libertado e expulso da França. Mas, é claro, não havia nem a mais remota semelhança entre Serge e Killer. Serge fora seduzido pelo entusiasmo ideológico juvenil deles, ainda que terrivelmente mal orientado, de mudar a sociedade. Killer só se interessava por si mesmo.

Apesar disso, Serge via em Raymond Couraud um produto de sua classe e uma vítima do patriotismo fratricida da guerra. Couraud havia lutado bravamente e tinha sido condecorado, e ainda assim, como todos os soldados comuns, descobrira que, para a classe da elite dos oficiais, ele era bucha de canhão descartável. Couraud tinha direito a seu cinismo.

Para a maioria dos outros que o conheciam, contudo, Killer não passava de um criminoso comum desbocado. Ele havia mentido a Mary Jayne sobre sua idade. Na verdade, tinha apenas 20 anos, não 28, como afirmava. Vivera por conta própria desde os 12 anos, um menino de rua abandonado pelo pai e pela mãe. Entretanto, por baixo de todo seu cinismo e bravata, havia uma espécie de sinceridade e uma coragem temerária. Para Serge e, certamente, para Mary Jayne, a infância brutal, a hipocrisia da sociedade, a solidão e a guerra eram responsáveis pelo temperamento de Raymond Couraud. Ambos estavam dispostos a perdoá-lo.

Mary Jayne parecia presa de uma terrível confusão. Ela não conseguia fazer uma distinção entre o mundo de Killer e o do comitê. Por um lado, adorava trabalhar para o comitê, envolvido no trabalho perigoso e idealista de salvar pessoas. Por outro, estava apaixonada por Killer e, apesar de seus princípios, também se sentia atraída por suas abomináveis atividades de gângster.

Quarenta anos mais tarde, ao tentar explicar-se para si mesma, buscou uma justificativa psicológica. Recordou-se do pai autoritário que exigia perfeição; do irmão tirânico e ao mesmo tempo leal; de um código de honra que lhe fora inculcado desde cedo – o de detestar o alcagüete e o delator. Mary Jayne tentou várias explicações confusas e fúteis sobre o motivo que a fazia se sentir atraída por Killer. Havia uma ligação especial entre eles e algo em si mesma identificava-se nele. Talvez fosse a solidão e rebeldia dele. Ela ficaria ao seu lado. Era mais forte do que ele. Ela podia salvá-lo.

RELATÓRIO POLICIAL

No dia 24 de dezembro de 1940, uma carta chegou ao escritório de Marselha do *préfect* de Bouches-du-Rhône. O papel era timbrado em relevo: *État Français*: o *Cabinet* – o mais alto nível do governo. A carta era de *monsieur le Ministre*, secretário de Estado do Interior e diretor de Polícia Encarregado do Território Nacional e Todos os Estrangeiros, chefe do Bureau Sete. Era sucinta:

> *Eu ficaria muito grato se o senhor me enviasse todas as informações em seu poder, ou que puder obter, sobre o "Centre Américain de Secours", situado no número 60, rue Grignan, Marselha.*
>
> *Também gostaria de solicitar uma averiguação da ficha no arquivo de monsieur Varian Fry, diretor da citada associação.*
>
> *Aguardo sua resposta pelo próximo mensageiro.*[1]

No dia 30, o *préfect* enviou o relatório. Ele deixava claro que Fry havia sido objeto de vigilância policial desde o momento em que descera a escadaria da gare Saint Charles.

O *préfect* dividiu seu relatório em itens:

> I. ATIVIDADES DO CENTRE AMÉRICAIN DE SECOURS:
>
> Esta organização tinha como mandato original o salvamento da elite de intelectuais obrigada a abandonar seus países, tem favorecido a libertação deles dos campos, sua saída da França e sua entrada na América, ao mesmo

tempo oferecendo-lhes assistência financeira. Na realidade, o comitê rapidamente ampliou suas ações de uma maneira que põe em questão suas intenções. É certo que eles nem sempre seguem os procedimentos legais para concretizar suas metas. [...] o Centre também sustenta estrangeiros de nacionalidades não interessadas em emigração. Eles dão auxílio particular a extremistas que seriam vistos com a mesma desconfiança pelos Estados Unidos, pela França e pelo Reich.

II. RELAÇÕES ENTRE O CENTRE E AS AUTORIDADES AMERICANAS: É certamente por este motivo que o governo americano concluiu que as ações do comitê nulificarão as boas relações que deseja manter com a França e exigiu que M. Fry (...) voltasse para os Estados Unidos. A ordem de partida foi dada em 25 de setembro de 1940. (...) M. Fry ainda está em Marselha.

III. ATIVIDADES DE M. FRY. SUAS RELAÇÕES COM AS AUTORIDADES FRANCESAS: A pressa com que M. Fry tem agido, o tom agressivamente persuasivo das cartas que ele não hesita em apresentar à opinião pública americana em detrimento dos interesses franceses (...) as ameaças se não acedermos a suas exigências (...) puseram este departamento em guarda.

RELAÇÕES ENTRE M. FRY E A POLÍCIA: Desde o momento de sua chegada a Marselha, ele foi classificado "sob vigilância" pela Divisão Especial da Polícia (...) No dia 22 de outubro de 1940, foi executada uma ordem de investigar o centro por falsificação de passaportes e tráfico de vistos. (...) Na ocasião da visita do presidente à Marselha, o domicílio de M. Fry foi visitado e no local foram encontrados os colaboradores habituais de M. Fry:

KIBALTCHICHE [*sic*], VICTOR, exilado, autorizado a residir na França até 22 de fevereiro de 1941. Identificado nos arquivos do Serviço de Segurança como um anarquista, capaz [suscetível] de cometer um ato terrorista por ocasião da visita à França do rei da Bélgica, em 12 de outubro de 1938.

BRETON, ANDRÉ ROBERT, autor de muitas obras de tendência anarquista.

A presença destes indivíduos nas vizinhanças da velha linha de estrada de ferro Ponte La Parette, onde um atentado terrorista foi cometido contra o *train bleu* em 1932, foi julgada suspeita. M. Fry e seus colaboradores [*hôtes*] foram internados a bordo do *Sinaïa*. Além disso, no quarto de M. Fry e de seus companheiros de residência, foram apreendidos numerosos relatórios e documentos datilografados nos quais os autores criticavam o regime nos campos, de uma maneira desonrosa para o governo francês, e também criticavam os motivos e conseqüências de nossa derrota.

IV. RELAÇÕES ENTRE M. FRY E AS AUTORIDADES AMERICANAS NA FRANÇA: M. Fullerton, cônsul-geral dos Estados Unidos, visitou-me várias vezes para debater o caso de M. Fry. (...) Ele me informou que a Embaixada dos Estados Unidos ordenou à Associação de Imprensa Americana que não cedesse às exigências de M. Fry e me pediu que fizesse o que fosse necessário para me livrar do citado M. Fry. Ele me garantiu que M. Fry não hesitaria em explorar seu encarceramento [a bordo do *Sinaïa*] para propósitos de propaganda hostil à França.

V. CONCLUSÃO: Resumo: 1) M. Fry dirige uma obra de caridade que, sob o pretexto de imigração, protege estrangeiros de moralidade duvidosa e tendências políticas desfavoráveis ao governo da França.

2) Sem agir em concerto, a Polícia Especial, a Sûreté e a Surveillance du Territoire mostraram-se todas interessadas por M. Fry.

3) Ele freqüenta e recebe anarquistas em sua casa.

4) Não só o governo americano aceitaria ações contra M. Fry, mas também ficaria contente de ver suas atividades interrompidas.

Em conseqüência, proponho que expulsemos M. Fry.[2]

Este era um documento muito perigoso. Fry não estava sendo acusado apenas de falsificar passaportes e traficar a venda de vistos. Sua organização de refugiados era um pretexto. Ele estava, na verdade, fomentando atividade contra o Estado. Seus *hôtes* (companheiros) na Villa Air-Bel eram suspeitos de atos terroristas e de tendências anarquistas. O documento era uma obra-prima de meias verdades e mentiras. A injúria contra os dois escritores era sem dúvida absurda, algo que a tornava apenas mais mortífera.

Na Villa Air-Bel, os residentes viviam como a maioria das pessoas sob investigação, isto é, na ignorância dos documentos circulando acima de suas cabeças. Durantes os jantares em que se reuniam, passavam muitas horas analisando o que agora chamavam de episódio *Sinaïa*. Teria sido o acaso que trouxera a polícia à *villa* no dia 2 de dezembro? Outras casas na área também tinham sido investigadas, contudo, até onde sabiam, mais ninguém tinha sido preso. A professora na escola de Aube veio visitar os Breton.

– Há colaboradores por aqui – disse em tom conspirador.

– Nem todos os pais na escola estão do nosso lado.

Aparentemente, naquele mês de setembro, Aube dissera aos coleguinhas de escola que o pai estava triste com a morte do velho. Quando as crianças perguntaram se estava se referindo a seu avô, Aube respondera: "Não, é Trótski."

– Alguém denunciou vocês como comunistas – disse a professora. Os residentes não deram atenção ao seu relato.

Mas, na verdade, Breton estava furioso com o tratamento que ele e os amigos haviam recebido nas mãos da Sûreté.

– Eu me recuso a ficar neste país! – bradou furioso e pediu a Fry que lhe conseguisse um visto para "qualquer lugar".[3]

Serge não tinha idéia de que agora estava fichado como "um anarquista, capaz de cometer um ato terrorista", mas seu longo tempo de treinamento o induzia a ser cauteloso. Presumindo que sua correspondência estivesse censurada, escrevia elipticamente para Nancy e Dwight Macdonald que havia ficado "*imobilizado*" durante quatro dias, de 2 a 5 de dezembro.

– É mais que evidente que é melhor que eu parta o mais rápido possível. Tornou-se impossível para mim trabalhar, não posso ser de nenhuma utilidade para ninguém e minha situação se tornou insuportável agora, de modo totalmente contrário a minha vontade. De um ponto de vista pessoal, a atmosfera me lembra o que vivi em 1932.[4]

Claramente ele estava falando do temor de prisão e detenção arbitrárias do tipo que vivenciara na União Soviética. "Um aborrecimento após o outro e complicações absurdas. Em toda esta aflição estúpida, perdi (temporariamente?) minha máquina de escrever... Espero que me seja devolvida, mas não existem mais regras nem simples bom senso."[5] "Isto é um navio naufragado com náufragos demais", declarou.[6]

Desde a detenção deles a bordo do *Sinaïa*, as coisas tinham se tornado muito piores para os residentes da *villa*. Fry os avisara de que seu amigo, o capitão Dubois, o advertira de que ele estava sob vigilância. Ele havia contado cerca de oito policiais diferentes à paisana se revezando para segui-lo.

Até mesmo Mary Jayne foi interrogada sobre as fontes de seu dinheiro. "De que ela vivia?", a polícia queria saber. Fry lhe contou que em sua ficha na *prefecture* ela era descrita como a "loura alta com o cachorrinho preto".[7] A polícia tinha certeza de que seu dinheiro vinha de prostituição nas altas rodas.

Então, apropriadamente, na sexta-feira, 13, dois oficiais de polícia à paisana chegaram ao CAS procurando por um tal de Hermant.

– Provavelmente um gaulista nojento – comentou um deles.

Por sorte, Beamish estava fora da cidade.[8] Fry disse-lhes que o homem por quem estavam procurando havia se demitido semanas antes. Ao voltar a Marselha, Beamish concluiu que seria indicado a sair logo da França. Amigos em Berkeley, Califórnia, já tinham conseguido obter um visto americano de emergência para ele. Imediatamente embarcou num trem para Toulouse, onde, sempre brilhante ao lidar com burocratas, convenceu os cônsules espanhol e português a lhe conceder vistos de trânsito. Então partiu para Banyuls. Guiado com maestria por Hans Fittko, cruzou as montanhas e entrou na Espanha em menos de três horas, chegando com facilidade a Lisboa, onde conseguiu "ser levado em segredo" para bordo de um navio com destino a Nova York.[9] O comitê sentiu uma falta terrível dele.

Charlie Fawcett, o jovem virginiano que servia de porteiro do CAS, também deixou Marselha. Antes que ele atravessasse a fronteira para a Espanha, a polícia o interrogou longamente. Entre seus interrogadores, reconheceu um rapaz que em duas ocasiões havia se candidatado a empregos no CAS. Em mensagem cifrada, Fawcett enviou uma advertência a Fry de que o CAS estava sendo infiltrado.

Foi o capitão Dubois quem disse a Fry que a Villa Air-Bel estava comprometida. A polícia considerava Breton um anarquista perigoso e Serge, um extremista internacional.

Em dezembro, Fry decidiu que teria de deixar a *villa* para proteger o CAS. Sua ligação com Breton e Serge o deixava vulnerável a acusações de associação com "comunistas", algo que era muito perigoso para seus clientes. No final de dezembro, ele se mudou para um quarto no Hôtel Beauvau. Foi um enorme sacrifício. Para Fry, a Villa Air-Bel tinha sido a única trégua em meio ao horror daquele tempo.

FRIO GLACIAL

Em que lugar poderia ter requerido? A quem? Como? Eu estava fora do mundo. Os alemães avançavam. O crepúsculo dos tempos havia chegado.

ANNA SEGHERS[1]

Com a mudança de Fry e com Mary Jayne só aparecendo para ficar de vez em quando, a Villa Air-Bel estava mudando. Danny, Theo, Jean e Maurice ainda saíam todas as manhãs para o trabalho no CAS. Quando não estavam escrevendo, Breton e Serge com freqüência tomavam o bonde até o centro da cidade para verificar o andamento de suas solicitações de visto internacional. Às vezes, Laurette e Jacqueline os acompanhavam. Não havia sentido em se esconder. Se Vichy estava interessada neles, a polícia podia prendê-los tão facilmente na *villa* quanto apanhá-los num café ou numa rua da cidade.

Marselha também estava mudando. O racionamento impiedoso do regime de Vichy estava fazendo a cidade passar fome. O pão era escasso do mesmo modo como carne, óleo de cozinha, laticínios, chocolate e até mesmo vinho. Victor Serge observou uma aglomeração de gente na *rue* Saint Ferréol olhando pela vitrine da *rôtisserie* onde uma única galinha estava sendo grelhada.[2] A única coisa boa era que a pobreza degradante num país outrora rico começava agora a abrir os olhos das pessoas.

Espalhou-se um boato de que sacas vazias, com um carimbo de "Importação da Alemanha", estavam sendo enchidas de batatas nas docas de Marselha e enviadas para Paris para fazer com que os parisienses acreditassem que estavam recebendo comida da Alemanha.[3] O governo de Vichy afirmava que uma interrupção no serviço de transporte causada por estradas destruídas pela guerra era responsável pela falta de alimentos, mas todo mundo sabia que a maior parte dos suprimentos de comida estava sendo enviada para alimentar as tropas de ocupação alemãs ou mandada para a Alemanha.

Para imensa satisfação de Breton, protestos silenciosos começaram a aparecer nas ruas da cidade. As pessoas cuspiam assim que os soldados alemães davam as costas enquanto marchavam arrogantemente pelas calçadas. Grandes Vs – o símbolo da vitória de Winston Churchill – eram pintados em muros e vitrines de lojas. Tão rapidamente quanto a polícia francesa os apagava, reapareciam. Em meados de janeiro, podiam-se ver rapazes circulando pelas ruas com duas varas de pescar cruzadas nas costas. O símbolo se traduzia como *deux gaules*.[4] As pessoas usavam alfinetes de fraldas nas lapelas. A palavra francesa para alfinete de fralda era *épingle anglaise*.[5] Breton comentou que a polícia não tinha como punir jogos de palavras visuais.

Agora o prolongado veranico de inverno tinha acabado, e a temperatura no sul da França começara a cair dramaticamente. Nevou no dia do Ano-Novo, e a neve cobriu de branco os jardins da Villa Air-Bel e não derreteu durante um mês. A 3 de janeiro, a temperatura chegou a -8 graus Célsius. Tornou-se claro por que o dr. Thumin não conseguira alugar a *villa* por muito tempo: o telhado e as clarabóias não estavam bem vedados e havia vazamentos. O vento gelado penetrava pelas janelas e pelo vão das portas. Com o carvão racionado, não havia nada exceto madeira úmida com que acender os pequenos fornos nos quartos, e os residentes ficaram reduzidos a catar restos de lenha na propriedade para queimar na lareira da sala de jantar. Todo mundo usava casacões dentro de casa, mesmo para comer, e tentava se manter em movimento.

A cada dia, Madame Nouguet voltava do mercado mais desesperada. O jantar consistia em girassol-de-batatas, cenouras cozidas, nabos ou rutabaga, com uma pequena ração de pão velho. Alguém pôs um exemplar do livro *Le Boeuf Clandestin* na despensa, no lugar da carne. Até mesmo aquecer a comida se tornou um problema. Uma panela cozinhava no tubo da chaminé dos Bretons, uma no forno e outra nos fundos do *fumoir* da copa.

Artistas na Villa Air-Bel (da esquerda para a direita, na frente): André Breton e Aube, Helena Holzer, Oscar Dominguez, Jacques Hérold e (de pé atrás) Sylvain Itkine e Wilfredo Lam.

Vlady, o filho de Serge, trazia-lhes *croques-fruits*. Ele passava o dia trabalhando para uma cooperativa organizada pelo ator Sylvain Itkine e alguns outros. Catavam passas silvestres e as enrolavam com uma pasta de amêndoas, produzindo um doce delicioso.

Mas o frio intenso e a falta de comida tinham se tornado tão extremos, que Peterkin ficou seriamente doente e, no final de janeiro, se achou melhor mandá-lo ficar com a avó, Eva, em Juan-les-Pins. Lá, a situação alimentar estava no mínimo melhor que em Marselha.

Breton fez o único protesto que lhe era possível. Em espírito de solidariedade, continuou com as reuniões de domingo, embora, nas terríveis condições de tempo daquele inverno, cada vez menos artistas viessem. Contudo, Wilfredo Lam e Helena Holzer com freqüência apareciam. Breton pedira a Wilfredo que ilustrasse o poema "*Fata Morgana*". Uma vez que o artista cubano virtualmente não falava francês, uma desvantagem que, aliada ao fato de ser negro, não lhe tornava a vida nada fácil em Marselha, Helena se ofereceu para traduzir o poema. Desenhadas em papel pergaminho com tinta nanquim preta, que ele amealhava cuidadosamente, as ilustrações de Wilfredo entusiasmaram Breton. Eram desenhos primorosamente simples e exuberantes de criaturas mágicas adornadas com símbolos misteriosos de sua Cuba nativa.

No frio glacial de Villa Air-Bel, as exóticas flora e fauna tropicais se multiplicaram misteriosamente até Lam ter completado

Jacqueline Lamba na neve.

45 desenhos. Para Breton, eles representavam a rebelião de um espírito livre num mundo de guerra e destruição. Enquanto nuvens maciças de neve pairavam sobre a *villa*, os artistas continuaram seus jogos subversivos na medida em que podiam. Uma fotografia tirada na época, por um amigo, mostra Wilfredo Lam e o pintor Jacques Hérold olhando com audácia divertida para a câmera. Cada um tem um braço enfiado numa das mangas de um mesmo casacão, dentro do qual se abrigam para se aquecer. Ninguém subestimava o perigo que todos eles corriam à medida que a outrora luminosa Marselha se tornava cada vez mais cheia de restrições. Encontrando consolo na amizade, esperaram estoicamente pelos vistos necessários para deixar a França, se questionando se conseguiriam sair. Nem todos conseguiram.

Ocasionalmente, na esperança de escapar ao terror e à depressão da cidade, Fry aparecia na *villa* para uma visita de fim de semana. As coisas não estavam correndo bem para ele no CAS. Ironicamente, todos os problemas vinham dos Estados Unidos.

Desde a sua detenção no *Sinaïa*, o Comitê de Resgate de Emergência em Nova York não se mostrava contente com sua liderança. Fry recebeu um cabograma do diretor, Frank Kingdon, dizendo-lhe que estava sendo chamado de volta aos Estados Unidos. Dadas suas relações com o cônsul-geral Hugh Fullerton em Marselha e com a embaixada americana em Vichy, Fry suspeitava de que o Departamento de Estado estivesse pressionando Kingdon para forçá-lo a partir.

Ele ficou furioso quando recebeu um segundo cabograma reclamando de que suas despesas eram "excessivas considerando os resultados de emigração".[6] Na verdade, àquela altura, mesmo depois dos terríveis meses de novembro e dezembro, quando a fronteira francesa estivera completamente fechada, o trabalho do CAS desde aquele verão havia resultado na emigração de 350 indivíduos.[7] Alguns tinham conseguido partir de maneira perfeitamente legal com todos os documentos necessários, mas muitos outros tiveram de embarcar em fugas clandestinas através dos Pireneus, guiados por Hans e Lisa Fittko.

No dia 26 de dezembro, Fry foi até o escritório apenas para descobrir que um de seus clientes, um jovem fotógrafo chamado George Reisner, havia cometido suicídio em Nice, durante uma visita a Henri Matisse. Fry voltou sua fúria contra o Comitê de Resgate de Emergência em Nova York informando que Reisner "esperava por seu visto americano desde julho e que a tensão se tornara insuportável para ele. Alguns dias depois do funeral, recebemos um bilhete do consulado avisando que finalmente o visto fora autorizado".[8]

Fry achava que o comitê de Nova York era inepto e ineficiente, e por vezes moralmente repreensível em sua lentidão, e se assegurou de que todo mundo tomasse conhecimento de sua opinião. Seguiu-se um alvoroço de correspondência. Fry reclamava de que eles não tinham idéia do trabalho que estava fazendo, nem do preço que pagava em relação à sua vida pessoal. (É claro, seguros, na neutra Nova York, como poderiam?)

Harold Oram – que ainda trabalhava como angariador de fundos para o comitê – repreendeu Fry. A verdade era que o comitê estava fazendo o melhor que podia. Ele recordou a Fry que entre 25 de julho, quando o comitê fora criado, e dezembro, eles haviam angariado 100 mil dólares, mesmo na atmosfera de isolacionismo e oposição à emigração de refugiados que prevalecia nos Estados Unidos. Fry suplicou a Oram que fizesse o comitê compreender o nível de tragédia humana com que ele tinha de lidar. Angariar fundos era muito bom, mas eficiência em obter vistos era uma questão de vida ou morte.

No final, Fry se ofereceu a voltar para Nova York desde que um sucessor competente fosse encontrado para substituí-lo. Ele pensou que, se pudesse voltar e explicar as coisas ao comitê, poderia fazê-los compreender as condições medonhas sob as quais estava tentando trabalhar. É claro, tinha toda a intenção de voltar à França. Sua maior preocupação era que, se ele partisse, mesmo que por um breve período, seu pessoal europeu rapidamente acabasse nas prisões de Vichy.

Uma candidata improvável apareceu em seu caminho. A colecionadora de arte Peggy Guggenheim havia recebido uma carta da pintora Kay Sage, pedindo-lhe que a ajudasse no resgate e que pagasse a passagem para a América de certos intelectuais europeus de grande distinção. Quando Peggy enviou um cabograma perguntando quem seriam, recebeu a resposta: André Breton, sua esposa Jacqueline Breton, sua filha Aube e Max Ernst. Peggy também recebera um apelo do velho amigo Victor Brauner, que lhe havia escrito pedindo-lhe que salvasse sua vida. Ela na época estava vivendo em Grenoble, onde convencera o museu local a guardar em depósito sua recém-adquirida coleção, e decidiu ir a Marselha especificamente para visitar Fry e seu comitê.

Peggy Guggenheim passara a maior parte de 1940 em Paris, comprando quadros para seu futuro museu de arte moderna, embora ainda não tivesse certeza de onde ficaria localizado. Com a guerra em curso, ninguém estava comprando arte. Quando se espalhou a notícia de que ela estava pagando em dinheiro vivo, foi "impiedosamente perseguida" por artistas desesperados querendo vender suas obras. Sua política era comprar "um quadro por dia". Ela se gabava de que, "no dia em que Hitler entrou na Noruega, entrei no estúdio de Léger e comprei dele uma pintura maravilhosa de 1919, por mil dólares. Ele nunca superou o fato de que eu estivesse comprando quadros num dia como aquele".[9]

Embora fosse criticada por oportunismo, em sua opinião estava apenas ajudando artistas que passavam fome, e a maioria dos artistas lhe vendeu as obras. Exceto Picasso. Quando chegou a seu estúdio, ele lhe disse desdenhosamente:

– A lingerie fica no próximo andar.[10]

Mas este era o estilo de Picasso. Ele passaria a guerra inteira em Paris, trabalhando em seu estúdio na *rue des* Grands-Augustins, continuando a freqüentar o Café Flor, e a comer a comida racionada de seu restaurante catalão favorito. Ele vivia como um "exilado interno", imperialmente indiferente à ocupação alemã.

No dia 8 de junho de 1940, enquanto Panzers alemães encontravam-se a 25 quilômetros de Paris, Peggy Guggenheim estava sentada no Dôme, bebericando champanhe com um amigo. Recordando-se, ela comentaria:

– É realmente incompreensível, agora, pensar em nossa vida estúpida, quando havia tanta desgraça acontecendo ao redor. Os trens continuavam chegando a Paris trazendo torrentes de refugiados na mais terrível miséria, e com corpos que tinham sido metralhados durante a viagem. Não consigo imaginar por que não saí em auxílio de todas aquelas pessoas desafortunadas. Mas apenas não saí; em vez disso, bebi champanhe, com Bill.[11]

Foi somente em 11 de junho, três dias antes de os alemães entrarem marchando no Champs-Élysées, que, falsificando a data em sua autorização de viagem, ela se apertou em seu pequeno carro Talbot com a amiga Nellie van Doesburg e dois gatos persas e rumou para o sul nas estradas engarrafadas em meio às nuvens de fumaça negra que cobriam os pedestres em fuga.

Quando chegou a Marselha vinda de Grenoble, Victor Brauner a levou ao escritório de Fry para conhecê-lo. Impulsivamente, Fry lhe perguntou se ela ocuparia seu lugar como chefe do comitê enquanto ele voltava para uma breve temporada nos Estados Unidos. Afinal, ela era americana, podia manter a camuflagem do comitê como organização legal, e estaria a salvo por enquanto. Mas Peggy ficou tão apavorada com a história da recente detenção dos membros do comitê a bordo do *Sinaïa* e pela atmosfera decadente do mercado negro de Marselha, onde todo mundo parecia estar engajado em negócios ilícitos para obter vistos, passaportes ou dinheiro para comida, que foi ao consulado americano pedir orientação. Foi advertida a não se envolver com Fry em nenhuma circunstância. Não lhe disseram por quê. Ela não tinha idéia de como o trabalho dele estava se tornando arriscado.

– Pensando unicamente em arte, eu estava completamente inconsciente do que se passava clandestinamente e não fazia idéia do que significava aquilo tudo – disse.[12]

Peggy recusou a oferta de Fry, deixando algum dinheiro para o comitê e prometendo pagar a passagem de Ernst e da família Breton para a América. Provavelmente, foi uma sorte para o comitê que ela tivesse rejeitado o plano dele para substituí-lo. Embora fosse uma mulher astuta, não tinha o temperamento adequado para trabalho com refugiados. Também é certo que, tivesse Fry partido, nunca lhe permitiriam voltar à França.

Pouco antes do Natal, Fry recebeu um bilhete peremptório convocando-o a se apresentar no bar do Splendide. Não estava assinado. Ele foi imediatamente. Sentado no bar estava o jornalista americano Jay Allen. Ele tomava um *scotch*, que evidentemente trouxera consigo, porque o *scotch* desaparecera em Marselha meses antes. Fry já o encontrara antes e o considerava um egomaníaco bombástico. Allen informou Fry de que tinha sido enviado pelo Comitê de Resgate de Emergência em Nova York para substituí-lo. O primeiro pensamento que ocorreu a Fry foi que o comitê não tinha conseguido encontrar ninguém mais competente que aceitasse a função.

Jay Allen se tornara famoso como jornalista ao novo estilo machista, duro e sem floreios de Hemingway, que havia elevado o papel de correspondente estrangeiro à condição de astro. Allen disse a Fry que, na verdade, não pretendia visitar o escritório do comitê. Tinha de se dedicar a uma importante missão de jornalismo investigativo. Então ele apresentou Fry à srta. Margaret Palmer, a mulher de meia-idade sentada ao seu lado. Ela serviria como a representante de Allen no local para passar as ordens dele para o comitê.

Fry ficou chocado com a audácia de Allen. Imediatamente se recusou a entregar as rédeas do poder. Seus companheiros de trabalho no CAS escreveram para o escritório de Nova York, rogando-lhes que reconsiderassem e explicando que a partida de Fry seria um desastre para os refugiados.

No princípio de janeiro, Fry decidiu mudar o CAS daquele escritório miserável na *rue* Grignan. O incidente do *Sinaïa* o fizera tomar consciência de que o comitê precisava de mais destaque e atenção com instalações mais respeitáveis. Mas ele também estava reafirmando sua autoridade sobre Jay Allen, que não foi consultado sobre a mudança. Por sorte, Danny tinha encontrado um enorme apartamento no número 18 da *boulevard* Garibaldi, a dois quarteirões da Canebière e a três quarteirões da gare de Noailles, o terminal de bondes para La Pomme. Tinha sido o local de trabalho de um elegante cabeleireiro, e, quando o comitê se mudou, os espelhos ainda estavam nas paredes.

Allen ficou furioso. A situação entre os dois tinha chegado a um impasse quando Fry relatou a Eileen que Allen fizera sua primeira visita ao CAS em meados de fevereiro. Ele entrara irado pelo escritório, gritando e batendo portas.

> *Ele disse que gostaria de quebrar meu pescoço. Não faço idéia do motivo. Prometeu que faria tudo que pudesse contra mim assim que voltasse a Nova York: espero que você advirta os poucos amigos que me restam. (...) Ele disse que nunca odiara tanto alguém em sua vida, que eu era escorregadio e desonesto, que era um "carreirista" (o que é um carreirista?), que eu estava "acabado", que ele "me mostraria".(...) Foi realmente como um ciclone varrendo o escritório. (...) A coisa mais curiosa era ele acreditar que eu estivesse aqui para me tornar famoso. Não tenho como lhe dizer quanto esta idéia me fere, pois, se alguma vez na vida estive devotado a uma tarefa, esta é agora. Não me interesso nem um pouco por publicidade. (...) Se eu pudesse fazer meu trabalho anonimamente, ficaria muitíssimo feliz.*[13]

A guerra entre os dois homens continuou até meados de março, quando Fry soube que Allen tinha sido preso pela Gestapo por cruzar ilegalmente a linha de demarcação entre as zonas ocupada e não-ocupada, quando em busca de um furo.[14] Allen se encontrava numa prisão na zona ocupada e estava claro que ficaria lá por meses. Fry não pôde deixar de ficar um tanto satisfeito com a desgraça do outro; afinal, era o que Allen merecia por sua bravata imprudente. Mas também ficou ansioso. A prisão de Allen indicava que americanos podiam acabar na cadeia ou num campo de detenção com a mesma facilidade que todo mundo.

Enquanto isso, funcionários no consulado americano em Marselha continuavam a deixar claro que não queriam saber de Fry nem daqueles a quem estava auxiliando. Uma amiga de uma organização de assistência quacre repetiu uma conversa que tivera com um dos funcionários do quadro consular.

> *– Espero que você não esteja ajudando judeus a entrarem nos Estados Unidos – disse o funcionário do consulado.*
>
> *– O que faria com eles? – perguntou ela.*
>
> *Ele curvou os ombros na posição de um homem empunhando uma metralhadora automática.*
>
> *– Paf, paf, paf, paf, paf – respondeu.*[15]

Àquela altura, Fry tornara-se incapaz de se sentir chocado, mas ficou moralmente repugnado.

O capitão Dubois havia confirmado para Fry que tanto o cônsul-geral Fullerton quanto o *prefect* de Bouches-du-Rhône queriam-no fora da França. Mas a polícia ainda não o havia apanhado cometendo quaisquer ilegalidades. Expulsar o diretor de uma organização legítima de auxílio a refugiados teria repercussões na mídia nos Estados Unidos. Hugh Fullerton era um homem cauteloso. Certamente, seria mais fácil para ele se Fry partisse por sua própria iniciativa, e assim, no momento, estava decidido a continuar a tornar as coisas tão difíceis para ele quanto fosse possível. Mas Fullerton, evidentemente, não conhecia Fry. Ele se recordava de seus velhos tempos em Harvard, quando tivera de repetir o último ano por ter enfiado uma placa dizendo "Vende-se" no gramado do jardim do reitor. Qualquer exercício de autoridade arbitrária o irritava profundamente. Ele era teimoso. Não pretendia ir a lugar nenhum.

Fullerton fez sua primeira manobra no final de janeiro. Quando o passaporte de Fry expirou, o consulado se recusou a renová-lo a menos que ele concordasse em retornar imediatamente aos Estados Unidos. Também se recusou a lhe dar uma carta de recomendação para o governo suíço. Isto era sem precedentes. Se os alemães invadissem a zona não-ocupada, o que todo mundo esperava que acontecesse em algum momento, o plano da embaixada dos Estados Unidos era evacuar os americanos para a Suíça. Para obter o visto de entrada que a Suíça exigia, todo americano recebia uma carta de recomendação para o governo suíço. Negar-se a dar tal carta a Fry era algo pessoal. Sem ela, Fry estaria aprisionado na França ocupada pelos nazistas.

Foi um período difícil para Fry. Exausto, ele decidiu tirar dois dias de folga em Toulon, um centro de treinamento naval a leste de Marselha. Achou o lugar estranho. Havia alguns destróieres atracados nos molhes e um couraçado no meio do porto, mas nada se movia. "Havia uma atmosfera de morte – de um velório, aquelas horas solenes entre o passamento da alma e a desaparição do corpo debaixo da terra", escreveu lugubremente para a esposa. O frio, a fome e a solidão começavam a afetá-lo.[16]

No dia 30 de janeiro, Fry recebeu um cabograma quase ininteligível da assistente de Frank Kingdon em Nova York, Ingrid Warburg:

> CABOGRAMAS ASSINADOS KINGDON DESAUTORIZADOS TENHO PLENA CONFIANÇA EM VOCÊ FAREI TUDO QUE FOR POSSÍVEL PARA ALCANÇAR SOLUÇÃO AMISTOSA TENHA PACIÊNCIA MANTENHA ISTO CONFIDENCIAL[17]

Claramente, Warburg estava do lado de Fry, mas as coisas tinham se tornado perigosas no Comitê de Resgate de Emergência. Ela parecia sugerir algum tipo de conspiração e achava imperativo manter seu apoio confidencial.

As tenazes estavam se fechando ao redor de Fry, e sua segurança pessoal estava cada vez mais em risco. Ele agora era um homem na França em tempo de guerra, sem documentos, ironicamente na mesma posição ilegal que seus sofridos clientes e correndo os mesmos perigos.

DIVISÃO DE VISTOS: DEPARTAMENTO DE ESTADO

Os loucos lá fora fizeram calar as pessoas de mente sã.
William Blake[1]

No princípio de janeiro, Varian Fry se viu na terrível posição de ter de pedir que Victor Serge e família deixassem a Villa Air-Bel. Achava que não tinha escolha. Embora ele próprio não estivesse mais vivendo na *villa*, a presença de Serge lá ainda podia ser usada contra o comitê. Fry se sentia péssimo pelo pedido tão cruel – ele e Serge tinham se tornado amigos, e Fry o admirava. Mas o comitê estava em primeiro lugar.

Jay Allen acabara de chegar a Marselha, e os mexericos a respeito de Fry corriam soltos. O Comitê de Resgate de Emergência em Nova York lhe deixou clara a situação ao informá-lo de um cabograma que Jay Allen enviara à esposa exigindo:

> INFORME KINGDON CONFIDENCIALMENTE QUE VARIAN BOM GAROTO MUITO ENVOLVIDO TRABALHO MAS METIDO COM TODO TIPO DE GRUPOS DISSIDENTES PONTO MORANDO COM VICTOR SERGE APOIANDO TROTSKISTAS ESPANHÓIS DO POUM[2]

Pelo bem do comitê e pelo bem dos refugiados que Fry estava tentando salvar, Victor Serge tinha de ser sacrificado.

Serge ficou arrasado ao saber que teria de sair da *villa*. Escreveu aos Macdonald em Nova York:

5 de janeiro de 1941
Caros amigos,

... Do ponto de vista pessoal, tudo se tornou irritantemente complicado para mim. Alguns bons amigos – inclusive André – e eu alugamos uma villa *desocupada nos arredores da cidade; acontece que os amigos que moram conosco são colaboradores do sr. Fry, mas as pessoas armaram todo um complô para nos obrigar a nos separar, sob o pretexto de que os colaboradores do Comitê de Resgate de Emergência poderiam ficar comprometidos por seu relacionamento próximo comigo! O mais revoltante é que, a despeito da clareza de tudo e da profunda estima que nos une, o complô foi bem-sucedido, tendo em vista a atmosfera dominante. Deste modo, vejo-me mais uma vez confrontado com o problema de alojamento, que está intimamente ligado a muitos outros. (...)*

No momento, estamos sem combustível, vivemos vestidos com casacões em aposentos que com freqüência estão gelados. As raras batatas que conseguimos encontrar são reservadas para as crianças. Não vemos manteiga há meses. Etc. Sentirei falta especialmente de chá, a única coisa sem a qual para mim é difícil viver. Ainda me restam 20 gramas. Em noites de neve, vendo mulheres reunidas diante de quitandas vazias, recordo-me de outros lugares. Estou lhes dando todos esses detalhes para que possam ter uma idéia mais concreta das condições de vida aqui, mas, por favor, não fiquem alarmados. De alguma forma, sempre conseguimos comer o suficiente, estamos todos saudáveis... e estamos animados.

Com amizade. Um forte aperto de mão. VS[3]

Com as autoridades americanas se mantendo firmes em não cooperar, os Macdonald decidiram tentar obter vistos mexicanos para Victor Serge e seu filho. Ficaram muito entusiasmados quando os vistos chegaram por intercessão de Max Eastman, e os encaminharam a Serge. Ele escreveu de volta dizendo que tinham chegado mas que eram inválidos. Tinham sido emitidos sob seu pseudônimo, Serge, e o declaravam cidadão espanhol; teriam de ser trocados por seu nome verdadeiro, Kibalchich. Ainda uma vez, ele suplicava por um visto adicional para Laurette Séjourné e recomendava que entrassem em contato com Jean Renoir em Hollywood para uma declaração juramentada de boa conduta moral ou até mesmo apoio financeiro. Renoir a conhecia, uma vez que ela atuara em um de seus filmes. O tempo estava se esgotando.

Em meados de janeiro, Serge escreveu que o cônsul-geral mexicano lhe assegurara que bastava um simples cabograma para o México para que seu nome fosse trocado por Kibalchich. Acrescentava que uma temporada de frio rigoroso atingira o país. Ele agora estava morando num hotel no centro da cidade.

> *Está um frio glacial, tudo congelado por toda parte. As gaivotas do porto, que provavelmente costumavam se alimentar dos restos de comida que encontravam em abundância, não encontram mais nada, e podemos vê-las voando pela cidade diante das janelas de onde lhes atiramos algumas migalhas. Estamos rapidamente chegando a um nível de privação semelhante ao das cidades russas nos anos ruins.*[4]

Agora Serge e o filho tinham um visto internacional válido para o México, embora não tivesse conseguido vistos para Laurette e para sua filha. Contudo, elas corriam menos perigo que ele e Vlady e poderiam segui-los mais tarde. Mas os problemas de Serge ainda não estavam acabados. Para chegar ao México, ainda precisaria de um visto americano de trânsito, uma vez que todos os navios de passageiros com destino ao México faziam escala em Nova York.

O plano era que, assim que estivesse com os vistos de trânsito em mãos, Serge e Vlady seguiriam pela rota habitual através da Espanha e Portugal e partiriam de navio de Lisboa. Mas ele explicou aos Macdonald que ainda tinham pela frente inumeráveis obstáculos burocráticos. Os muros de papel pareciam tão impenetráveis como pedra:

> *Hoje receberemos todos os documentos mexicanos necessários; amanhã iremos ver o sr. B. (Bingham) para obter os vistos de trânsito, que são essenciais, uma vez que o consulado português se recusa a enviar um pedido para Lisboa a menos que tenhamos o visto americano e só se pode pedir o visto espanhol depois que se tiver o visto português. Nesse meio-tempo, vou solicitar às autoridades francesas um visto de saída e um salvo-conduto porque os espanhóis não reconhecem os documentos mexicanos – no momento, tudo depende do visto americano... É tudo muito irritante e cansativo, mas estamos satisfeitos por termos entrado nesta fase ativa.*[5]

No final de fevereiro, Serge relatava que não conseguia obter um visto de trânsito americano, ou pelo menos uma resposta definitiva de que poderia esperar obtê-lo. "Minha notoriedade como militante" é aparentemente "um peso tremendo para os funcionários americanos", ele escreveu:

> *Os consulados acertaram entre si que multiplicariam os obstáculos. Além disso, a maioria das pessoas é tão bem-vinda neles quanto mendigos nas boas casas cristãs. Considerando o quanto vocês têm lutado por nós, num país onde têm direitos, vocês poderão ter uma idéia de como temos de nos esforçar sem ter absolutamente quaisquer direitos.*[6]

Ele concluía dizendo que só em meados de março poderia escapar da França.

Àquela altura, Nancy Macdonald havia acumulado uma pilha de no mínimo cinqüenta cartas a respeito do amigo Victor Serge. Ela não estava nem um pouco inclinada a desistir. Se seu próprio governo não permitiria a entrada de Serge como refugiado, então, no mínimo, ela conseguiria obter para ele o simples visto de trânsito americano de que ele precisava para ir para o México. Em 11 de fevereiro, ela escreveu para Serge dizendo que eles tinham pagado a passagem dele da França para Nova York na American Export Line. O preço tinha sido 400 dólares, que incluíam taxas de embarque e o valor da viagem de Marselha para Lisboa. Eles tinham feito o mesmo para Vlady. Para Serge, que vivia na penúria, deve ter parecido uma soma espantosa. Então ela o informou de que eles também tinham comprado os bilhetes de Nova York para o México.

Finalmente as coisas pareciam em ordem. Então, de maneira estarrecedora, dadas as circunstâncias desesperadoras de Serge, houve ainda outro atraso. Nancy foi informada de que o Departamento de Estado, dando cumprimento às instruções dos Macdonald, havia pedido ao cônsul em Marselha que enviasse mais um relatório sobre Serge. Ela imediatamente escreveu para Serge e vigorosamente lhe assegurou que nem ela nem o marido haviam feito nenhum pedido semelhante. "Posso imaginar que você deva estar pensando toda sorte de coisas a nosso respeito. Mas eu lhe asseguro que estamos lutando contra – não sabemos muito bem o quê."[7]

A 19 de fevereiro, Dwight Macdonald escreveu a A. W. Warren, chefe da Divisão de Vistos no Departamento de Estado, argumentando que Serge "tornou-se famoso internacionalmente a partir de 1928 como *oponente* do regime soviético (tendo passado de 1928 a 1935 por várias prisões soviéticas, só podendo deixar a União Soviética em 1936, por meio da intercessão junto às autoridades de um grupo de proeminentes escritores e liberais)".[8] Ele acrescentava que o procurador-geral Francis Biddle lhe havia assegurado que, se a família Serge pudesse obter vistos para outro país, seria possível conceder vistos de trânsito americanos.

Em 24 de fevereiro, Serge escreveu aos Macdonald que tinha novidades. Não precisaria mais de um visto de trânsito para passar pelos Estados Unidos. Varian Fry o informara de que, quase que miraculosamente, a 24 de janeiro, o governo de Vichy havia declarado que a navegação comercial para a Martinica podia ser retomada. Se eles conseguissem um visto de saída, os refugiados poderiam deixar o país legalmente. Fry estava perplexo diante desse desdobramento. Habituado ao comportamento paranóico das autoridades, esta mudança repentina era mais difícil de interpretar que a maioria. Talvez Vichy tivesse concluído que os refugiados a quem os nazistas possivelmente desejariam extraditar já estavam em segurança atrás de cercas de arame farpado em campos de detenção. Independentemente do que estivesse de fato acontecendo, Fry não faria perguntas. Ele disse a Serge que tentaria lhe obter um visto de saída da França e passagens para a Martinica de modo que ele pudesse chegar ao México.

Entretanto, aquilo não foi o fim das dificuldades de Serge. Refugiados viajando para o México via Martinica precisavam de um visto para o Haiti ou Santo Domingo, onde os navios faziam escala. Será que os Macdonald poderiam tentar lhe obter estes vistos antecipadamente? Ele lhes disse que havia um comitê em Nova York, a Associação Dominicana de Colonização, que os fornecia. Se eles pudessem lhe obter um visto de trânsito para qualquer dos dois países – e como isso poderia ser recusado? – ele poderia partir em três semanas. Ele próprio estava tentando conseguir um visto para o Marrocos na esperança de que pudesse viajar por Casablanca. Também tinha pensado na rota Brasil-México, mas muitos que a tinham tentado não obtiveram permissão de entrada e se viram forçados a voltar para a França. Ele acrescentava:

> *Os rigores do inverno já se acabaram, os outros apenas começaram. Muitas pessoas estão partindo, mas apenas para os Estados Unidos. A maioria dos que estão partindo ou esperando para partir é de indivíduos abjetos, exaustos e desalentados, que só desejam descansar em paz, e não se pode confiar neles nem para o menor favor. Sente-se, em meio a essas lastimáveis imigrações, uma impressão de derrota moral que é infinitamente mais angustiante do que a impressão da derrota propriamente dita. Parece-me que, do outro lado do oceano, vocês devem ter uma estranha visão complementar de tudo isso.*[9]

No dia 6 de março, Serge escreveu que ainda estava esperando pelo visto de trânsito para Santo Domingo e temeroso de que a rota pudesse ser fechada a qualquer momento – "tudo muda tão rapidamente". Era sua última esperança. O Marrocos havia lhe negado o visto.

No dia 14 de março, os Macdonald receberam uma carta de A. W. Warren, em papel timbrado do Departamento de Estado, sobre o caso de Victor Kibalchich:

> *O dossiê completo do caso foi examinado pelo Comitê Interdepartamental para Refugiados Políticos na reunião de 11 de março. (...) Sua simpatia e admiração pelo sr. Kibalchich são plenamente compreendidas. (...) Tendo em vista a afiliação no passado do sr. Kibalchich ao Partido Comunista considera-se que a ele sejam aplicáveis as cláusulas exclusivas do artigo 23 (a) da lei de 28 de julho de 1940, comumente conhecida como Lei Smith. À luz das disposições da referida lei, o sr. Kibalchich seria inadmissível nos Estados Unidos, mesmo em trânsito, na ausência de autorização específica do procurador-geral para sua admissão provisória, de acordo com a Cláusula Nove do artigo 3º da lei de 1917, que atribui poderes ao procurador-geral para autorizar a admissão temporária de um estrangeiro inadmissível. Tendo em vista as circunstâncias, talvez os senhores desejem considerar se existem outras rotas por meio das quais o sr. Kibalchich poderia seguir para o México.*[10]

No dia 15, os Macdonald receberam uma segunda carta, esta de Edward Prichard Jr., procurador-geral assistente. Ele havia recebido uma cópia da carta de Warren e lhes dizia que discordava das ações da maioria do comitê. Sugeria que o Conselho de Apelação de Imigração "consideraria favorável um recurso para o exercício de discrição de acordo com a Cláusula Nove do artigo 3º da lei de 1917". Ele os aconselhava a entrar com um recurso, com o adendo: os senhores devem compreender que a presente comunicação é feita puramente no âmbito de minha competência pessoal, e não deve de forma alguma ser considerada como um compromisso em nome do Departamento. (...) Devo pedir-lhes que mantenham em sigilo esta carta."[11]

No dia 19 de março, Dwight Macdonald escreveu a Ralph T. Seward, do Conselho de Apelação de Imigração, para novamente solicitar vistos de trânsito para Victor Serge e o filho. Se o conselho assim o desejasse, depois de sua chegada, a família Kibalchich poderia permanecer em Ellis Island até que o primeiro navio partisse para o México. Ele e a esposa estavam dispostos a depositar fiança em espécie em garantia da partida deles.

Seria perdoável que os Macdonald tivessem pensado que haviam entrado no labirinto de *O processo* de Kafka. Qual era o crime inominável de Serge? Não obstante, Nancy escreveu a Serge no dia 18 de março, dizendo-lhe que eles pessoalmente ainda estavam tentando conseguir-lhe um visto de trânsito americano. Afinal, as passagens via Nova York tinham sido compradas e pagas. Nancy iria a Washington para cuidar do assunto.

Aos olhos dos Estados Unidos, Victor Serge, tendo outrora sido um comunista, não deveria jamais merecer confiança. Àquela altura, o próprio Serge havia sabiamente desistido de algum dia obter um visto de trânsito americano. Ele escreveu aos Macdonald dizendo que se sentia como se estivesse montando um quebra-cabeça que constantemente se desmanchava em suas mãos. Agora depositava todas as esperanças em conseguir chegar ao México através da rota da Martinica e esperava impacientemente por um visto da Martinica. Varian Fry estava trabalhando para isso, e ele confiava em Varian Fry.

ESPERANDO NA VILLA

Primavera de 1941

Porque guardas
Em meu ser o lugar de um diamante engastado numa placa de vidro
Que detalha em minúcias as talhas das estrelas
Duas mãos que se estendem uma para outra são o bastante para o teto do amanhã
Duas mãos translúcidas...

ANDRÉ BRETON[1]

A primavera chegou cedo à Provence. Já no princípio de março, as cerejeiras e os pessegueiros estavam em flor, estendendo um tapete de rosa intenso e branco pelos jardins de Air-Bel, e os ventos traziam os perfumes de lilás e magnólia. Os fazendeiros haviam começado a arar os campos. Do terraço da *villa*, as cores eram deslumbrantes: o verde-escuro dos ciprestes espalhando-se no cinza-claro das montanhas, o azul do mar. André Breton observou um bando de pegas voando em piruetas frenéticas. Os pequenos milagres da vida cotidiana tornavam suportável a tensão.

Ao longe, avistava a silhueta curvada do velho dr. Thumin enquanto caminhava pelos bosques e jardins de sua imensa propriedade. Ele usava o chapéu-coco maltratado e embolorado de sempre e o terno preto, com as calças sanfonadas, em estilo acordeom, sobre os sapatos enormes. O idoso avarento tinha ficado de vigília por todo o inverno, durante o frio mais rigoroso, temendo que algum velho galho de árvore fosse cortado. Mas, agora que a primavera tinha chegado, ninguém estava roubando sua madeira. Os "concertos verdes cristalinos"[2] das primeiras rãs da estação haviam soado a noite inteira. As rãs eram tão numerosas, que era preciso tomar cuidado para não pisar nelas.

No lago da Villa Air-Bel: Varian Fry e *(ao fundo, a partir da esquerda)* Victor Serge, Laurette Séjourné, mulher desconhecida, Jacqueline Lamba, Aube Breton.

À beira do lago, Breton costumava observar as rãs fêmeas nadarem penosamente, arrastando fios gelatinosos de ovos negros. Na manhã seguinte, as fêmeas mortas flutuavam em meio ao limo verde, as barrigas brancas viradas para cima. Ele adorava acompanhar aquela melancólica cerimônia de copulação. Comentou com Danny, que lhe fez companhia numa de suas vigílias:

– A vida se alimenta da morte. Estamos testemunhando uma grande lição.[3]

Varian estava de visita na Villa Air-Bel naquela tarde. Enquanto ele e Danny pescavam as últimas carpas e peixes-vermelhos do lago para o jantar dos residentes, conversaram sobre comida.

– Os caramujos do jardim se tornaram uma obsessão por aqui – disse Danny. – Demos para arrancar caramujos dos muros do jardim. – Varian tinha emagrecido nove quilos e disse que sabia exatamente como era estar magro, emaciado e com frio.

Entusiasticamente Danny media com passadas a horta que pretendia plantar com a permissão do dr. Thumin. Ele mostrou a Varian onde ficariam os tomates e as ervilhas. Também haveria um canteiro de flores sob as janelas da *villa*.

Mas Varian viera tratar de assuntos mais sérios. Ele queria falar sobre Marc Chagall. Em companhia do vice-cônsul americano, Hiram Bingham, acabara de passar o fim de semana de 8 e 9 de março com o casal Chagall na residência deles em Gordes, na região de Vaucluse. Grande parte da cidadezinha estava abandonada, muitos habitantes tinham partido quando a indústria de manufatura de calçados fechara as portas. Com a escassez de matéria-prima, as pessoas estavam reciclando velhos sapatos, colocando-lhes solas de madeira. Um ano antes, os Chagall haviam comprado uma grande casa, anteriormente uma escola católica para meninas, e agora era a única residência ocupada nas proximidades. Fry a achara "um lugar encantado".

Mas estava decepcionado. Em sua opinião, Chagall não estava levando devidamente a sério o perigo que corria. Ele tinha ido a Gordes com Bingham para convencê-lo a deixar a França.

– Ele ficava me perguntando ansiosamente se havia vacas na América – contou a Danny.

Fry estava perplexo. Ele havia compreendido mal as palavras de Chagall e subentendido que significassem que estava relutante em partir para os Estados Unidos. Não entendera a piada. Chagall certa vez dissera a um amigo que queria usar a imagem da vaca, aquele animal estúpido (*beheyme*, em iídiche), em seu cartão de visita. Estava perguntando a Fry:

– A América aceitaria um *beheyme* (um idiota) como eu?[4]

O caso de Chagall era particularmente difícil. Tinha havido um bocado de comunicações truncadas. Tanto o Museu de Arte Moderna de Nova York quanto o CAS solicitaram vistos internacionais para o casal. Os vistos finalmente foram concedidos em janeiro, e Fry acreditava que Chagall ainda não partira porque estava com medo da viagem pela Espanha. Mas Fry parecia não ter pensado nas angustiadas reuniões de família que deveriam ter

Varian Fry com Marc Chagall, Bella Chagall e Hiram Bingham.

ocorrido ao redor da mesa na casa dos Chagall. Se eles partissem agora, estariam deixando para trás a filha adorada, Ida, e seu marido francês. Até o momento, o jovem casal tivera recusados os pedidos de visto americano.

Na verdade, Chagall não tinha ilusões sobre o perigo em que todos estavam. Ele escrevera a um amigo em abril de 1940: "A arte permanece conosco, algo que hoje é a coisa mais importante, lado a lado com o amor. Mas, meu Deus, como nós, judeus, estamos longe de tudo isso. É aterrador. Perdoe-me."[5] Em 1935, ele havia pintado *A crucificação branca*, com Jesus na cruz usando um xale de oração judaico. Fora uma manifestação de protesto e de repúdio ao anti-semitismo europeu.

No mês de setembro de 1940, Chagall havia contatado dois conhecidos, ambos associados ao Fundo para Escritores Judeus Refugiados em Nova York, pedindo-lhes ajuda para sair da França. Solicitara a Bella que escrevesse as cartas em inglês para

Max Ernst, Jacqueline Lamba, André Masson, André Breton e Varian Fry.

evitar os censores de Vichy: "Eu ficaria tão feliz de lhes poder falar pessoalmente", dissera em código.[6] O fundo imediatamente entrou em contato com Alfred Barr no MoMA e conseguiu um convite para Chagall expor sua obra em Nova York, mas aquele fora apenas o primeiro pequeno passo em um processo muitíssimo longo. Trazer os Chagall para a América exigia declarações juramentadas de apoio. O fundo foi informado de que uma fiança de 3 mil dólares tinha de ser depositada como garantia para assegurar que "o indivíduo não seria um fardo para o governo". Eles já estavam atolados em milhares de pedidos de auxílio, mas deram início a uma campanha para angariar fundos para os Chagall.

Quando o fundo escreveu para a Fundação Guggenheim em novembro de 1940, a resposta não ajudou muito. A fundação dizia que eles já haviam comprado várias pinturas de Chagall e que ele deveria ter condições de cuidar de si mesmo "por lá".[7] Aos 55 anos, Chagall era quase tão famoso quanto Picasso e Matisse, mas não tinha capital. Parecia que ele havia investido mal grande parte de seu dinheiro na compra da casa de Gordes.

Ainda em busca de dinheiro, em 1º de fevereiro, o fundo escreveu para o próprio Solomon Guggenheim, pedindo-lhe que ajudasse contribuindo com os 700 dólares necessários para pagar a passagem de navio dos Chagall. Mais uma vez, a resposta foi abrupta: "Embora me agradasse estar numa posição de poder auxiliar todas as pessoas que me fazem apelo, minha lista já se encontra extremamente pesada, de modo que não creio que deva aceitar mais nenhum encargo."[8]

O fundo enviou cartas a indivíduos pedindo contribuições de 50 dólares, acrescentando: "Este dinheiro pode ser reembolsado em uma data futura, quer em espécie ou sob a forma de uma de suas obras, tão logo Chagall tenha chegado a este país e possa trabalhar de novo."[9] No final, Solomon Guggenheim cedeu e ofereceu ajuda. Agora, seis meses depois do apelo inicial de Chagall, restava apenas enfrentar a burocracia envolvida em obter os vistos de saída e de trânsito. Abandonando sua casa nova em Gordes, os Chagall se mudaram para o Hôtel Moderne em Marselha. E esperaram.

Os Chagall e a filha Ida estavam entre os muitos artistas que visitaram a Villa Air-Bel naquele mês de março. De fato, a *villa* tinha tantos visitantes, que o pintor Victor Brauner observou: "[Um dia] haverá placas comemorativas de mármore na entrada ou no muro! Todas as celebridades que por aqui passaram!"[10]

Quase todos os artistas que visitaram a *villa* estavam enfrentando a longa espera por vistos internacionais. Em retrospecto, tragicamente, eles poderiam ser divididos entre aqueles que conseguiram sair da França e aqueles que não conseguiram. Varian Fry e seu comitê conseguiram arranjar para Wilfredo Lam e a namorada Helena Holzer uma passagem num navio para a Martinica no dia 25 de março. André Masson, cuja esposa era judia, seguiria a mesma rota em início de abril. Max Ernest cruzaria a fronteira da Espanha de trem no dia 1º de maio. O CAS tiraria Jacques Lipchitz do país em 16 de maio. Jean Arp partiria para a Suíça um ano mais tarde, na primavera de 1942. Marcel Duchamp estaria entre os últimos artistas que o CAS teria sucesso em ajudar a fugir da França. No dia 14 de maio de 1942, ele partiu de Marselha para Casablanca, onde esperou por quase um mês por um segundo navio para levá-lo para Nova York.

O artista alemão Hans Bellmer, cujo pai provavelmente era membro do Partido Nazista, ficou retido na França, mas sobreviveu à guerra. Nem Victor Brauner nem Jacques Hérold, ambos judeus romenos, conseguiram obter os patrocinadores de que precisavam para as declarações juramentadas exigidas. Ambos sobreviveram se escondendo em regiões remotas da Provence e nunca foram descobertos pelos nazistas. Em agosto de 1944, o ator Sylvain Itkine foi preso pela polícia francesa por atividades na Resistência e entregue à Gestapo. Ele foi torturado e, segundo a opinião geral, assassinado por Klaus Barbie, o Açougueiro de Lyon.[11]

Entre os escritores que visitaram a *villa* estava o poeta francês René Char. Ele se tornaria um oficial da Resistência Francesa. Embora tivesse tentado fugir, o dadaísta Tristan Tzara não conseguiu e também se juntou à Resistência. O romancista e filósofo Jean Malaquais, com o auxílio do CAS, conseguiu partir da França para a Venezuela em 1942. O amigo mais íntimo de André Breton, Benjamin Péret, também escaparia. O CAS conseguiu embarcá-lo com a amante, a pintora Remedios Varo, num navio para o México no final de novembro de 1941. Uma das visitas mais interessantes da *villa*, a alegre e agitada Consuelo de Saint-Exupéry, deixou a Villa Air-Bel para ir viver numa colônia de artistas na aldeia remota de Oppède e finalmente se juntou ao marido em Nova York em 1942. Lançando mão de sua influência, ele conseguiu lhe obter os documentos.

A maioria dos artistas que vinham para as tardes de domingo na *villa* estava na mais absoluta miséria. A sobrevivência cotidiana era uma questão de puro desespero. Alguém apareceu com a idéia de realizar leilões de arte na Villa Air-Bel para levantar algum dinheiro para os artistas que tinham conseguido ficar com todos os documentos *en règle* e estavam às vésperas de deixar o país. O artista pendurava seus quadros nos grandes plátanos que sombreavam o terraço da *villa*, e Sylvain Itkine assumia o papel de leiloeiro, anunciando o preço inicial. O processo de oferta de lances era um reflexo da engenhosidade deles. Os visitantes iam aumentando os lances pelas obras em leilão, oferecendo apenas as quantias minúsculas que podiam gastar. Os lances acumulados de alguns francos eram coletados e dados ao artista cujas pinturas estivessem à venda. As obras iam para o arrematador.

No primeiro leilão, a mesa de jardim no terraço ficou tomada pelas garrafas de vinho trazidas por todos, e a festa começou. Numa fotografia tirada na época, Sylvain Itkine pode ser visto de pé na mesa comandando os lances para uma pintura de Wilfredo Lam. Numa outra fotografia, Varian Fry e Consuelo de Saint-Exupéry estão empoleirados nos galhos de um plátano, equilibrando-se ali, enquanto esperam que alguém lhes passe um quadro. Um sol de princípio de primavera ilumina-lhes os rostos sorridentes. Ninguém podia saber na época que, embora alguns estivessem prestes a partir, outros nunca escapariam.

No decorrer do inverno, André Breton havia se tornado ainda mais ferrenho em sua insistência de que só se podia fazer oposição ao fascismo por meio da rebeldia. Talvez a chegada de Paris do amigo Benjamin Péret tenha ajudado a animar seu estado de espírito.

Péret contou a Breton que vivera clandestinamente em Paris, sobrevivendo com apenas alguns centavos por dia. Paris estava "realmente sinistra demais", disse ele. "Quase não havia o que comer, não havia carvão, e a temperatura foi de 10 graus negativos durante quase dois meses." Em face da "enfadonha propaganda alemã e seus vis servidores franceses, era quase impossível dizer ou fazer qualquer coisa publicamente".[12] Finalmente, conseguira fugir para a zona não-ocupada pegando caronas com fazendeiros simpáticos que o haviam escondido debaixo do feno em suas carroças puxadas a cavalo.

Breton estava convencido de que todos os surrealistas deveriam desafiar o espírito do fascismo "ao cantar, brincar e rir com a maior alegria".[13] Tinha um novo plano para distrair seus amigos do desalento que se alojava no coração como se fossem cacos de vidro. Em Air-Bel, eles deveriam empreender uma obra de arte coletiva. Inventariam um novo baralho de cartas. Precisariam de novos naipes para substituir os ouros, copas, espadas e paus do velho baralho e novas figuras para substituir as imagens militares heráldicas do rei, rainha e valete. André imediatamente foi à biblioteca pública na Place Carli, em Marselha, para pesquisar as origens e história do jogo. Com grande satisfação, descobriu que as modificações no jogo ao longo dos séculos sempre tinham ocorrido em épocas de grandes revezes ou derrotas militares.[14]

Os surrealistas queriam um jogo que fosse relevante para seu universo e um baralho que refletisse o fascínio deles com a magia, a alquimia e o fenômeno psíquico. Eles concordaram que haveria quatro naipes: Amor (a chama), Sonho (uma estrela preta), Revolução (uma roda ensangüentada) e Conhecimento (uma fechadura de porta). O gênio, a sereia e o mago substituíram as figuras de realeza. A tarefa mais difícil seria escolher que personagens se tornariam as novas faces das figuras das cartas. Selecionaram-nas do panteão surrealista: o gênio, a sereia e o mago do Amor eram Baudelaire, *La Religieuse Portugaise* (sóror Maria Alcoforado, autora de *Cartas portuguesas*) e o poeta Novalis. As figuras do Sonho eram: Lautréamont, Alice no País das Maravilhas e Freud. O gênio da Revolução era o *Marquis* de Sade, com Lamiel, personagem em um romance de Stendhal, como a sereia e Pancho Villa como o mago, enquanto a hierarquia do

Conhecimento era representada por Hegel, a médium suíça Hélène Smith e o alquimista medieval Paracelso. O curinga era o supremo trapaceiro surrealista, *Ubu Rei*, de Alfred Jarry.[15]

André Breton, Jacqueline Lamba, Victor Brauner, Oscar Dominguez, Max Ernst, Jacques Hérold, Wilfredo Lam e André Masson executaram desenhos com grande requinte. Para determinar quem faria quais desenhos, os nomes das cartas foram escritos e postos dentro de um chapéu, e cada participante tirou dois. No final, o *Jeu de Marseille* se tornou uma obra de arte lendária, sempre associada à Villa Air-Bel. Os desenhos foram preservados e finalmente ficaram com a filha de André Breton, Aube. Ela os doou ao Musée Cantini de Marselha para fazer parte do acervo permanente, onde estão até hoje.[16]

COM A CORDA NO PESCOÇO

Março de 1941

Meses antes, André Breton havia escrito a seu amigo, o artista suíço Kurt Seligmann, pedindo ajuda para conseguir sua entrada e da família na América. Os Seligmann tinham partido para Nova York, em setembro de 1939, para a abertura da exposição da obra de Kurt na galeria Karl Nierendorf. Quando saíram de casa em Paris, trancaram a porta, deixando tudo pronto para o breve retorno. Ao chegarem aos Estados Unidos, contudo, amigos os tinham advertido de que era perigoso demais voltarem para a Europa e, naquele mês de novembro, eles já haviam se juntado às fileiras de refugiados permanentes. A obra de Seligmann expressava o que ele não fora capaz de admitir para si mesmo. O último trabalho que havia pintado na Europa chamava-se *Sabbath Phantoms*. Retrata um grupo de silhuetas gesticulando ferozmente, uma *danse macabre*, fugindo em meio a uma paisagem negra ameaçadora.

Seligmann, àquela altura, estava associado à New School for Social Research (Escola Nova para Pesquisa Social). Pierre Mabille anteriormente dissera a Breton que a escola tinha dinheiro disponível para trazer intelectuais para a América e empregá-los.[1] Breton sugeriu a Seligmann que poderia dar uma série de palestras sobre temas da escolha dele. Será que Seligmann poderia conseguir-lhe um convite de alguma importante organização de arte? Breton também precisaria disso para obter o visto de saída de Vichy. Ele também precisaria de um adiantamento em dinheiro, pois estava sem um tostão. Seligmann foi procurar Alfred Barr no Museu de Arte Moderna de Nova York, que sempre havia sido um defensor dos surrealistas. O gabinete de Barr no MoMA àquela altura havia se tornado uma câmara de compensação para informações e assistência. Ele e a esposa, Marga, estavam enviando declarações juramentadas de boa moral e costumes e conseguindo garantias de apoio financeiro para numerosos artistas.[2]

Em outubro de 1940, Seligmann escreveu a Breton que Barr havia concordado em organizar e contratar as palestras para ele e que restavam poucos obstáculos para sua vinda a Nova York. A artista Kay Sage escreveu, em 9 de novembro, que o *marchand* Pierre Matisse assinara uma declaração juramentada de apoio em favor de André e sua família e que seu primo, o artista David Hare, estava disposto a patrociná-los.[3]

Mais de cinco meses depois, Breton ainda estava na França. Mas sua espera paciente estava tendo resultado. No princípio de março, ele recebeu a notícia de que os vistos americanos tinham sido concedidos. Fry lhe assegurou que agora que Vichy havia amenizado a moratória na concessão de vistos, os de saída franceses não seriam um problema. Nas palavras de Danny, o governo estava decidido a esvaziar a França de todas "*les bouches inutiles* (as bocas inúteis) e outros entulhos".[4]

Pouco importava o que estivesse por trás da mudança, pelo menos no momento, aqueles cujos vistos de saída tinham sido protelados durante meses subitamente estavam recebendo autorização para sair da França legalmente. Fry disse a Breton que estava procurando passagens para eles a bordo de um navio. A Martinica era a melhor expectativa. Embora fosse um departamento colonial da França e as leis de Vichy fossem aplicáveis lá, os refugiados estariam mais seguros com relação à interferência da Gestapo.

No princípio de fevereiro, Fry começara a comprar passagens para vários de seus clientes. Walter Mehring e o próprio guarda-livros do CAS, Heinz Oppenheimer (Oppy), estavam entre eles. A perda de seu associado e auxiliar de confiança, Oppy, era um duro golpe. Mas Fry não lamentava ver Mehring partir. Desde que havia invadido o quarto de Fry no Hôtel Splendide, nos primeiros tempos, ele havia se tornado um dos mais incômodos e clamorosos clientes do CAS. Contudo, tivesse Fry sabido pelo que Mehring haveria de passar durante sua saída final, teria se mostrado mais simpático.

O poeta desleixado apresentara-se obedientemente no porto de Marselha apenas para encontrar um funcionário da *Surêté Nationale du Port* examinando, escrupulosamente, os documentos dos passageiros. Quando ele chegou ao início da fila, o funcionário puxou a ficha de arquivo da letra M. Lá estava o nome Walter Mehring e ao lado a instrução: "Proibido de deixar a França. Decisão da Comissão Kundt." Enquanto Mehring tentava disfarçar o terror, o funcionário desapareceu numa sala nos fundos para telefonar para a *préfecture*. Inacreditavelmente, quando ele voltou, entregou ao poeta os papéis carimbados.

– Talvez seja algum outro Mehring – disse. – Pode partir. – Fora sorte ou o gesto de um funcionário simpático disposto a fingir que não via? Mehring nunca saberia.[5]

Com a possibilidade de fugir pela Martinica, André Breton finalmente sentia-se otimista. Os infinitamente esperados vistos de saída para ele, Victor Serge, Wilfredo Lam e suas famílias afinal chegaram e todas as datas eram válidas. A namorada de Wilfredo, Helena Holzer, se lembraria do terror de se ver sentada diante de dois funcionários da polícia francesa, de quem ela sabia que todo seu futuro dependia, e do indescritível alívio, depois do que pareceu uma eternidade, quando finalmente descobriu que estava com o visto de saída na mão.[6]

Peggy Guggenheim já garantira a Breton o dinheiro para a passagem e agora era apenas uma questão de esperar um navio. O cargueiro português *Capitaine Paul-Lemerle* estava com a partida de Marselha prevista para 25 de março. Para espanto deles, Fry lhes disse que tinha comprado passagens para todos (embora advertisse Serge de que seus vistos ainda não estavam em ordem). Só depois que se tornou realidade, Breton se deu conta do quanto estivera descrente de que conseguiria fugir da França.

Enquanto a família Breton se preparava para partir – ele foi visto entrando numa livraria de Marselha para comprar seus próprios livros, que tivera de deixar em Paris –, Victor Serge também aguardava seu destino. Embora ele agora tivesse o visto de saída obrigatório, ainda precisava do visto de trânsito para chegar ao México. Não obstante, sempre generoso, dedicou algum tempo para escrever a Nancy Macdonald no dia 6 de março:

> *Breton, esposa e filha pretendem ir para Nova York brevemente pelas Índias Ocidentais. Você provavelmente os conhecerá. André é um homem de grande charme, de perfeita dignidade e convicções e inteligência singularmente estilizadas. Além disso, é corajoso.*[7]

Mas, na verdade, Serge estava desesperado. Ao londo de todo o mês, continuou a trocar cartas com os Macdonald enquanto eles tentavam decifrar as informações contraditórias do Departamento de Estado sobre a possibilidade de ele e Vlady conseguirem os vistos de trânsito para os Estados Unidos. As autoridades francesas já tinham recusado a Serge permissão para viajar por Marrocos e pelas Índias Ocidentais francesas. Ele tentava esconder a angústia, mas seus verdadeiros sentimentos foram manifestados claramente quando escreveu a Nancy: "A atmosfera aqui está se tornando sufocante... Nossa própria existência depende de fios tênues que podem se partir a qualquer momento."[8]

Então, subitamente, apenas duas horas antes de o *Capitaine Paul-Lemerle* fazer-se ao mar, Serge e o filho receberam a notícia de que as autoridades de Vichy finalmente tinham lhes concedido um visto de trânsito para a Martinica a caminho do México. Miraculosamente, depois de tantos meses tortuosos, eles estavam livres para partir.

Antes da partida, Serge inspecionou o *Capitaine Paul-Lemerle* atracado no porto.

– Parece uma lata de sardinhas na qual alguém apagou um cigarro – disse a Danny.[9] As companhias de navegação tinham descoberto que podiam lucrar transportando refugiados em navios de carga que haviam reformado para transporte de tropas.

Danny, Theo, Varian e Mary Jayne foram ao *quai* Mirabeau para se despedir dos Breton, de Wilfredo e Helena e de Serge e o filho (Laurettte e a filha de Serge, Jeannine, não poderiam partir ainda porque seus vistos não estavam *en régle*). Danny se recordaria do momento da partida como extremamente triste. Durante os cinco meses que passaram juntos, haviam dividido prazeres, provações, esperanças e decepções e tornaram-se amigos queridos. No *quai*, eles se abraçaram apressadamente.

Entre os 350 passageiros que circulavam pelo cais do porto aguardando a hora de partir, estavam a romancista Anna Seghers e o antropólogo Claude Lévi-Strauss. Mais tarde, ele descreveu a cena: "*Gardes-mobiles* de capacete, com pistolas automáticas em punho, cortavam qualquer contato entre passageiros e os parentes ou amigos que tinham vindo vê-los embarcar. As despedidas eram interrompidas bruscamente por uma pancada ou uma praga. (...) era (...) como a partida de um navio de presos condenados". Mesmo assim, por ser judeu, ele se via como alguém "condenado a ser deportado para um campo de concentração" e estava extremamente aliviado por deixar a França.[10]

O *Capitaine Paul-Lemerle* só tinha dois camarotes; um reservado para três mulheres e o segundo para 14 homens, que incluíam Lévi-Strauss, um misterioso tunisiano que levava na bagagem uma pintura de Degas e um rapaz que acabara impedido pela guerra de retornar à Martinica, sua terra natal. Todos os outros passageiros tiveram de se amontoar no porão escuro e sem ventilação. Camas haviam sido construídas com andaimes, uns em cima dos outros, com catres de palha para servir de leitos. No convés, a tripulação erguera dois pares de cubículos de madeira em cada extremidade do navio. Um continha dois ou três chuveiros que só funcionavam de manhã cedo, e o outro, uma valeta de madeira que servia de banheiro e se esvaziava direto no oceano.

Deste modo, os primeiros refugiados de Villa Air-Bel embarcaram no que acreditavam ser uma viagem rumo à liberdade. Levariam trinta dias medonhos até que chegassem à Martinica. Só não sabiam que tão logo pusessem o pé em terra firme seriam imediatamente enviados para um campo de presos de guerra.

Seis dias depois de o navio levantar âncora, o assistente especial do procurador-geral informou a Dwight Macdonald, em Nova York, que Victor Kibalchich teria permissão para "se transferir de navio para o México, sob custódia, de acordo com a discrição contida na cláusula Nove do artigo 3º da lei de 5 de fevereiro de 1917".[11] Finalmente, havia sido concedido a Serge um visto de trânsito pelo porto de Nova York, mas chegara tarde demais. Ele já estava a caminho da Martinica.

AMANTE DE ARTE

Nós ainda estamos vivos. Ainda somos os mesmos. Nada mudou. A vida continua ao nosso redor. O sol nasce e se põe. Ainda podemos caminhar, conversar, pensar. Entretanto devemos ouvir as coisas que eles estão dizendo: a França perdeu a guerra; os alemães estão em Paris; seu marido é um prisioneiro de guerra; não há mais carvão nem madeira para mantê-los aquecidos no inverno; talvez não haja mais escolas para seus filhos.

CONSUELO DE SAINT-EXUPÉRY[1]

Não demorou muito para que a Villa Air-Bel se enchesse de novo. Considerando a solidão do hotel em Marselha quase insuportável, Varian Fry retornou para o antigo quarto. Agora que Victor Serge e André Breton tinham partido, a casa se tornara "menos comprometedora" aos olhos da polícia. Max Ernst, que estivera vivendo em Saint-Martin d'Ardèche graças à caridade de amigos, ocupou o quarto de Serge e a *comtesse* Consuelo de Saint-Exupéry, temporariamente separada do marido, que estava em Nova York, se instalou no quarto dos Breton. Mas o lugar não era mais o mesmo. Com a partida de Breton também se fora grande parte da magia.

A cozinheira, Madame Nouguet, estava doente e cansada. Quando avisou que iria embora, Theo perguntou se não sentiria saudades de todos eles. Ela respondeu:

– Sim, gosto muito de todos, mas, a senhora sabe, desde a partida de Monsieur André, não é mais como era antes.[2]

Apesar disso, Consuelo era cativante. Ela escalava os plátanos da *villa* com a agilidade de um macaco e lá fez seu salão. Costumava dizer:

– Se quiser me visitar, me encontrará no segundo galho do plátano à esquerda.[3]

Era uma boa narradora e adorava contar histórias sobre a juventude em El Salvador e o tempestuoso relacionamento com

Consuelo de Saint-Exupéry e Jean Gemähling.

o marido, "Tonio". Fora Tonio quem conseguira tirá-la em segurança de La Feuilleraie, a casa de campo deles nos arredores de Paris, quando os alemães marcharam sobre a cidade no mês de junho anterior. Ao partir para se juntar a seu esquadrão e combater na guerra, havia insistido para que ela fosse para Pau. Ele lhe garantira que o ouro francês estava sendo evacuado de caminhão para lá e que, se ela se mantivesse próxima dos caminhões, estaria segura. Os alemães tinham conhecimento da carga e nunca a bombardeariam, já que pretendiam confiscá-la depois da vitória. De Pau, ela viera para Marselha.

– O que será feito de nós? – perguntava ela. – Estamos todos como dados lançados sobre uma mesa.[4]

Jean Gemähling, o jovem protegido de Fry, apaixonou-se imediata e desesperadamente por Consuelo, um mal que lhe causou uma espécie de colapso nervoso. Ele ficou de cama por várias semanas quando ela finalmente deixou a *villa* para se juntar a um grupo de artistas na aldeia distante de Oppède.

Peggy Guggenheim e Max Ernst sendo entrevistados por repórteres em Nova York.

Max Ernst trouxe consigo um tipo de teatro diferente. Por causa dele, Peggy Guggenheim fez sua segunda visita a Villa Air-Bel.

Marselha estava passando por uma nova transmutação. O *statut des juifs* fora aprovado no mês de outubro de 1940. Até o momento, contudo, não havia nenhum esforço organizado para cuidar de sua execução. Políticas locais caóticas e o dramático problema dos refugiados, que impunham exigências acachapantes às burocracias municipais, eram responsáveis pela falta de qualquer plano de ação coerente. Sem dúvida, o anti-semitismo predominava – cada vez mais apareciam cartazes antijudeus nas vitrines de lojas e "certas" pessoas eram demitidas do emprego. Mas era ao acaso. Os judeus estavam temerosos, mas muitos, nervosamente, tinham esperanças de que aquilo fosse o máximo que poderia acontecer.

Agora tudo estava a ponto de mudar. No dia 29 de março de 1941, por pressão dos alemães, um bureau chamado Comissariado Geral para Questões Judaicas (CGQJ) foi criado, e um zeloso anti-semita, Xavier Vallat, foi posto no comando.[5] A perseguição sistemática de judeus franceses e estrangeiros estava prestes a começar. *Rafles* para arrebanhar os judeus e buscas de surpresa nos hotéis por aqueles que estavam se escondendo deveriam se tornar rotina. Logo o CGQJ organizou o Escritório de Arianização Econômica, especificamente para expropriar propriedades de judeus.

Peggy Guggenheim percebia o anti-semitismo crescente. Também sabia que sua imunidade como cidadã americana não poderia durar muito. Se a América entrasse na guerra, ela, como outros refugiados, se tornaria uma estrangeira inimiga na França e, como judia, podia ser imediatamente enviada para um campo de detenção. Mas Peggy não partiria sem sua coleção de obras de arte. Finalmente, René Lefebvre-Foinet, um amigo que trabalhava com navegação, a informou de que podia despachar suas pinturas para casa na América como "objetos de uso doméstico". Ela passou os meses de janeiro e fevereiro enfiando as obras-primas em caixotes em meio a lençóis e cobertores.

No final de março, depois de concordar em pagar a passagem de Max Ernst para a América, ela escreveu para ele, pedindo-lhe uma de suas pinturas. Ele concordou em encontrá-la em Marselha. Peggy conhecia a fama de conquistador de Ernst. Uma amiga lhe perguntou o que ela faria se Ernst fugisse com sua filha. Peggy respondeu:

– Preferiria fugir com ele eu mesma.[6]

No dia 31 de março, Victor Brauner foi recebê-la na gare Saint-Charles num estado de grande ansiedade. Recentemente ele fora amante de Peggy e contava com ela para salvá-lo. Esperara desesperadamente ir para os Estados Unidos, mas, como judeu romeno, tivera repetidas vezes o pedido de visto americano recusado. O consulado americano informou-o de que a pequena cota de vistos para romenos estava esgotada pelos próximos dois anos. Naquela noite, ele acompanhou Peggy ao café Au Brûler du Loup, onde Max Ernst esperava por ela. Ernst havia mudado muito desde a última vez que a encontrara em Paris em seu ateliê. O internamento em campos de concentração o envelhecera, embora ainda parecesse romântico envolto numa capa azul. Ele e Peggy combinaram de se encontrar no dia seguinte na Villa Air-Bel, de modo que pudesse mostrar a ela as pinturas que tinha prendido nas paredes da sala de jantar. Enquanto tomavam uma garrafa de vinho que ele conseguira resgatar de seu vinhedo em Saint-Martin d'Ardèche, fecharam um negócio. Guggenheim lhe daria 2 mil dólares pelas obras de seu período anterior, descontando-se o dinheiro que ele lhe devia pela passagem. Julien Levy, galerista dele de muitos anos, comentaria mais tarde: "Max ficou tremendamente ressentido com ela por comprar todas as suas pinturas."[7] Mas ele não tinha escolha. Não conseguia vender os quadros. Estava quebrado. E ela o estava ajudando a ir para a América.

Ele a convidou para comemorar seu qüinquagésimo aniversário no dia seguinte, 2 de abril, no Vieux Port. Varian Fry, Victor Brauner e René Lefebre-Foinet se juntaram a eles e tiveram uma esplêndida refeição num dos pequenos restaurantes de mercado negro que estavam florescendo nas ruelas mais escondidas da cidade. Marselha era uma cidade portuária. Contrabando de comida não era nenhuma novidade. A polícia sempre podia ser subornada para fazer vista grossa.

Peggy flertou escandalosamente com ele, e Max não era homem de deixar passar tal oportunidade. Ao final do jantar, sussurrou-lhe:

– Quando, onde e por que devo me encontrar com você?

Ela respondeu:

– Amanhã às quatro horas no Café de la Paix, e você sabe por quê.[8]

Peggy Guggenheim se apaixonou por Max. Era um grande pintor e, ao lado de Marcel Duchamp, provavelmente o mais talentoso entre os surrealistas. Também era um maravilhoso contador de histórias e um criador de mitos sobre si mesmo. Ele nascera em Brühl, perto de Colônia. O pai, um católico autoritário, fora diretor de uma escola para surdos, e Max costumava descrever-se como alguém marcado pelo silêncio. Contou-lhe que o pai, um pintor de fim de semana, era um retratista tão rigoroso, que certa vez, depois de pintar o jardim da família, percebeu que se esquecera de incluir uma árvore no quadro e, então, derrubou-a.

Max disse que estivera engajado numa rebelião desde os cinco anos de idade, quando fugira de casa pela primeira vez, só para ser mandado de volta pouco depois por um bando de peregrinos religiosos que o haviam confundido com o menino Jesus. As florestas encantadas e pássaros da infância enchiam suas telas. Quando sua cacatua favorita morrera, na véspera do nascimento da irmã, dizia ele, "uma perigosa confusão entre pássaros e humanos se incrustou em [minha] mente."[9] Era por isso que chamava a si mesmo de Loplop, o Pássaro Superior.

– Para ser realmente imortal – comentara certa ocasião –, uma obra deve ir além dos limites humanos. – Bom senso e lógica também não desempenhavam nenhum papel em sua vida, o que o tornava, é claro, irresistível para as mulheres.

O tórrido romance entre Peggy e Max durou 10 dias. Enquanto passeavam pelas ruas de Marselha como novos amantes, constantemente cruzavam com os velhos amigos de Max dos campos de concentração. Ela observaria:

– Eles mais pareciam fantasmas do que qualquer outra coisa, mas, para ele, devem ter parecido reais e traziam muitas lembranças. Para mim, representavam uma nova e estranha sociedade. Ele sempre mencionava o nome do campo de concentração onde estivera com eles, de maneira tão casual como se estivesse se referindo a St. Moritz.[10]

Peggy Guggenheim partiu brevemente para ir à cidade de Mégève ao encontro do ex-marido e dos filhos, mas logo estava de volta a Marselha e morando com Max na Villa Air-Bel. A *villa*

Max Ernst e Jacqueline Lamba no terraço da Villa Air-Bel.

tinha mudado. A corte surrealista desaparecera e os jantares, agora, eram ocasiões bastante frias. Mary Jayne se lembraria da figura atraente de Max Ernst, num paletó de lã de ovelha, com o perfil cinzelado e os olhos azuis gelados. Ela achava Peggy simpática e engraçada. Certa ocasião, Peggy se queixou:

– Ah! Este novo insulto... burguesa. Por que ele não me chama de prostituta como todos os outros homens na minha vida?

Numa outra ocasião, Peggy descreveu como certa noite ouvira ruído de arranhões na porta do quarto. Pensando que fosse Max, ela abriu e deu de cara com Dagobert e Clovis, o cachorro de Fry. Os cães a derrubaram e saltaram para a cama. Então ela teve de dormir com os cachorros.[11] Logo a Villa Air-Bel demonstrou ser cheia de gente demais para Peggy, e ela se mudou para o Grand Hôtel du Louvre et de la Paix na Canebière. É claro que Max era um visitante assíduo.

Apesar de seu estilo de vida privilegiado, ela também estava descobrindo como era pouco seguro ser judia em Marselha. Certa manhã, depois que Max saiu e quando as xícaras de café ainda estavam na mesa, um policial à paisana bateu à porta de seu quarto e exigiu que apresentasse seus documentos. Quando ele observou que a data de sua autorização de viagem havia sido alterada, ela insistiu em que tinham sido as autoridades em Grenoble que as haviam mudado. Ele perguntou-lhe se o nome dela não era judaico, e ela respondeu que seu avô era suíço de St. Gallen. Ele revistou o quarto. Ela disse que ficasse à vontade para revistar os armários; "não encontraria judeus ali". No final, o policial disse:

– Venha comigo à delegacia de polícia. Seus documentos não estão em ordem.

Subitamente ela se deu conta de que poderia simplesmente desaparecer. Peggy também estava apavorada de que eles descobrissem que Max havia dormido no hotel – ele não tinha autorização para estar em Marselha – ou que descobrissem a grande soma de dinheiro do mercado negro que tinha consigo.

Ela insistiu para que o policial esperasse no hall enquanto se vestia apropriadamente. Tinha esperança de poder esconder o dinheiro e deixar um bilhete para Max, mas deram-lhe tão pouco tempo, que não fez nem uma coisa nem outra. Quando saiu do quarto, encontrou o policial no hall em meio a uma discussão acalorada com seu chefe. Os Estados Unidos tinham acabado de entregar um navio carregado de alimentos para o país e naquele momento os americanos estavam em alta na França. Não haveria prisão. O chefe se desculpou e pediu a ela educadamente que se registrasse com a polícia em Marselha tão logo lhe fosse conveniente. Quando Peggy mais tarde comentou com a gerência do hotel como havia ficado aflita com a visita invasiva, disseram-lhe:

– Ah, aquilo não foi nada, madame. Eles estão apenas recolhendo os judeus.[12]

A posição de Ernst estava se tornando cada vez mais precária. Vivia diariamente com o temor de ser apanhado numa das batidas da polícia. Seus documentos não estavam em ordem e tinha certeza de estar na lista negra de Hitler. Vira uma fotografia de Hitler na Exposição de Arte Degenerada de 1937, postado diante de sua pintura *A bela jardineira*, que classificara odiosamente como "Um insulto à mulher alemã". Ele acabaria num outro campo de detenção e desta vez seria deportado de volta para a Alemanha. Quando Alfred Barr do MoMA escrevera uma declaração juramentada de apoio a Ernst, havia descrito a situação corretamente:

> *Ernst está em perigo porque é um cidadão alemão que se recusou a voltar para a Alemanha depois que o regime nazista assumiu o poder. Sua aversão por quaisquer formas de governo totalitário é bem conhecida, e ele nunca fez segredo disso; nenhum governo fascista ou comunista o toleraria. A natureza não realista de sua obra é exatamente o tipo mais perseguido por tais governos. Sua esposa é judia.* [Referência à sua primeira esposa, Lou Straus-Ernst, embora, havia muito tempo, esti-

vessem divorciados.] *Seu filho tem emprego fixo no quadro de funcionários do Museum of Modern Art.*[13]

Por meio da intercessão de Alfred Barr e do Comitê de Resgate de Emergência, já havia sido concedido a Ernst um visto de visitante de emergência para os Estados Unidos, mas, enquanto esperava por um visto de saída francês, o visto americano havia expirado. Agora, tinha de voltar ao consulado americano para solicitar outro. Isto envolvia freqüentes e cada vez mais arriscadas viagens ao setor de vistos em Montredon. Peggy geralmente o acompanhava e, como ela possuía passaporte americano, eles podiam evitar a longa fila de refugiados exaustos, esperando por sua vez de entrar.

Quando o novo visto americano finalmente foi concedido, Max decidiu não esperar mais por um visto de saída da França. Tentaria passar com um velho que havia recebido por cortesia do *subpréfect* de Saint-Martin d'Ardèche, embora havia muito tempo já tivesse expirado. Era arriscado, é claro, mas era ainda mais arriscado ficar. No dia 1º de maio, Max fez a mala e partiu sozinho para a fronteira espanhola com planos de se juntar a Peggy e sua família em Lisboa.

Quando chegou à cidade de Campfranc, o funcionário de fronteira francês declarou que seu velho visto de saída era inválido e imediatamente confiscou o passaporte de Max.

Max achou que tinha lançado os dados e perdido e que não tinha mais nada a perder. Empertigando-se, ignorou o funcionário francês e atrevidamente seguiu adiante para a sala da alfândega espanhola. Por sorte, ele havia colocado um embrulho contendo suas telas cuidadosamente enroladas na parte de cima de sua bagagem. Quando lhe ordenaram que abrisse a mala, ele desenrolou uma obra após a outra. A mostra improvisada foi recebida com exclamações de *Bonito!* dos funcionários de alfândega presentes. Observando os acontecimentos de seu lado, o funcionário francês pediu a Max que o acompanhasse a seu escritório.

– *Monsieur* – observou ele –, eu respeito o talento. *Monsieur*, o senhor tem grande talento. Eu admiro isto. – Ele devolveu o passaporte de Max e o conduziu para a plataforma de embarque onde dois trens esperavam. – O primeiro – disse ele – vai para a Espanha, e o segundo, para Pau, para a próxima *préfecture*. [...] Tenha cuidado de não embarcar no trem errado.[14]

Max não conseguia acreditar em sua sorte. Não só ainda havia funcionários franceses dispostos a subverter as regras, mas ele havia encontrado um amante da arte entre eles! Era quase risível. Imediatamente seguiu a sugestão do homem e embarcou no trem que seguia para a Espanha. Dez minutos depois, tinha atravessado a fronteira e, de lá, foi para Lisboa.

Peggy permaneceu em Marselha. No dia 5 de maio, provavelmente logo depois de Max entrar em Portugal, realizou-se a última *grande fête* surrealista em Villa Air-Bel. Sob o regime de Vichy, nenhuma galeria na cidade estivera disposta a montar uma exposição dos trabalhos de Ernst. Num ato de rebeldia, a Villa Air-Bel realizou a própria exposição das obras dele.

Artistas que viviam em Marselha e arredores apareceram em Air-Bel para admirar as pinturas e gravuras de Ernst posicionadas contra as árvores no bosque e penduradas nos galhos dos plátanos. Peggy presidiu o evento e até emprestou algumas telas que já havia comprado para a exposição. Numa fotografia tirada naquele dia, Danny Bénédite pode ser visto montado na forquilha de um dos plátanos, pendurando a extraordinária pintura de Max Ernst *O vestir da noiva*, bem como duas pinturas de Leonora Carrington, que Max devia ter conseguido recuperar da casa em Saint-Martin d'Ardèche.[15]

Peggy passou o resto do tempo tentando acertar com o Banque de France a retirada dos 550 dólares por pessoa com os quais estrangeiros tinham a permissão de sair do país. Haveria 13 passageiros com ela no clíper que partiria com destino a Nova York. Estava levando Max Ernst; seu ex-marido, Laurence Vail; seu filho, Sindbad; sua filha, Pegeen; a esposa de quem Vail tinha se separado, Kay Boyle e os vários filhos que eles tinham. Impaciente com a demora, ela havia mandado os outros seguirem na frente para Lisboa. Afinal, depois de três semanas, quando o dinheiro foi liberado, partiu. Na fronteira, como muitos refugiados, Peggy se viu revistada até nas roupas do corpo e ficou muito abalada pela experiência. Mais tarde, quando finalmente atravessou a fronteira, os meses de tensão desapareceram como poeira. Era extraordinário estar livre e poder comemorar a vida mais uma vez.

Mas Peggy teria um choque desagradável quando chegasse a Lisboa. A primeira coisa que Max lhe disse ao recebê-la na estação foi que tinha "uma coisa terrível" para lhe contar:

– Eu encontrei Leonora. Ela está em Lisboa.

A maneira como ele disse isso deixava claro que ainda estava muito apaixonado por Leonora. Ela respondeu simplesmente:

– Fico muito feliz por você.[16]

A fuga de Leonora no mês de junho anterior tinha sido angustiante. O exército alemão acabara de invadir a França e marchara inexoravelmente rumo ao sul. Naquela ocasião, a maioria dos prisioneiros estrangeiros retidos em campos de detenção tinha sido libertada. Max foi libertado de Camp des Milles, mas Leonora não tinha idéia de onde estava nem do que acontecera com ele. Amigos diziam que a situação era urgente. Ela precisava se salvar. Tinha de sair do país. Não havia nada que pudesse fazer por Max. Tinha de confiar em que ele finalmente a encontraria.

Por fim, ela concordava em acompanhar os amigos quando fugiram de carro atravessando os Pireneus para Madri. Mas a pressão emocional sobre ela estava conduzindo a um desastre. Na Espanha, Leonora entrou numa espiral de descontrole. Foi o medo, o fato de não saber o que acontecera com Max que a desestruturou. Quando foi encontrada diante da embaixada britânica ameaçando assassinar Hitler, a embaixada intercedeu. Ela foi internada num asilo de doentes mentais na cidade espanhola

Danny Bénédite pendurando quadros de Max Ernst numa árvore em Villa Air-Bel.

de Santander. Lá suas experiências com terapia de choque e drogas foram tão horrendas que ela as denominou de "práticas de morte".[17]

Depois de algum tempo, seus pais ricos mandaram uma pessoa da Inglaterra para tratar de sua liberação (Leonora sempre afirmou que fora sua velha babá). Convencida de que a intenção deles era embarcá-la para um hospital de doentes mentais na África do Sul ou em algum lugar nas colônias, ela persuadiu a mulher a levá-la para fazer compras em Lisboa. Afinal, uma dama de boa família não podia viajar sem luvas e chapéu. Leonora tinha um plano. Quando elas pararam num café, escapuliu pela porta dos fundos e fugiu para a embaixada mexicana. Tinha um conhecido lá, o poeta e diplomata Renato Leduc, que encontrara no ateliê de Picasso em Paris. Leduc estava mais do que pronto a mudar sua vida para sempre por aquela mulher extraordinária. Ele logo se ofereceu para se casar com ela e tirá-la da Europa. Como diplomata, não teria nenhuma dificuldade em comprar passagem para si mesmo e sua esposa.

Para Peggy foi um mês de muito sofrimento. Enquanto tentava obter lugares em vôos de partida da Europa, também esperava que sua angústia pessoal se resolvesse. Não estava absolutamente claro se a situação entre Max e Leonora se sustentaria. No final, Leonora concluiu que o relacionamento com Max era custoso demais, intenso demais para ela em seu estado frágil. Certo dia, levou Max para o quarto de hotel de Peggy, e Peggy achou que ela "parecia estar, de alguma estranha maneira, entregando-o de volta".[18] Embora Peggy certamente estivesse se sentindo insegura, quando chegou a hora de ela e Max partirem, no dia 13 de julho, magnanimamente ela se ofereceu para também pagar a passagem de Leonora para Nova York. Leonora recusou. Ela e o novo marido, Renato Leduc, embarcaram num navio com destino a Nova York. Mas ficou comovida com a oferta. Leonora sempre diria que Peggy era uma mulher nobre e generosa.

Ainda havia uma pessoa que ficara para trás. Por mais de um ano, Jimmy Ernst, trabalhando no setor de correspondência do Museum of Modern Art de Nova York, vinha tentando desesperadamente trazer os pais para os Estados Unidos. Já em novembro de1939, alguns dias depois de ter recebido o cartão do pai contando-lhe que estava encarcerado em Camp des Milles, em Aix-en-Provence, também recebera uma carta da mãe, Lou Straus-Ernst, informando-o de que ela também estivera internada, em Gus, o campo de concentração para mulheres, mas foi liberada depois de algumas semanas. Na primavera de 1941, ela também se encontrava em Marselha, tentando escapar. Nessa ocasião, ela e Max estavam separados havia mais de 18 anos.

O patrão de Jimmy, Alfred Barr, ajudara Max Ernst a obter seu visto de resgate de emergência. Ele fora concedido em nome de Max e da segunda esposa, de quem também havia se separado, Marie-Berthe Aurenche, que era cidadã francesa e não tinha intenção de deixar a França. Jimmy estava disposto a tentar qualquer coisa. Ele foi procurar Alfred Barr com um novo plano. Uma vez que os papéis de divórcio de seus pais tinham sido oficializados na Alemanha e era provável que nunca tivessem sido traduzidos, aos olhos do governo francês, eles provavelmente ainda estavam casados. Não seria possível que Lou Straus-Ernst viajasse com Max como sua esposa?

Alfred Barr mostrou-se simpático à idéia e disse que achava que talvez funcionasse. "Vou tentar apresentá-la ao comitê", disse ele. Quando Barr explicou a situação ao Comitê de Resgate de Emergência, este consultou ninguém menos que sua principal patrona, Eleanor Roosevelt. Ela imediatamente rejeitou a idéia de contrabandear Lou Ernst para os Estados Unidos como esposa legítima de Max Ernst. Na França, Fry foi informado da decisão do comitê e enviou um telegrama: "ELEANOR CERTA SOBRE LOU ERNST NÃO PODER PASSAR AINDA COMO ESPOSA DE MAX."[19] Jimmy Ernst nunca receberia uma explicação para esta decisão. Eleanor Roosevelt provavelmente concluíra que o Comitê de Resgate de Emergência não podia ser visto violando as regras ou cometendo qualquer ilegalidade. Publicamente, Fry tinha de fingir que concordava. A esposa do presidente parecia não ter nenhuma idéia de que Fry estava violando as regras todo dia. Era a única maneira de operar na França.

Antes que Max partisse para Lisboa, Fry e o vice-cônsul Hiram Bingham tinham chamado Max e Lou ao consulado para uma entrevista. Bingham relutantemente lhes informara que Lou não podia viajar como esposa de Max. Na mesma hora, Max se ofereceu para se casar de novo com Lou. Em palavras que provavelmente lhe foram relatadas por Max, Jimmy Ernst mais tarde descreveria a resposta da mãe:

– Mas, Max, você sabe que isto é tolice. Há muito tempo levamos vidas separadas e nenhum de nós jamais recorreu a impostura. Tenho certeza de que Jimmy conseguirá me tirar daqui. Afinal, ele já nos trouxe até aqui, e não gosto de encenações. Uma vida por uma certidão de casamento? E quem sabe, talvez nada disso afinal venha a ser necessário. Sou otimista.[20]

Mais tarde, no escritório de Fry, na presença tanto de Fry quanto de Danny Bénédite, Max, exasperado, suplicou-lhe que reconsiderasse aquela decisão. Ela se recusou.

Lou Straus-Ernst foi viver clandestinamente na aldeia de Manosque, nos Alpes-Marítimos e esperou. De lá ela escreveu para o filho que estava sob a proteção do poeta francês Jean Giono e que "se os alemães algum dia chegassem a Vichy, os camponeses aqui reverenciam este poeta (...) a tal ponto que me esconderiam deles".[21] A carta de Lou chegou alguns dias depois de 7 de dezembro, o dia do ataque dos japoneses a Pearl Habor que levou os americanos a entrarem na guerra.

Embora temesse que a mãe estivesse sem saída, Jimmy Ernst continuou com seus esforços desesperados para conseguir as declarações juramentadas de apoio de que ela precisava para obter o visto. No dia 3 de julho de 1941, um visto finalmente foi recomendado pelo Departamento de Estado, mas então, de maneira igualmente repentina, foi suspenso sob a alegação de que os regulamentos tinham sido mudados. Não houve mais explicações.[22] Jimmy foi procurar Peggy Guggenheim, que, àquela altura, já estava em Nova York. Ela informou a seus banqueiros que adiantassem qualquer quantia que fosse necessária e tentou interceder junto ao Departamento de Estado. Max estava desolado e lamentou com o filho não ter insistido com mais veemência que Lou tornasse a se casar com ele.

Finalmente, um ano depois, em outubro de 1942, um memorando redigido pela srta. Lewinski, do Comitê de Resgate de Emergência de Nova York, assinalou que, "em resposta à consulta, a aprovação para a emissão de um visto de imigração para a sra. Luise [*sic*] Ernst (ex-esposa de Max Ernst)" fora enviada para a França.[23]

Então veio um último e terrível golpe. Em novembro de 1942, o exército alemão, em resposta à invasão americana da África do Norte, avançou para ocupar toda a França de Vichy. Jimmy soube imediatamente que havia fracassado em salvar a mãe. Ele angustiava-se com a idéia de que, se tivesse feito uma chamada telefônica algumas horas antes, ou se uma de suas cartas tivesse chegado à mesa de algum burocrata mais oportunamente, tudo teria sido diferente. Não tornava nada mais fácil o fato de que sua mãe "se encontrava entre os milhões de peões descartáveis num tabuleiro de tamanho inumano", uma das "vítimas inconseqüentes, teias de aranha desfeitas com um ligeiro toque de um dedo".[24]

Em maio de 1944, Lou Straus-Ernst foi levada para o campo de concentração de Drancy, nos arredores de Paris, e então embarcada no Transporte 76 para ser deportada para Auschwitz com mais de mil outras mulheres. Uma de suas companheiras de campo, sobrevivente de Auschwitz, descreveu para o filho de Lou a trágica imagem final de sua mãe, "uma mulher totalmente exausta, o corpo meio deitado apoiado contra uma parede, aquecendo-se aos últimos raios de um sol que se punha".[25]

BOULEVARD GARIBALDI

Devo minha vida a Varian Fry. Eu não queria sair da França. Foram suas cartas severas e prescientes que me ajudaram a finalmente fazê-lo.

JACQUES LIPCHITZ[1]

Em meados da primavera de 1941, Fry estava empregando cerca de vinte pessoas, no escritório do *boulevard* Garibaldi, inclusive cidadãos franceses e refugiados altamente qualificados. Charles Wolff, o jornalista alsaciano de Paris com quem Miriam Davenport fizera amizade no verão anterior em Toulouse, se juntara à equipe, do mesmo modo com que seu compatriota alsaciano, Jacques Weisslitz, que assumiu a responsabilidade pelos muitos intelectuais que fugiram de Estrasburgo depois da invasão alemã. A secretária de Fry, Lena Fischmann, partira para Lisboa no princípio de fevereiro, e uma moça exuberante, Lucie Heymann, a substituíra.

A contratação de Paul Schmierer foi particularmente dramática. Amigo de Danny dos tempos de *préfecture*, Paul, judeu austríaco de nascimento, era médico e clinicava em Paris antes da guerra. Paul, a esposa Vala e os filhos estavam morando com amigos em Marselha. Vala tinha um emprego de meio expediente no CAS, mas, depois da aprovação do *statut des juifs*, Paul perdeu o direito de exercer a medicina. Eles viviam em tamanha miséria, que Paul decidiu se arriscar a voltar para a zona ocupada para procurar trabalho. Vala estava apavorada. O marido estava duplamente ameaçado: era judeu e tinha sido um socialista atuante antes da guerra. Vala tinha certeza de que seria reconhecido e denunciado.

Mesmo que Paul arranjasse trabalho em Paris, como conseguiria mandar o dinheiro para a família na zona não-ocupada? Mas ele estava desesperado e não pensava com clareza. Sabendo que não havia nada que pudesse fazer para dissuadi-lo, Vala o acompanhou à gare Saint-Charles e voltou ao escritório. Quando Danny a viu chorando, perguntou o que havia de errado. Ela lhe contou sobre a decisão desesperada de Paul de retornar a Paris. Danny a agarrou pela mão e correu para a gare Saint-Charles. O trem ainda não tinha saído da estação. Ele arrancou Paul do vagão, censurando-o por não lhe ter falado sobre a situação difícil por que passava e imediatamente lhe ofereceu um emprego no CAS.

– Foi maravilhoso – lembraria Vala.[2]

Fry precisava de todo o pessoal que pudesse encontrar. Agora que Vichy se mostrava subitamente liberal nas autorizações de saída e na concessão de vistos para a Martinica, o CAS estava movimentado. No dia 18 de fevereiro, Fry pôs cerca de 15 de seus clientes a bordo do primeiro navio previsto para partir. Depois que o *Capitaine Paul-Lemerle* partira com Breton, Serge e os outros, ele conseguiu encontrar passagem para mais 12 clientes, inclusive André Masson e a esposa, no *Carimare* e em outros navios como o *Winnipeg*, que partira com noventa clientes. O *Mont-Viso* levara 36 e o *Wyoming*, mais 70.[3]

Contudo, ainda havia clientes que tinham os vistos de saída negados. Fry tentava compreender as regras de Vichy, mas, como de hábito, estavam envoltas em mistério. Segundo os boatos, havia uma lista do governo Vichy com o nome de pessoas que deveriam ter o visto de saída negado. Foram necessárias umas duas semanas antes que Bedrich Heine, um jovem socialista, trouxesse a lista para o CAS. Ele a obtivera subornando um funcionário da *prefecture* em Pau que a havia copiado para ele. Um bom número de clientes de Fry estava na lista, inclusive alguns que já haviam escapado. Fry contatou Lisa e Hans Fittko e disse-lhes que a rota clandestina pelos Pireneus, a rota-F, teria de ser incrementada. Entre fevereiro e maio, o comitê ajudou mais 100 refugiados a fazer a travessia clandestina de Banyuls-sur-Mer para a Espanha. De lá, com freqüência usando vistos de trânsito falsos, todos eles conseguiram chegar a Lisboa.[4]

Nas primeiras duas semanas de maio, Fry estimava que 2 mil pessoas tivessem passado pelas mãos do CAS. O pessoal estava trabalhando 24 horas por dia, esforçando-se para solucionar crises de última hora. Brigas irrompiam enquanto refugiados desesperados invadiam seus escritórios. Eles precisavam ser consolados, tranqüilizados e até alimentados. Mesmo assim, a despeito de tudo isso, um sentimento de exultação permeava a equipe. Eles esqueciam o cansaço. Secretárias trabalhavam de manhã à noite datilografando cabogramas, documentos, certificados de garantia e ordens de pagamento para companhias de navegação. Especuladores estavam comprando dúzias de passagens das companhias de navegação que depois revendiam com lucro exorbitante. Para evitar os cambistas, o CAS tinha de garantir lotes de passagem antecipadamente de companhias como a American Lloyd, mesmo quando não tinham idéia de quantas pessoas conseguiriam colocar nos navios. Por motivos de segurança, as companhias anunciavam as datas de partida apenas cinco dias antes. Isto só tornou as coisas mais complicadas para o CAS. Dinheiro para pagar as passagens era sempre um problema. Embora Mary Jayne ainda estivesse ajudando e Peggy Guggenheim tivesse deixado fundos para o CAS antes de partir, nunca havia o suficiente. Danny, que agora era o tesoureiro oficial, se esforçava desesperadamente para aumentar os recursos do CAS, trocando dólares americanos no mercado negro. Era um trabalho arriscado.

Havia motivo para o pânico entre os clientes do CAS. A história do destino de dois deles circulara com a velocidade de um relâmpago pelo telégrafo dos refugiados. Rudolf Breitscheid, ex-líder do Partido Social-Democrata no Reichstag, e seu braço direito, Rudolf Hilferding, estavam quase no topo das listas tanto de Fry quanto da Gestapo. Fry havia tentado várias vezes persuadi-los a partir, mas estavam cheios de ilusões sobre a segurança que seu antigo status político elevado lhes dava.

Fry finalmente sugeriu a rota da Martinica. No princípio de fevereiro, comprou passagens no *Winnipeg* para ambos. Contudo, eles se recusaram a partir quando descobriram que teriam de viajar em alojamentos inferiores. Breitscheid e a esposa se sentiam doentes demais para viajar por trinta dias em catres no porão. Decidiram esperar por uma partida posterior. Fry insistiu mais de uma vez para que partissem, mas eles levantaram objeções. Dias mais tarde, a polícia francesa prendeu os dois homens no hotel onde se hospedavam e os entregou à Gestapo para deportação para a Alemanha. De acordo com os relatos, Hilferding teria se suicidado no dia seguinte, enforcando-se em sua cela de prisão, embora a possibilidade de assassinato fosse igualmente plausível. Breitscheid foi mandado para o campo de concentração de Buchenwald, onde morreu em agosto de 1944. No dia 6 de maio, as esposas deles partiram para a Martinica a bordo do vapor *Winnipeg*.[5]

Até aquele momento, Fry tinha sido afortunado. Ele não havia perdido muitos clientes. Embora a captura dos dois políticos fosse trágica, não sentia que pesassem muito em sua consciência. Eles próprios haviam resistido a seus melhores esforços para ajudá-los.

Num relatório sumário, Fry calculava que, em menos de oito meses, mais de 15 mil pessoas tinham visitado ou escrito para o CAS. Mil e oitocentos casos tinham se enquadrado no âmbito das atividades do comitê, representando cerca de 4 mil indivíduos, aos quais um estipêndio de 560 francos fora pago. Ao final de maio, o CAS havia ajudado mais de mil deles a fugir.[6]

A despeito de todos os sucessos, contudo, Fry não tinha ilusões. Abril havia sido um mês muito cruel.

Em 9 de abril, ocorreu a primeira grande *rafle* ou batida policial para recolher judeus franceses ou estrangeiros residentes em Marselha. Naquele dia, Fry recebeu um telefonema histérico. Era a esposa de Marc Chagall, em prantos. Ela explicou que o marido acabara de ser preso no Hotel Moderne e fora levado para o quartel-general da polícia no Evêchê.

Fry conhecia os horrores de ser interrogado no Evêchê e imediatamente fez uma chamada furiosa para a delegacia.

Eles sabiam quem haviam prendido? Será que eles não sabiam que Chagall era o pintor mais famoso do mundo? Não tinham idéia de como, quando a notícia se tornasse conhecida, a imprensa internacional transformaria aquilo numa história sensacional, e a França seria humilhada?

Mais tarde, Danny recordaria que Fry bateu o telefone, e ele de pé ao seu lado, lhe apertou o braço.

– Esta é a maneira correta de falar com eles, chefe – disse.

Varian recebeu o cumprimento com um sorriso. Então o sorriso desapareceu de seu rosto. Ele tirou os óculos de armação de chifre e os limpou, murmurando para si mesmo:

– Não, deveríamos poder salvar todos eles. Por que apenas o maior pintor do mundo? – Ele voltou-se para Danny e pediu a ficha de outro refugiado.[7]

Meia hora depois, madame Chagall telefonou para dizer que o marido tinha acabado de voltar ao hotel. Ainda levaria mais um mês até que Bella e Marc Chagall estivessem com todos os documentos em ordem e pudessem sair da França. No dia 7 de maio, eles cruzaram a fronteira francesa de trem para a Espanha, e finalmente seguiram para Lisboa onde embarcaram no navio português *S.S. Pinto Basto*, com destino a Nova York. Eles tiveram de deixar a família para trás.

Ida, a filha de Chagall, e seu marido esperaram ansiosamente em Gordes até junho. Então, quando os gendarmes vieram à casa deles para exigir a devolução de todos os seus documentos, tiveram um bocadinho de sorte. Um dos gendarmes demonstrou ser simpático ao caso deles e lhes ofereceu 12 horas para *encontrarem* os documentos. Eles compreenderam a sugestão e fugiram para Marselha. Depois de muitas viagens a Vichy para obter os papéis, conseguiram chegar a Lisboa com um caixote de obras de Chagall e de lá, por fim, embarcaram num navio com destino a Nova York. Tiveram de viajar via Havana e as Bermudas. Só a viagem para Havana levava quarenta dias porque o navio tinha de ziguezaguear para evitar os submarinos alemães que patrulhavam o Atlântico.[8]

No princípio de maio, as coisas em Marselha tinham ido de mal a pior. Depois de uma entrevista com as autoridades alemãs em Paris, o almirante Darlan, vice-*premier* de Pétain, embarcou numa reorganização da polícia francesa. Ele recebera ordens de aplicar os mesmos métodos de controle dos ocupantes alemães, particularmente com relação a usar refugiados estrangeiros como trabalhadores forçados. A partir de então, exigia-se que todos os refugiados trabalhassem para reconstruir o país, e foi no distrito de Marselha e na região de Bouches-du-Rhône que essas novas medidas foram aplicadas pela primeira vez.

Na manhã de 7 de maio, a mesma manhã em que os Chagall partiram, a polícia varreu a cidade com enormes caminhões em busca de refugiados em hotéis e restaurantes, nas ruas ao redor dos *Centres d'Assistance* e até defronte do consulado americano. Aproximadamente 1.500 estrangeiros foram arrebanhados e detidos em grupos na Canebière, na avenida adjacente Cours Belsunce e na gare Saint-Charles.

Homens em idade de trabalho foram arrancados de suas famílias, que foram asseguradas de que a *rafle* era apenas uma medida de controle e que seus entes queridos lhes seriam devolvidos dentro de poucas horas. Mas os caminhões seguiram para o porto onde um navio, *The Massilia*, os esperava. Um cordão de isolamento de 100 guardas escoltou os refugiados a bordo, provocando-os com comentários anti-semitas e xenófobos. Depois de três dias massacrantes de interrogatórios, apenas trezentos homens, inclusive alguns americanos, foram libertados. Os outros se viram compelidos a trabalhos forçados, ou na França ou no norte da África.[9]

Fry assistiu a tudo impotente, angustiado em face do que fora feito de sua amada França e de seu ideal de servir de refúgio para os perseguidos. Mas teria de enfrentar ainda mais dificuldades. Perdeu dois de seus mais importantes aliados. O capitão Dubois, seu contato amistoso na Surveillance du Territoire, foi rebaixado por sua simpatia pelos refugiados e transferido para Rabat, no Marrocos francês, e o único funcionário no consulado americano que apoiava o trabalho de Fry, o vice-cônsul Hiram Bingham, foi chamado de volta a Washington.[10]

Além disso, a permanência de Fry como diretor do CAS ainda estava sendo contestada por Nova York. A situação se tornara tão tensa que Eileen Fry escreveu a Eleanor Roosevelt pedindo-lhe que interviesse em favor do marido. A sra. Roosevelt respondeu:

13 de maio de 1941
Cara sra. Fry:

A srta. Thompson me entregou sua mensagem e lamento dizer que não há nada que eu possa fazer por seu marido.

Creio que ele terá de voltar para casa porque fez coisas que o governo não pode apoiar. Tenho certeza de que eles emitirão um passaporte para que ele volte para casa, mesmo que isto signifique que uma outra pessoa terá de ser enviada para assumir o trabalho que ele está fazendo.

Muito cordialmente,
Eleanor Roosevelt[11]

Fry também corria o risco de ser agredido fisicamente. Certa noite, jovens franceses fascistas do grupo *Jeunesse de France* tentaram vandalizar o escritório. Fry trabalhara até mais tarde e descia a escada, quando os desordeiros, usando as calças largas verdes e as boinas azuis do uniforme da *Jeunesse*, entraram no prédio. Enquanto ele se escondia no vestíbulo, eles tentaram arrombar a porta do CAS no segundo andar, mas, por sorte, as trancas tinham acabado de ser reforçadas. No dia seguinte, Fry fez uma queixa *pro forma* à polícia, ao mesmo tempo que suspeitava de que eles estivessem por trás do ataque.

No final de maio, ele relatou numa carta a Eileen.

Desde o início, tenho sido submetido a todo tipo de táticas especiais: intimidação, agentes provocadores, tentativas de "plantar" documentos e propaganda no escritório – tudo que a imaginação de policiais pode conceber. (...) É muito divertido, mas exige nervos fortes! (...) Eles estão até tentando me incriminar falsamente numa acusação de má conduta moral, enviando tanto garotas quanto garotos. (...) Desnecessário dizer que não toco nas pessoas enviadas, do mesmo modo com que não toco nos "documentos importantes" que pessoas me dizem que alguém lhes disse que eu poderia fazer chegar às autoridades britânicas.[12]

Então, para grande horror de Fry, Danny Bénédite foi preso.

PRESO

No dia 20 de maio, Danny foi preso por tentar comerciar lingotes de ouro no mercado negro. Era uma acusação muito séria, e Fry ficou agoniado. Podia significar, no mínimo, uma sentença de prisão para Danny e, possivelmente, o fim do CAS.

Desde o princípio, o comitê havia trabalhado com certos gângsteres de Marselha. Charles Vinciléoni, dono do restaurante La Dorade, era o chefe de uma das principais gangues da região.[1] Para aqueles que não sabiam, ele parecia um tipo pouco loquaz, dispéptico, com jeito de avô. Era um especialista em contrabando. Por um bom preço, ele ajudara a encontrar uma rota segura para os soldados britânicos na clandestinidade e ainda retidos na França depois da derrocada de Dunquerque. Uma vez que tinha o porto inteiro no bolso, ele sabia quais os barcos com destino a Beirute, Argélia ou Casablanca poderiam com segurança esconder "carga humana". Alguns dos mais robustos e jovens clientes do CAS tinham seguido esta rota. Charles era o único gângster de Marselha que nunca havia passado o comitê para trás.

De vez em quando, o comitê usava *maisons de passe* fornecidas pelos gângsteres para alojar temporariamente clientes em perigo. Pelo menos numa ocasião, tiveram acesso a um aposento escondido atrás de contrabando num dos porões subterrâneos do Vieux Port.

Com o passar do tempo, aquelas atividades puseram o comitê em contato com Mathieu, o amigo de Raymond Couraud. Afirmando que tinha contatos na embaixada espanhola em Vichy, Mathieu se oferecera para transportar cinco clientes do CAS na travessia da fronteira espanhola num carro diplomático. Os documentos não seriam checados, uma vez que todos os cinco estariam viajando com imunidade diplomática. O preço era 100 mil francos, 50 mil pagos adiantado. No final, o "carro diplomático" não se concretizou. Fry censurou-se por sua credulidade, mas aquela não seria a última vez que o comitê seria enganado.[2]

Desde que fora aberta a rota da Martinica, os fundos em dólares e francos do CAS haviam encolhido, e tornara-se necessário usar um estoque de moedas de ouro que Danny mantinha enterradas em meio aos pinheiros na Villa Air-Bel. A maior parte do ouro lhes fora dada por refugiados em fuga que seriam reembolsados com fundos americanos em Nova York. O ouro tinha de ser trocado no mercado negro e, desde o início, Danny soubera que estaria em terreno perigoso. Somente Boris Kourillo, um velho contato, ex-funcionário da American Express Company, continuava a negociar com algo tão perigoso quanto ouro, uma reserva nacional. A penalidade era demasiadamente alta para quem fosse apanhado.

No dia 21 de maio, Kourillo dissera a Danny que havia encontrado um comprador para o ouro. Danny deveria levar 2 mil dólares em moedas ao hotel de Kourillo na *rue* Thubaneau. Quando Danny chegou, Kourillo sugeriu que, se ele pudesse trazer mais ouro, uma segunda operação poderia ser concluída na mesma ocasião. Danny voltou naquela tarde com mais 2 mil dólares em moedas na valise. Quando se aproximava do hotel, contudo, percebeu que alguma coisa estava errada. Havia um carro preto estacionado na rua com dois homens aparentando um "desinteresse estudado". Danny tentou seguir adiante e passar pelo hotel sem virar a cabeça, mas Kourillo saiu correndo de lá de dentro. Agarrou o braço de Danny com a mão escorregadia como um peixe e sussurrou:

– Alguma coisa está errada. Volte às oito desta noite.

No mesmo instante, os dois policiais caíram em cima de Danny, agarraram-no pelos braços, tomaram-lhe a maleta e o enfiaram no carro.

Nos breves dez minutos que levou para chegarem à delegacia, Danny inventou um álibi para proteger o comitê. Esta era sua maior preocupação. Pensando rapidamente, ele disse à polícia que Max Ernst lhe dera o ouro em agradecimento por ter conseguido levá-lo em segurança para a Espanha. Acreditava-se que Ernst fosse rico e, àquela altura, ele estaria em segurança em Portugal. A história de Danny era que Fry havia recusado o ouro, mas que ele tomara a iniciativa de aceitá-lo, por saber que o comitê precisava de dinheiro para ajudar os refugiados em dificuldade. Ele garantiu que o comitê não tinha nenhum conhecimento daquilo, que Ernst pessoalmente dissera a Danny que poderia obter uma taxa de câmbio justa se procurasse um homem chamado "Robert". Ele ia encontrar o tal anônimo Robert num café nas vizinhanças quando a polícia o prendeu. Danny sabia que a história não era convincente, mas, pelo menos, mantinha o comitê fora da encrenca. Ele falou de sua "iniciativa lastimável" e esperou que acreditassem nele. O que Danny não sabia, ao preparar seu álibi, era que o próprio Kourillo o traíra.[3]

Danny foi levado para a Douane (alfândega) onde lhe asseguraram que seu dilema era compreensível e disseram-lhe que voltasse com 30 mil francos no dia seguinte. Um suborno é claro. Aquilo seria o suficiente para evitar um processo judicial.

Naquela noite, ele voltou para a Villa Air Bel.Todo mundo estava profundamente preocupado com sua demora. Enquanto ouvia o relato de Danny, Fry tirava e botava os óculos, como era seu hábito quando estava nervoso.

– Meu pobre Danny – repetia.

Theo ficou fora de si. Embora fosse uma mulher forte e de estofo, tinha algum conhecimento do que era ser preso. Ela própria já tinha sido a causa da prisão deles dois.

No mês anterior, no dia 5 de abril, uma manifestação espontânea havia irrompido na Canebière, em apoio à decisão do governo iugoslavo de romper a aliança do país com Hitler. Tudo começou com pessoas atirando flores na Canebière. Quando a polícia fechou as lojas de flores, os manifestantes compraram flores artificiais. Finalmente a polícia fechou a avenida com um cordão de isolamento, mas então as pessoas embarcaram nos bondes e atiraram flores das janelas. Danny e Theo, por acaso, se encontravam no local. Theo ficara tão comovida com o protesto e enfurecida com a ação da polícia, que tinha atravessado a barreira e corrido para depositar um buquê de flores no meio da rua vazia. Imediatamente ela foi presa e posta num camburão da polícia, onde Danny se juntou a ela "por solidariedade", como declarou.

Enquanto eram transportados para o Evêchê, Theo sussurrou para o marido que trazia consigo vários memorandos comprometedores escritos por Varian.

– O que faço se eles me revistarem?

Danny disse-lhe que teria de comer os papéis discretamente, o que ela fez. Quando Fry foi à delegacia buscá-los, não conseguia decidir se ficava zangado com a falta de cautela de Theo ou impressionado com sua coragem. Mas se ofereceu para recompensá-la pela refeição desagradável, convidando-os para jantar no La Dorade.[4]

Mas isso era diferente. Danny estava numa encrenca séria. Ser apanhado negociando com ouro era crime. Com sua calma estóica habitual, Danny manteve uma aparência tranqüila, mas estava apavorado. Passou a noite sem conseguir dormir, se perguntando se o suborno funcionaria. O que seria de sua família se fosse preso? Mesmo que fosse liberado, poderia continuar trabalhando para o CAS? Não se tornaria um risco? A polícia ficaria de olho nele.

Danny voltou à alfândega no dia seguinte com os 30 mil francos que o capitão havia exigido. Claramente alguma coisa havia acontecido. O capitão se recusou a receber a "multa" e disse a Danny que ele teria de ser transferido para a prisão. As acusações eram "posse ilegal de ouro, intenção de fazer câmbio ilegal de ouro e obter lucros ilegais de câmbio de outro para seu uso pessoal". Ele foi levado para o Evêchê e passou a noite numa cela. No dia seguinte, o fotografaram, tiraram-lhe as impressões digitais e o levaram para o Palais de Justice, onde esperou várias horas terríveis até ser conduzido, algemado, a um juiz. Depois de ler as acusações contra ele, o juiz ameaçadoramente lhe perguntou se tinha um advogado. Danny foi então levado para a prisão de Chauve. Foram-lhe concedidos apenas dois minutos para uma entrevista com Gaston Defferre, o advogado que Fry enviara para defendê-lo. Ele aproveitou para entregar a Defferre os evidentemente inúteis 30 mil francos que ainda tinha consigo.

Numa cela projetada para uma pessoa, Danny passou nove dias com um armênio ladrão de jóias e um argelino que tinha matado a esposa, refletindo sobre sua imprudência ao cair na armadilha de Kourillo. A comida era insuficiente. Apenas um pedacinho de céu azul podia ser visto pela janela da cela. Ao longe, ouvia o clangor da linha de bondes que seguia para Villa Air-Bel.[5]

Então, inesperada e subitamente, foi-lhe concedida liberdade provisória até o julgamento. Todo o pessoal do CAS se reuniu no escritório de Defferre para recebê-lo. Ele estava magro, barbado e sujo. Theo se atirou em seus braços, e então Varian, com lágrimas nos olhos, abraçou-o. Defferre tivera uma enorme dificuldade para dissuadir Fry de se apresentar à alfândega e assumir a responsabilidade pelo tráfico de moeda. Ele quisera se oferecer como prisioneiro no lugar de Danny. Defferre lhe assegurara que aquilo resultaria apenas no fechamento do CAS.

Em vez disso, Fry fora ao consulado e exigira que o cônsul-geral intercedesse em favor de Danny. Para espanto de Fry, Hugh Fullerton fora pessoalmente ver o diretor da alfândega exigindo uma explicação para o fato de não ser concedida a um empregado de uma benevolente organização de auxílio americana a liberdade provisória antes do julgamento.[6] A intervenção de Fullerton foi apenas uma encenação pública. Ele certamente não acreditava que Danny fosse inocente. O diplomata cuidadoso demonstrava considerar um ultraje que qualquer organização americana pudesse ser tida como envolvida em atividades ilegais.

MEU CORAÇÃO MALVADO

Certo dia, em meados de maio, Fry pediu a Mary Jayne que deixasse a Villa Air-Bel. Sua ligação com Killer e seus amigos estava pondo o CAS em risco. Ele achava uma boa idéia que ela voltasse para os Estados Unidos. Isto Mary Jayne não estava pronta para fazer, mas imediatamente concordou em sair da *villa*. Contudo, ficou preocupada com o motivo pelo qual Varian havia esperado até aquele momento para lhe pedir isso. Killer anteriormente lhe contara uma história revoltante. Ele e Mathieu haviam assassinado um alcagüete e o tinham enterrado no terreno da *villa*. Sua percepção da realidade estava espantosamente distorcida. Não só acreditou na história inverossímil de Killer – ela caminhou pelos bosques da propriedade em busca de terra recém-escavada –, mas se convenceu a não questionar a moralidade de "eliminar" um alcagüete que, supostamente, teria denunciado Mathieu, fazendo-o passar um mês na prisão. Ela acreditava que Mathieu, e não Killer, havia disparado o gatilho. Sua maior preocupação parecia ser que Fry tivesse sabido da história e por isso estava lhe pedindo para sair.

Mas, depois que Mathieu havia roubado aqueles 50 mil francos obtidos com tanta dificuldade pelo CAS com seu falso esquema de carro diplomático, Fry tinha motivo suficiente para estar farto da insistência de Mary Jayne em se manter associada com seus amigos criminosos. A prisão subseqüente de Danny no final de maio apenas confirmou que o comitê tinha de ser muito mais cuidadoso em seus negócios com as gangues de Marselha.

Com seu cachorro, Dagobert, Mary Jayne se mudou para um pequeno hotel um pouco ao norte da Canèbiere, embora mantivesse um quarto na *villa*. Estava quase sempre sozinha, só vendo Killer de vez em quando e os membros do comitê esporadicamente. Passava um bocado de tempo com a companheira de Victor Serge, Laurette Séjourné. Quando aparecia na Villa Air-Bel, só a velha amiga Theo parecia contente ao vê-la. Varian deliberadamente saía da casa sempre que Mary Jayne chegava.

Mary Jayne e Killer tinham se desentendido. Ele afirmava que ela se recusava a dizer-lhe que o amava e que lhe recusava o que lhe era devido. E, apesar de seus pretensos amigos terem-na abandonado, ainda estava dando seu dinheiro para o maldito comitê. Certo dia, ela estava num salão de beleza – viver numa cidade estrangulada pelo racionamento não era motivo para negligenciar o cuidado dos cabelos –, quando Killer apareceu. Mary Jayne logo percebeu seu olhar agressivo e hostil. Ele a acusou publicamente de considerá-lo "um malandro imprestável" e foi embora enfurecido, ameaçando: "Posso ser um verdadeiro demônio. Você vai ver."[1] Ela pensou que era apenas uma de suas tiradas, mas, na verdade, ele a estava apenas preparando para o que estava prestes a fazer.

Naquela noite, vieram bater à porta de Mary Jayne. Era Marcel Verzeano do CAS. Ele viera avisá-la de que Killer entrara à força no quarto dela em Air-Bel, apavorando a jovem empregada espanhola, Maria. Ele tinha revirado o quarto. Mary Jayne imediatamente tomou o bonde para La Pomme.

Seu quarto estava um caos. O conteúdo das gavetas e do armário tinha sido atirado no chão. Tão logo começou a examinar suas coisas, Mary Jayne se deu conta de que Killer roubara suas jóias e muitos objetos de família preciosos. Custou a acreditar naquilo. Ficou traumatizada. Nunca imaginara que ele pudesse fazer aquilo com ela. Como se para apagar o fato, ela arrumou o quarto, pondo tudo nos lugares.

Ao voltar do escritório, Theo correu para consolá-la. Abraçou Mary Jayne, que soluçava e lhe disse que seria melhor que passasse a noite na *villa* onde estaria segura.

Mas Mary Jayne ainda não havia acabado com Killer. Depois daquilo, decidiu que não podia deixá-lo mergulhar sozinho no mundo de Mathieu. Ela ainda o salvaria. Alem disso, queria suas jóias de volta.

Dizer que, para uma mulher de mais de trinta anos, Mary Jayne era imatura e egocêntrica seria uma avaliação grosseiramente modesta. Ela estava aprisionada num melodrama pessoal, numa espécie de obsessão neurótica.

Inacreditavelmente, Mathieu apareceu na *villa* com uma história absurda. Ele afirmou que o roubo tinha sido idéia de Killer e se ofereceu para recuperar as jóias dela. É claro que Mary Jayne não acreditou numa palavra disso, mas Mathieu poderia levá-la até Killer, e ela precisava vê-lo. Mathieu disse que a acompanharia de trem até Cannes, onde exigiria que Killer viesse se juntar a eles.

Theo ficou temerosa quando soube do plano de Mary Jayne de partir com Mathieu, mas ela lhe disse que não se preocupasse.

– Vou me hospedar no Carlton – falou. – Eles não podem me matar com um tiro no Carlton.[2]

Durante a viagem para Cannes, Mathieu lhe fez juras de amor e se ofereceu para matar Killer. Mary Jayne não conseguia imaginar o que ele pretendia. Talvez quisesse a namorada rica para si mesmo. Ela o desencorajou, desmanchando-se em risadinhas histéricas, o que não foi muito difícil, uma vez que de fato se sentia um tanto histérica.

Em Cannes, o melodrama se desenrolou no Hôtel Carlton exatamente como se poderia prever. Mary Jayne insistiu em estar a sós com Killer. Com uma enorme *finesse*, ele conseguiu reconquistar suas boas graças. Disse que devia estar louco. Que tinha sido um idiota. Mathieu provavelmente já tinha vendido as jóias para receptadores, mas ele as recuperaria. O único detalhe que pareceu realmente chocá-lo foi a oferta de Mathieu de matá-lo. Killer sempre fora um leal integrante da gangue de Mathieu.

Mary Jayne finalmente conseguiu desempenhar o papel de estrela em seu próprio filme de gângster. Ou pelo menos era assim que se lembraria. Mais tarde, quando ela e Killer se encontraram com Mathieu num café local, ela assumiu o comando. Ela disse a Mathieu:

– Você pode fazer um desertor da Legião Estrangeira desaparecer, sem que se façam perguntas. (...) Mas não pode me fazer desaparecer. Haveria manchetes no *New York Times.* (...) De modo que não toque em mim. E não toque [em Raymond], senão eu irei à polícia. – Enquanto eles saíam, Killer ficou repetindo: "*Tu es formidable.*" Recordando o episódio com alguma ironia, ela diria:

– Eu estava tão eufórica com minha cena, que não tive tempo de sentir medo.[3]

Mary Jayne, com 32 anos, e Killer, com apenas vinte, estavam fazendo brincadeiras perigosas enquanto as tragédias reais da guerra se desenrolavam ao redor deles. É difícil compreendê-la. Ela parecia crer que ele era sua alma gêmea e que, ao salvá-lo, estava salvando alguma parte órfã de si mesma. Agora que o tinha protegido de Mathieu, não tinha mais ilusões sobre a longevidade do relacionamento deles.

Ambos sabiam que Killer se encontrava numa situação precária. Estava claro que ele havia desertado da gangue e que Mathieu não pararia de procurá-lo. Era imperativo que ele saísse de Marselha. Com uma audácia que deve ter sido ofensiva, Mary Jayne foi procurar Varian Fry. Ele educadamente recusou-se a emprestar-lhe a ajuda do comitê. Ela não se surpreendeu que ele dissesse não, mas ficou bastante magoada que ele o fizesse sem um momento de hesitação. Abordou todos os outros membros do comitê e foi peremptoriamente rejeitada. Como podiam eles revelar sua inestimável rota clandestina para um sujeito como Killer? Finalmente Mary Jayne encontrou um aliado em Charles Wolff do CAS. Sem o conhecimento de Fry, ele localizou um guia espanhol que estava disposto, por um preço salgado, a levar Killer na travessia dos Pireneus. Killer disse que só precisava chegar ao consulado britânico em Barcelona. Ele se alistaria no exército britânico e se tornaria um oficial britânico. Explicaria seu sotaque afirmando que era canadense de Quebec e, portanto, cidadão do império britânico. Queria que Mary Jayne fosse se juntar a ele na Inglaterra. Sem dúvida, haveria trabalho de guerra que ela pudesse fazer. Ela objetou.

No amanhecer de certo dia, Killer escapuliu com o guia espanhol. Ele deixou um bilhete para Mary Jayne: "Amo você com todo meu coração malvado. Pense em mim com carinho – Killer."[4] Na Espanha, ele conseguiu chegar a Barcelona e ao consulado, onde, sem problema, recebeu o certificado de que precisava afirmando que era súdito britânico. Mas foi capturado quando tentava chegar a Gibraltar e, como muitos soldados britânicos apanhados na Espanha sem vistos de trânsito, foi posto no setor britânico do campo de concentração Miranda-del-Ebro.

Pouco tempo depois, Mary Jayne e até mesmo Theo no CAS começaram a receber pedidos de dinheiro de Killer. Ele afirmava que emprestara o que Mary Jayne lhe dera a alguns dos clientes do comitê no campo de presos de guerra, e estava exigindo mais. O comitê entrou em pânico. Telegramas desse tipo eram a confirmação de que a polícia precisava para provar que o CAS estivera ilegalmente auxiliando refugiados e oficiais britânicos a fugir da França. Mary Jayne escreveu um telegrama frenético dizendo a Killer para se calar. No entanto, ela lhe enviou mais dinheiro através do Comitê de Serviço Unitarista.

Não demorou muito e Killer foi transferido para Gibraltar. Em outubro de 1941, conseguiu chegar à Inglaterra. Num piscar de olhos, recebeu um posto de tenente no exército britânico. Ele escreveu a Mary Jayne: "Todos os meus sonhos estão realizados. (...) Eu lhe imploro que não diga nada a seus amigos ingleses, que têm sido tão gentis comigo, sobre como fui horrível com você em Marselha. (...) Se você pudesse ver o novo Raymond em todo o esplendor de seu novo uniforme!"[5] Killer acabou por se tornar pára-quedista. Ele e outros membros da elite de comandos se tornaram os queridinhos da alta sociedade inglesa. Usando as amizades e contatos de Mary Jayne, ele logo estava sendo convidado para fins de semana em propriedades no campo nos quais "Lord Dickie" [Mountbatten] era o convidado de honra. Seu inglês melhorou espantosamente. Para grande surpresa de Mary Jayne, Killer acabou se revelando um esnobe.

No final, Mary Jayne demonstrou estar certa em seu julgamento de Raymond Couraud. Ele se tornou um herói. Seu temperamento de bravatas e bravura combinava de maneira brilhante com a guerra. Foi gravemente ferido na infame batalha de St. Nazaire, onde uma força de 611 comandos britânicos trazidos por mar lançou um raide contra os estaleiros controlados pelos nazistas. Tão logo se recuperou, saltou de pára-quedas várias vezes atrás das linhas inimigas. Ele afirmava ter sido um dos primeiros oficiais britânicos a marchar com seu esquadrão pelo Champs-Élysées depois da liberação de Paris. Ele escreveu a Mary Jayne que, naquela mesma tarde, foi sozinho ao antigo apartamento dela no Bois de Boulogne, sentou-se em sua sala de jantar e mais uma vez se censurou por suas traições. O *boche* que havia ocupado o apartamento o deixara em perfeitas condições e havia até acrescentado um piano de cauda. O apartamento estava pronto e esperando que ela voltasse.[6]

Quando a guerra afinal acabou, Raymond Couraud havia alcançado o posto de major no Segundo Regimento de Forças Especiais Aerotransportadas e fora condecorado com a Cruz Militar por bravura em combate. Ele tinha 24 anos.

Em meados de junho, Mary Jayne concluiu que finalmente estava na hora de deixar a França. Com a partida de Killer, os residentes da *villa* gradualmente tinham se tornado mais amistosos. Eles nunca mencionavam Raymond Couraud. No final de junho, ela havia conseguido todos os documentos necessários e preparou sua despedida. Ficou satisfeita quando o comitê demonstrou ter confiança suficiente nela para confiar-lhe uma última missão. Levando preservativos inseridos em tubos de pasta de dente e creme facial, ela partiu com mensagens secretas para a inteligência britânica em Lisboa. Mary Jayne não encontrou nenhuma dificuldade para fazê-las chegar a seu destino.

Em seu livro de memórias, *Crossroads Marseilles*, quando examinou suas experiências em Marselha, anos mais tarde, ela manifestou arrependimento por ter perdido a oportunidade de conhecer melhor André Breton. Breton tinha feito com que a vida parecesse uma viagem de descobrimento interior. Ela lamentava, por sua própria culpa, jamais ter sido plenamente aceita pelo comitê e não ter sido tão útil quanto poderia. Mas nunca lamentou "ter socorrido" (em suas próprias palavras) aquele "garoto delinqüente".[7] Eles se mantiveram em contato ao longo dos anos que se seguiram. Raymond lhe escreveria sobre seu amor por ela e lhe contaria sobre seus casos amorosos atuais. Os anos de guerra tinham sido seus anos de glória, e ele sempre foi grato a ela por ter-lhe dado aquele presente.

TRISTE TROPIQUE

A Europa, com suas Rússias esburacadas de balas, suas Alemanhas esmagadas e pisoteadas, suas nações invadidas, sua França devastada – como nos apegamos a ela! Nós partimos apenas para retornar.

VICTOR SERGE[1]

André Breton postou-se no passadiço do cargueiro convertido *Capitaine Paul-Lemerle*. Ele podia ver avizinhando-se ao longe o farol de Fort-de-France, a capital da Martinica. Tinham sido trinta dias exaustivos no mar. O navio parecia estar levando alguma carga secreta; havia feito escalas em incontáveis minúsculos portos no Mediterrâneo e na costa oeste da África, sem dúvida fugindo da inspeção pela Real Marinha Britânica. À medida que a viagem se alongava, a fome, a exaustão e o fedor insuportável das latrinas deixaram os 350 passageiros completamente esgotados. A comida tinha sido execrável. Breton estava pensando nas crianças sob a coberta se distraindo com suas brincadeiras em meio aos grandes pedaços de carne de boi e de carneiro que apodreciam pendurados ao ar livre. Naquela manhã, ele dera por acaso com a mais estranha das visões. Tinha visto, perfeitamente alinhados, a carcaça suspensa, ensangüentada e sem pele de uma vaca, atrás da qual se erguia o camarote superior do navio, e atrás o sol que nascia. Agora, ele olhava para a vastidão azul do mar, as verdejantes florestas tropicais e as areias negras da Martinica, e observava os peixes-voadores desenharem um arco sobre a água. Inalou a brisa fresca da baía.[2]

Breton podia sentir uma nova euforia se apoderar dos passageiros. Alguns deles sacavam os minúsculos cacos de espelho que tinham guardado ao longo de toda a viagem e tentavam se arrumar. Seus pensamentos eram apenas de liberdade e água limpa.

Os passageiros haviam esquecido que a Martinica era um território da França e que eles ainda estavam sujeitos à lei de Vichy. Sem nenhuma advertência, uma dúzia de autoridades portuárias em uniforme cáqui subiu a bordo do navio, armada com revólveres e seguiu para o camarote do capitão. Um suboficial de infantaria exigiu absoluto silêncio dos passageiros reunidos no convés.

– Isto não é nada – disse ironicamente – comparado com o que os espera na ilha.

Os passageiros foram chamados um a um para o alojamento dos oficiais. Eles puderam ouvir, de dentro do camarote, um oficial gritando:

– Não, você não é francês, você é judeu, e judeus franceses são piores para nós do que judeus estrangeiros.[3]

Ao ser conduzido diante dos oficiais, Breton foi tratado com desprezo:

– Um escritor! Você pensa que pode vir aqui para dar conferências.

O oficial exigiu 9 mil francos como fiança para desembarcar e mais 1.500 para cobrir as despesas do internamento da família Breton.

Naquela noite, todos os passageiros foram levados em barcos, atravessando a baía até Pointe-Rouge. Eles foram mantidos presos em Lazaret, uma ex-colônia de leprosos.

Naquele posto avançado colonial pró-Vichy, eles eram mais uma vez inimigos – judeus e anarquistas imundos, responsáveis pela derrota da gloriosa França. Apenas três passageiros tinham recebido permissão para desembarcar e entrar na cidade: o jovem *créole* da Martinica, o misterioso tunisiano com seu Degas e Claude Lévi-Strauss. Por causa das freqüentes viagens de Lévi-Strauss ao Brasil, naquela mesma companhia de navegação, o capitão havia insistido para que ele tivesse permissão para desembarcar. De fato, sua viagem não fora de todo desagradável. Como passageiro de camarote, ficara segregado dos refugiados. Ele se lembraria de observar do alto André Breton "andando

Refugiados a bordo do *Capitaine Paul-Lemerle*. Victor Serge pode ser visto na extrema esquerda.

para cima e para baixo pelos raros espaços livres no convés, parecendo um urso azul com seu paletó aveludado".[4] Certa ocasião, lhe enviou um bilhete, e eles conseguiram encontrar-se esporadicamente no convés. Além disso, mantiveram correspondência e tornaram-se amigos.

A ex-colônia de leprosos consistia em prédios de tijolos abandonados, as portas e janelas apenas buracos abrindo-se para o céu. Os homens mais uma vez foram segregados das mulheres e crianças. A comida se limitava a latas de sardinha vendidas a preços exorbitantes. Pelo menos, os prisioneiros tinham o conforto do mar. Podiam se banhar numa pequena praia entre os muros da colônia, mas apenas um passo além de seus limites fazia aparecer um guarda armado. Fazia-se uma chamada de manhã e à noite.

Somente cidadãos franceses tinham permissão para deixar o leprosário e isso apenas até as cinco da tarde. Quando Breton apresentou seu passaporte solicitando permissão para entrar na cidade, o tenente responsável disse:

– Breton. Não. O conselho de segurança se opõe ao que sabe que você pretende fazer quando chegar a Fort-de-France.[5]

Finalmente, depois de cinco dias, concederam-lhe um passe para deixar o campo de presos e visitar o consulado dominicano, onde precisava solicitar seu visto de trânsito. Inesperadamente, seu pedido de uma entrevista com o governador da ilha também foi aceito.

Breton se viu sentado diante de um homem pequenino, de cabelos grisalhos, com modos gentis e até mesmo modestos. Ele apresentou seu caso. Como podia ele, que havia servido o país como oficial médico responsável por uma escola de pilotos, ser preso em território francês? O governador gaguejou uma explicação. As autoridades navais haviam assumido o controle da ilha. Além disso, um relatório havia precedido Breton ou chegado com ele (o governador não tinha certeza de qual dos dois), deixando claro que ele era um "agitador perigoso". O governador admitiu que pessoalmente achava Breton simpático, mas que ele era, afinal, um escritor, um jornalista, algo que, por si só, era alarmante. Breton respondeu que nunca tinha sido jornalista. Ele escrevia poemas.

Naquela mesma noite, o comandante do campo libertou Breton e sua família. Eles se instalaram em um pequeno hotel e, no dia seguinte, se apresentaram à delegacia de polícia como tinham sido instruídos. Sentado debaixo de uma enorme fotografia de Pétain, o oficial responsável falou com desprezo:

– Tudo bem, me dê o endereço de seu hotel, mas tenha cuidado. Poeta surrealista, hiper-realista, nós não precisamos disso na Martinica.

Para revolta de Breton, o comandante o advertiu a não se misturar com "os elementos de cor", que eram "crianças grandes" e não mereciam confiança.[6] Na mesma manhã, André e Jacqueline encontraram os dois oficiais da polícia secreta que os seguiriam durante toda a estada forçada na Martinica.

Por fim, todos os prisioneiros no Lazaret foram libertados. Eles deveram isso a uma disputa entre as autoridades marítimas e a câmara de comércio. Os comerciantes consideravam os refugiados uma inesperada expansão na atividade econômica da ilha e assim, embora a polícia os mantivesse sob vigilância, eles puderam sair pelas ruas de Fort-de-France, gastando seus poucos francos na comida a preços escandalosos, e montar cerco ao consulado dominicano com pedidos de visto.

Certa manhã, quando ia a uma loja comprar fita para a filha, Breton, por acaso, viu uma revista. Numa prateleira, em meio a quinquilharias, estava a primeira edição de um periódico modestamente produzido, chamado *Tropiques*. Breton o leu com crescente estarrecimento e admiração. A poesia e os ensaios em suas páginas continham um exame impiedoso da guerra e da exploração colonial da ilha. "Nós somos aqueles que dizem Não a esta treva", escrevia o editor.[7] Aquilo era melhor do que qualquer coisa que tivesse lido em periódicos na França.

Breton logo localizou o editor, Aimé Césaire, um professor de 28 anos em um liceu local. Césaire, que iria se tornar o maior poeta da Martinica, mais tarde diria que aquele encontro com Breton foi "absolutamente crucial e decisivo. Se hoje sou quem sou, creio que em grande parte se deve ao fato de ter conhecido André Breton. [Foi como descobrir] um maravilhoso atalho para encontrar a mim mesmo".[8]

Logo os refugiados ligados à literatura puderam se reunir no café Place Savane, com a polícia secreta descaradamente sentada em mesas vizinhas às deles. Helena Holzer e Wilfredo Lam se juntaram aos Breton na exploração dos mercados da cidade. André Masson, a esposa e dois filhos tinham deixado Marselha a bordo do *Carimare* uma semana depois da partida do *Capitaine Paul-Lemerle* e foram vítimas do mesmo internamento no Lazaret. Agora eles também estavam livres. Césaire e a esposa, Suzanne, levaram todo o grupo para uma excursão ao vulcão Saint-Pierre e ao abismo de Absalão, onde se dizia que os índios caribenhos tinham ido se suicidar quando as indignidades da escravidão se tornaram insuportáveis. Césaire os apresentou às maravilhas do jângal, às infinitas variedades de palmeiras, samambaias e orquídeas silvestres. Breton e Masson coletaram material para o que se tornaria *Martinique, charmeuse de serpents*, uma colaboração publicada em 1947, assim intitulada em homenagem a um quadro de Henri Rousseau.

No dia 16 de maio, os Breton, os Masson, Holzer e Lam embarcaram no cargueiro *Rafael Trujillo* para a Ciudad Trujillo, como a capital da República Dominicana era então chamada. O país estava sob a ditadura do general Trujillo. Por toda parte, cartazes exibiam seu lema: *Lei e Ordem*. Trujillo estava tentando manter os refugiados na ilha de modo a acrescentar médicos e professores aos recursos nacionais. Mesmo assim, no dia 12 de junho, depois de quase um mês, as famílias Breton e Masson partiram para Nova York. Wilfredo Lam, que não via a família havia 18 anos, partiu com Helena para sua Cuba natal.[9]

As autoridades em Cuidad Trujillo tinham tomado sob custódia toda a correspondência de Breton e, com ela, todos os endereços de seus correspondentes. Mas ele se lembrava do endereço de Kurt Seligmann. Um telegrama para Seligmann anunciou a chegada iminente aos Estados Unidos da família Breton. Ele dizia que estava decidido a compensar "aqueles dois anos perdidos na França". "Não haverá olhares para trás", observava duramente.[10] Jacqueline Breton escreveu para Fry no final de junho: "A viagem foi como a de Colombo. Foi longa. Levou dois meses e foi muito revoltante e bela. (...) Não sei ainda se gosto de Nova York. Tudo me parece tão novo. O que é certo agora é que a América é a árvore de Natal do mundo. (...) Quando como tudo que quero e qualquer coisa que queira, penso na grande mesa no *chateau* e na aparência estranha que tinha aos domingos."[11]

Se o trânsito de Breton pelos trópicos tinha sido extremamente desagradável, o de Victor Serge foi um horror. A viagem por mar para a Martinica fora particularmente dura para ele, e sua saúde estava frágil. Estava preocupado com o destino de

Laurette e de sua filha de seis anos, Jeannine, e aflito com o fato de que nem ele nem Vlady tivessem ainda recebido o visto de trânsito que lhes permitiria chegar ao México. Seus nervos estavam no limite. Certo dia, a bordo, cruzou com Vlady lendo o *ABC do comunismo* de Bukharin. Serge agarrou o livro e o lançou ao mar.

– Não é hora para isto – disse. – Você deveria estar estudando uma cartilha de espanhol.[12]

Vlady se lembraria dos oficiais subindo a bordo do navio em Fort-de-France. Quando eles fizeram a ronda, exigindo que lhes dissessem que passageiros eram judeus, Serge respondera:

– Eu não tenho esta honra.[13]

Sua detenção no Lazaret foi mais longa que a dos outros, e ele achou penoso o encarceramento: um calor escaldante, sem água corrente, e 25 francos por dia pela "comida indescritivelmente ruim".

Quando afinal foi liberado para ir à cidade, Serge passou o tempo não com os surrealistas em cafés, mas em isolamento, tentando se recuperar. Estava tão cansado que não conseguia nem ir ao correio recolher a correspondência. Aquilo só podia ser feito pessoalmente e era imperativo para ele recebê-la. Tinha de começar a trabalhar de novo para obter vistos para ele e para o filho. O visto de trânsito martinicano que Fry lhe garantira ter conseguido parecia ter se evaporado no ar. Sua volumosa correspondência com os Macdonalds foi retomada.

Serge mais uma vez estava aprisionado num limbo. Ele não tinha permissão para ficar na Martinica. A única maneira de chegar ao México era via os Estados Unidos ou Cuba, e os Macdonalds informaram-no de que o visto de trânsito, que tinha sido enviado para ele seis dias depois de sua partida de Marselha, desde então fora revogado.

Décadas depois, a biógrafa de Serge, Susan Weissman, conseguiria explicar por quê. O processo de solicitação de visto chamara a atenção do serviço de inteligência americano para Serge, e ele estava sendo investigado.

> *Sua ficha no FBI indicava que o exército, a marinha, o Departamento de Estado e a Inteligência Militar dos Estados Unidos, todos, estiveram espionando Serge. A correspondência entre Serge, os Macdonalds e as agências oficiais na França tinham sido fotografadas pelo FBI e todos os nomes mencionados investigados, pouco importando se a correspondência fora enviada por correio, por clíper, telefone ou American Express. (...) Ironicamente, depois que os Macdonalds conseguiram obter para Serge um visto temporário americano suas malas foram etiquetadas "USA". A bagagem entrou, mas não o dono. O Departamento de Imigração confiscou as duas malas de Serge (...) e o FBI designou agentes especiais para fotografar o conteúdo das malas e tradutores para traduzir os documentos [que] então foram resumidos para ser lidos por J. Edgar Hoover.*[14]

Desta maneira, J. Edgar Hoover inadvertidamente se tornou uma autoridade na obra de Victor Serge, uma vez que as únicas coisas que havia nas malas eram manuscritos e alguma correspondência.

Serge escreveu aos Macdonalds a 10 de maio: "É compreensível que vocês devam estar afogados em casos de refugiados. Desde agosto [1940], estamos vivendo em meio a esse desastre e luta constantes e, se algum dia eu vier a falar a respeito disso, dará um livro farsesco e terrível".[15]

As autoridades da Martinica estavam ansiosas para se livrar dos refugiados e finalmente permitiram que Serge e o filho partissem para a Ciudad Trujillo em 23 de maio. Àquela altura, os vistos mexicanos deles precisavam ser renovados, mas, por sorte, o governo mexicano do ex-presidente Lázaro Cárdenas, que era agora secretário da Defesa, ainda se mantinha simpático à causa dos exilados. O visto de residência de Serge foi renovado duas semanas mais tarde, a 5 de junho.[16]

Embora tivesse esperado passar apenas alguns dias na Ciudad Trujillo, Serge e o filho se viram retidos ali por quatro meses. Durante essa estada, o adido naval americano John A.

Butler, capitão do Corpo de Fuzileiros americano os visitou. Em relatório confidencial para Washington, Butler comentou que Serge era "um observador brilhante e bem treinado, cujos primeiros pensamentos são contra Stalin, embora seja a favor de democracias".[17] Butler indicava que Serge estava esperando na República Dominicana por um visto de trânsito para Cuba a caminho do México.

Em junho, Dwight Macdonald escreveu dizendo que Serge agora só poderia obter um visto de trânsito para os Estados Unidos se concordasse em depor para o Comitê Dies, um órgão do Congresso americano que havia dois anos vinha investigando atividades subversivas. Ele seria interrogado sobre as atividades dos agentes secretos de Stalin. Embora Macdonald admitisse que fosse um "comitê reacionário", explicava que Serge deveria poder formular seu testemunho "de tal forma que o efeito fosse, de maneira global, progressivo e favorável aos verdadeiros interesses da classe trabalhadora".[18] Mas o teimoso sentido de integridade de Serge prevaleceu, e ele recusou-se a depor.

Naquele dia 22 de junho de 1941, ele soube que 190 divisões da Wehrmacht de Hitler tinham invadido a União Soviética. As notícias eram péssimas. Fazendo literalmente centenas de milhares de prisioneiros, os alemães tinham forçado os russos a recuar e avançavam inexoravelmente em direção a Stalingrado, Moscou e Kiev. Serge ficou desolado. Ele podia odiar Stalin, mas amava a Rússia. Foi perseguido por imagens mentais dos combates "por lá". Naquele momento, os últimos de seus camaradas provavelmente estavam em cadeias russas sendo fuzilados por ordens de Stalin por ter fracassado em derrotar o inimigo. Era sempre assim na Rússia de Stalin. Apesar disso, ele acreditava que o povo russo, de alguma forma, encontraria a força interna necessária para derrotar os alemães. Talvez a sorte do mundo inteiro dependesse de sua corajosa resistência. Ele previu que Stalingrado seria ferozmente defendida e que o invencível inverno da Rússia sabotaria a ambição vangloriosa de Hitler de dominar o mundo.

Trabalhando do raiar do dia à hora do almoço, Serge e Vlady se adaptaram ao calor tropical. Em quatro semanas, ele concluiu o livro *Hitler contra Stalin: La fase decisiva de la guerra mundial* (*Hitler Against Stalin: The Decisive Phase of the World War*) que dedicou aos trabalhadores da revolução mexicana. De acordo com Susan Weissman, biógrafa de Serge, a minúscula editora mexicana que o publicou, Ediciones Quetzal, "foi à ruína depois de publicar uma análise tão duramente anti-Stalin e anticapitalista da Segunda Guerra Mundial".[19]

Desistindo de qualquer esperança de obter um visto de trânsito americano, Serge e Vlady partiram para o Haiti. Era arriscado, uma vez que não tinham vistos haitianos, mas não podiam mais ficar em Ciudad Trujillo. Em Port au Prince, a polícia do aeroporto os pôs sob custódia e deportou-os de volta para a República Dominicana. Em seguida, eles tentaram Cuba, onde foram imediatamente internados no campo de concentração Tescornia. Os apelos dos Macdonalds à imigração cubana foram inúteis. Na corrupta Cuba, só os subornos funcionavam. No final, um ativista político salvadorenho que vivia em Havana, leitor dos poemas de Serge em francês, pagou a "fiança" de Serge e Vlady.[20] Pai e filho puderam continuar a viagem.

No dia 4 de setembro de 1941, mais de seis angustiosos meses depois de terem deixado Marselha, Serge e Vlady finalmente pisaram em território livre mexicano. Serge não era mais um fora-da-lei, não estava mais sendo caçado, vilipendiado, tendo de implorar que uma nesga de porta se abrisse para que pudesse entrar. Ele esperava que aquele fosse seu último exílio. E foi.

COMEÇANDO A PERDER O ÍMPETO

Verão de 1941

No *boulevard* Garibaldi em Marselha, Fry estava sozinho diante de sua escrivaninha. Sentia-se profundamente deprimido. Em janeiro, escrevera à esposa Eileen: "A verdade é que gosto mais desse trabalho do que de qualquer um que já tive na vida. (...) Pela primeira vez na vida, (...) [estou] usando todas as minhas capacidades."[1] Agora, no final de junho, sentia-se esvaziado. Estava muito ligado às pessoas com quem trabalhava. Elas eram sua família, e, a cada vez que via alguém partir, embora fosse rumo à segurança, era uma perda terrível.

Ele tinha perdido Miriam Davenport. Ela lhe escrevera recentemente contando que ela e Rudolph tinham saído da Iugoslávia pouco antes de os alemães e italianos a invadirem em abril, mas agora estavam retidos na Suíça. Miriam estava enfrentando grande dificuldade para conseguir um visto para os Estados Unidos para Rudolph. Em fevereiro, Fry perdera a fiel secretária Lena Fischmann. Ficara muito perturbado quando ela lhe escreveu contando que fora obrigada a tirar até as roupas do corpo ao ser revistada ao cruzar a fronteira para a Espanha. De todas as perdas, a mais aflitiva tinha sido Beamish, que, àquela altura, já tinha chegado em segurança aos Estados Unidos. Embora Danny Bénédite o tivesse substituído com tanta competência, Fry ainda estava arrasado com a partida de Beamish. Desanimado e solitário, de vez em quando, escrevia a Eileen sobre a possibilidade de ela vir se juntar a ele na França, embora o convite estivesse longe de ser realista, e ele soubesse disso.

Com a partida de Breton, a vida na Villa Air-Bel perdera muito de seu encanto. Fry agora tinha se mudado para o quarto de Breton no último andar. Encontrou pequenos fragmentos dos recortes de papel colorido de André em um dos nichos de janela e atrás de uma porta e algumas de suas conchas e borboletas na cornija da lareira. Fry ouvia seu riso ecoando na casa e sentia sua falta. O amigo de Breton, Benjamin Péret, ainda vinha visitá-los com a bela companheira, a pintora Remedios Varo, mas a maioria dos surrealistas se afastara.

O trabalho do comitê estava paralisado. No final de maio, a rota da Martinica foi permanentemente fechada. A Real Marinha Britânica havia capturado o *Winnipeg* a caminho da Martinica e desviado sua rota para Trinidad, detendo a maioria dos passageiros, inclusive alguns dos clientes de Fry. Para prevenir outras capturas, Vichy imediatamente ordenara que os navios franceses *Wyoming* e *Mont Viso* aportassem em Casablanca. Também havia refugiados do CAS a bordo desses navios. Depois de telegramas febris e muito trabalho, o CAS conseguira tirá-los dos campos de detenção e providenciar para que prosseguissem a viagem. Mas não haveria mais refugiados usando a rota da Martinica.[2]

Em abril, a crucial Rota-F de Fry também fora permanentemente fechada. Lisa e Hans Fittko operaram a rota de fuga pelos Pireneus por mais de seis meses. No dia 25 de março, o governo Pétain decretou que todas as áreas de fronteira deveriam ser esvaziadas de estrangeiros em dez dias. Banyuls ficava dentro da zona de fronteira. Os gendarmes da cidade chegaram uma manhã para avisar aos Fittkos que eles deveriam ser evacuados.

Os Fittkos logo se viram mergulhados no miasma da burocracia francesa. Percebendo que não tinham outra alternativa senão partir, Hans Fittko pediu *sauf-couduit* para chegar à cidade de Cassis, próxima de Marselha, onde o irmão de Lisa morava. Mas surgiu uma disputa sobre a legalidade da *pièce d'identité* de Lisa. Seus documentos de identidade tinham o carimbo oficial: *refus de séjour* (residência recusada). Ela explicou que aquilo só se aplicava a Paris. Os gendarmes de Banyuls, que consideravam os Fittkos quase como nativos da cidade, ficaram num impasse.

Não podiam emitir um passe de salvo-conduto sem registrar o número da *pièce d'identité* do indivíduo, e Lisa não tinha número.

– Não poderiam apenas deixar o número em branco? – perguntou Lisa.

– Fora de questão. A linha tem de ser preenchida! – disseram-lhe.

Então o sargento ajudante apresentou uma sugestão. Em vez de escrever um número ao lado das palavras *pièce d'indentité*, por que simplesmente não repetiam as palavras *pièce d'indentité*. O sargento sorriu radiante para seu auxiliar. A solução era engenhosa. No passe de salvo-conduto de Lisa, ao lado da linha *pièce d'identité*, ele escreveu devidamente *pièce d'indentité*. Uma autoridade que examinasse o documento pensaria que a repetição era apenas um erro de quem o emitira, enquanto o sargento, um funcionário consciencioso, estaria satisfeito por que, de certa forma, se ativera à verdade. Depois de apertar a mão de todos, Lisa e Hans seguiram para a estação de trem. Se as coisas não tivessem ficado tão sérias, os Fittkos teriam até achado graça do absurdo da burocracia francesa.[3]

Para piorar, as coisas subitamente estavam ficando difíceis na Espanha. Até então, a maioria dos refugiados com vistos de trânsito e vistos internacionais, deixando claro que estavam apenas de passagem pelo país, não tiveram problemas em atravessar a Espanha. Mas, no princípio de maio, os governos de Vichy e Espanha assinaram um novo acordo que incluía um pacto para reforçar os controles de fronteira. A polícia espanhola agora checava cuidadosamente as pessoas nos trens e nos postos de fronteira. Qualquer uma sem a coleção necessária de vistos era presa. Agora, além dos vistos de entrada e de saída, exigiam-se também selos e autorização do Banque de France e da alfândega.

A passagem pela Espanha tornara-se mais perigosa. Talvez devido aos sucessos alemães naquela primavera na Iugoslávia, Grécia e Líbia, Franco decidira cooperar mais abertamente com Hitler, e a Gestapo agora circulava pela Espanha em busca de antinazistas. Não bastava mais levar as pessoas até a fronteira espanhola. Elas tinham de ser guiadas em segurança até Portugal.

Em março daquele ano, Maurice havia encontrado Silvio Trentin, um espanhol antifascista, dono de livraria em Toulouse, que o apresentara a um homem chamado Garcia. Havia algum tempo, Garcia vinha operando uma rota clandestina partindo da cidade portuária de Port Vendres, principalmente para soldados republicanos e políticos espanhóis. Ele a chamava de Rota Carlos, porque Carlos era um de seus melhores guias.

Garcia se orgulhava de sua rota e a explicou a Maurice. Guias franceses conduziam os fugitivos numa dura caminhada pelos Pireneus e então os confiavam a guias espanhóis, principalmente trabalhadores ferroviários, militantes anti-Franco, que conheciam os inspetores nos trens. O preço da rota clandestina era alto porque era preciso molhar muitas mãos e ficava ainda mais alto quando documentos falsificados tinham de ser conseguidos. Do lado espanhol da fronteira, havia bons locais de descanso em velhas igrejas e celeiros abandonados. Quando os refugiados chegavam a Barcelona, eram escondidos na casa de um garçom. A esposa dele até lhes lavava as roupas. O guia de Barcelona para Madri tinha de alguma forma arranjado um cartão de visitas de Ramon Serano Suñer, o ministro do Exterior do general Franco, que dizia: "Por favor, ofereça todas as cortesias ao portador." Quando ele o apresentava, sempre funcionava. Em Madri, os viajantes eram acomodados em hotéis afastados que não exigiam documentos de identidade. De lá, eram conduzidos na travessia da fronteira com Portugal e instruídos a tomar o trem para Lisboa.[4]

Em maio, somente a Rota Carlos ainda estava funcionando. No entanto, muitos refugiados que a seguiam estavam indo parar na cadeia em Miranda-del-Ebro. Conforme se revelou, os vistos de trânsito que Garcia estava distribuindo negligentemente eram falsificações muito grosseiras. Os documentos traziam erros de ortografia, e até a assinatura do cônsul espanhol era traçada a lápis e depois coberta com caneta. A polícia logo percebia isso.

Mesmo a assistência do comitê a soldados da Força Expedicionária Britânica retidos na França, assim como a aviadores britânicos abatidos que tinham conseguido saltar de pára-quedas e também acabaram retidos na França chegara ao fim. Os alemães haviam anunciado que qualquer pessoa descoberta prestando assistência a soldados britânicos seria fuzilada imediatamente. Fry explicou a seu contato britânico que não havia escolha. Tinha ordens de salvar os refugiados, era responsabilidade sua.

Com as rotas de fuga congeladas, Fry corajosamente se dedicou a fazer tudo que fosse possível para continuar. Ao longo dos últimos meses, para dar um maior destaque ao comitê, ele estivera procurando franceses de nome influente para acrescentar ao conselho de administradores do CAS, como *comité de patronage.* Estes nomes incluíam André Gide, Henri Matisse, Pablo Casals, Georges Duhamel e Aristide Maillol. A maioria deles sabia, pelo menos de maneira indireta, que Fry estivera tirando pessoas da França ilegalmente.

Fry começou a fazer excursões fora de Marselha, particularmente nas montanhas de Luberon. Sua nova empreitada era criar casas seguras para moradia de refugiados que poderiam nunca conseguir escapar. Também investigou possibilidades de realocação de refugiados para o CAS. Nas colinas de Var, alugou duas velhas fazendas a um preço ridiculamente baixo. Então, por meio de contatos de Danny, começou a criar uma pequena indústria de manufatura de carvão em La Garde-Freinet.[5] A idéia era que os refugiados pudessem viver discretamente nas comunidades locais. Ter trabalho para se sustentar ajudaria a protegê-los de denúncias e do inevitável internamento.

Danny e Theo agora estavam pensando seriamente em tentar sair da França. Depois daquele ano extenuante de trabalho, prisão e assédio da polícia, Danny ansiava por uma vida normal. Ele sabia que as coisas na França só iriam piorar. É claro que Fry queria vê-los em segurança, mas ficou entristecido ao pensar em perder Danny. Ele era de longe seu colega favorito, embora com freqüência criticasse os métodos de Fry. Para começar, Danny sempre achara que, com a aprovação de Fry, Maurice e Jean

Gemähling escolhiam colaboradores descuidadamente e apreciavam demais brincar de conspiração. Maurice havia encontrado Garcia. Quando se tornou evidente que Garcia estava dando aos refugiados documentos claramente falsificados, Danny ficara furioso e, num acesso de cólera, chamara Jean e Maurice de aventureiros, jogando com o destino dos refugiados. Indignado, Maurice ameaçara se demitir. Tanto ele quanto Jean estavam arriscando a vida, declarou, e usavam contatos ilegais como último recurso para ajudar os que corriam mais perigo.[6] Todo mundo andava exausto com a enorme pressão. Disputas rancorosas estavam se avolumando.

Refletir sobre a decisão de partir deixou Danny profundamente dividido. Sem seu conhecimento, sua mãe estivera trabalhando desde janeiro para obter vistos americanos não só para Peterkin, mas também para Theo e Danny. O ramo da família Bénédite nos Estados Unidos tinha contatos em universidades, e Harvard e Welesleyan haviam oferecido a Danny um cargo de professor assistente de literatura francesa e filosofia.[7] Seu diploma da Universidade de Paris era em filosofia, e a idéia de lecionar era muito sedutora. Theo estava desesperada para partir.

Para Danny, contudo, partir significava desertar do combate contra o fascismo europeu. Ele estaria abandonando o CAS no momento mais difícil e deixando Fry sozinho para confrontar o detestável regime de Vichy. Porém, de que ajuda ele podia ser? Sua prisão o tornara objeto de vigilância constante e agora estava encarando a possibilidade de cinco anos na cadeia. Na verdade, ele se interrogava se sua prisão não seria o motivo do assédio crescente ao CAS.

No dia 15 de junho, três inspetores de polícia deram uma batida no escritório no *boulevard* Garibaldi, à procura de passaportes e carteiras de identidade falsos, além de uma máquina de impressão. Eles provocaram Fry.

– É claro que você não é burro a ponto de manter o material aqui, mas um dia nós apanharemos você – disseram com maldade.[8]

Dois dias depois, a polícia da Surveillance du Territoire fez uma incursão à Villa Air-Bel ao raiar do dia. Depois de obrigar os residentes a descer, ameaçando-os com armas em punho, revistaram a casa do teto ao porão em busca de um rádio de ondas curtas clandestino. Alertados pela incursão ao CAS, os residentes, sabiamente, tinham se livrado do que possuíam.

Na mesma semana, a polícia deu outra batida no CAS, à procura de 6 mil dólares que Fry acabara de receber de um cliente de partida. Eles viraram o escritório de pernas para o ar, depois seguiram para revistar a *villa*. Danny, no entanto, já tinha enterrado o dinheiro em meio ao bosque de pinheiros da propriedade.

A questão era: quem havia alertado a polícia? Eles sabiam quem tinha dado o dinheiro a Fry e exatamente quanto. Parecia ser obra de Boris Kourillo, o mesmo trapaceiro que traíra Danny. O cliente de partida antes tentara trocar o dinheiro com Kourillo.

No dia 10 de junho, o consulado dos Estados Unidos informou aos Bénédite que o visto americano acabara de lhes ser concedido. Theo estava fazendo pressão para partir, e então Varian concordou. Os dias do CAS estavam contados, disse ele, a menos que o Comitê de Resgate de Emergência em Nova York pudesse sensibilizar o governo americano para a situação dos refugiados. Em Nova York, Danny poderia defender o caso deles. Ele seria mais útil lá.

Um enorme obstáculo se mantinha. Embora Eva e Peterkin tivessem obtido vistos de saída com relativa facilidade, não se devia esperar que Vichy fosse permitir que Danny e Theo deixassem a França. O julgamento dele estava pendente. Theo era inglesa. A polícia tinha fichas a respeito dos dois. Também acusavam Danny de ser partidário do general Charles de Gaulle e do movimento França Livre que ele dirigia da Inglaterra. É claro que eles estariam seguindo para a Inglaterra para se juntar às forças do general de Gaulle. Não havia nenhuma chance, nenhum sentido em sequer solicitar os vistos de saída. A única opção de Danny e Theo era fugir pela Rota Carlos, a mesma que Danny acusara Maurice e Jean de terem criado de maneira descuidada.

Na terceira semana de julho, depois que Danny voltou de uma viagem a Clermont-Ferrand, no Massif Central, Theo lhe disse que todos os preparativos estavam feitos e que eles partiriam no dia seguinte para Toulouse, onde Charles Wolff do CAS esperava por eles. A gangue de Garcia estava pronta para guiá-los até Lisboa.

Os Bénédite enfiaram algumas roupas em mochilas de lona que poderiam levar nas costas. Tudo mais teve de ser deixado para trás. Eles deveriam aparentar ser turistas no trem para Toulouse. Esconderam o dinheiro espanhol de que precisariam em tubos de pasta de dentes.

Quando se encontraram com Charles na estação em Toulouse, ele lhes informou que o guia Carlos não podia ser encontrado em lugar nenhum e que o homem que deveria levá-los na travessia dos Pireneus para a Espanha fora preso na véspera. Eles estavam encurralados. Estavam ao mesmo tempo desanimados e exaustos. Danny queria desistir e voltar para Marselha. Theo dizia que tinham vindo longe demais para voltar. Charles afinal interveio, garantindo-lhes que conhecia uma casa segura em Toulouse onde poderiam se esconder enquanto ele procurava outro guia.

Foi uma semana longa e ansiosa, mas Danny conseguiu distraí-los saindo à procura de um velho professor de psicologia que lhe dera aulas na Sorbonne. Passaram as noites em agradáveis conversas. Durante o dia, costumavam ficar na livraria do amigo de Maurice, Silvio Trentin.

No dia 9 de agosto, Charles voltou para buscá-los. Contou que fizera contato com um novo grupo, La Bande à Sancho, e por meio deles conseguira outro guia. Também lhes trouxe vistos de saída recém-falsificados. Danny observou que pelo menos aqueles eram boas falsificações.

Charles se ofereceu para acompanhá-los na viagem de trem até o porto de Cerbère, logo ao sul de Banyuls, na fronteira espanhola. Lá ele os apresentaria pessoalmente ao guia.

– Vocês estão em boas mãos – garantiu-lhes.[9]

Em Cerbère, Charles os abraçou numa despedida calorosa e então os confiou ao guia. Danny logo ficou desconfiado. Não gostou do aspecto do homem. Comentou com Theo que ele tinha olhos "traiçoeiros e escorregadios como sabão". Durante o breve percurso de trem, o guia se mostrou taciturno. Quase não conversaram. Quando os três desceram na pequena plataforma de Banyuls, Danny examinou o terreno cuidadosamente. De um lado da estação, ficava um alto penhasco. Ele imaginou a polícia perseguindo-os. Não haveria para onde fugir.

Enquanto cautelosamente passavam pelo posto de controle da polícia, alguns dos guardas que examinaram seus documentos os aconselharam a não seguir adiante. O que significaria aquilo? Será que o conselho era apenas uma formalidade ou era uma advertência séria? Mas Danny e Theo não tinham como voltar atrás. Não tinham escolha senão prosseguir.

Eles passaram a tarde e o anoitecer sentados ao ar livre num café, esperando ansiosamente durante longas horas. Então, quando a lua subiu, seguiram o guia pelos trilhos escuros do trem, levando as mochilas. Observaram as costas do homem ao longe com profunda apreensão. Seria ele digno de confiança? Estavam pondo a vida nas mãos dele.

Subitamente os mesmos guardas que haviam examinado seus documentos na estação saltaram de trás de uma pilha de lenha e os imobilizaram com violência. De forma previsível, os guardas não fizeram nenhum esforço para prender o guia, que saiu correndo pelos trilhos. Theo e Danny tinham sido traídos.

Danny teve a presença de espírito de dizer aos guardas que eles iam apenas acampar. Ele afirmou que conhecera um camponês prestativo que lhe havia falado sobre um bom lugar para acampar. Os guardas apenas riram com desprezo.

O casal foi levado para o porão de um prédio industrial nas vizinhanças que servia de prisão temporária. Passaram a noite em colchões de palha que tinham sido apressadamente atirados sobre tábuas de madeira. Danny conseguiu esconder os vistos de saída falsos sob escombros. Estava confiante de que as mochilas não continham nada de comprometedor e só esperava que os guardas não descobrissem o dinheiro espanhol nos tubos de pasta de dentes.

No dia seguinte, foram conduzidos a um assistente.

– *Mes petits agneaux* (meus cordeirinhos) – ele os chamou. – Sim, é claro que vocês são turistas inocentes – disse sarcasticamente.

Eles veriam o que o comissário de polícia em Toulouse diria. Tinham telefonado para ele. Não havia pressa. Ninguém parecia se importar. Danny e Theo foram mantidos na chefatura de polícia por três noites. Grafites nas paredes da cela contavam histórias locais de alcagüetes e ameaças de vingança.

Quando foram levados à presença do comissário de Toulouse, o homem disse:

– Não os conheço, mas creio que posso confiar em vocês. Considerem-me um amigo.[10]

Ele disse a Danny que sua história, evidentemente, não se sustentava. Embora ele e Theo claramente tivessem pretendido cruzar a fronteira, de fato, não o tinham feito. A lei francesa ditava que a intenção de cometer um ato ilegal não era a mesma coisa que cometer o ato em si. Ele se certificaria de que eles voltassem para Marselha. Faria um favor para eles: diria ao assistente que ele próprio os conduziria de volta à prisão em Toulouse. Embarcariam juntos no trem em Banyuls. O comissário saltaria em Narbonne e seguiria para Toulouse. Danny e Theo poderiam prosseguir para Marselha. Todos os registros daquele incidente seriam destruídos, acrescentou, advertindo-os de que nunca deveriam voltar. Eles tiveram vontade de beijar o homem.

No trem a caminho de casa, Theo se censurou por ter insistido para que seguissem a viagem. Ela andara se sentindo tão desesperada. Danny a consolou.

– Levando em conta tudo – garantiu-lhe –, o resultado até que não foi tão terrível.

Intimamente Danny se perguntava se era um incauto ou um "extraordinário sortudo". Já tinha sido traído duas vezes, primeiro pelo cambista canalha, Boris Kourillo, e agora por aquele espião infiltrado em cujas "boas mãos" Charles os entregara. Contudo, até o momento, ele não estava na cadeia. Em duas ocasiões, havia escapado do nó da força.

FIM DE JOGO

O mal é comum e sempre humano,
E divide a nossa cama e come à nossa mesa.

W. H. AUDEN[1]

Às seis horas da tarde do dia 10 de julho, um mensageiro de motocicleta chegou ao *boulevard* Garibaldi. Ele trazia uma intimação para que Fry comparecesse à *prefecture* e se apresentasse a Maurice Anne Marie de Rodellec du Porzic, um terrível anti-semita a quem Vichy havia nomeado intendente de polícia de Marselha e de toda a região de Bouches-du-Rhône. O não cumprimento da ordem de comparecimento resultaria em prisão imediata.

Na manhã seguinte, Fry obedientemente compareceu à *préfecture*. Ele cruzou as portas ricamente entalhadas, entrou no interior intimidante e ergueu os olhos para o teto com pinturas que ilustravam os temas do otimismo e do progresso tão caros ao século XIX. Mas não estava se sentindo otimista. Esperou nervosamente por 45 minutos, antes de ser conduzido ao escritório de Rodellec du Porzic. O intendente estava sentado à sua escrivaninha com o sol às costas, de modo que Fry não podia ver-lhe o rosto. Ele abriu um imenso dossiê e o duro interrogatório começou. Mais tarde, Fry o registrou em suas anotações:

> *– O senhor causou tanto aborrecimento a meu amigo, o cônsul-geral dos Estados Unidos – disse ele.*
>
> *– Creio que o cônsul pode cuidar dos próprios problemas – respondi.*
>
> *– Meu amigo, o cônsul-geral, me diz que tanto seu governo quanto o comitê americano que o senhor representa têm lhe pedido que o senhor volte aos Estados Unidos sem demora – continuou ele.*

– Deve haver algum engano – respondi. – Minhas instruções são para ficar.

– Este caso de seu secretário – prosseguiu Rodellec du Porzic, obviamente se referindo a Danny – terá sérias conseqüências para o senhor.

– Não vejo como. (...) Um de meus empregados cometeu uma falta. Mas ele agiu inteiramente por sua própria responsabilidade. Não existe nenhuma prova de que eu estivesse envolvido de alguma forma.

– Na nova França, não precisamos de provas – disse Rodellec du Porzic. – Nos dias da República, costumava se acreditar que era melhor deixar escapar 100 criminosos do que prender um homem inocente. Nós acabamos com isso. Acreditamos que é melhor prender 100 inocentes do que deixar escapar um criminoso.

– Pelo que vejo – respondi –, estamos muito distantes em nossas idéias sobre os direitos do homem.

– Sim – disse Rodellec du Porzic –, sei que nos Estados Unidos vocês ainda respeitam as velhas idéias de direitos humanos. Mas acabarão por concordar conosco. É apenas uma questão de tempo. Nós nos demos conta de que a sociedade é mais importante do que o indivíduo. Vocês acabarão por entender isso também.[2]

O intendente fez uma pausa para fechar o dossiê.

– Quando o senhor vai partir da França? – perguntou. Fry disse que não tinha planos definitivos. – Se não deixar a França por sua livre e espontânea vontade – disse ameaçadoramente –, serei obrigado a colocar o senhor em *résidence forcée* em alguma pequena cidade bem distante de Marselha onde não possa causar prejuízos.

Fry disse que precisava de tempo. Se ele devia partir, tinha de se assegurar de que sua organização de assistência pudesse continuar o trabalho. Alguém seria enviado da América para assumir o comando do CAS. Esta pessoa precisaria de um passaporte, um visto, uma passagem transatlântica. Tudo exigia muito tempo. Com notável sangue-frio, Fry disse que estaria pronto para partir dentro de um mês, a 15 de agosto. O intendente respondeu que isso seria satisfatório.

No dia seguinte, o cônsul-geral Fullerton chamou Fry ao consulado americano. Fry subitamente se viu de posse de seu passaporte, revalidado apenas para viagem ao Ocidente, com o visto de saída francês e os vistos de trânsito espanhol e português já carimbados nele. O cônsul-geral e Rodellec du Porzic estavam agindo em conluio.

Contrariando o conselho de Fullerton, que insistia em que ele seria preso, Fry imediatamente foi a Vichy para protestar. Mas descobriu que todas as portas estavam fechadas para ele. O Ministério do Interior francês lhe recusou uma audiência. O embaixador americano William Leahy declinou vê-lo.

– O senhor deveria ter voltado aos Estados Unidos há muito tempo – disse-lhe o pessoal da embaixada fazendo pouco dele. Para seu choque absoluto, negaram-lhe até uma permissão para passar a noite na cidade, "por ser suspeito de comunismo".[3]

Achando que talvez pudesse obter alguma informação dos bastidores no Bureau de Presse, em Vichy, foi até lá. Um jornalista do *Progrès de Lyon* disse-lhe que o representante alemão em Vichy estava fazendo forte pressão sobre os franceses para se livrarem dele. Seu amigo Archambault, do *New York Times*, deu-lhe um conselho: "Fique longe de Marselha. Mantenha-se discreto. Mantenha-se fora de vista."[4]

Possivelmente Archambault tinha ouvido boatos sobre um telegrama que o cônsul Fullerton havia enviado pela embaixada americana para o Departamento de Estado. Fullerton relatava que a posição de Fry estava se tornando "cada vez mais perigosa". O único motivo para a imunidade de Fry, até o presente momento, era "a relutância das autoridades francesas de se exporem a mais críticas à França na imprensa americana devido a medidas contra cidadãos americanos".[5]

Fry tinha nervos fortes e não ia ceder à pressão. Seu comitê e as vidas dos refugiados estavam em jogo. Ele insistiria para que o Comitê de Resgate de Emergência em Nova York enviasse um substituto. Esperaria até que este chegasse.

Mas estava na hora de desaparecer de Marselha. Depois de uma breve e perturbadora visita a Villa Air-Bel, onde encontrou Danny esperando por ele (os Bénédite tinham voltado de Banyuls e foi só então que ficou sabendo da terrível provação deles), ele saiu de viagem pela Côte d'Azur.

Fry se hospedou por três dias na Pension Beauséjour, em Sanary-sur-Mer, e depois seguiu para St. Tropez. Estava lá no dia 15 de agosto quando o prazo de Rodellec du Porzic expirou. Esperando ser preso a qualquer momento, Fry seguiu por Saint-Raphaël para Cannes. Enquanto viajava, se assegurou de que o CAS soubesse de seu paradeiro. Em cada cidade, um membro do pessoal do CAS vinha debater a reestruturação do comitê depois que ele tivesse partido. Nomeou Jean Gemähling para assumir o cargo de diretor, caso seu substituto americano não aparecesse. Danny teria sido preferível, mas, com seu julgamento ainda pendente, era imperativo que se mantivesse fora de cena. Maurice, Paul Schmierer e Lucie Heymann conheciam todos os segredos do CAS.

Contudo, à medida que seu período de graça se prolongava sem incidentes, Fry começou a pensar que talvez Rodellec du Porzic tivesse blefado. Em Cannes, hospedou-se no Hôtel Majestic. O estresse começava a abalá-lo e passou muito tempo bebendo no bar. Escreveu a Eileen dizendo que se sentia "absolutamente sozinho" e que temia que estivesse se tornando um alcoólatra. "Eu mesmo me tornei um *apatride* por associação", disse.[6]

Por sua insistência, Danny veio se juntar a ele em Cannes no dia 23 de agosto. Ambos se sentiam desmoralizados. Fry não conseguia suportar a idéia de abandonar o comitê, enquanto Danny perguntava a si mesmo o que iria fazer se Fry de fato fosse expulso. Danny era um homem marcado. Ele tinha uma família para sustentar. Que outro trabalho poderia encontrar? E Theo estava deprimida. Sua sogra partira para os Estados Unidos e levara Peterkin. Talvez eles não devessem ter deixado o menino ir. Talvez ela e Danny devessem tentar fugir novamente.

Quando os dois homens decidiram partir de volta para Marselha, Fry insistiu para que transformassem a viagem em verdadeiras férias. Eles mereciam. Apavorado com o que o esperava, Fry queria adiar o retorno por tanto tempo quanto pudesse. O clima naquele mês de agosto estava extraordinário. Eles fizeram caminhadas pela Croisette e jantaram em pequenos restaurantes em Cassis. Então foram a Antibes, fizeram uma excursão a Cagnes e seguiram até a cidadezinha de Vance.

Em Nice, visitaram Henri Matisse, que os convidou para um chá em seu famoso ateliê de Cimiez, cheio de plantas tropicais e pássaros exóticos em gaiolas. Praticamente desde sua chegada à França, Fry tentava convencer Matisse a partir. Eles discutiram mais uma vez a questão de sua segurança. Fry insistia em que Matisse corria perigo, no mínimo de morrer de fome, e provavelmente algo pior. Mas Matisse se recusava. "Se todas as pessoas de talento deixassem a França", dissera a um jornalista, "o país ficaria muito mais pobre. (...) Eu me trancarei em Nice com meus 200 pássaros e pintarei."[7]

Matisse estava velho e doente, sofria de problemas cardiovasculares e abdominais e não estava disposto a deixar seu país. Durante toda a guerra se manteve desengajado, protegendo sua arte de toda sorte de política, embora se mostrasse, pelo menos passivamente, favorável à crescente resistência. Seu filho Jean se envolveu em operações de sabotagem. Sua filha Marguerite foi presa e torturada pela Gestapo. Nos últimos dias caóticos da guerra, ela conseguiu fugir de um vagão de gado que enguiçou num desvio a caminho de um campo de concentração.[8]

À medida que Danny e Fry continuavam seus passeios pela Côte d' Azur, Fry fotografava vitrines quebradas de lojas de judeus e placas nas legiões locais onde se lia "*Entrée interdite aux juifs non-combattants*" – entrada proibida para judeus não-combatentes. Estava coletando provas para levar para a América.

Na pequena cidade de Beausoleil, fotografou um cartaz de propaganda de Vichy, e ele e Danny imediatamente foram presos como espiões. Levados ao *commissaire*, Fry audaciosamente protestou com indignação:

– Aqui vocês prendem admiradores do marechal? Não só sou cidadão americano, mas também sou admirador de sua Revolução Nacional. É um regime que desejo para meu país! – com profusos pedidos de desculpas o *commissaire* os libertou.[9]

Quando Fry finalmente voltou ao escritório em Marselha, no dia 27 de agosto, estava se sentindo mais relaxado. O período de graça que lhe fora concedido por Rodellec du Porzic havia muito já se esgotara e os vistos em seu passaporte tinham expirado. Caminhando livremente pela cidade, não sofreu nenhum assédio da polícia e quase começou a acreditar nas garantias de Danny de que Vichy nunca ousaria prendê-lo por temer antagonizar com o governo americano.

Mas, no dia 29 de agosto, à uma hora da tarde, dois inspetores de polícia chegaram ao *boulevard* Garibaldi. Eles encontraram Fry no escritório dos fundos e lhe entregaram uma ordem de prisão assinada por Rodellec du Porzic. Sob o olhar aflito dos colegas, Fry foi levado para o temido Evêchê. Sua secretária, Lucie Heymann, teve permissão para acompanhá-lo. Jean Gemähling mais tarde lembraria que Fry "estava bastante senhor de si. Não tinha motivo para ter medo. Sabia que eles estavam atrás dele, embora não esperasse que o apanhassem naquela manhã".[10]

A equipe de Fry se apressou para tentar descobrir o que deveria fazer. Danny imediatamente partiu para Vichy para ver se conseguia anular a ordem de prisão. Quando Lucie Heymann voltou para o CAS naquela tarde, telefonou para Roger Homo, secretário-geral da Provence. Homo disse que não poderia fazer nada por Fry. Disse que Fry era "um insano, um santo ou um agente 'bolchevique' antinazista". Lucie respondeu: "Possivelmente um santo, provavelmente insano, mas definitivamente não um agente 'bolchevique'".[11]

A provável explicação para a prisão de Fry era mais sinistra. Tinha havido um tiroteio na véspera em Versailles, e os alvos importantíssimos eram ninguém menos que o ministro do governo Pierre Laval, bem como outro pró-nazista, Marcel Déat. O atirador fora um homem chamado Paul Colette, membro de um círculo recém-surgido de *résistants*. Laval ficara gravemente ferido e agora Vichy estava se sentindo diretamente ameaçada. Estava na hora de se livrar de figuras irritantes e potencialmente perigosas como Fry.

Ele foi mantido em isolamento e foi-lhe recusado acesso a um telefone. Passou uma noite insone estendido numa mesa na sala da *brigade des rafles*. Como de costume, ele manteve uma aparência de coragem, mas em sua mente estava a ameaça de Rodellec du Porzic de *résidence forcée* em alguma cidadezinha muito distante de Marselha. Na manhã seguinte, foi levado ao escritório do *commissaire* onde lhe mostraram uma *ordre de refoulement* (expulsão) assinada pelo intendente. Esta declarava que era um cidadão estrangeiro indesejável e que deveria ser imediatamente conduzido para a fronteira espanhola e expulso à força do país.

Foi quase um alívio. Garandel, um inspetor simpático, foi trazido para a sala. Ele deveria escoltar Fry até a fronteira. A atitude do inspetor era respeitosa e quase de desculpas.

Fry foi levado num furgão de polícia até seu escritório no CAS. Era tarde e, exceto por uma das secretárias, Anna Gruss, e o vigia noturno, Alfonso, o escritório estava vazio. Ele retirou suas coisas da escrivaninha e guardou-as na maleta de mão. Alfonso, quase em lágrimas, o abraçou quando partia.

Então Fry foi conduzido à Villa Air-Bel. Ali, também, apenas o jardineiro, a cozinheira e a arrumadeira estavam em casa. Ele dispunha de uma hora para recolher suas coisas. Despediu-se com apertos de mão dos empregados que choravam e do confuso dr. Thumin, que viera até a *villa* para ver o que era toda aquela confusão. Fry insistiu em que não deixaria seu cãozinho. Garandel não fez qualquer objeção. Levando Clovis pela coleira,

Fry deu as costas à *villa* que lhe servira tão bem como abrigo nas horas mais difíceis.

Os dois homens e o cachorro seguiram para a gare Saint-Charles. Fry lançou um último olhar melancólico para a cidade que acabara por amar:

> *Fui até o alto da escadaria monumental e olhei para baixo para os bulevares d'Athènes e Dugommier até a Canebière e o boulevard Garibaldi. A cidade estava dourada ao sol do final da tarde, e as pessoas voltavam apressadas para casa depois do trabalho. Mas tudo estava quieto e silencioso. (...) Por toda parte, havia gente andando pelo meio das ruas, tão despreocupadamente quanto se estivessem nas calçadas, e quase que os únicos sons que se podiam ouvir eram os gemidos distantes das buzinas dos bondes e o bater ocasional de sapatos de sola de madeira na calçada. Até o porto parecia morto.*[12]

Eles se encaminharam para o restaurante da estação, e Fry ficou radiante ao ver que quase todo o pessoal do CAS estava reunido ali, esperando por ele. A notícia correra rapidamente. Em meio ao grupo estavam Theo, Maurice, Jean, Paul, Lucie e Jacques Weisslitz, o alsaciano que havia sido contratado anteriormente naquela primavera. Danny ainda não tinha retornado de Vichy. O jantar foi apressado e triste. Logo Fry foi levado para bordo do trem, num vagão identificado com um cartaz: "*Réservé pour la Sûreté Nationale.*" Então, inesperadamente, Garandel permitiu que os amigos de Fry entrassem no compartimento para acompanhá-lo até Cerbère. Ao passarem por Nîmes, a cidade estava totalmente às escuras, sob o blecaute imposto na guerra, mas eles viram fogo ardendo no topo de Tour Magne. Era a véspera do primeiro aniversário da Légion de Pétain: Réssurrection Française. Para celebrar, Vichy havia organizado uma corrida de revezamento com os corredores levando tochas do Túmulo do Soldado Desconhecido em Paris para todos os cantos da França.

O último almoço na estação Cerbère, dia 6 de setembro de 1941. *A partir da esquerda:* Varian Fry, Jacques Weisslitz, Theo e Danny Bénédite, Lucie Heymann, Louis Coppermann, Marcel Verzeano, Jean Gemähling.

O grupo chegou a Cerbère apenas para descobrir que Fry não tinha vistos de saída e de trânsito válidos. O inspetor Garandel telefonou para a *préfecture* em Marselha e recebeu ordens de levar Fry para a cidade próxima de Perpignan e entregá-lo à polícia local. Ele deveria ser mantido na cadeia enquanto os documentos eram preparados. O inspetor Garandel disse a Fry que não se preocupasse. Tomaria providências para que fosse permitido que Fry ficasse num hotel.

Depois de seus esforços inúteis em Vichy, Danny os alcançou. O grupo reservou quartos no Hôtel de la Loge, logo dobrando a esquina depois da onipresente *Préfecture de Police*, onde ficaram hospedados durante os cinco dias que os vistos de Fry levaram para chegar. O inspetor Garandel deixava Fry e seus amigos sozinhos para aproveitar a cidade e seus últimos momentos juntos. Mas, ao cair da tarde, ele estava sempre ao lado de Fry. Este lhe perguntou por que era tão negligente durante o dia

Os funcionários do CAS se despedem de Varian Fry na estação Cerbère.

e, no entanto, tão vigilante durante a noite. Garandel respondeu que a cidade estava cheia de boches.

– Nunca se sabe o que eles poderiam fazer com você numa dessas ruas escuras, se saísse sozinho durante a noite. – Garandel o estava protegendo, e Fry ficou grato.[13]

Na manhã do derradeiro dia, o grupo partiu de novo para o porto de Cerbère. Tiveram um último triste almoço juntos. Fry se lembraria que "tinha sido uma cerimônia deprimida e pouco à vontade, em que houve muitos silêncios".[14] Abraços chorosos foram trocados na estação de trem. Fry apertou a mão de Garandel e lhe desejou boa sorte. Sem agentes amistosos como Garandel, ele sabia que o CAS jamais poderia ter levado à frente seu trabalho.

Danny estava desconsolado:

– Você não pode nos deixar, *mon vieux* – sussurrou a Fry enquanto o abraçava. – Você se tornou quase mais francês que americano.

Ele lhe passou um exemplar de *Terra dos homens*, de Antoine de Saint-Exupéry. Na folha de rosto, havia escrito uma dedicatória: "Isto é o que devemos reler de vez em quando para manter nosso otimismo. Precisaremos disso cada vez com mais freqüência."[15]

Quando o condutor soprou o apito e gritou "*En voiture*", Fry embarcou no trem com Clovis e ficou no último degrau do vagão acenando com o lenço. Sua equipe acenou de volta. Estavam todos ainda rigidamente enfileirados, quando o trem entrou no túnel internacional.

CÂMARA DE DESCOMPRESSÃO

No trem, Fry folheou o relato de Saint-Exupéry de seu acidente no deserto, mas não conseguia se concentrar no livro. Imagens lhe vinham à mente numa torrente – das ruas de Marselha e da magnífica vista da gare Saint-Charles, da Villa Air-Bel e seus jardins e das reuniões de domingo dos surrealistas, de seu escritório, da equipe e dos bons amigos que fizera, dos dias traumáticos a bordo do *Sinaïa*, dos rostos agradecidos das pessoas que havia salvado e dos rostos desesperados daquelas que estava deixando ficar. Tudo aquilo o tomou de assalto. Ele tinha a sensação de estar deixando toda uma vida para trás.

Com o inspetor a seu lado, os guardas espanhóis em Portbou mal examinaram os baús de Fry, e ele pensou na oportunidade perdida de ter trazido escondidos alguns arquivos importantes. Quando Garandel deixou Fry para prosseguir sozinho pela Espanha, observou:

– Espero que não pense mal da França.

Fry respondeu:

– Da França nunca. De certos franceses, sim. O senhor compreende?

– Compreendo – respondeu o inspetor.[1]

A longa viagem para Barcelona foi melancólica. Com Clovis a seus pés, Fry observou a chuva bater contra a janela. As árvores e campos pareciam tão desolados quanto ele se sentia. Escreveu uma longa carta para a esposa. Fazia quase 13 meses desde que tinham se visto pela última vez:

7 de setembro de 1941.

Perdoe-me, então, se estou triste hoje. Não é apenas a tristeza da separação de amigos e lugares e sons conhecidos. (...) É também, e talvez especialmente, a terrível decepção que era inevitável, mais cedo ou mais tarde, depois de um ano tão exaustivo e turbulento. Pois acabei de chegar ao fim dos mais intensos 12 meses que jamais vivi. Quando deixei Nova York, no dia 4 de agosto de 1940, não tinha nenhuma idéia do que teria pela frente. (As idéias que eu tinha se revelaram fantasias.) Mesmo durante os primeiros dias em Marselha, eu estava longe de me dar conta da verdadeira natureza da situação que enfrentava. Hoje, penso que compreendo tão bem quanto todo mundo o que está acontecendo com a França. E, no entanto, não sei muito bem o que aconteceu comigo. (...)

O que sei com certeza é que vivi muito mais intensamente neste último ano (...) do que jamais vivi antes, e que a experiência me mudou profundamente. (...) Não creio que um dia volte a ser a mesma pessoa que era quando beijei você me despedindo no aeroporto e desci pela plataforma para embarcar no clíper. As experiências de 10, 15, e até 20 anos foram comprimidas em um. Por vezes, tenho a sensação de ter vivido uma vida inteira (e uma à qual não tenho direito) desde que desci pela primeira vez a escadaria monumental da gare Saint-Charles em Marselha e timidamente me hospedei em um quarto no Hôtel Splendide.

Desde aquele dia, vivi aventuras – não existe outra definição, mas esta é uma boa palavra vitoriana – com as quais nunca havia sonhado. Aprendi a viver com pessoas e a trabalhar com elas. Criei, ou descobri em mim, poderes de criatividade, de imaginação e de coragem que nunca antes soube que possuía. E me bati num combate, resistindo a enormes desigualdades, do qual, a despeito da derrota final, creio que sempre poderei me orgulhar. (...)

Quando passo em revista este ano, a coisa que mais me impressiona é o crescimento *por que passei. (...) As raízes de uma planta num vaso pequeno demais acabarão por rebentar o vaso. Transplante-a para um vaso maior, e ela logo o encherá. Mas se a transplantar para um vaso grande demais, ela "descerá à raiz", como dizem os jardineiros, e poderá até morrer de choque. Fui transplantado, há 13 meses, para um vaso que, em mais de uma ocasião, temi que fosse grande demais para mim; mas não morri; no fim, creio que quase o preenchi – não inteiramente, mas quase. Pelo menos, não morri devido ao choque nem à desculpa de minha inadequação.*

Ter conhecimento deste fato me deu uma nova qualidade de que creio que eu precisava: autoconfiança. (...) Não sei se você gostará da mudança ou não. Tenho cá minhas suspeitas de que não. Mas está aqui e veio para ficar. É a marca indelével que aquele ano lutando minha própria pequena guerra deixou em mim.[2]

Quando afinal chegou a Lisboa, Fry estava pensando mais sobre os erros que cometera. Por que não havia conseguido salvar mais gente? Talvez pudesse ter mantido relações mais amistosas com o consulado americano ou poderia ter sido mais diplomático com o comitê em Nova York e cultivado mais o relacionamento com o Departamento de Estado. Deveria ter sido mais franco com os clientes do CAS? Ele era tímido demais, constrangido demais quando em público, burocrata demais. Fry temia o que estava por vir. Como poderia voltar à vida normal em Nova York?

Ele se registrou no Hotel Metropole e foi direto para o escritório da Pan American Airways colocar o nome na lista de espera para um vôo saindo de Lisboa. Lá foi informado de que sua passagem de volta tinha expirado. Era desalentador. Teve de enviar um cabograma para o Comitê de Resgate de Emergência em Nova York para pedir $525 para um novo bilhete.

Escreveu uma longa carta a Theo Bénédite. Depois do blecaute na França, disse ele, as luzes néon em Lisboa eram ofuscantes. Tinha feito uma refeição "escandalosamente" grande no hotel, com múltiplos pratos, manteiga e pão branco, o primeiro que via em 12 meses, o tempo todo tendo a sensação desagradável de que estava a ponto de "ser preso por flagrante violação das leis sobre comida e por não dar os tíquetes pelo meu consumo". Depois do jantar, tomara um banho quente. Então ele e Clovis saíram caminhando pelas ruas de Lisboa, olhando as vitrines. Contou a Theo que se sentira:

> *Como uma criança levada pela primeira vez ao circo, de olhos arregalados para os elefantes, a pipoca e as girafas. (...) Lojas de câmeras* cheias *de câmeras (...) Máquinas de escrever à venda por preços perfeitamente razoáveis. Alfaiatarias com tecidos* ingleses *nas vitrines. Os últimos livros lançados na Inglaterra e nos Estados Unidos.* O Times, o Daily Mail *e o* Daily Telegraph *de* ontem, *por 8/10 escudos (4 centavos)... tudo à venda como se fosse perfeitamente natural. (...)*
>
> *Isso faz com que a gente se dê conta, é claro, de como a vida mudou na França. As mudanças vieram aos bocadinhos, de modo que a gente foi se habituando às privações. Deveria ser obrigatório voltar aos padrões normais da civilização do século XX tão gradual e imperceptivelmente quanto a gente se afastou deles – como um mergulhador entra numa câmara de descompressão para ir gradualmente se acostumando com a pressão normal do ar no nível do mar: uma mudança súbita demais produz o "mal dos mergulhadores". Clovis e eu estamos temerosos de que tenhamos subido depressa demais para respirar e que amanhã também tenhamos o mal dos mergulhadores.*
>
> *Também faz com que a gente se dê conta de quanto é terrivelmente importante fazer alguma coisa a respeito disso, tanto ao continuar favorecendo a emigração, quanto de alguma forma conseguindo enviar alimentos para aqueles que não podem sair.*[3]

Fry aproveitou a grande demora de seu vôo para visitar outras organizações de assistência. A verdade era que ainda não estava pronto para abandonar a Europa nem para abandonar o trabalho. Ele se reuniu com o dr. Charles Joy da missão unitarista, para debater velhos casos de refugiados. Joy alertou-o para se cuidar. Ele não parecia nada bem. A todo momento, esquecia-se de nomes. "Alguma coisa está acontecendo com minha mente", disse Fry. "Nunca estive tão apavorado na minha vida." Um ano de subnutrição esgotara-lhe o corpo, e a falta crônica de vitaminas estava afetando sua memória.[4]

Certa tarde, Fry e Mary Jayne Gold se cruzaram e ficaram tão entusiasmados com o encontro quanto Clovis e Dagobert. Ela também aguardava um vôo para os Estados Unidos. Conversaram nostalgicamente sobre os dias na Villa Air-Bel. Mary Jayne contou-lhe o inferno por que tinha passado com Killer durante seus últimos meses na França. Ele ouviu com simpatia. Recordava-se do passado e, afinal, ela tinha sido tão generosa com o comitê. Eles dividiram a ansiedade que sentiam com relação a voltar para casa, para o que Fry descrevia como "a dura geometria de Nova York".[5]

Fry escreveu para Danny a 31 de outubro. Provavelmente estava um pouco bêbado do vinho que vinha consumindo em quantidades cada vez maiores:

> *Creio que deixei meu coração na França. Em algum lugar entre Les Baux e a Villa Air-Bel, ao luar e numa noite fria de inverno. (...) Algum dia, contudo, voltarei à França. (...) Então iremos, de braços dados, andar pelas colinas e pelos vales, cantando as canções e bebendo os vinhos de seu belo, seu incomparável país. Até lá, Danny, adeus. Eu amo a França e amo você.*[6]

No dia seguinte, Fry embarcou no clíper com destino a Nova York.

VILLA VAZIA

Setembro de 1941

As pessoas em Washington ficam sentadas em grandes gabinetes mexendo em papéis. Isso pode ser tedioso... mas não lhes dilacera o coração. Não lhes arranca a alma e a torce como toalhas até ouvirem as fibras se romper.

VARIAN FRY[1]

Em setembro, depois de Fry ter partido, a Villa Air-Bel se esvaziou com a saída da maioria dos ocupantes permanentes. Até Maurice e Jean se mudaram. Maurice logo fugiria para os Estados Unidos pela Rota Carlos sob o pseudônimo de Maurice Rivière, nascido em Paris. Jean se mudou para um quarto em Marselha e agora estava ativamente envolvido no Combat, um grupo nascente da Resistência. Theo e Danny eram os únicos sobreviventes do grupo original de 12 residentes.[2]

Logo Charles Wolff veio se juntar a eles, embora aquela não fosse uma combinação inteiramente confortável. Era difícil para os Bénédite esquecer que Charles os passara para as "boas mãos" do guia que os traíra em Banyuls. Para desviar a atenção da polícia da *villa*, Charles sugeriu que eles transformassem a casa num centro para os alsacianos que tinham sido expulsos da Alsace-Lorraine com a invasão alemã. Afinal, os alsacianos eram franceses e, em sua maioria, pessoas comuns, sem passado político suspeito. E o CAS podia cobrir o aluguel.

Numa noite do princípio de outubro, uma grande tempestade inundou a Villa Air-Bel. Danny e Theo correram pela casa com baldes, tentando conter a água que jorrava pelas portas e clarabóias. Torrentes transformaram as escadas e alamedas do jardim em cachoeiras. No dia seguinte, o poeta Benjamin Péret e a pintora Remedios Varo vieram bater à porta da *villa*. O prédio onde moravam tinha sido inundado. A água subira quase até o teto do primeiro andar. Vagando pelos aposentos inundados com água quase até o peito, tiveram tempo apenas para recolher seus poucos pertences. Theo e Danny convidaram o casal ensopado a ficar com eles na *villa*.

Theo gostava de Remedios Varo. Nos tempos em que os surrealistas se reuniam no jardim aos domingos, Remedios, com a delicada feição cinzelada catalã e os enormes olhos castanhos, sempre parecia a mais elegante, embora estivesse usando roupas velhas e puídas como todo mundo. Apesar de tímida, era divertida. Theo se lembrava de suas gargalhadas quando o grupo fizera uma colagem intitulada "O último romântico foi molestado pelo marechal Pétain".[3] Era o tipo de desenho que criara tantos problemas para Breton quando a *villa* sofrera uma batida da polícia no mês de novembro anterior, mas Remedios se apegara a ele. Ela ainda o trazia consigo. Theo sabia que havia um período tenebroso no passado de Remedios, quando passara vários meses presa em Paris, devido a sua ligação com espanhóis republicanos. Aquilo a deixara traumatizada e aterrorizada com a possibilidade de prisão e deportação. Theo queria muito ajudá-la.

Péret era um companheiro improvável. Era um homenzinho calvo, sem atrativos, de feições insignificantes e com freqüência objeto de piadas. André Breton, seu melhor amigo, costumava descartar as bravatas de Péret de que havia lutado na Guerra Civil Espanhola, dizendo que ele esperara a guerra acabar sentado "num vão de porta em Barcelona, segurando um rifle numa mão e acariciando um gato sentado em seus joelhos com a outra".[4] Mas Péret era um bom poeta e os surrealistas adoravam seu humor anticlerical e escatológico.

Péret e Varo agora se sentiam completamente abandonados. Eram praticamente os últimos dos artistas surrealistas ainda remanescentes. Havia dez longos meses esperavam em Marselha, mas as perspectivas de conseguirem fugir eram remotas. Segundo os boatos, quem não tinha saído até agora, não sairia mais.

Péret era um caso particularmente difícil. O poeta de 42 anos sempre fora um dos mais ativos politicamente entre os surrealistas. Ele já havia sido fichado por ter lutado, não importa quão inaptamente, nas Brigadas Internacionais na Espanha e, ao ser convocado para o serviço militar na França, em fevereiro de 1940, recusara-se a servir. Como conseqüência, acabou encarcerado numa prisão militar em Rennes, e só foi solto pela interpretação equivocada dos alemães de que fora preso por ser simpatizante alemão.

Péret já tivera negada a entrada nos Estados Unidos por seu histórico político de simpatizante comunista, mas sempre havia o México. Respeitando o compromisso assumido em junho de 1940, o México ainda estava oferecendo proteção a todos os refugiados espanhóis, bem como a qualquer pessoa que tivesse lutado nas Brigadas Internacionais.

O Comitê de Resgate de Emergência estivera trabalhando no caso de Péret e Varo, obstinadamente, por seis longos meses. André Breton enviava telegramas ansiosos de Nova York para a França: 16 SET. 1941: PEDIR B. PÉRET DATA E LOCAL NASCIMENTO DE REMEDIOS VARO ponto PERGUNTAR SITUAÇÃO CONJUGAL ponto POSSÍVEL OBTER DECLARAÇÕES VISTOS DE TRÂNSITO.[5] Quarenta e oito páginas de correspondência sobre o caso deles haviam se acumulado em Nova York, quando afinal os vistos mexicanos foram concedidos.

Em meados de novembro, subitamente surgiram novos motivos para se ter esperança – as autoridades francesas reabriram a rota da Martinica. Ironicamente, justo no momento em que havia se tornado possível levar Péret e Varo para o México, o Comitê de Resgate de Emergência ficou sem dinheiro. Eram necessários apenas 350 dólares para cada passageiro, mas as doações haviam se esgotado. Houve um alvoroço de correspondência entre Danny e Fry, que voltara a trabalhar no comitê em Nova York, ainda se dedicando à emigração de refugiados.

Em 30 de setembro, o CAS enviou um telegrama para Nova York: VOCÊ CONTATOU PEGGY GUGGENHEIM, BRETON PARA PASSAGENS PÉRET E REMEDIOS NENHUM TEMPO A PERDER.[6]

Em meados de novembro, a passagem finalmente foi comprada para o casal no navio de cruzeiro português *Serpa Pinto*. A partida de Lisboa estava prevista para o fim de novembro, com destino ao México, com uma escala em Casablanca. Mas Péret e Varo certamente não podiam tornar a entrar na Espanha para chegar a Portugal. Agora o problema era como fazê-los chegar a Casablanca.

Angustiado e preocupado consigo mesmo e com Remedios, Péret perdeu toda a paciência com os reveses constantes. Deu início a sua própria busca por um capitão de barco que pudesse levá-los na travessia até o Marrocos. Por fim, encontrou alguém. Nunca um bom juiz de caráter, Péret deu o dinheiro para a passagem deles a um rapaz de reputação duvidosa no porto, que disse ser o intermediário, garantindo que o entregaria ao capitão. Obviamente, ele fugiu com o dinheiro. No entanto, isto acabou se revelando uma bênção. Péret e Varo souberam que o capitão era um negociante do mercado negro e um assassino. Ele nunca levava os passageiros ao destino. Recebia o dinheiro, matava-os e enterrava os corpos no quintal. Posteriormente, 12 corpos foram desenterrados.[7]

Afinal Danny arranjou para o casal passagens para Casablanca. Como ele conseguiu isso ainda permanece um mistério mas, de vez em quando, o CAS disfarçava refugiados como soldados franceses desmobilizados ou marinheiros mercantes e os levava em embarcações francesas de carga com destino aos portos do norte da África.[8] No dia 20 de novembro, bem mais de um ano depois de sua chegada a Marselha, o casal partiu de Casablanca a bordo do *Serpa Pinto* com destino ao México.

Em outubro, o pintor Victor Brauner se tornou o último surrealista a morar na Villa Air-Bel. Ele ocupou o quarto ainda assombrado pelo espírito de Breton, onde pintou seus quadros de gatos de um olho só e mulheres em meio à vegetação exótica, alguns dos quais inspirados pelas magnólias do dr. Thumin. Brauner escreveu a Breton em Nova York:

Está chovendo em Air-Bel. Lastimamos a sua partida. Não há mais boeuf-clandestin, *nem rosas em nossos sapatos e, à medida que o inverno se aproxima, um grande tédio está invadindo a área.*

Há poucos de nós na casa – Theo, Danny, Wolff e uma porção de hóspedes apenas de passagem.

Haverá placas de mármore na entrada ou no muro! Todas as celebridades que por elas passaram!

Nunca me esquecerei de sua magnífica atitude e de sua calma até o último momento. Será que voltaremos a nos encontrar algum dia? Devemos fazê-lo brevemente.[9]

Victor Brauner jamais saiu da França. Embora Peggy Guggenheim tenha oferecido apoio financeiro, não conseguiu obter o visto americano de emergência necessário. Quando os alemães ocuparam todo o país, Brauner abandonou Marselha. Sobreviveu à guerra trabalhando como pastor nas montanhas da Haute-Provence nos arredores de Gap e nunca foi encontrado pelos nazistas.

Se a Villa Air-Bel havia mudado completamente, o CAS também estava passando por transformações. Fry deixara para trás uma equipe muito bem organizada e leal que não estava disposta a abandonar seus postos. Jean Gemähling era o novo diretor, e o grupo continuou a trabalhar dedicadamente em casos de refugiados. Contudo, Jean parecia distraído por outras atividades. Subitamente, em 25 de novembro, ele deixou o escritório na hora do almoço e desapareceu. A namorada disse que ele não tinha voltado para casa naquela noite. Todas as indagações e buscas se mostraram inúteis. Todo mundo no CAS presumiu que Jean tivesse sido preso, mas, mesmo assim, a polícia não apareceu para dar batida no escritório nem para prendê-los ou sequer interrogá-los. Aquilo era muito estranho. Ocorreu a Danny que talvez Jean tivesse caído nas mãos assassinas de Mathieu e das gangues de Marselha.

Duas semanas depois, Danny descobriu o que realmente havia acontecido. Foi um choque. Ele não fazia idéia de que Jean era o chefe secreto da célula local da Resistência. Um agente provocador de Vichy havia lhe armado uma cilada. Marcou encontro num café, afirmando ter documentos para ele e uma metralhadora para o Combat. Agora Jean, acusado de traição, estava preso no forte Saint-Nicolas. Sem dúvida, estava sendo torturado. Todos ficaram arrasados, mas não havia nada a fazer. Exceto esperar. Quatro meses mais tarde, Jean, de alguma forma, conseguiu convencer um juiz de que ele tinha sido submetido a uma provocação grosseira e foi libertado sob fiança. Sem conseguir acreditar em sua sorte, ele entrou para a clandestinidade e desapareceu.[10]

Embora estivesse sob liberdade condicional e à espera de julgamento por traficar ouro, Danny assumiu publicamente o papel de diretor do CAS.

De volta à América, a vida de Varian Fry estava desmoronando. Assim que chegou a LaGuardia, no dia 2 de novembro, a bordo do Dixie Clipper com Clovis, encontrou Eileen na pista à sua espera. Eles saíram de braços dados do aeroporto, parando apenas o tempo necessário para que Fry desse uma breve entrevista aos jornalistas que o esperavam. Ele declarou, asperamente, que, em sua opinião, o Departamento de Estado estava agindo "estupidamente" com relação aos casos de refugiados. O casal voltou para seu apartamento no número 56 da Irving Place, mas eram como dois estranhos. Nos últimos meses, as cartas tinham sido tensas. A separação prolongada havia ampliado as inadequações do relacionamento deles. Depois da intensidade de tantas de suas amizades na França, Fry sabia que não conseguiria mais se encaixar no velho molde de bem-estar sem intimidade que caracterizava o casamento com Eileen. Ele achava a necessidade de afirmação de Eileen intolerável. Ela queria uma criança. Ele lhe trouxera um cachorro. Ela ansiava por retomar a vida normal deles, mas ele havia mudado e não tinha como fazer a transição de volta. Ele agora tinha apenas uma paixão: o CAS e salvar os refugiados. Eileen achava que seu novo estilo de vida era imperioso. Na segurança de Nova York, ele não tinha como fazê-la compreender pelo que havia passado, e ela o chamava de obsessivo. Para ele, agora, não existiam mais sutilezas; tudo era preto-e-branco. As pessoas estavam morrendo e só o que importava era agir.

Dias depois de seu retorno a Nova York, ele apareceu nos escritórios do Comitê de Resgate de Emergência na rua Quarenta e Dois. Fry sabia que suas relações com o diretor, Frank Kingdon, e com outros membros da equipe tinham se tornado tensas, embora esperasse que o velho amigo Harold Oram ficasse contente em vê-lo. Oram não ficou. Toda a comissão executiva estava furiosa com a entrevista que ele dera em LaGuardia. Seus comentários tinham sido "pouco diplomáticos".

Durante os meses de novembro e dezembro, as relações de Fry com o comitê continuaram a se deteriorar. Ele não podia esconder o fato de que achava que eram negligentes. Os arquivos de refugiados estavam uma enorme bagunça, a desordem era inacreditável. Fry conhecia pessoalmente muita gente cujas vidas estavam em risco. Para Theo Bénédite, ele escreveu: "Todo mundo aqui acha extremamente difícil compreender como posso ter sido tão estimado em Marselha, se aqui sou a mesma pessoa formal e autoconsciente de sempre."[11] Em Nova York, sua atitude peremptória não era bem recebida pelo comitê. Mas Fry não era nenhum diplomata. Não conseguia se controlar.

Logo houve um novo motivo para a urgência de Fry. No dia 7 de dezembro, os japoneses atacaram Pearl Harbor. Quatro dias depois, a Alemanha e a Itália declararam guerra aos Estados Unidos. Agora nem a própria América estava a salvo da ameaça nazista.

Em meados de dezembro, ele entrou no escritório e encontrou Miriam Davenport sentada atrás de uma escrivaninha. Ela se levantou de um salto e o cumprimentou com abraços e beijos. Apesar de algumas escapadas por um triz, ela e Rudolph finalmente tinham conseguido chegar a Lisboa e embarcado para Nova York na sexta-feira depois do ataque a Pearl Harbor. Miriam agora estava trabalhando no escritório da rua Quarenta e Dois. Quando ela contava histórias do trabalho brilhante de Fry em Marselha e da reverência e lealdade que ele inspirava à equipe do CAS, ninguém acreditava nela.

Fry começara a escrever artigos para o *Nation*, e estes irritaram particularmente Frank Kingdon. Ele deixou claro que era péssima estratégia que Fry criticasse o governo americano ou o Departamento de Estado sobre questões de refugiados.

Em fevereiro, Kingdon formalizou suas queixas com uma finalidade brutal. Escreveu a Fry: "Infelizmente suas atitudes desde seu retorno a este país tornaram desaconselhável para nós dar continuidade à sua ligação com este Comitê. Portanto, devo lhe pedir mais uma vez que não fale em nome do Comitê nem aceite nenhum encargo em nome do Comitê, nem assuma quaisquer compromissos pelo Comitê. Por favor, acredite que me traz profundo desgosto ter de trazer isto a seu conhecimento de forma tão explícita."[12]

Fry foi demitido.

Foi uma primavera de pura infelicidade. Fry estava arrasado com a prisão de Jean Gemähling e sentia-se culpado de tê-lo encorajado em suas atividades na Resistência. Fry tinha sempre em mente a imagem do amigo preso e torturado numa cela escura de cadeia.

Ele e Eileen tentaram manter as aparências, mas estava claro que se encaminhavam para o divórcio. Eles visitaram velhos amigos de Fry, como Consuelo de Saint-Exupéry, que conseguira vir para Nova York se juntar ao marido. André Breton agora estava morando num apartamento em Greenwich Village e havia coberto as paredes com pinturas e colagens de surrealistas no exílio. Na casa de Breton, eles jogaram assassinato e verdade, mas agora André parecia "um peixe fora da água", e Fry não apreciava mais os jogos como outrora em Villa Air-Bel.[13]

Naquela primavera, ele saiu à caça de emprego. Tentou se alistar no exército. Estava pensando em trabalhar no serviço de inteligência, mas era pouco provável que fosse aceito, dada sua ficha no Departamento de Estado. Quando sua candidatura ao cargo de coordenador do escritório de Informação estava sendo avaliada, o tesoureiro do Comitê de Resgate de Emergência, David Seiferheld, descreveu Fry como "inteligente, mas extremamente instável. (...) incontrolável".[14]

Em sua volumosa correspondência com Danny, Fry revelou uma profunda frustração. Disse-lhe que tirasse seu nome da lista de responsáveis pelo CAS. Ter seu nome abertamente associado com um refugiado garantia apenas que este seria ignorado. "Para certas pessoas, será como uma bandeira vermelha para o touro e por que provocar hostilidade desnecessariamente? (...) Enterre-me decente e silenciosamente. Continuarei vivendo, tenho certeza, no coração de vocês, e vocês no meu."[15] Ele estava desconsolado e tinha justos motivos para seu desespero. Começou a preparar um livro sobre suas experiências em Marselha.

Sua terrível alienação em Nova York tornava a nostalgia pela vida na França ainda mais pronunciada. Escreveu a Theo que suas cartas descontraídas sobre a vida na *villa* o levavam "de volta à casa de um só golpe":

> *Penso novamente na casa e em todos os moradores, passados e presentes; naquela cozinha assustadora, naquele banheiro engraçado, nas escadas escuras e na chuva que cai em jorros da clarabóia, nas pinturas nos aposentos da frente e nas etiquetas que Danny colocou nelas [na verdade, foi Vlady quem fez isso] e em como Mehring se deixou enganar por elas, na sala de jantar e na pintura medonha de Dominguez, na bela biblioteca e nos deliciosos chás que costumávamos tomar lá nos domingos à tarde e em meu velho quarto ao lado do de Mary Jayne, o que sempre foi meu preferido (...) no terraço, nos plátanos, no lago de peixes e no estranho jardim de Ernst, nos gerânios, nas zínias e nos malmequeres, e naquelas horas e horas em que Danny e eu costumávamos passar caçando caramujos no muro do jardim. De alguma forma, me sinto solitário aqui quando penso em tudo isso e desejo poder estar de volta aí, mesmo que não haja carvão e a comida seja escassa.*

Escreva-me de novo e conte-me como está a casa. Está cheia de alsacianos?[16]

Se as coisas estavam confusas em Nova York, o CAS estava dando duro no trabalho. Em 1942, possivelmente porque os Estados Unidos agora estavam ativamente envolvidos na guerra, o CAS mais uma vez estava em plena atividade. Subitamente o consulado americano passara a conceder vistos a refugiados cuja emigração tinha sido bloqueada ao longo de meses. Os vistos mexicanos e cubanos se tornaram quase abundantes. Muitos refugiados empacados em Lisboa encontraram companhias de navegação aceitando passageiros. Apesar de as dificuldades permanecerem inumeráveis, ao longo dos meses seguintes, o CAS conseguiu tirar mais duzentos refugiados sitiados da França. Entre os que partiram estavam o pianista Heinz Jolles, a harpista Wanda Landowska, os artistas Marcel Duchamp e Jean Arp e o romancista Jean Malaquais.

Mas a vida particular de Danny e Theo estava se tornando cada vez mais estressante. Theo escreveu a Varian que fevereiro tinha sido um mês muito difícil: "Pela primeira vez, soubemos o que era a fome. (...) Houve várias manifestações (todas de mulheres) diante da *Préfecture* com sacolas de mercado vazias. Estas manifestações não aconteceram apenas em Marselha, mas também em outras grandes cidades da zona livre."[17] A situação do combustível estava igualmente desastrosa. Tinha havido uma terrível explosão na fábrica de gás de Marselha. A entrega de alimentos para todos os distritos em Bouches-du-Rhône foi bloqueada. Na *villa*, eles agora estavam vivendo em um só aposento e tinham de cozinhar, lavar e dormir todos juntos.

E agora Theo estava grávida. Este fora o resultado inesperado da detenção dela e de Danny em Banyuls e da euforia que sentiram ao serem libertados. Ela escreveu a Varian: "Agora pareço viver num mundinho só meu, no qual Danny de vez em quando entra, e que diz respeito principalmente a artigos de lã, fraldas, talco etc. Todos absolutamente impossíveis de encontrar."[18] A filha dos Bénédite, Caroline, nasceu no dia 19 de abril. Danny escreveu para Varian que Peterkin agora tinha uma irmãzinha. Ele nunca deixava de pedir, saudosamente, notícias do filho, que agora morava com a avó e uma tia em Hanover, New Hampshire. Ele queria que Varian se assegurasse de que Peterkin aprendesse a nadar antes de chegar aos quatro anos de idade.

Danny e Theo continuavam a receber hóspedes com freqüência na Villa Air-Bel. O historiador Julian Benda, que estava doente, ficou algum tempo. A filósofa Simone Weil chegou medonhamente magra, embrulhada num longo casaco marrom, o cabelo preso enfiado sob a boina. Ela logo partiria para os Estados Unidos. Mas o plano de abrigar os alsacianos estava se revelando uma grande dor de cabeça. Houve brigas entre os Bénédite e Charles Wolff com relação a quem administraria a *villa* e quem faria o trabalho. Danny estava completamente exasperado. Ele escreveu a Fry que os alsacianos "se comportam como se estivessem num país conquistado e não tivessem mais nada a fazer senão nos sabotar e agir como ladrões e salafrários, bem no momento em que estamos enfrentando dificuldades seríssimas. (...) Pelo visto, a experiência vai acabar num total fracasso."[19]

Em junho, Danny estava claramente farto e escreveu uma carta atipicamente amarga ao velho amigo:

> *... Para falar a verdade, esses últimos meses no Comitê me deixaram muito fatigado. Tenho tido de enfrentar a incompreensão, por vezes, de nossos melhores amigos, e a covardia de outros; perseguições e calamidades. Minha devoção ao Centre (...) tornou-se quase um hábito – um hábito do qual gostaria de me livrar. Mas ainda há alguma coisa que me impede de abandonar tudo, de me demitir e me retirar para minha tenda. Quando, há quase um mês agora, enfrentamos as mais sérias dificuldades, posso quase dizer que foi apenas para calar nossas consciências que investimos todos os esforços para sair daquela situação mais uma vez; que fizemos todas aquelas* démarches *exaustivas, suportamos a guerra de nervos, mantivemos*

nosso otimismo. Não queríamos que ninguém pudesse nos censurar por termos abandonado o trabalho, ou sequer termos negligenciado alguma ligeira possibilidade ou outra; – mas juro que para alguns de nós, particularmente para mim, teria sido um verdadeiro alívio receber uma carta da Préfecture *nos notificando do fechamento oficial do Comitê.*

Quando digo alívio, quero dizer, é claro, subjetivamente. Pois objetivamente não poucos pobres-diabos ficariam entregues à própria sorte. Mas com freqüência uma pergunta tem cruzado meus pensamentos: "Quando chegará o bendito momento de fechar as portas?" Porque muitas vezes pergunto a mim mesmo se realmente vale a pena nos expormos dessa maneira e tolerarmos o que temos de tolerar física e moralmente. Você, Varian, freqüentemente se viu dividido entre "Fry, o apóstolo" e "Fry, o turista". (Lembro-me de nossos últimos dias em Nice!) Quanto a mim, estou farto de ser um apóstolo – e como![20]

Algo havia ocorrido em maio que fez com que Danny perdesse o entusiasmo. O mês começara bem. No dia 1º, Danny se encontrou com o advogado Gaston Defferre, que o informou de que os procedimentos judiciais contra ele tinham sido suspensos. A corte decidira apenas confiscar os 2 mil dólares em moedas de ouro que apreendera quando ele fora preso no ano anterior e exigir 55 francos pelo rápido encerramento do caso. Para seu grande alívio, tinha sido permanentemente "desculpado" do crime.[21]

Mas qualquer euforia que tivesse sentido não durou muito. A guerra que havia sido declarada em setembro de 1939 estava chegando ao fim do terceiro ano. A repressão na França subitamente deu uma virada brutal e aterradora. A execução de combatentes da Resistência e de reféns tornava-se cada vez mais freqüente no norte ocupado pelos alemães. Por pressão destes, Pierre Laval fora colocado no controle de postos-chave: o Ministério do Interior (que controlava o sistema centralizado de polícia), o Ministério da Informação e o Ministério das Relações Exteriores. Apesar de Pétain continuar a deter o título em Vichy, Laval efetivamente se tornara chefe de Estado, trabalhando em colaboração direta com os nazistas.[22]

Era uma terrível notícia para os judeus. Em maio, Xavier Vallat, chefe do Comissariado Geral para Questões Judaicas, foi substituído por um protegido dos nazistas, Louis Darquier de Pellepoix. Vallat aborrecera os alemães ao se revelar um antissemita "manso" demais. Embora tivesse sido bastante eficaz ao privar os judeus de direitos civis e ao confiscar suas propriedades, havia rompido com os nazistas na questão de obrigar os judeus na zona não-ocupada a usar a estrela-de-Davi amarela. Agora, com cotas ditadas por Berlim, os refugiados judeus deviam ser recolhidos, transportados para Drancy ao norte de Paris e, de lá, deportados para "destinos ignorados" na Alemanha. De acordo com a historiadora Donna F. Ryan: "Aqueles que se importavam em querer saber poderiam ter presumido que 'destinos ignorados' significasse campo de trabalhos forçados, onde a morte lenta por excesso de trabalho, fome e doenças podia ser esperada." Contudo, ainda "era impossível para o observador francês médio saber que os nazistas tinham construído campos de extermínio no leste".[23]

No dia 13 de maio, Danny viajou para Camp des Milles, nos arredores de Aix-en-Provence, o campo mais próximo de Marselha, para descobrir mais sobre as deportações. Ele queria ver pessoalmente o que estava acontecendo de modo a poder mandar um relatório para o comitê em Nova York. Sem permissão de entrar no campo, ele se postou do lado de fora dos portões e viu guardas armados arrebanhando um grupo de cerca de cem homens, mulheres e crianças. Impotente e abalado, viu as pessoas serem arrastadas, soluçando e exaustas sob o sol escaldante, em direção a vagões de gado enfileirados nos trilhos da estrada de ferro.

Ele observou os guardas empurrando mulheres grávidas com crianças emaciadas nos braços em direção aos vagões, obrigando-as a correr e aguilhoando-as quando caíam de joelhos. Danny pensou em seu bebê, Caroline. Como se podia fazer tal coisa! Quem era capaz de fazer aquilo com crianças inocentes? Sentiu um profundo desespero muito além das lágrimas.

Anos de luta contra a xenofobia e o anti-semitismo, de visitas a campos de detenção tinham-no deixado exausto, mas aquilo era um novo horror. Ele examinou os vagões de gado. No lado de um deles, leu: "Capacidade: 40 homens; oito cavalos." Outrora, aqueles vagões tinham transportado pessoal militar. Agora judeus impotentes estavam sendo embarcados neles à força. Havia tantas pessoas sendo empurradas em cada vagão, que ele sabia que algumas certamente morreriam de asfixia antes de chegar a Drancy. Ele olhou através da cerca para os prédios de tijolos da fábrica. Um dia, ali funcionara um campo de internamento para clientes do CAS à espera de vistos que poderiam conduzi-los à liberdade. Aquilo já tinha sido bem ruim. Agora estava testemunhando aquele arrebanhamento de brutalidade indescritível, e policiais franceses e guardas militares franceses com uniformes de soldados o estavam executando. Ele se sentiu nauseado e envergonhado.

Dirigiu-se imediatamente para uma cabine telefônica num café próximo e ligou para o consulado americano em Marselha, com a esperança de no mínimo provocar uma reação. Pediu para falar com o cônsul-geral, mas foi passado para um secretário que disse:

– É realmente lamentável, senhor, mas não podemos fazer nada a respeito.[24]

Ele insistiu para que o embaixador e a imprensa americana em Vichy fossem alertados. Infelizmente, foi tudo o que pôde fazer. Estava impotente e mal conseguia suportar isso.

RESISTÊNCIA

1942– 1944

Estamos abrindo uma cova no ar. Há espaço nela para todos nós.

PAUL CELAN[1]

A desumanidade é típica do fascismo, não característica de uma nação, tento explicar. Apenas as estruturas mudam. Gostaríamos tanto de crer que o caráter do povo alemão foi responsável. Pois então poderíamos crer também que aquilo nunca poderia acontecer aqui. Aqueles que acreditam nisso não aprenderam nada.

LISA FITTKO[2]

Já fazia dois dias que Danny voltara de Les Milles e ainda estava profundamente abalado. O que estava acontecendo com a *sua* França? Franceses arrebanhavam aquelas pessoas para dentro dos vagões de trem. Quando um amigo e funcionário da organização de assistência a refugiados de Genebra, René Bertholet, entrou no escritório no Boulevard Garibaldi, encontrou Danny num estado terrível.

– Ainda há trabalho a fazer – disse Bertholet ao amigo. – Precisamos continuar. – Ele abriu a sacola que trazia. Dentro, havia 5 mil francos. – Isto é apenas uma contribuição inicial – disse –, apenas o começo. De agora em diante, estaremos transferindo dinheiro da Suíça. Vou lhe conseguir mais dinheiro. Serão sempre francos franceses. Você não terá de usar mais os cambistas do mercado negro.

Ele acrescentou que sabia os riscos que Danny andara correndo para mandar os refugiados na travessia pela Espanha e as acrobacias que teve de fazer para obter os vistos.

– Estamos criando uma nova rota de fuga pela fronteira Suíça, perto de Saint-Gingolph – prosseguiu.

Até então, a Suíça não fora considerada uma rota de fuga. Era um país só de fronteiras terrestres, sem saída para o mar, e os suíços não eram receptivos. Temerosa de antagonizar os nazistas e sofrer uma invasão, desde o início, a Suíça fechara as fronteiras às torrentes de refugiados.[3]

– Sem dúvida, imigrantes ilegais serão detidos em campo suíços – disse Bertholet a Danny –, mas serão mais bem tratados do que nos campos espanhóis. Alguns de nossos amigos conseguirão chegar a Zurique e Lausanne, onde poderão esperar enquanto damos um fim a esta maldita guerra.[4]

Em 28 de maio, Danny enviou um relatório para Fry. Fazia nove meses desde a expulsão de Fry, porém o comitê continuava a funcionar. Desde então, quatrocentas pessoas haviam sido enviadas legalmente para o *nouveau monde*, como Danny o chamava. O CAS havia evacuado 22 refugiados ilegais cujos nomes estavam na lista negra dos nazistas. Tinha enviado 27 soldados britânicos de volta para a Inglaterra onde puderam retornar a suas unidades de combate e continuar a luta. Eles também haviam oferecido trabalho em Var e em outros lugares para 150 homens e mulheres. Os resultados não eram espetaculares, mas o trabalho continuava. Fry podia se orgulhar do que estavam fazendo.[5]

Na manhã de 2 de junho, como sempre fazia, Danny saiu cedo para o escritório do CAS no *boulevard* Garibaldi. Adquirira o hábito de olhar ao redor em busca de quaisquer sinais de atividade incomum. Havia apenas alguns clientes nos dois cafés adjacentes ao escritório, e eles pareciam pessoas comuns. Não havia policiais disfarçados postados por ali parecendo conspicuamente indiferentes, nem carros estacionados com os motoristas ao volante. Parecia um dia como outro qualquer. Mas, quando abriu a porta do escritório do CAS, viu Alfonso, o vigia noturno, imobilizado por dois policiais. A polícia imediatamente agarrou Danny pelos braços e o conduziu ao inspetor, que estava sentado a uma das escrivaninhas, folheando uma pilha de dossiês do CAS. O inspetor revistou Danny em busca de armas e pareceu surpreso ao não encontrar nenhuma. Ele exigiu ver seus documentos de identidade. Danny retrucou que precisava ver o mandado de busca do inspetor. Mostrando a Danny o "formulário" habitual sem papel timbrado nem assinatura, o inspetor declarou que estava autorizado a revistar todas as organizações "subversivas".

– Como o CAS pode ser subversivo se é um centro de assistência oficialmente reconhecido? – perguntou Danny. O inspetor sorriu desdenhosamente. Aquilo havia se tornado uma dança conhecida.

Tomaram de Danny os 70 mil francos que trazia na maleta e ordenaram-lhe que etiquetasse as sete máquinas de escrever e uma variedade de documentos que estavam sendo confiscados. À medida que empregados e clientes eventuais chegavam, também eram revistados e depois trancados numa sala adjacente. Danny não estava muito preocupado. Todos os dossiês "quentes" do CAS tinham sido escondidos, e a maior parte de suas reservas financeiras estava enterrada em meio aos pinheiros do bosque em Villa Air-Bel.

Mas, subitamente, o inspetor pôs diante dele um documento de várias páginas. Durante a busca de cinco horas, fora encontrado no fundo de uma gaveta.

– Isto, *monsieur*, vai lhe trazer sérios problemas – disse o inspetor.[6]

Era um panfleto revolucionário, manuscrito, não assinado, conclamando a reorganização de todos os grupos dissidentes da extrema esquerda. Danny ficou lívido. Alguém tinha sido negligente a ponto de deixar um documento daqueles no escritório para ser encontrado pela polícia. Não conseguia imaginar Jean Gemähling sendo tão descuidado. Devia ter sido um dos refugiados. Junto com outros 11, Danny se viu mais uma vez num *panier à salade*. Aquela era sua quarta viagem ao Evêchê.

Depois de uma noite na prisão, Danny foi submetido a 74 horas de interrogatório. Ele e seu comitê foram acusados de anarquistas e de ajudar esquerdistas revolucionários, comunistas dissidentes e trotskistas. Agora acrescentava-se à lista serem partidários da Resistência nascente. Danny foi libertado no dia seguinte, mas disseram-lhe que haveria um inquérito diante do tribunal militar, que era competente para julgar se ele era "uma ameaça à segurança doméstica".

Lamentavelmente, aquele último raide revelou-se o fim do CAS. Com os arquivos, dossiês e máquinas de escrever confiscados, o comitê fora decapitado e não havia nada a fazer a respeito. Apelos ao consulado americano caíram em ouvidos moucos. Danny disse à equipe que seus empregos tinham deixado de existir.

Mas ainda havia cinco pessoas que pertenciam ao círculo interno do CAS: Danny, Charles Wolff, Schmierer, a pequenina Anna Gruss e o amigo de Wolff, Jacques Weisslitz.[7] Todos eles tinham trabalhado nos arquivos "quentes" do CAS. E havia o dinheiro enterrado no bosque de pinheiros. Eles entrariam para a clandestinidade. A rota da Suíça estava operativa.

Danny e Theo imediatamente saíram da Villa Air-Bel. Encontraram uma pequena casa na mesma área. Além de mais privacidade, nela ainda tinham a vista da cadeia de montanhas Saint-Cyr do outro lado do vale de L'Huveaune. Danny ficou encantado com o jardim onde poderia plantar as sementes de tomate que havia coletado cuidadosamente e onde poderia esconder documentos confidenciais e dossiês secretos. Os dias de Villa Air-Bel tinham chegado ao fim.

Então, numa bela tarde, um certo Robert Dexter, que trabalhava ostensivamente para o Comitê de Serviço Unitarista de auxílio aos refugiados, foi visitar Danny em seu escritório. Aquele homem pequenino, inócuo e simpaticamente roliço fez uma proposta a Danny. Poderia ele organizar um grupo para passar informações para os americanos?

Danny respondeu que não se sentia à vontade com a idéia de espionar. Sim, a América era um país estrangeiro, respondeu Dexter, mas eles estavam do mesmo lado das barricadas na luta contra o fascismo. Sim, o Departamento de Estado tinha tratado Fry de maneira deplorável. E, é claro, ele e muitos outros achavam a tolerância da embaixada com o regime reacionário de Vichy repreensível. Mas havia uma guerra a ser vencida.

Danny não poderia usar seus contatos com socialistas militantes para coletar informações? Poderia ele descobrir quanta pressão os alemães estavam exercendo sobre a economia francesa? Qual era a postura da classe trabalhadora? Quais eram as aspirações dos grupos clandestinos? Ficou claro para Danny que os americanos estavam planejando operações secretas e, por fim, bombardeios estratégicos de recursos alemães tanto na zona ocupada como na zona não-ocupada da França.

Danny podia ser perdoado por ter observado com cinismo que os "militantes", ditos anarquistas e comunistas, subitamente tivessem se tornado valiosos para os americanos.

Depois de debater a idéia com Theo e Schmierer, Danny concordou em ajudar. Logo eles organizaram um grupo capaz de se movimentar clandestinamente pelas Bouches-du-Rhône, reunindo informações sobre horários de trens produção de fábricas, chegada de navios, qualquer coisa que pudesse ajudar os Aliados. Um contato no Posto Central de Correios estava discretamente examinando a correspondência oficial. O chefe de *bureau* na gare Saint-Charles coletava informações sobre comboios militares, o número de vagões de trens, e o que eles transportavam. Na CNT (Confédération Nationale du Travail), um outro contato fornecia relatórios sobre a produção industrial sob o governo de Vichy. Homens que tinham escapado de campos de trabalhos forçados na Alemanha informavam sobre as fábricas alemãs devotadas à produção militar, suas localizações e todos os rios e canais adjacentes. O capataz da fábrica aeronáutica em Marignane, nos arredores de Marselha, passava documentos e planos de protótipos de aviões. No *bureau* de Navegação, uma secretária informava sobre os movimentos de navios perto do Cap Croisette. Danny, na verdade, ficou pasmo com a rapidez com que tudo se organizou. Franceses comuns estavam, evidentemente, prontos para botar para fora os alemães. Theo servia de correio para levar essas informações ao consulado americano.[8] Era um trabalho perigoso.

O casal trabalhava em sua casinha perto da Villa Air-Bel. Então, no dia 30 de setembro, houve um julgamento que tornou imperativo que Danny saísse de Marselha. Dez pessoas foram acusadas de "ser uma ameaça à segurança doméstica", a mesma acusação feita contra ele. Três foram condenadas a "trabalhos forçados em perpetuidade". O CAS foi implicado no julgamento como "*centre de liaison*" de grupos extremistas e foi anunciado que os membros do comitê seriam criminalmente processados.[9] O advogado de Danny informou-o de que ele estava numa lista para pena de prisão perpétua. Era hora de ele desaparecer.

Danny, Theo e Caroline, de cinco meses, partiram para Cap d'Antibes, onde parentes de Theo tinham um pequeno chalé. De lá, mantiveram contato com Dexter. Anna Gruss, ex-secretária e agora membro do CAS secreto, conseguia fazer visitas furtivas para trazer informações sobre a continuidade do funcionamento da rota de refugiados suíça. Jean Gemähling também entrava clandestinamente na cidade para uma visita ocasional. Estava usando o nome de Henriot.

Certo dia, no princípio de novembro, Danny e Theo entraram às escondidas em Marselha para se encontrar com o cônsul-geral Benton, que havia substituído Fullerton. Era aterrador estar em Marselha sob os olhos de Vichy de novo, especialmente levando documentos secretos comprometedores. Benton os recebeu calorosamente.

– Fiquei profundamente chocado com a hostilidade que o Departamento manifestou para com seu chefe, Varian Fry – disse ele. – Estou muito satisfeito de que estejam trabalhando com o O.S.S. [Escritório de Serviços Estratégicos].[10]

Ele se ofereceu para fornecer a Danny quaisquer fundos de que precisasse para continuar. Danny aceitou o dinheiro. Ele só queria que Varian estivesse lá para ouvir pessoalmente o pedido de desculpas do cônsul-geral.

Em novembro de 1942, parecia que afinal os alemães perderiam a guerra. Eles estavam atolados lutando contra os russos nas montanhas do Cáucaso, a neve do inverno estava caindo e, exatamente como Victor Serge previra, Stalingrado continuava resistindo. No norte da África, os britânicos tinham derrotado definitivamente o general Rommel em El Alamein, a oeste do Cairo. No dia 2 de novembro, o Afrika Korps dos alemães estava em retirada.

No dia 9 de novembro, tropas alemãs se espalharam sobre a linha de demarcação, entrando na França não-ocupada. Praticamente da noite para o dia, o exército alemão estava em Marselha.

Um blecaute total de notícias foi imposto a Marselha. Nenhuma informação saía. Em Nova York, Fry se angustiava: "Silêncio, silêncio. (...) Tentei repetidas vezes entrar em contato com meus amigos na França, para ter pelo menos uma palavra direta de um deles, mas fracassei em todas as tentativas. Quer eu sussurre ou grite, não há nem um eco que me responda; apenas silêncio, um silêncio tão completo, que sou capaz de ouvir até meu sangue latejando nas orelhas."[11]

Fry não sabia, mas a sorte providencial de Danny se manteve. Quando os alemães entraram em Marselha, ele e Theo estavam de volta a Antibes, naquela ocasião ocupada pelos italianos. E os italianos nunca foram tão eficientes quanto seus aliados alemães.[12]

Perto do final de novembro, Danny escapuliu para o porto de Toulon para se encontrar com um contato, Roger Taillefer, pseudônimo Max Gauthiert. Tão logo ele bateu à porta, Taillefer o puxou para dentro.

– *Mon vieux*, você tem de sair daqui rapidamente – disse ele. – Há uma ordem para sua prisão.

Ele já tinha tomado a precaução de obter documentos falsos de identidade para Danny. Danny examinou rapidamente os papéis. Agora ele era Marcel Corblet.[13]

Danny imediatamente seguiu para a região de Haute Var, onde Theo e o bebê se juntaram a ele. Enquanto se escondia, ele trabalhava em Châteaudouble, na pequena indústria de corte de madeira para carvão que Fry havia ajudado a estabelecer. Ainda conseguia manter o CAS clandestino em funcionamento. Inacreditavelmente, nos três meses que se seguiram, eles conseguiram fazer atravessar a fronteira suíça mais 27 refugiados, em grupos de cinco ou seis, com a ajuda de montanheses antifascistas dispostos a guiá-los. Entre os que fugiram estavam Vera e Guiseppe Modigliani, irmão do pintor e ex-líder do Partido Socialista Italiano. Uma vez na Suíça, os refugiados com freqüência eram presos e postos em campos de detenção, mas, pelo menos, estavam a salvo de deportação para a Alemanha.[14]

Em junho de 1943, Danny e Theo se mudaram para Régusse, onde Danny dirigiu um campo madeireiro na floresta de Pélenq. A

Danny Bénédite e o grupo de resistência. Danny é o quarto a partir da esquerda.

resistência local logo o contatou, e gradualmente o campo se tornou um acampamento *maquis* (de guerrilheiros). Até recentemente o movimento de resistência tinha sido mal organizado. A população em geral considerava aqueles "fora-da-lei" mais perigosos que os alemães. No entanto, depois que os alemães ocuparam toda a França, a ficção de uma "zona livre" foi destruída. O *premier* Laval logo instituiu um "programa de trabalho voluntário", enviando milhares de jovens franceses para campos de trabalhos forçados na Alemanha. Para evitar a deportação, muitos jovens escaparam para as montanhas para se juntar aos *maquis*.[15]

Em 10 de maio do ano seguinte, usando a conveniente cobertura da floresta, os britânicos lançaram de pára-quedas uma partida de armas para o acampamento. Uma semana depois, alertados por um informante, um destacamento da temida Wehrmacht cercou e atacou o acampamento. Àquela altura, todas as armas tinham sido cuidadosamente enterradas, mas quatro trabalhadores, inclusive Danny, foram presos. Theo assumiu a liderança do grupo de Resistência de Pélenq. Os homens foram levados para o quartel-general da Gestapo, em Brignoles, e finalmente para a cadeia em Marselha. Danny foi condenado à morte.

As Forças Aliadas desembarcaram na costa da Provence em meados de agosto. No dia 16, os alemães começaram a retirada. Ao saírem de Marselha, liberaram todos os prisioneiros, exceto os condenados à morte. Mas os guardas foram negligentes, é provável que deliberadamente, e Danny escapou mais uma vez. Radiante com sua sorte inesperada, ele seguiu a pé para Régusse para se juntar a seus companheiros *résistants* no acampamento dos *maquis*. A jornada foi extremamente perigosa. Ele teve de fazer manobras furtivas para conseguir passar pelas linhas inimigas em Var, onde os alemães ainda estavam mantendo feroz resistência. Conseguiu passar.

No final, Danny e seus bravos companheiros sempre se mantiveram fiéis aos ideais de Varian Fry. Se não fosse o Centre Américain de Secours, estima-se que 2 mil pessoas nunca teriam escapado da França. Na opinião de Lisa Fittko, muitos refugiados acreditavam que estavam fugindo apenas para escapar do "período nazista". Só em retrospecto compreenderam qual teria sido seu verdadeiro destino: perecer no Holocausto em campos de concentração nazistas.[16]

Em janeiro de 1945, o Comitê de Resgate de Emergência, rebatizado Comitê Internacional de Resgate e Auxílio, entregou um relatório sumário sobre 1944:

> *França – Recebemos recentemente um cabograma nos informando de que dois de nossos mais valiosos colaboradores na França, Daniel Bénédite e o dr. Paul Schmierer, que dirigiam nosso trabalho depois da ocupação total pelos alemães, conseguiram sobreviver em segurança ao longo de dois anos de silêncio... A coragem e a integridade desses dois homens e daqueles que trabalharam com eles durante mais de quatro anos na Marselha dominada ou ocupada pelos alemães merecem registro entre os feitos heróicos desta guerra.*[17]

Varian Fry nem sequer foi mencionado.

POSFÁCIO

RESIDENTES DA VILLA AIR-BEL

Varian Fry

Mesmo depois que os refugiados salvos pelo CAS chegaram aos Estados Unidos, Varian Fry continuou a ajudá-los fornecendo-lhes contatos e tentando encontrar-lhes trabalho. Com dinheiro de sua pequena renda, também ajudou um punhado de pessoas ainda retidas na Europa. No princípio dos anos 1940, incapaz de retomar sua vida, ele mudava de um emprego para outro. Em 1942, Hertha Pauli o encontrou numa festa em homenagem a ele. "Parte dele continuava em Marselha (...) Saímos da armadilha como raposas que deixam para trás um pedaço da pata", comentou ela.[1] Fry e a esposa se divorciaram no verão de 1942. Alguns anos depois, quando Eileen contraiu um câncer, Fry cuidou dela durante a prolongada doença. Ela morreu em 12 de maio de 1948. O livro de Fry, *Surrender on Demand*, foi publicado em 1945. Choveram congratulações de antigos refugiados, embora o livro não tenha vendido bem. Os americanos queriam olhar para frente, não para trás. No inverno de 1948, aos 41 anos, Fry conheceu Anette Riley, de 25.

– Ele era divertido e me adorava – disse ela.[2]

Eles se casaram em novembro de 1950 e tiveram três filhos. Ele vivia de escrever como *freelancer* e de lecionar. Seu último emprego foi dando aulas de latim e grego na Joel Barlow High School em Easton, Connecticut. Nos últimos dois anos de vida, Fry sofreu de depressão, e o casal acabou se divorciando, embora se mantivessem em contato. Em 12 de abril de 1967, Fry foi feito Chevalier de la Légion d'Honneur por seu trabalho de resgate na França. Seis meses depois, no dia 12 de setembro de 1967, ele morreu sozinho em Easton de hemorragia cerebral. Estava a um mês de seu sexagésimo aniversário. Em 1996, o Yad Vashem, o Memorial ao Holocausto de Israel, o agraciou postumamente com a medalha "Justo entre as Nações". Na cerimônia, o então secretário de Estado, Warren Christopher, pediu desculpas a Fry:

– Estamos aqui para prestar um tributo a (...) Varian Fry, um homem notável e um americano notável. Infelizmente, durante sua vida, seus feitos heróicos nunca receberam o apoio e reconhecimento que mereciam do governo dos Estados Unidos, inclusive, lamento dizer, do Departamento de Estado.[3]

Em seu enterro, o artista Jacques Lipchitz comentou:

– Ele era como um cavalo de corridas atrelado a uma carroça carregada de pedras.[4]

Danny Bénédite, Theo Bénédite e Peterkin

Durante a liberação da França, em 1944, Danny Bénédite serviu como oficial de ligação entre o alto-comando das Forças Aliadas e os prefeitos de Var e de Basses-Alpes. Depois da guerra, tornou-se diretor executivo do jornal *Franc-Tireur* e finalmente diretor da editora Éditions Rombaldi. Em 1947, Danny e Theo se divorciaram. "Não vivo mais à sombra de Danny nem afogo minha personalidade na dele", escreveu Theo a Varian Fry.[5] Ambos logo se casaram de novo. Theo trabalhava para a UNESCO em 1947, no Departamento de Atividades Culturais, e criou para este órgão a seção de direitos e licenças. Pierre Ungemach (Peterkin) retornou à França em 1945 para concluir os estudos. Ele se diplomou em geofísica em Strasbourg e em Paris. Trabalhou na África, Austrália, América Latina e no Oriente Médio, no desenvolvimento de suprimentos de água em áreas áridas, e finalmente para o Mercado Comum em Bruxelas. Em 1948, Danny publicou *La Filière marseillaise*, suas memórias dos anos em Marselha. Morreu em 1990, depois de um derrame.

Mary Jayne Gold

Quando Mary Jayne Gold retornou aos Estados Unidos, trabalhou por um breve período no Comitê Internacional de Resgate e depois se formou em psicologia com a intenção de se especializar em psicologia criminal. Ela voltou à França para viver em Gassin, perto de St. Tropez, onde batizou sua *villa* de Air-Bel. Voltou a encontrar Raymond Couraud duas vezes. A primeira foi em Nova York, em 1947, quando fizeram o *tour* de Quebec e Gaspé. O segundo encontro foi nos anos 1960 em Air-Bel, em Gassin. Depois da guerra, a vida de Couraud foi nômade e cheia de mistérios. Ele trabalhava como mercenário: primeiro como chefe do exército de Nizam de Hyderabad durante o período de descolonização na Índia e depois para o exército francês na Argélia. Ele se casou várias vezes e teve dois filhos. Mary Jayne Gold nunca se casou. Ela morreu em 1997, aos 88 anos.

Miriam Davenport

Miriam Davenport e o marido iugoslavo Rudolph se divorciaram um ano depois de sua chegada aos Estados Unidos. Miriam trabalhou para uma variedade de organizações, inclusive o Comitê Internacional de Resgate e Auxílio, o NAACP e o *American Council of Learned Societies'Committee for the Protection of Cultural Tresures in War Areas* (Conselho Americano de Sociedades de Saber para a Proteção de Tesouros Culturais em Zonas de Guerra). Depois da guerra, dirigiu o escritório do Comitê de Emergência de Cientistas Atômicos de Albert Einstein, em Princeton. Casou-se com o professor William L. M. Burke, e o casal se mudou para a Universidade de Iowa. Lá Miriam se formou em Belas Artes e começou a expor suas pinturas e esculturas. Depois da morte do marido, em 1961, ela se casou com Charles Ebel, um arqueólogo e historiador. Miriam morreu em 13 de setembro de 1999.

Victor Serge, Laurette Séjourné e Vlady

No México, Victor Serge concluiu *The Long Dusk*, um romance baseado em sua experiência em Marselha, e as *Memórias de um revolucionário*, bem como numerosos outros livros e artigos. Ele manteve uma longa correspondência com George Orwell, que tentou, sem sucesso, publicar as *Memórias*. O livro finalmente seria publicado em 1951, depois da morte de Serge. Laurette Séjourné e a filha de Serge, Jeannine, se juntaram a ele no inverno de 1941. A perseguição a Serge pela GPU (Polícia Secreta Soviética) se acelerou no México. Um artigo injurioso foi publicado no jornal *Excelsior* afirmando que Serge tinha sido um agente nazista trabalhando para Otto Abetz, embaixador de Hitler em Paris. Serge era seguido freqüentemente. Vlady se lembraria de uma ocasião em que atiradores dispararam contra eles de um carro em movimento quando andavam em Coyoacán. Em janeiro de 1942, cem desordeiros do Partido Comunista mexicano, provavelmente por ordem da GPU, atacaram uma reunião onde Serge discursava. Embora setenta pessoas tenham ficado feridas, Serge não se machucou. Serge vivia numa miséria tão grande, que não pôde realizar o sonho de voltar à França. No dia 7 de novembro de 1947, morreu de um ataque cardíaco a bordo de um táxi. Laurette Séjourné se tornou uma proeminente antropóloga especialista na cultura de Teotihuacan. Suas muitas publicações incluem *The Magic World of the Mayas*, ilustrado por Leonora Carrington. Laurettte morreu num acidente de carro aos 92 anos. Depois da morte do pai, Vlady estudou arte na França e na Espanha. Ele se tornou um dos principais pintores e muralistas do México e morreu em 2005.

André Breton, Jacqueline Lamba e Aube

A pintora Kay Sage encontrou para os Breton um apartamento no quinto andar de um prédio sem elevador no Greenwich Village. Breton vivia principalmente num mundo de exilados franceses, incluindo Claude Lévi-Strauss, André Masson, Max Ernst, Kurt Seligmann e Marcel Duchamp, que chegaram em junho de 1942. Prejudicado por não falar inglês, Breton perdeu a chance de lecionar na New School for Social Research. Fundou uma nova revista surrealista, *VVV*, e selecionou o jovem escultor e fotógrafo David Hare para editor. Em março de 1942, Breton se tornou locutor da *Voz da América*. Produzidos pelo Escritório de Informação da Guerra e transmitidos 24 horas por dia por toda a Europa ocupada pelos alemães, os programas de rádio tinham o objetivo de estimular resistência ao nazismo. As únicas ressalvas que Breton impôs a seu contrato com a estação foi que nunca fosse obrigado a pronunciar as palavras *Deus* ou *papa*. O escritor André Thirion se recordaria de que na França, durante a guerra, a voz familiar de Breton "ressoava como um chamado encorajador".[6] Decidida a se concentrar na própria arte, Jacqueline retomou o nome de solteira, Lamba. Ela deixou Breton em outubro de 1942 e foi viver com David Hare, levando Aube. Breton ficou arrasado, principalmente com a perda da filha. Em dezembro de 1943, Breton conheceu e logo se casou com a pianista chilena Elisa Claro. Embora a Alemanha se declarasse derrotada em 8 de maio de 1945 e a guerra na Europa chegasse ao fim, Breton esperou antes de retornar à França. O Partido Comunista ganhara enorme influência pela associação com os movimentos clandestinos de Resistência. Em visita a Nova York, Albert Camus e Jean-Paul Sartre haviam advertido Breton de que os stalinistas estavam criando terror na comunidade literária. Dada sua oposição de longa data ao stalinismo, Breton temia que pudesse estar em risco. Contudo, a 25 de maio de 1946, acompanhado por Aube e Elisa, retornou à França e retomou sua vida anterior. Logo descobriu que o movimento surrealista tinha sido eclipsado pelo existencialismo do pós-guerra. Aos 11 anos de idade, Aube voltou aos Estados Unidos em 1947 para viver com a mãe. Por fim, ambas acabaram retornando à França, onde Jacqueline Lamba firmou uma importante carreira como pintora. André Breton morreu em 1966, dois anos antes da revolução estudantil em Paris que mudou a realidade geopolítica no mundo inteiro. Nas manifestações, estudantes carregavam as imagens de Breton e Rimbaud como modelos de mente livre.

Max Ernst e Peggy Guggenheim

Quando Max Ernst chegou com Peggy Guggenheim ao aeroporto de LaGuardia, no dia 14 de julho de 1941, ele foi detido por funcionários da imigração e transportado para Ellis Island. Foram necessários três dias para processar seus documentos. Max finalmente foi liberado aos cuidados de seu filho. A primeira visão de Jimmy do pai foi de "um homem frágil, de cabelos brancos, numa capa de chuva amarrotada, sentado num banco de madeira".[7] Depois de Pearl Harbor, Max, ainda com passaporte alemão, foi submetido a interrogatório como estrangeiro inimigo. Ele e Peggy Guggenheim se casaram, mas o casamento foi breve. Em 1942, Ernst fez exposições em Nova York, Chicago e Nova Orleans. Não vendeu nada. Mesmo assim, Ernst rapidamente fez amizades entre os pintores americanos, inclusive Jackson Pollock e Dorothea Tanning. Em 1946, Ernst se casou com Tanning, e o casal construiu uma casa no Arizona. Em 1950, ele fez sua primeira viagem de volta à Europa e logo retornou com Tanning para morar na França. Em 1966, um jornal alemão acusou Ernst de ter deixado de salvar a esposa judia Lou Straus-Ernst ao abandoná-la na França. Ele ficou devastado e pediu a Danny Bénédite e a Varian Fry que enviassem depoimentos juramentados, feitos perante advogados, relatando que haviam testemunhado a oferta de Ernst de se casar de novo com Lou Straus-Ernst. Ambos o fizeram. Ernst morreu a 1º de abril de 1976. Peggy Guggenheim abriu sua nova galeria, Art of This Century, em Nova York, em 20 de outubro de 1942. Depois da guerra, ela transferiu sua coleção de arte para o Palazzo Venier dei Leoni em Veneza, na Itália.

FUNCIONÁRIOS DO CAS

Jean Gemähling

Quando os movimentos de Resistência da França ocupada e não-ocupada foram integrados, Jean Gemähling se tornou um dos chefes da inteligência do MUR (Mouvements Unis de Résistance). A rede de cerca de mil agentes era chamada de Katanga pelo Bureau Central de Informação e Ação do general Charles de Gaulle. Gemähling foi preso em 1943, mas escapou apenas horas antes de a Gestapo vir buscá-lo. Ele retornou às atividades secretas, enviando informações por meio de transmissões de rádio clandestinas para Londres, Genebra e Argélia. Depois da guerra, trabalhou em jornalismo e como editor de livros até 1955, quando se envolveu com pesquisa nuclear para o Commissariat de l'Energie. Morreu na França em 2004.

Marcel Verzeano (Maurice)
Ao chegar a Nova York em 1941, Marcel Verzeano conseguiu trabalho como ascensorista e depois se alistou no exército dos Estados Unidos. Ficou estacionado na Itália como tenente do serviço médico. Ao final da guerra, foi condecorado pelo governo italiano com a Ordem da Coroa da Itália. Em 1947, trabalhou como pesquisador na Escola de Medicina de Harvard e no Massachusetts General Hospital. Em 1954, passou a integrar o Brain Research Institute da Universidade da Califórnia. Foi professor-visitante na Universidade de Lima e na Sorbonne e depois professor de psicobiologia na Universidade da Califórnia em Irvine. Morreu em 2006.

Albert Hirschman (Beamish)
Logo após sua chegada aos Estados Unidos, em dezembro de 1940, Albert Hirschman recebeu uma bolsa da Fundação Rockefeller. Passou os anos seguintes em Berkeley, onde escreveu *National Power and the Structure of Foreign Trade*. De 1943 a 1945, serviu no Exército americano na Itália, trabalhando na seção de inteligência. Em 1946, aceitou um cargo de economista pesquisador no conselho do Federal Reserve, trabalhando na reconstrução da Europa no pós-guerra. Durante uma carreira eminente que incluiu trabalhos em Bogotá e na Universidade de Yale e Harvard, ele publicou numerosos livros sobre o desenvolvimento econômico, particularmente na América Latina. Em

1974, passou a integrar o corpo docente de ciências sociais do Institute for Advanced Study em Princeton, Nova Jersey. Em 1995, publicou *A Propensity to Self-Subversion*, que incluía relatos autobiográficos de suas experiências de guerra. Ainda vive nos Estados Unidos.

Bill Freier
Bill Freier, o falsário do CAS, e a esposa, Mina, foram presos em novembro de 1940. Ela foi liberada depois de dois dias, mas ele foi mantido preso. Fry não teve sucesso em obter um visto internacional para o casal. Freier ficou internado em Le Vernet, de onde foi embarcado num dos últimos comboios para Auschwitz. Sobreviveu miraculosamente. Ele pesava apenas 32 quilos quando foi libertado. Pouco tempo depois de se juntar à esposa na França, ela sofreu um colapso mental. Ela morreu num asilo de loucos em 1953.

Charles Wolff
Charles Wolff trabalhou para a Resistência francesa passando informações entre as células espanholas e francesas. Traído por um companheiro que revelou seu nome sob tortura, foi preso em Toulouse em agosto de 1944. Foi espancado até a morte pela milícia colaboracionista de Vichy, a Milice.

DEPOIS DE JUNHO DE 1942: O CAS SECRETO

Paul Schmierer, Anna Gruss e Jacques Weisslitz
Vivendo em Antibes e depois em Auvergne com a esposa Vala, Paul Schmierer se tornou o agente P-2 da rede Tartane-Masséna do movimento de Resistência Franc-Tireur. Os nazistas nunca descobriram suas atividades secretas. Anna Gruss continuou a operar como correio, passando nomes e dinheiro para refugiados fugindo para a Suíça. Ela nunca foi apanhada. Jacques Weisslitz e a esposa, ambos judeus-franceses, tiveram o visto para os Estados Unidos negado em 1942. Fry trabalhou sem sucesso

num apelo. O casal foi deportado para a Alemanha em novembro de 1944. Nunca mais se ouviu falar deles.

ASSOCIADOS E CLIENTES

Lisa e Hans Fittko

Quando os Fittkos chegaram a Cuba em novembro de 1941, foram imediatamente internados no Camp Tiscornia com centenas de outros refugiados. Foram libertados depois de 10 dias. Quando Cuba se alinhou com os Estados Unidos, depois de Pearl Harbor, todos os alemães não-judeus foram declarados cidadãos estrangeiros inimigos. Hans foi preso, mas o judeu dono do Máximo's Hotel onde eles estavam hospedados jurou que os documentos de Hans eram falsos e que ele, na verdade, era judeu. Com o auxílio adicional de um suborno, Hans foi libertado. Ele aprendeu o ofício da lapidação de diamantes, e Lisa trabalhou como secretária. Em Cuba, eles com freqüência cruzaram com oficiais nazistas em fuga para a América Latina. Em 1948, os Fittkos foram admitidos nos Estados Unidos. Hans morreu de câncer pouco depois. Trinta e sete anos mais tarde, Lisa Fittko publicou suas memórias, *Escape Through the Pyrenees*.

Hertha Pauli, Carli Frucht e Walter Mehring

Hertha Pauli desembarcou em Hoboken, Nova Jersey, a 12 de setembro de 1940. Um membro do CAS que viera receber o navio a identificou quando ela estava à beira de ser enviada para Ellis Island, onde refugiados sem documentos eram mantidos. Ela encontrou trabalho como empregada doméstica em Nova Jersey, mas logo conseguiu um emprego datilografando manuscritos. Por fim, se tornou uma famosa biógrafa e autora de livros infantis. Por intercessão de Eric Sevareid, Carli Frucht viajou de Lisboa para Norfolk, Virginia. O Serviço de Imigração lhe recusou permissão para desembarcar. Justo no dia em que o cargueiro deveria partir de volta para a Europa, um telegrama chegou às mãos de Eric Sevareid, que correu para a Western Union e enviou outros endossos e o dinheiro necessário para liberar a entrada de Carli nos Estados Unidos. A política era alojar os refugiados longe de metrópoles, e Carli foi mandado para trabalhar numa fazenda quacre em Indiana. Ele se alistou no exército americano como soldado raso e mais tarde fez carreira em trabalho de assistência internacional. Walter Mehring chegou a Nova York, via Martinica. Logo partiu para Hollywood e lá encontrou trabalho lucrativo na MGM, escrevendo roteiros. Em 1944, publicou *No Road Back*, ilustrado por George Grosz e dedicado a Hertha Pauli. No livro, descreveu a fuga deles pela Europa e seu internamento no Camp Saint-Cyprien. Sua obra-prima, *The Lost Library: The Authobiografy of a Culture*, foi lançada em 1951. Ele voltou para a Alemanha em 1953 e depois foi viver na Suíça. Morreu num pequeno hotel, em Zurique, em 1981.

OS SURREALISTAS

Wilfredo Lam e Helena Holzer

Helena Holzer e Wilfredo Lam foram morar em um apartamento em Havana. O racismo que ele descobriu sob o regime de Batista o revoltou. Lam começou a integrar elementos da cultura afro-cubana em sua obra. Em 1942, uma exposição de suas pinturas foi inaugurada na Pierre Matisse Gallery em Nova York. Ele e Helena se casaram em 1944. Depois da guerra, viajaram bastante, vivendo em Cuba e na França, com idas ocasionais aos Estados Unidos. Eles se divorciaram em 1950. Em 1981, o governo cubano concedeu a Lam a Ordem Félix Varela por sua notável contribuição para a cultura cubana.

Benjamin Péret, Remedios Varo e Leonora Carrington

Juntando-se a uma comunidade de expatriados espanhóis exilados que incluía Luis Buñuel, os três artistas se integraram à vida mexicana. Inicialmente tinham pensado que o México seria um abrigo temporário. Varo e Péret se mudaram para uma casa caindo aos pedaços num conjunto habitacional no bairro Colonia

San Rafael no coração da Cidade do México. Remedios encheu a casa de gatos e pássaros. Havia desenhos de Picasso e Ernst pregados com alfinetes nas paredes. Remedios e Leonora se tornaram amigas íntimas e colaboradoras. Benjamin Péret afinal conseguiu trabalho lecionando francês, mas não se adaptou tão bem. Ele voltou à França em 1947. Remedios Varo e Leonora Carrington se tornaram duas das mais célebres pintoras do México.

Outros Surrealistas Retidos na França

Os pintores Hans Bellmer, Victor Brauner e Jacques Hérold não conseguiram obter vistos internacionais. Todos os três sobreviveram se escondendo em regiões remotas da Provence. Sem um visto internacional para deixar a França, o diretor de teatro Sylvain Itkine trabalhou para a Resistência. Foi preso pela polícia francesa e entregue à Gestapo, que o torturou e matou. Em dezembro de 1944, Péret escreveu uma carta do México para o amigo e poeta surrealista Robert Rius. Ele não sabia que Rius havia sido fuzilado seis meses antes, quando tentava se juntar ao *maquis* na floresta de Fontainebleu. O poeta surrealista Max Jacob morreu ou se suicidou no campo de deportação de Drancy. Seu companheiro surrealista Robert Desnos, preso por atividades na imprensa clandestina, acabou no campo de concentração de Buchenwald. Morreu de tifo dias depois de ser libertado.

CENTRE AMÉRICAIN DE SECOURS (CAS)

Em 14 de agosto de 1940, Fry trouxe para Marselha uma lista de duzentas pessoas que o Comitê de Resgate de Emergência, em Nova York, determinara que estavam em perigo de deportação de volta para a Alemanha. No princípio da primavera de 1942, seis meses depois da expulsão de Fry da França, Danny Bénédite escreveu um relatório resumido dos feitos do CAS. Ao longo de um período de um ano e meio, 20 mil refugiados tinham procurado o CAS em busca de auxílio. Prolongando seu mandato tanto quanto ousava, Fry havia estendido a proteção do CAS a mais de 4 mil pessoas. O CAS dera apoio financeiro direto a seiscentos refugiados. Tinha ajudado 1.500 pessoas a deixar a França, tanto legal quanto ilegalmente. De uma maneira ou de outra, também prestara assistência na evacuação de cerca de trezentos oficiais e soldados britânicos. O CAS havia criado mais de uma dúzia de comunidades ao redor de Grasse, bem como empresas madeireiras e carvoeiras na floresta de Var, que davam aos refugiados não só emprego, mas também um lugar para se esconder. De 1942 até o fim da guerra, o CAS clandestino conseguiu facilitar a fuga da França de mais trezentas pessoas.

A VILLA AIR-BEL

Em 1970, a Villa Air-Bel foi demolida. A floresta circundante foi desmatada e substituída por um complexo de apartamentos para abrigar imigrantes recentes, particularmente do norte da África. Concluída em 1972, a Cité Air-Bel possui 1.165 apartamentos. Da Villa Air-Bel original, só os pilares na entrada, o terraço e os três plátanos sobrevivem. O local agora é ocupado por um asilo para idosos. Contudo, a casa do dr. Thumin, La Castellane, ainda está de pé. Foi transformada num centro social para o complexo Cité Air-Bel. Financiado pelo governo francês e sob a orientação de Antoine Dufour, jovens adolescentes imigrantes operam um estúdio de televisão que transmite programas para toda a França. Estes jovens são responsáveis pelos *scripts*, pela direção, pela mesa de corte e pelas câmeras. O centro também abriga uma creche. Nas salas onde as crianças brincam, há pendurados móbiles com imagens de André Breton e Max Ernst e seus projetos de arte. Crianças com idades entre três e cinco anos aprendem a fazer esculturas como as dos surrealistas que, durante a Segunda Guerra Mundial, encontraram abrigo temporário na Villa Air-Bel.

AGRADECIMENTOS

Nenhum autor pode empreender uma obra desta complexidade sem extraordinário apoio e sou profundamente grata a todos os que me ajudaram.

Quero agradecer ao Conselho de Pesquisa de Ciências Sociais e Humanas do Canadá e ao programa de Cadeira de Pesquisa do Canadá por terem me liberado de lecionar na Universidade de Toronto e pela assistência financeira enquanto fazia a pesquisa. Gostaria de agradecer especialmente à Camargo Foundation, por me ter concedido uma residência de três meses em Cassis, na França, que me deu não só oportunidade de visitar os lugares que aparecem no livro, mas também privacidade e tempo para escrever.

Sem a diligência extraordinária de bibliotecários e acesso a acervos de bibliotecas, autores não poderiam se dedicar à pesquisa. Quero agradecer a Jennifer Mendelsohn, chefe de Referência, e Ian Crellin, diretor da coleção Biblioteca Audiovisual, na Robarts Library, University of Toronto, pela assistência especializada; a Maren Read, do Museu do Holocausto, nos Estados Unidos, pela infalível generosidade; a Jennifer B. Lee, da Rare Book and Manuscript Library, Columbia University, pela paciência e gentileza. Utilizei muitas coleções ao longo da pesquisa e gostaria de reconhecer a assistência de: Manuscripts and Archives, Yale University Library; Irving S. Gilmore Music Library, Yale University; Beinecke Rare Books and Manuscripts Library, Yale University; Houghton Library, Harvard University; M. E. Grenander Department of Special Collections and

Archives, State University of New York em Albany; Getty Museum e Special Collections Department, da University of Delaware Library. Gostaria de agradecer aos centros de pesquisa e pessoas na França que me prestaram assistência: Julia Mclaren do CPEDERF; Archives Départamentales, Bouches-du-Rhône; Musée Cantini, Marselha; Centre Historique des Archives Nationales: Section du XX siècle, Paris.

Na França, muitos indivíduos se mostraram extremamente generosos. Revelando a gratidão pelo extraordinário Varian Fry, Aube Breton me deu permissão para pesquisar os documentos de Breton na Bibliotèque Littéraire Jacques Doucet e para usar citações da obra do pai. Mme. Hélène Ungemach-Bénédite foi igualmente generosa me permitindo citar as cartas de Theo e Daniel Bénédite e as obras dele.

Antoine Dufour, diretor do Centre Social d'Air-Bel, me convidou a entrevistar os jovens que participam de seu centro, além de ser por eles entrevistada, bem como me forneceu cópias das plantas originais da Villa Air-Bel. Jean Bernard, do Atelier Bernard, contribuiu generosamente com seu tempo enquanto selecionamos as fotografias para o livro. De enorme importância foi a paciência e generosidade de Jean-Michel Guiraud, que respondeu a minhas perguntas e me ofereceu acesso a qualquer material de que eu precisasse. Maire Delord, da Université de Toulouse, foi sempre generosa com sua assistência e conselhos e lhe sou grata.

Gostaria de agradecer à *señora* Kibalchich pela gentileza. Também quero agradecer a Leonora Carrington, por me oferecer suas lembranças da França no tempo da guerra. Charles Ebel prontamente me permitiu o direito de citar trechos das memórias de Miriam Davenport Ebel, bem como o direito de reproduzir fotografias. Minha maior dívida de gratidão é para com Annette Riley Fry por ser tão receptiva e tão profundamente gentil. Ela me deu acesso aos arquivos de Varian Fry e me permitiu usar fotografias de sua coleção particular.

No início de minha pesquisa, vários jovens estudantes, como Kristin Moriah e Rhonda Grintuch, entusiasticamente me auxiliaram na coleta de documentos. Gostaria de agradecer também a Jack Granatsein, Constance Rooke, Richard Teleky, Stéphanie Walsh e David Mason pela ajuda ao lerem o manuscrito. As assistentes de pesquisa Anita Corsini e Alysia Kolentsis foram inestimáveis e infatigáveis na tarefa de responder a minhas muitas perguntas. Foi um prazer trabalhar com elas.

Finalmente, a qualidade de uma obra depende dos editores. Quero agradecer à equipe da HarperCollins, Canadá, pela confiança em meu livro e pelo trabalho que a ele dedicaram, especialmente a Rob Firing, Kate Cassaday, Debbie Gaudet e Norma Cody. Minha editora de longa data Iris Tupholme foi maravilhosamente inventiva em suas idéias para o livro e, como sempre, precisa e brilhante nos comentários editoriais. Todos os escritores deveriam ser afortunados de ter uma editora assim. Também gostaria de agradecer a Eleanor Birne, da John Murray Publishers, por seu grande interesse e dedicação.

Gostaria de agradecer à equipe editorial da HarperCollins de Nova York, particularmente a Lauretta Charlton, Jonathan Burnham, Kathy Schneider e Christine Boyd, pelo trabalho dedicado e pelo ânimo infatigável. Sobretudo, quero agradecer à minha editora, Claire Wachtel. Sua visão do potencial do livro, sua extraordinária *expertise* editorial e seu fantástico bom humor tornaram toda a experiência de concluir este livro um grande prazer.

Gostaria de agradecer ainda à minha agente, Jackie Kaiser, da Westwood Creative Artists, que me encorajou desde o princípio a tratar deste tema e me apoiou durante as várias fases do livro.

Arlene Lampert foi uma leitora perfeita. Seu entusiasmo ao longo do projeto foi o de uma querida amiga. Também queria registrar meu reconhecimento à paciência e ao apoio carinhoso que recebi de minha família, particularmente de minha mãe, Leanore Guthrie Sullivan. Finalmente queria agradecer a meu parceiro, Juan Optiz, que me proporciona a calma que torna possível escrever.

NOTAS

ROTA DE FUGA

1. Lisa Fittko, *Escape Through the Pyrenees,* trad. David Koblick (Northwestern University Press, Evanston, 1991) p.108.
2. Ibid., p. 104.
3. Ibid., p. 103.
4. Ibid., p. 109.
5. Ibid., p. 112.
6. Carta datada de 11 de outubro de 1940, de Frau Gurland para Arkadi Gurland, reimpressa em Gershom Scholem, *Walter Benjamin: The Story of a Friendship*, trad. Harry Zohn (Jewish Publication Society of America, Philadelphia, 1981), p. 225.
7. Ibid., p. 225.
8. Ibid., p. 226.
9. Fittko, *Escape Through the Pyrenees,* p. 115.

A FOTOGRAFIA

1. *International Herald Tribune,* 25 de setembro de 1930.

O Aviso de Hitler no Tribunal
Berlim: As cenas trágicas encenadas na Place de la Révolution (agora Place de la Concorde) em Paris, durante a Revolução Francesa, quando a guilhotina varreu para o cesto centenas de cabeças aristocráticas, será repetida em Berlim quando os fascistas chegarem ao poder, prometeu Adolph [sic] Hitler, o líder fascista, diante da câmara criminal da suprema corte em Leipzig, hoje, durante mais uma audiência do julgamento dos três oficiais do Reichswehr que são acusados de traição por tentar criar células fascistas no exército alemão. Não só o sangue da nobreza correrá em Berlim quando o "terceiro Reich" se tornar realidade na Alemanha, de acordo com o líder do Partido Nacional Socialista, mas o proletariado socialista também será massacrado. Em três anos, previu Hitler, seu partido seria o mais forte do país e, quando o dia de seu triunfo chegasse, o Tratado de Versalhes e o plano Young seriam jogados na lata do lixo.

De fato, tão sensacional foi a natureza dos comentários de Hitler sobre o que seu partido propunha fazer caso chegasse ao poder, que as ações nas bolsas de valores de Berlim e Frankfurt, que haviam se recuperado nos últimos dois dias, sofreram queda violenta durante todo o dia de hoje.
(*Reimpresso no* International Herald Tribune, *26 de setembro de 2006*).

2. Entrevista da autora com Leonora Carrington, Cidade do México, 7 de julho de 2003.

O JANTAR FESTIVO

1. Miriam Davenport, *An Unsentimental Education: A Memoir by Miriam Davenport Ebel* (1915– 1999), p. 63. Pág. Web: www.varianfry.org/ebel_-memoir_en. htm.
2. Mark Polizzotti, *Revolution of the Mind: The Life of André Breton* (De Capo Press, New York, 1997), p. 480.
3. Ibid., p. 22.
4. Ibid., p. 402.
5. Ibid., p. 5.
6. Victor Serge, *Memoirs of a Revolutionary*, trad. Peter Sedgwick (Writers & Readers, London, 1984), p. 361.
7. Susan Weissman, *Victor Serge: The Course Is Set on Hope* (Verso, London, 2001), p. 183.
8. William Wiser, *The Twilight Years: Paris in the 1930s* (Carroll & Graff Publishers, New York, 2000), p.243.
9. Andy Marino, *A Quiet American: The Secret War of Varian Fry* (St. Martin's Press, New York, 1999), p. 213.

A HERDEIRA

1. Mary Jayne Gold, *Crossroads Marseilles, 1940* (Doubleday, New York, 1980), p. 25.
2. Wiser, *Twilight Years,* p. 151.
3. Gold, *Crossroads Marseilles, 1940,* p. 31
4. Wiser, *Twilight Years,* p.108.
5. Ibid., p. 50– 55.
6. Gold, *Crossroads Marseilles, 1940,* p.32.
7. Ibid., p. 34.

O JOVEM FUNCIONÁRIO NA PRÉFECTURE DE POLICE

1. Gold, *Crossroads Marseilles, 1940,* p. 26.
2. Daniel Bénédite *La filière marseillaise: Un chemin vers la liberté sous l'occupation* (Clancier Guénaud, Paris, 1984), p. 19.
3. Ibid., p. 46.
4. Wiser, *Twilight Years,* p. 37.
5. Francis du Plessix Gray. *Simone Weil* (Vicking Penguin, New York, 2001), p. 63.
6. Estima-se que o primeiro êxodo de refugiados da Alemanha, depois que Hitler assumiu o cargo de chanceler, somasse cerca de 65 mil pessoas, das quais 25 mil ficaram na França. Ver Christian Eggers, "Les émigrés des années trente, leur situation en 1940-41 et la demarche de Varian Fry", *Varian Fry: du refuge...* (Actes Sud, Marseille, 1999), p. 46.
7. Alexander Werth, *France in Ferment* (Harper & Brothers, London, 1934), p. 26.
8. Du Plessix Gray, *Simone Weil,* p.61.

9. Gerald Holton, "The Migration of Physicists to the United States", *The Muses Flee Hitler: Cultural Tradfer and Adaptation, 1930-1945*, eds. Jarrell C. Jackman e Carla M. Borden (Smithsonian Institution Press, Washingtn D.C., 1983), p. 171.
10. Werth, *France in Ferment*, p. 26.
11. Holton, "The Migration of Physicists to the United States", p. 183.

Uma Noite no Apartamento de Alexander Werth

1. Gold, *Crossroads Marseilles, 1940,* p. 35.
2. Werth, *France in Ferment*, p. 23.
3. Ibid., p. 25.
4. Janet Flanner, *An American in Paris: Profile of an Interleide Between the Wars* (Simon and Schuster, New York, 1940), p. 374.
5. Gold, *Crossroads Marseilles, 1940,* p. 35-36.
6. "Werth, Alexander." Database: *Wilson Biographies,* H.W. Wilson, p. 3.

Os Protestos de Paris

1. Wiser, *Twilight Years,* p. 112.
2. Werth, *France in Ferment*, p. 150.
3. Estatísticas posteriores estimariam o número de feridos em 2.329, com 17 mortos. Ver Herbert R. Lottman, *The Left Bank: Writters, Artists and Politics from the Popular Front to the Cold War* (University of Chicago Press, Chicago, 1982), p. 76.
4. Werth, *France in Ferment*, p. 161.
5. Ibid., p. 173.
6. Ibid., p. 178.

Bem Alto Nas Nuvens

1. David Ogilvy, "1935: The Gull", *Shuttleworth: The Historic Aeroplanes* (Airlife Publishing, London, 1989). Esta foi a época em que muitas jovens mulheres adquiriram o hábito de voar. Em 1927, uma garota de 17 anos, Elinor Smith, se tornou a mais jovem piloto licenciada e ganhou notoriedade no ano seguinte por voar sob as quatro pontes do East River em Nova York. Jovens pilotos do sexo feminino sem dinheiro passaram a se apresentar como pilotos de acrobacias em parques de diversões e circos.
2. Gold, *Crossroads Marseilles, 1940,* p. 35.

O Congresso e o Caso de Victor Serge:

1. Victor Serge, *The Long Dusk*, trad. Ralph Manheim (Dial Press, New York, 1946), p. 302.
2. André Thirion, *Revolutionaries Without Revolution*, trad. Joachim Neugroschel (Macmillan, New York, 1975), p. 175.
3. Ibid., p. 173.
4. Lottman, *Left Bank*, p. 1.
5. Polizzotti, *Revolution of the Mind*, p. 418.
6. Lottman, *Left Bank*, p. 3.
7. Polizzotti, *Revolution of the Mind*, p. 418-19. Conversa relatada por Vítezlav Nezval, *Rue Gît-le-Coeur* (Editions de L'Aube, Paris, 1988), p. 21.

8. Ibid., p. 419.
9. Ilya Ehrenburg, *Eve of War 1933-1941*, trad. Tatiana Shebunina (MacGibbon & Kee, London, 1963), p. 72.
10. Ibid., p. 73.
11. Lottman, *Left Bank*, p. 85.
12. Ibid., p. 87. Ver também Alan Sheridan, *André Gide: A Life in the Present* (Harvard University Press, Cambridge, 1999), p. 479.
13. Lottman, *Left Bank*, p. 84.
14. Ibid., p. 85.
15. Polizzotti, *Revolution of the Mind*, p. 422.
16. Ehrenburg, *Eve of the War*, p. 72.
17. Polizzotti, *Revolution of the Mind*, p. 423-24.
18. Du Plessix Gray, *Simone Weil*, p. 67.
19. Lottman, *Left Bank*, p. 95.
20. Victor Serge, *Memoirs of a Revolutionary*, p. 228.
21. Lottman, *Left Bank*, p. 96.
22. Serge, *Memoirs of a Revolutionary*, p. 322.
23. Ibid., p. 334.
24. Sheridan, *André Gide*, p. 510.
25. Serge, *Memoirs of a Revolutionary*, p. 332-33.
26. Victor Serge, *The Case of Comrade Tulayev*, trad. Willard R. Trask (New York, Review of Books, New York, 2004) xxi.

Amigos para sempre

1. Weissman, *Victor Serge*, p. 254.
2. Victor Serge, *Men in Prison*, trad. Richard Greeman (Writers and Readers Publishing Cooperative, London, 1977), p. 1.
3. Serge, *Memoirs of a Revolutionary*, p. 1.
4. Ibid., p. 329.
5. Ibid., p. 332.

A Exposição de Paris

1. Arthur Chandler, "Confrontation: The Exposition Internationale des Arts et Techniques dans la Vie Moderne, 1937", *World's Fair* 8, n. 1 (1988): 1.
2. Ibid., p. 39.
3. Karen A. Fiss, "The German Pavillion", *Art and Power: Europe under the Dictators 1930-45*, eds. Dawn Ades et al. (Hayward Gallery, London, 1996), p. 109.
4. Ibid.
5. James D. Herbert, *Paris 1937: Worlds on Exhibition* (Cornell University Press, Ithaca, 1998), p. 39.
6. Alexander Werth, *The Twilight of France, 1933-1940* (Howard Fertig, New York, 1966), p. 129.

Picasso e o Ensaio Geral

1. Pablo Neruda, "Explaining a Few Things", *Tercera Residencia 1935-45* (Losada, 1951). Poema sobre a Guerra Civil Espanhola.

2. G. L. Steer, *New York Times*, 28 de abril de 1937.
3. Herschel B. Chip, *Picasso's Guernica: History, Tradformations, Meanings* (University of California Press, Berkeley, 1988), p.39.
4. John Russell, *Max Ernst: Life and Work* (Harry N. Abrams, New York, 1967), p. 120.
5. Du Plessix Gray, *Simone Weil*, p. 113.
6. Wiser, *Twilight Years*, p. 80.

Arte Degenerada

1. Entrevista da autora com Leonora Carrington, Cidade do México, 5 de dezembro de 2004.
2. Mario-Andreas Von Lüttichau, "Entartete Kunst, Munich 1937: A Reconstruction", *Degenerate Art: The Fate of the Avant-Garde in Nazi Germany*, ed. Stephanie Barron (Harry N. Abrams, New York, 1991), p. 45.
3. Ibid.
4. Ibid., p. 46.
5. Stephanie Barron, "Modern Art and Politics in Prewar Germany, 1937", *Degenerate Art: The Fate of the Avant-Garde in Nazi Germany*, p. 11.
6. David Grubin, *Degenerate Art: The Fate of the Avant-Guarde in Nazi Germany.* Documentary Film, David Grubin Productions, 1993.
7. Barron, *Degenerate Art*, p. 17.
8. Alice Goldfarb Marquis, *Alfred H. Barr Jr.: Missionary for the Modern* (Contemporary Books, New York, 1989), p. 177.

O Anschluss ou a Anexação

1. Hertha Pauli, *Break of Time* (Hawthorn Books, New York, 1972), p. 9.
2. Ibid., p. 20.

Os Clientes de Varian Fry

1. Joseph Roth, "Rest While Watching the Demolition", *Report from a Parisian Paradise: Essays from France 1925–1939*, trad. Michael Hofmann (W.W. Norton, New York, 1999), p. 239.
2. Heinrich Heine, *Almansor*: *A Tragedy* (1821). Usado como inscrição no memorial no campo de concentração de Dachau.
3. Roth, "Rest While Watching the Demolition", p. 239.
4. Roth, "Europe Is Possible Only Without the Third Reich", *Report from a Parisian Paradise*, p. 227.
5. Pauli, *Break of Time*, p. 34.
6. Roth, "The Myth of the German Soul", *Report from a Parisian Paradise*, p. 234-35.
7. Pauli, *Break of Time*, p.79.

A Cidade Sombra

1. Fittko, *Escape Through the Pyrenees*, p. 113.
2. Dos três milhões de estrangeiros na França no final dos anos 1930, calcula-se que talvez um terço fossem refugiados de ditaduras fascista ou nazista. Ver Eggers, "Les émigrées des années trente", p. 46.
3. Wiser, *Twilight Years*, p. 202.

4. Lottman, *Left Bank*, p. 40.
5. Mechtild Gilzmer, *Camps de femmes: Chroniques d'internées, Rieucros et Brens 1939-1944* (Éditions Autrement, Paris, 2000), p.23-24. Ver Eggers, "Les émigrées des années trente", p. 46-47.

A Realidade à Disposição

1. Antoine de Saint-Exupéry, *Wartime Writings 1939-1944*, trad. Norah Purcell (Harcourt Brace Jovanovich, New York, 1982), p. 13.
2. Gold, *Crossroads Marseilles, 1940,* p. 23.
3. Ibid., p. 38.
4. Werth, *France in Ferment*, p. 40.
5. Gold, *Crossroads Marseilles, 1940*, p. 39.
6. Pauli, *Break of Time*, p. 62.
7. Gold, *Crossroads Marseilles, 1940,* p. 36.

Serei Eu o Guardião de Meu Irmão? A Fronteira Francesa

1. Janet Flanner, *Paris Was Yesterday 1925-1939*, ed. Drutman (Viking Press, New York, 1972), p. 201.
2. "Manifestations Socialistes" e "Pour l'aide aux réfugiés espanoles", *Le Populaire*, 1° e 2 de fevereiro de 1939.
3. Flanner, *Paris Was Yesterday,* p. 201.
4. Lottman, *Left Bank*, p. 119.
5. "Contre le dénuement des réfugiés espanoles Contre les camps de concentration", *Le Populaire*, 15 de fevereiro de 1939.
6. "28.000 miliciens et 10.000 civils ayant opté pour l'Espagne nationaliste", *Le Figaro*, 14 de fevereiro de 1939.
7. Werth, *Twilight of France*, p. 329.
8. Jacques Grandjonc, "L'émigration officielle: Les consulats", *Varian Fry: Mission américaine de sauvetage des intellectuels anti-nazi, Marseille, 1940-42* (Actes Sud, 1999) p. 45.
9. Bénédite, *Filière marseillaise*. p. 288.
10. "Le general Franco définit les actes politiques coupables des républicains", *Le Figaro*, 14 de fevereiro de 1939.

loucos para Festejar

1. Flanner, *Paris Was Yesterday,* p. 220.
2. Ibid.
3. Wiser, *Twilight Years,* p. 224.
4. Flanner, *Paris Was Yesterday,* p. 216-17.
5. Simone de Beauvoir, *The Prime of Life*, trad. Peter Green (Lancer Books, New York, 1966), p. 453.
6. Martica Sawin, *Surrealism in Exile and the Beginning of the New York School* (MIT Press, Boston, 1995), p. 66.

A Convocação

1. Sawin, *Surrealism in Exile*, p. 66.
2. Polizzotti, *Revolution of the Mind*, p. 476.
3. Ibid., p. 53.

4. Ruth Brandon, *Surreal Lives: The Surrealist 1917-1945*. (Grove Press, New York, 1999), p.157.
5. Polizzotti, *Revolution of the Mind*, p. 54,66.
6. Ibid., p. 29.
7. Christopher Robbins, *Test of Courage: The Michel Thomas Story* (Free Press, New York, 1999), p. 49.
8. Julian Jackson, *The Fall of France: The Nazi Invasion of 1940* (Oxford University Press, Oxford, 2003), p. 26-27.
9. Bénédite, *Filière marseillaise*, p. 23.
10. Ibid., p. 30-31.

La Drôle de Guerre

1. Beauvoir, *The Prime of Life*, p. 457/447.
2. Para um estudo do impacto da guerra nos museus europeus, ver Lynn H. Nicholas, *The Rape of Europa: The Fate of Europe's Treasures in the Third Reich and Second World War* (Vintage Books, New York, 1995).
3. Beauvoir, *Prime of Life*, p. 477.
4. Ibid., p. 502.
5. Jacqueline Bograd Weld, *Peggy: The Wayward Guggenheim* (E.P. Dutton, New York, 1986), p. 190.
6. Beauvoir, *Prime of Life*, p. 519.

Vergonha

1. Eric Sevareid, *Not So Wild a Dream: A Personal Story of Youth and War and the American Faith* (Atheneum, New York, 1976), p. 97.
2. Eggers, "Les émigrés des années trente", p. 47.
3. Pauli, *Break of Time*, p. 113.
4. Beauvoir, *Prime of Life*, p. 476.
5. "France Copies Hitler", *New Republic*, 15 de janeiro de 1940, p. 69.
6. Sevareid, *Not So Wild a Dream*, p. 120.
7. Ibid., p. 121-23.
8. Pauli, *Break of Time*, p. 125.

Pesadelo de um Homem

1. Peggy Guggenheim, *Out of This Century: Confessions of An Art Addict* (Andre Deutsch, London, 1979), p. 216.
2. Entrevista da autora com P. K. Page, poetisa e pintora canadense, amiga de Leonora Carrington, Victoria, B.C. 10 de abril de 1994.
3. Julotte Roche, *Max et Leonora: Récit d'investigation* (Le temps qu'il fait, 1997), p. 55, 57.
4. Max Ernst, "Biographical Notes: Tissue of Truth, Tissue of Lies", *Max Ernst: A Retrospective*, ed. Werber Spies (Prestel-Verlag, Munich, 1991), p. 319.
5. A política de internar todos os cidadãos estrangeiros oriundos de países inimigos não foi unicamente francesa. Os Estados Unidos e o Canadá criaram campos de detenção para pessoas de origem japonesa, inclusive muitas que tinham cidadania americana ou canadense.
6. Max Ernst, *Écritures*, (Édition Gallimard, Paris, 1970), p. 61.

7. Jimmy Ernst, *A Not-So-Still Life* (St. Martin's/Marek, New York, 1984), p. 170.
8. Sawin, *Surrealism in Exile*, p. 17.
9. Em um mural, intitulado *A última ceia*, o notório glutão Henrique VIII preside um banquete com John Wayne e um chefe africano; em outro, sardinhas saltam de uma lata e tentam apanhar um pernil que parece estar flutuando em direção à América. As imagens de comida são quase delirantemente suculentas. Em outro mural, intitulado *Aidez Moi*, fazendeiros colhem a safra de uvas enquanto figuras caricatas empurram imensos queijos e lingüiças numa grandiosa procissão. Acima das imagens, há faixas de fita que comentam a cena com bastante ironia: "Permitam que nossos desenhos acalmem seu apetite. (...) Se seus pratos não estiverem suficientemente guarnecidos..." Visita da autora a Camp des Milles, em 10 de junho de 2004.
10. Eggers, "Les émigrées des années trente", p. 48.

L'Houmour Noir

1. Polizzotti, *Revolution of the Mind*, p. 482.
2. Ibid., p. 478.
3. Maud Bonneaud, "Notes sur une rencontre", *Profile Littéraire*, n. 15 (1943): 32. Tradução da autora.
4. Thirion, *Revolutionaries Without Revolution*, p. 182.
5. Bonneaud, "Notes sur une rencontre", p. 32.
6. Polizzotti, *Revolution of the Mind*, p. 480.

Retirada: Operação Dínamo

1. Antoine de Saint-Exupéry, *Flight to Arras*, trad. William Rees (Penguin Books, London, 1995), p. 27.
2. Gold, *Crossroads Marseilles, 1940*, p. 39-40.
3. Sawin, *Surrealism in Exile*, p. 73.
4. Marino, *Quiet American*, p. 37.
5. Sevareid, *Not So Wild a Dream*, p. 143.
6. Jackson, *Fall of France*, p. 44.
7. Sevareid, *Not So Wild a Dream*, p. 142.
8. Bénédite, *Filière marseillaise*, p. 31-32, Jackson, *Fall of France*, p. 77, corroboram que os ingleses nem sequer dispunham de mapas atualizados da França.
9. Bénédite, *Filière marseillaise*, p. 34.
10. Ibid., p. 36.
11. Jackson, *Fall of France*, p. 95. Os britânicos haviam contribuído com setecentas embarcações de todos os tipos, e os franceses, com cerca de 160.
12. Jackson, *Fall of France*, p.95. Para grande desgosto dos soldados franceses, a embarcação de resgate dera prioridade aos soldados britânicos. "A retirada fora inevitável, e sua execução heróica, mas para os franceses parecia que seus aliados britânicos só demonstravam verve militar quando se tratava de correr de volta para sua ilha." Robbins. *Test of Courage*, p. 51.

A Queda de Paris

1. Serge, *Memoirs of a Revolutionary*, p. 356.
2. Sevareid, *Not So Wild a Dream*, p. 145.
3. Jackson, *Fall of France*, p. 121. "Na primavera de 1940, 3.400 ativistas comunistas tinham sido presos e mais de 3.000 refugiados comunistas internados como estrangeiros indesejáveis."
4. Serge havia conhecido Laurette Séjourné em Paris. Sua esposa, Liuba, fora confinada permanentemente numa instituição mental em Paris. Ela teve um último colapso nervoso e nunca se recuperou.
5. Serge, *Memoirs of a Revolutionary*, p. 352.
6. Serge, *Long Dusk*, p. 74-75. Este romance é o relato de Serge da queda de Paris.
7. Wiser, *Twilight Years*, p. 248.
8. Jackson, *Fall of France*, p. 135.
9. Ibid.
10. Serge, *Long Dusk*, p. 86.
11. Serge, *Memoirs of a Revolutionary*, p. 358.
12. Saint-Exupéry, *Flight to Arras*, p. 68-69.
13. Jackson, *Fall of France*, p.174. "Começando com a chegada dos refugiados belgas em meados de maio (...) o êxodo rapidamente se espalhou pelo norte da França: Rheims em 16 de maio, Soissons em 20 de maio, Compiègne em 28 de maio, Senlis em 29 de maio. Em junho, havia se estendido mais além para o sul: Paris entre 6 e 12 de junho, Chartres em 15 de junho. Estima-se que a população de Lille tenha caído de 200 mil para 20 mil habitantes; a de Tourcoing, de 82 mil para 7 mil; a de Chartres, de 23 mil para 800 habitantes.
14. Pauli, *Break of Time*, p. 143-44.
15. Wiser, *Twilight Years*, p. 256-57.
16. Ibid., p. 266-67.
17. Marino, *Quiet American*, p. 51.
18. Jackson, *Fall of France*, p. 232.

Medo

1. Serge, *Long Dusk*, p. 54.
2. Gold, *Crossroads Marseilles, 1940*, p. 49.
3. Ibid., p. 53.
4. Mary Jayne Gold, "Marseilles: Interview". 2 de junho de 1988, transcrição de audiocassete #92, Áudio #106B. MJ Gold Caixa 1/II filme de Kaplan, *Exile Film Project* Records, Manuscripts and Archives, Yale University Library.
5. Gold, *Crossroads Marseilles, 1940*, p. 53-54.

A Capitulação

1. Jackson, *Fall of France*, p. 143.
2. Bénédite, *Filière marseillaise*, p. 43.

Cartões-Postais da Zona Livre

1. Jackson, *Fall of France*, p. 180. Os relatórios quanto ao número de baixas francesas têm variado enormemente, mas "os dados sugerem (...) entre 50 mil e 90 mil mortos, tendendo para o número menor".
2. Jackson, *Fall of France*, p. 144.
3. Robert Gildea, *Marianne in Chains: In Search of German Occupation of France 1940-45* (Pan Books, London, 2003), p. 48.
4. Ibid., p. 49.
5. Claude Chabrol, *L'oeil de Vichy* (*O olho de Vichy*). Filme documentário. TF1 Films Production, 1992.
6. Jackson, *Fall of France*, p.180.
7. Chabrol, *L'oeil de Vichy.*
8. Jackson, *The Fall of France*, p. 233.
9. Ibid., p.188. O julgamento só teve início em fevereiro de 1942 e foi suspenso antes que uma decisão pudesse ser dada.
10. Donna K. Ryan, *The Holocaust and the Jews of Marseille: The Enforcement of Anti-Semitic Policies in Vichy France* (University of Illinois Press, Chicago, 1996), p. 24.
11. Polizzotti, *Revolution of the Mind*, p. 481.

Salvem as Crianças

1. Jackson, *Fall of France*, p. 174.
2. Gold, *Crossroads Marseilles, 1940*, p. 55.
3. Ibid., p. 55.
4. Ibid., p. 59.
5. Ibid., p. 68.
6. Pauli, *Break of Time*, p. 168.
7. Davenport, *An Unsentimental Education*, p. 9.
8. Sheila Isenberg: *A Hero of Our Own: The Story of Varian Fry* (Random House, New York, 2001), p. 34.
9. Davenport, *Unsentimental Education*, p. 7.
10. Ibid., p. 12. Ver também "Miriam Davenport-Ebel", *Varian Fry: du refuge*, p. 17-18.
11. Davenport, *Unsentimental Education*, p. 17. Ver também "Miriam Davenport-Ebel", *Varian Fry: du refuge*, p. 18.

Marselha I

1. Entrevista da autora com Leonora Carrington, Cidade do México, 7 de julho de 2003.
2. Arthur Koestler, *Scum of the Earth*, trad. Daphne Hardy (Victor Gollancz, London,1941), p. 233.
3. Howard L. Brooks, *Prisoners of Hope: Report on a Mission* (L. B. Fischer, New York, 1942), p. 21.
4. Koestler, *Scum of the Earth*, p. 219.
5. Chabrol, *L'oeil de Vichy.*
6. Ryan, *Holocaust and the Jews of Marseille*, p. 11.
7. Pauli, *Break of Time*, p. 168. Ver também Varian Fry, *Surrender on Demand* (Johnson Books, Boulder, 1997), p. 20.

8. Brooks, *Prisoners of Hope*, p.140-141; Ryan, *Holocaust and the Jews of Marseille*, p. 129.

Eles se Reúnem

1. Serge, *Memoirs of a Revolutionary*, p. 362.
2. Du Plessix Gray, *Simone Weil,* p. 151.
3. Lion Feuchtfwanger, *The Devil in France: My Encounter with Him in the Summer of 1940*, trad. Elisabeth Abbott (Viking Press, New York, 1941), p. 5.
4. Ibid.
5. Serge, *Memoirs of a Revolutionary*, p. 361.
6. Entrevista da autora com Leonora Carrington, Cidade do México, 7 de julho de 2003.
7. Ernst, "Biographical Notes", p. 319.
8. Leonora Carrington, "Down Below", *The House of Fear: Notes from Down Below* (E. P. Dutton, New York, 1988), p. 164.
9. Guggenheim, *Out of This Century*, p. 228.Existem várias versões da história de como Carrington perdeu a casa de Ernst. A versão de Guggenheim presumivelmente lhe foi relatada por Max Ernst.
10. André Breton, *Conversations: The Autobiografy of Surrealism*, trad. Marc Polizzotti (Paragon House, New York, 1933), p. 154.
11. Pauli, *Break of Time*, p. 150.
12. Ibid., p.168.
13. Ibid., p. 176.
14. Ibid., p. 194.
15. Ibid., p. 195.
16. Ibid., p. 197.
17. Ibid., p. 197-199. Conversa baseada na entrevista de Pauli com Fry.

Marselha II

1. Davenport, *Unsentimental Education*, p. 19.
2. Ibid., p. 24.
3. Ibid., p. 25.
4. Ibid., p. 28.
5. Ibid., p. 28.
6. Ibid., p. 29.

O Americano Tranqüilo

O título deste capítulo foi extraído da biografia de Fry de Andy Marino, *Quiet American.*

1. Hans Sahl, "On Varian Fry", *Hitler's Exiles: Personal Stories of the Flight from Nazi Germany to America*, ed. Mark M. Anderson (New Press, New York, 1998), p. 155.
2. Fry, *Surrender on Demand*, p.6.
3. Pauli, *Break of Time*, p. 134.
4. Marino, *Quiet American*, p. 36.
5. Ibid., p. 38.
6. *New York Times*, 15 de junho de 1940, primeira página.
7. *New York Times*, 24 de junho de 1940, primeira página.

8. Marino, *Quiet American*, p. 41-43.
9. Três mil e quinhentos dólares seriam o equivalente a 46 mil dólares em termos de poder aquisitivo contemporâneo.
10. Marino, *Quiet American*, p. 44.
11. Ibid., p. 46. Ver também Cynthia Jaffee MaCabe, "'Wanted by the Gestapo: Saved by America' – Varian Fry and the Emergency Rescue Committee", *Muses Flee Hitler*, p. 81-82.
12. Marino, *Quiet American*, p. 46.
13. Ibid., p. 47.
14. David S. Wyman, *Paper Walls: America and the Refugee Crisis 1938-1941* (University of Massachusetts Press, Boston, 1968), p. 46-48.
15. Ibid., p. 48.
16. Ibid., p. 141. Ver também "Wanted by the Gestapo: Saved by America", p. 80.
17. Marino, *Quiet American*, p. 49.
18. Gold, *Crossroads Marseilles, 1940,* p. xvi.
19. Marino, *Quiet American*, p.7. Ver também "Editor Describes Rioting In Berlin", *New York Times*, 17 de julho de 1935, p. 4.
20. Varian Fry, "The Massacre of the Jews", *New Republic*, 21 de dezembro de 1942, p. 816-19.
21. "Nazi Denies Fry Report", *New York Times*, 27 de julho de 1935, p. 2.
22. Varian Fry, "What Hitler Is After: The Historical Background of German Foreign Policy", *Scholastic*, 28 de março de 1936, p. 17-18.
23. Carta de Eileen Fry para Varian Fry, 5 de agosto de 1940, Caixa 3, Varian Fry Papers, Rare Book and Manuscript Library, Columbia.
24. Carta de Mildred Adams para Varian Fry, secretário executivo, Comitê de Resgate de Emergência, 3 de agosto de 1940, *Archives of the Holocaust: An International Collection of Selected Documents*, eds. Henry Friedlander e Sybil Milton (A Garland Series, 1990), p. 1.
25. Marino, *Quiet American*, p. 52.
26. Carta de Eleanor Roosevelt para Varian Fry, 8 de julho de 1940. Caixa 5, Fry Papers.

A Inglaterra é Ursula; A França é Heinrich

1. Lord Moran, *The Anatomy of Courage* (Constable, London, 1945).
2. Marino, *Quiet American*, p. 58.
3. Doris Obschernitzki, "Varian Fry et le CAS – Essai de chronologie", *Varian Fry: Mission américaine de sauvetage*, p. 55. Esta data é controversa. Pierre Sauvage sugere 14 de agosto; os biógrafos de Fry, Andy Marino e Sheila Isenberg, sugerem 15 de agosto.
4. Davenport, *Unsentimental Education*, p. 36.
5. Alma Mahler Werfel, www.alma-mahler.at/engl/presscorner/almaundlisboa_02.html.
6. Fry, *Surrender on Demand*. Esta conversa entre Fry e Bohn é baseada no relato do próprio Fry em *Surrender on Demand*, p. 7-16. Partes do diálogo do texto original foram condensadas.
7. Fry, *Surrender on Demand*. Ver também Ryan, *Holocaust and the Jews of Marseille*, p. 144.

8. Fry, *Surrender on Demand*, p. 16.
9. Ibid., p. 34.
10. Marino, *Quiet American*, p. 78.
11. Albert O. Hirschman, "Albert O. Hirschman, Albert Hermat [*sic*], Beamish", *Varian Fry: du refuge*, p. 12-13.
12. Marino, *Quiet American*, p. 132.
13. Ibid., p. 120.
14. Carta de Varian Fry para Eileen Fry, 7 de setembro de 1940, Caixa 3, Fry Papers.
15. Davenport, *Unsentimental Education*, p. 36.
16. Marino, *Quiet American*, p. 5.
17. Isenberg, *Hero of Our Own*, p. 38.
18. Fry, *Surrender on Demand*, p. 36.
19. Isenberg, *Hero of Our Own*, p. 37.
21. Pauli, *Break of Time*, p. 222.
20. Carta de Varian Fry para a mãe, 3 de novembro de 1940, Caixa 3, Fry Papers.
21. Pauli, *Break of Time*, p. 222.
22. Ibid., p. 203.

Os Fittkos

1. Walter Benjamin, "Philosohy of History, Thesis VII". Inscrição no túmulo de Walter Benjamin em Porbou, Espanha.
2. Lisa Fittko, *Solidarity and Treason: Resistance and Exile 1933-40*, trad. Roslyn Theobald (Northwestern University Press, Evanston, 1995), p. 73.
3. Marino, *Quiet American*, p.84.
4. Fittko, *Escape Through the Pyrennees*, p. 118.
5. Ibid., p. 119.

Contatos

1. Carta de Dwight Macdonald para Victor Serge, 14 de novembro de 1939. Macdonald Papers, Caixa 46/27. Manuscripts and Archives, Yale University Library.
2. Carta não datada de Victor Serge para os Macdonald, citada em Nancy Macdonald, *Homage to the Spanish Exiles: Voices from the Spanish Civil War* (Insight Books, New York, 1987), p. 55. Todas as cartas de Serge foram traduzidas do francês por Marie Delord.
3. Carta de Victor Serge para os Macdonalds, 19 de agosto de 1940, Macdonald Papers.
4. Carta de Nancy Macdonald para o cônsul americano, Marselha, França, 20 de julho de 1940. Ciaxa 46/27, Macdonald Papers.
5. Carta de Victor Serge para Nancy Macdonald, 30 de agosto de 1940. Caixa 46/27, Macdonald Papers.
6. Carta de Mildred Adams, secretária executiva, ERC, para George Warren, 12 de setembro de 1940. Caixa 46/27, Macdonald Papers.
7. Resposta de George Warren citada na carta de John Finerty para Francis Biddle, procurador-geral dos Estados Unidos, 8 de outubro de 1940, Caixa 46/27, Macdonald Papers.

8. Carta de John Finerty para Francis Biddle, procurador-geral dos Estados Unidos, 8 de outubro de 1940, Caixa 46/27, Macdonald Papers.
9. Carta de Henry Hart Jr., assistente especial do procurador-geral dos Estados Unidos, para John F. Finerty, 10 de outubro de 1940, Caixa 46/27, Macdonald Papers.
10. Carta de Nancy Macdonald para Victor Serge, 6 de novembro de 1940. Caixa 46/27, Macdonald Papers.
11. Serge, *Memoirs of a Revolutionary*, p. 350, 362.
12. Carta de Victor Serge para Nancy Macdonald, 26 de agosto de 1940. Caixa 46/27, Macdonald Papers.
13. Carta de André Breton para Victor Serge, 13 de outubro de 1940. André Breton, Gen Ms 238, Caixa 1, n. 9. Beinecke Rare Book and Manuscript Library, Yale University.
14. Carta de Victor Serge para Nancy Macdonald, 20 de setembro de 1940. Caixa 46/27, Macdonald Papers.
15. Cartão-postal de André Breton para Victor Serge, 8 de setembro de 1940. André Breton, Gen Ms 238, Caixa 1, n. 9. Beinecke Rare Book and Manuscript Library, Yale University.

Killer

1. Gold, *Crossroads Marseilles, 1940,* p. 85.
2. Ibid., p. 91.
3. Ibid., p. 95.
4. Pierre Sauvage, em seu artigo "Varian Fry in Marseille", *Remembering for the Future: The Holocaust in an Age of Genocide*, eds. John K. Roth e Elizabeth Maxwell (Palgrave, London, 2001), p. 373, nota de rodapé 44, identifica o amante de Mary Jayne Gold como Raymond Couraud. O biógrafo de Couraud, coronel Roger Flamand, em *L'Inconnu du French Squadron* (Paris, La Fôret, 1983), relata a história da ligação de Gold com Couraud e inclui a correspondência particular de Raymond. Em seu livro de memórias, *Crossroads Marseilles, 1940,* Gold identifica "Killer" pelo nome de Jacques Daunis, mas isto é claramente um pseudônimo para proteger a identidade de Couraud.
5. Gold, *Crossroads Marseilles, 1940,* p. 100.
6. Ibid., p. 103.
7. Ibid., p. 104.
8. A Batalha da Grã-Bretanha durou de 10 de julho a 31 de outubro de 1940.
9. Gold, *Crossroads Marseilles, 1940,* p. 134.
10. Davenport, *Unsentimental Education*, p. 29.
11. Ibid., p. 44.
12. Gold, *Crossroads Marseilles, 1940,* p. 153.
13. A Comissão Kundt, uma seção da Gestapo, tinha o direito de inspecionar os campos de internamento franceses para procurar *Reichsfeinde* (inimigos do Estado) e supervisionar a "repatriação" de cidadãos alemães. Ryan, *Holocaust and the Jews of Marseille*, p. 108.

Statut des Juifs

1. Telegrama de Varian Fry para Eileen Fry, 1º de outubro de 1940. Caixa 3, Fry Papers.

2. Ryan, *Holocaust and the Jews of Marseille*, p. 24-25.
3. Ibid., p. 26.
4. Ibid., p. 216. Os arquivos de organização do HICEM mostram que entre o armistício e o fim de 1942 o HICEM ajudou 6.449 judeus a fugir da França (Ibid., p. 138). Ver também Eggers, "Les émigrés des années trente", p.57.

Novo Quadro de Funcionários no CAS

1. Bénédite, *Filière marseillaise*, p. 18.
2. Fry, *Surrender on Demand*, p. 100.
3. Lottman, *Left Bank*, p. 155.
4. Ibid, p. 142.
5. Polizzotti, *Revolution of the Mind*, p. 483.
6. *Le jeu de Marseille: Autour de André Breton et des surréalistes a Marseille en 1940-1941*. Exposition de 4 juillet au 5 octobre 2003, Direction des Musées de Marseille (Éditions Alors Hors du Temps, Marseille, 2003), p.53. *La Grande Illusion* foi feito em 1937 e proibido em 1939.
7. Sawin, *Surrealism in Exile*, p 132.
8. Helena Benitez, *Wilfredo and Helena: My Life with Wilfredo Lam 1939-1950*. (Acatos Publisher, Lausanne 1999), p.28.
9. Jean-Michel Guiraud, *La vie intellectual et artistique à Marseille: A l'epoque de Vichy et sous l'occupation 1940-1944* (Édition Jeanne Laffitte, Marseille, 1998), p. 123-24.
10. Polizzotti, *Revolution of the Mind*, p. 167.
11. Ibid., p. 485.
12. Ibid.
13. Ibid.

A Villa Air-Bel

1. Davenport, *Unsentimental Education*, p. 61.
2. Ibid., p. 60.
3. Carta de Varian Fry para o pai, Arthur Fry, 15 de maio de 1941. Caixa 3, Fry Papers.
4. Bénédite, *Filière marseillaise*, p. 56.
5. Ibid., p. 58.
6. Gold, *Crossroads Marseilles, 1940*, p. 243.
7. A expressão *Bucklicht Männlein*, para descrever o medo perpétuo que um refugiado sempre leva consigo, é de Hannah Arendt. Ver a obra de Fittko, *Escape Through the Pyrennees*, p. 114.

Tardes de Domingo: Rebelião

1. Roth, "From Anne Author's Diary", *Report from a Parisian Paradise*, p. 279.
2. Gold, *Crossroads Marseilles, 1940*, p. 250.
3. Polizzotti, *Revolution of the Mind*, p. 9.
4. Ibid., p. 43.
5. Brandon, *Surreal Lives*, p.18.
6. Polizzotti, *Revolution of the Mind*, p. 89.
7. Marino, *Quiet American*, p. 224.

8. Mel Gooding, editor, *The Book of Surrealist Games* (Shambhala Redstone Edition, London, 1995), p. 25.
9. Polizzotti, *Revolution of the Mind*, p. 258.
10. Janet Kaplan, *Unexpected Journeys: The Art and Life of Remedios Varo* (Abbevil1e Press, New York, 1988), p.80.
11. Benitez, *Wilfredo and Helena*, p. 36.
12. Kaplan, *Unexpected Journeys*, p. 77.

Espervisa

1. Serge, *Long Dusk*, p. 84.
2. *Serge, Memoirs of a Revolutionary*, p. 364.
3. *Ersatz* era uma palavra alemã usada pela propaganda de Vichy para promover substitutos de alimentos. Museum of the Resistance, Fonatine des Vaucluse, France.
4. Bénédite, *Filière marseillaise*, p. 127.
5. Fry, *Surrender on Demand*, p. 115 .
6. Gold, *Crossroads Marseilles, 1940,* p. 308.
7. Bénédite, *Filière marseillaise*, p. 121.
8. Gold, *Crossroads Marseilles, 1940,* p. 258.
9. Carta de Varian Fry para a mãe, Lillian Fry, 3 de novembro de 1940. Caixa 3, Fry Papers.
10. Carta de Varian Fry para o pai, Arthur Fry, 15 de maio de 1941. Caixa 3, Fry Papers.
11. Isenberg, *Hero of Our Own*, p 123. Entrevista de Isenberg com Stephane Hessel, 20 de março de 1999.
12. Isenberg, *Hero of Our Own*, p. 123. Entrevista de Isenberg com Maurice Verzeano, 2 de maio de 2000.
13. Breton, *Conversations*, p. 188. O poema teve uma história conturbada. Os censores de Vichy recusaram aos britânicos a autorização para publicá-lo, mas Léon Pierre-Quint, o diretor judeu das Éditions Sagittaire então em Marselha, secretamente publicou cinco cópias ilustradas para uso pessoal do autor, em 10 de março de 1941. Mais tarde naquele outono, *Fata Morgana* foi publicado em tradução inglesa de Clark Mills Clark pela New Directions, e a primeira edição francesa foi lançada pela Editions Lettres Françaises de Roger Caillois em Buenos Aires, Argentina, em 1942. Sawin, *Surrealism in Exile*, p. 125.
14. André Roussin, *La boîte à couleurs.* (Éditions Albin Michel, 1974), p. 112.
15. Gold, *Crossroads Marseilles, 1940,* p. 255.
16. Entrevista da autora com Leonora Carrington, 7 de julho de 2003.
17. Serge, *Case of Comrade Tulayev*, p. 243.
18. Ibid., p. 268.

Marselha III

1. Ryan, *Holocaust and the Jews of Marseille*, p. 93.
2. Brooks, *Prisoners of Hope*, p. 29, 35.
3. Jean-Michel Guiraud, "La mission de Varian Fry: Le sauvetage des refugies dans une Europe en Guerre (1940-42)", *Livret pedagogique* (CRDP, Académie D'Aix-Marseille, 2005), p. 19. Andy Marino afirma que havia

"120 campos de concentração na França de Vichy" (*Quiet American*, p. 235). O número é difícil de confirmar, uma vez que ainda não foi feito um estudo completo dos campos. De acordo com Guiraud, entre 27 de julho e 30 de agosto de 1940, a Comissão Kundt enumerou 93 campos de internamento, inclusive os campos de "*prestataires*", na França não-ocupada, sem contar os campos na zona ocupada. (Carta de Guiraud para a autora, 26 de março de 2006).

4. Brooks, *Prisoners of Hope*, p 149.
5. Guiraud, "La mission de Varian Fry", p. 20. Guiraud indica que as estatísticas de Vichy eram incorretas em cerca de 21 mil. Houve 50 mil prisioneiros em campos de internamento na França não-ocupada, não incluindo as colônias.
6. Marino, *Quiet American*, p. 235.
7. Bénédite, *Filière marseillaise*, p. 132.
8. Ibid., p. 133-35.
9. Gold, *Crossroads Marseilles, 1940,* p. 256.
10. Marino, *Quiet American*, p. 235.
11. Isenberg, *Hero of Our Own*, p. 85. Cabograma do Departamento de Estado dos Estados Unidos.
12. Isenberg, *Hero of Our Own*, p. 85. Entrevista de Isenberg com Miriam Davenport, 16 de maio de 1998.

O Commandant

1. Marino, *Quiet American*, p. 256.
2. Gold, "Marseille: Interview." 30 de abril de 1985, transcrição de audiocassete #3, p. 14. MJ Gold Caixa 1/II filme de Kaplan, *Exile film Project* Records.
3. Ibid., p. 7.
4. Gold, *Crossroads Marseilles, 1940,* p. 214.
5. Ibid., p. 223. Ver também Gold, "Marseilles: Interview".
6. Por meio da intervenção de Mary Jayne, Bögler, Lamm, Pfeffer, e Tittel foram libertados de Le Vernet por volta de 5 de outubro de 1940. Para conhecer o destino dos presos, ver Doris Obschernitzki, "L'émigration clandestine. Le CAS et ses filières", *Varian Fry: Mission Américaine*, p. 50, 56.
7. Gold, *Crossroads Marseilles, 1940,* p. 262.
8. Gold, "Marseilles: Interview", 2 de junho de 1988, Transcrição #92, p. 10. Áudio #106B, MJ Gold Box 1/II Kaplan Film, *Exile film Project* Records.

Nós Protestamos e nos Reservamos Todos os Direitos

1. Bénédite, *Filière marseillaise*, p. 142. Ver também Fry, *Surrender on Demand*, p. 135.
2. Bénédite, *Filière marseillaise*, p. 142-43.
3. Ibid., p. 144.
4. Gold, *Crossroads Marseilles, 1940,* p. 268-70.
5. Ibid., p. 270.
6. Fry, *Surrender on Demand*, p 141.
7. Bénédite, *Filière marseillaise*, p. 145.
8. Fry, *Surrender on Demand*, p. 143.

9. Marino, *Quiet American*, p. 229.
10. Bénédite, *Filière Marseillaise*, p. 147.
11. Gold, *Crossroads Marseilles, 1940,* p. 276.
12. Ibid., p. 275.
13. Bénédite, *Filière marseillaise*, p.148.
14. Carta de William T. Stone para Eileen Fry, 4 de dezembro de 1940. Caixa 3, Fry Papers.
15. Cabograma do consulado americano em Marselha para o Departamento de Estado em Washington D.C., Caixa 11, Fry Papers.
16. Carta de Varian Fry para a mãe, 8 de dezembro de 1940. Caixa 3, Fry Papers.
17. Carta de Varian Fry para Eileen Fry, 8 de dezembro de 1940. Caixa 3, Fry Papers.
18. Ibid.
19. Carta de Varian Fry para a mãe, 23 de fevereiro de 1941. Caixa 3, Fry Papers.
20. Gold, *Crossroads Marseilles, 1940,* p. 271.

A Lua-de-mel

1. Flamand, *L'Inconnu du French Squadron*, p. 53.
2. Gold, *Crossroads Marseilles, 1940,* p. 289.
3. Ibid.
4. Ibid., p. 300.
5. Ibid., p. 283.
6. Ibid., p. 315.
7. Ibid.
8. Weissman, *Victor Serge*, p. 16.

Relatório Policial

1. Carta do senhor ministro, secretário de Estado e Interior e diretor da Police du Territoire e dos Estrangeiros para o senhor prefeito de Bouche-du-Rhône, 24 de dezembro de 1940. 7292 P, Archives of the Bouches-du-Rhône, Marseille, France.
2. Relatório do prefeito de Bouches-du-Rhône ao senhor ministro, secretário de Estado e Interior, 30 de dezembro de 1940. 5 W 360, Arquivos de Bouches-du-Rhône, Marseille, France. Tradução da autora. Publicada em *Livret pedagogique*, p. 71-73.
3. Polizzotti, *Revolution of the Mind*, p. 491.
4. Carta de Victor Serge para Nancy e Dwight Macdonald, 8 de dezembro de 1940. Caixa 46/28, Macdonald Papers.
5. Carta de Victor Serge para Nancy and Dwight Macdonald, 14 de dezembro de 1940. Caixa 46/28, Macdonald Papers.
6. Serge, *Memoirs of a Revolutionary*, p. 364.
7. Gold, *Crossroads Marseilles*, 1940, p. 340.
8. Fry, *Surrender on Demand*, p. 150.
9. Isenberg, *Hero of Our Own*, p. 153. Ver também Marino, *Quiet American*, p. 240-46.

Frio Glacial

1. Anna Seghers, *Tradit Visa*, trad. James A Glaston (Eyre and Spottiswoode, London, 1945), p. 122.
2. Serge, *Memoirs of a Revolutionary*, p. 363.
3. Brooks, *Prisoners of Hope*, p 69.
4. Marino, *Quiet American*, p. 243.
5. Gold, *Crossroads Marseilles*, 1940, p. 285.
6. Cabograma de Frank Kingdon para Varian Fry, 8 de janeiro de 1941. Caixa 4, Fry's Papers.
7. Fry, *Surrender on Demand*, p. 170. Ver também Marino, *Quiet American*, p. 253.
8. Notas de Varian Fry. Caixa 11, Fry Papers.
9. Weld, *Peggy*, p. 199.
10. Ibid., p. 198.
11. Guggenheim, *Out of This Century*, p. 220.
12. Ibid., p. 228.
13. Carta de Varian Fry para Eileen Fry, 15 de fevereiro de 1941. Caixa 3, Fry Papers.
14. Marino, *Quiet American*, p. 288. Marino observa que Allen afinal foi libertado em agosto em troca de um nazista prisioneiro na América.
15. Notas de Varian Fry. Caixa 11, Fry Papers. Ver também Marino, *Quiet American*, p. 271.
16. Carta de Varian Fry para Eileen Fry, 3 de fevereiro de 1941. Caixa 3, Fry Papers.
17. Cabograma de Ingrid Warburg para Varian Fry, 30 de janeiro de 1941. Comitê de Resgate de Emergência, Caixa 8, Fry Papers.

Divisão de Vistos: Departamento de Estado

1. Comentário de William Blake conforme relatado por James Ward. Carta de James Ward para George Raphael Ward, junho de 1855.
2. Cabograma de Jay Allen para a sra. Allen, 28 janeiro de 1941. Comitê de Resgate de Emergência, Fry Papers. Ver Isenberg, *Hero of Our Own*, p. 163.
3. Carta de Victor Serge para os Macdonalds, 5 de janeiro de 1941. Caixa 46/1.129, Macdonald Papers.
4. Carta de Victor Serge para os Macdonalds, 16 de janeiro de 1941. Caixa 46/1.129, Macdonald Papers.
5. Carta de Victor Serge para os Macdonalds, 27 de janeiro de 1941. Caixa 46/1.129, Macdonald Papers.
6. Carta de Victor Serge para os Macdonalds, 5 de fevereiro de 1941. Caixa 46/1.129, Macdonald Papers.
7. Carta de Nancy Macdonald para Victor Serge, 18 de fevereiro de 1941. Caixa 46/1.129, Macdonald Papers.
8. Carta de Dwight Macdonald para A. W. Warren, 19 de fevereiro de 1941. Caixa 46/1.129, Macdonald Papers.
9. Carta de Victor Serge para os Macdonalds, 24 de fevereiro de 1941. Caixa 46/1.129, Macdonald Papers.
10. Carta de A. W. Warren para Dwight Macdonald, 14 de março de 1941. Caixa 46/1.129, Macdonald Papers.

11. Carta de Edward Prichard para Dwight Macdonald, 15 de março de 1941. Caixa 46/1.129, Macdonald Papers.

Esperando na Villa

1. André Breton, *Fata Morgana, Oeuvres completes* (Éditions Gallimard, Paris, 1992), p. 1.187. Tradução da autora.
2. Marcel Jean, ed., *The Autobiography of Surrealism: The Documents of Twentieth Century Art* (Viking Press, New York, 1980), p. 384.
3. Bénédite, *Filière marseillaise*, p. 211.
4. Benjamin Harshav, *Marc Chagall and His Times: A Documentary Narrativ* (Stanford University Press, Stanford, 2004), p. 494-96.
5. Carta de Marc Chagall para Joseph Opatoshu, 18 de abril de 1940. Harshav, *Marc Chagall and His Times*, p. 479.
6. Carta de Marc Chagall para Shmuel Nigger, 1º de setembro de 1940. Harshav, *Marc Chagall and His Times*, p. 483.
7. Carta de Hilla Rebay, Solomon R. Guggenheim Foundation, para Miss Dona [sic] Glanz, Fund for Jewish Refugee Writers, 12 de novembro de 1940. Harshav, *Marc Chagall and His Times*, p. 487.
8. Carta de S. R. Guggenheim para Miss Glanz, 1º de fevereiro de 1941. Harshav, *Marc Chagall and His Times*, p. 489.
9. Harshav, *Marc Chagall and His Times*, p. 489.
10. Carta de Victor Brauner para Varian Fry, 3 de outubro de 1941. Caixa 3, Fry Papers.
11. Sawin, *Surrealism in Exile*, p. 378.
12. Carta de Benjamin Péret para Kurt Seligmann, 31 de março de 1941. Houghton Library, Harvard University.
13. André Breton, "Jeu de Marseille", *VVV3* (1943): 89-90, trad. Carole Frankel. Ver Stephanie Barron, *Exiles & Émigrés: The Flight of European Artists from Hitler* (Los Angeles County Museum of Art, Los Angeles, 1997), p. 106.
14. *Le Jeu de Marseille*, Catálogo da Exposição, p. 85.
15. *Le Jeu de Marseille*, o Catálogo da Exposição contém todos os desenhos.
16. Alguns dos desenhos e esboços de Villa Air-Bel também se encontram no Centre Pompidou em Paris.

Com a corda no Pescoço

1. A New School for Social Research era um centro de educação para adultos inaugurado em 1919. A partir de 1933, financiado pela Rockefeller Foundation, seu diretor Alvin Johnson lançou um plano para salvar professores universitários alemães em risco. Depois de 1940, seu mandato foi ampliado de modo a incluir emigrados de todos os países europeus. Ver Xavier Affre, "Glossaire", *Livret pedagogique*, p. 142.
2. Marquis, *Alfred H. Barr Jr.*, p. 186. Barr ajudou Fry a obter vistos para Marc Chagall, Jacques Lipchitz, André Masson, Jean Arp e Wassily Kandinsky, entre outros.
3. Judith D. Suther, *Kay Sage: A House of Her Own* (University of Nebraska Press, Lincoln, 1997), p. 95.
4. Bénédite, *Filière marseillaise*, p. 190.

5. Carta de Walter Mehring para Varian Fry, 22 de dezembro de 1941. Caixa 7, Fry Papers.
6. Benitez, *Wilfredo and Helena*, p. 50.
7. Carta de Victor Serge para os Macdonalds, 6 de março de 1941. Caixa 46/1.129, Macdonald Papers.
8. Carta de Victor Serge para os Macdonalds, 13 de março de 1941. Caixa 46/1.129, Macdonald Papers. Ver também Serge, *Memoirs of a Revolutionary*, p. 363.
9. Bénédite, *Filière marseillaise*, p. 191.
10. Claude Lévi-Strauss, *A World on the Wane*, trad. John Russell (Criterion Books, New York, 1961), p. 25. Pouco depois do armistício, Lévi-Strauss foi convidado pela New School for Social Research para dar conferências em Nova York. Também foi auxiliado pelo projeto da Rockefeller Foundation para resgatar pesquisadores europeus "que estivessem ameaçados pela ocupação alemã". Ele ficara estacionado na Linha Maginot e conseguira chegar a Marselha.
11. Carta para Dwight Macdonald de Lemuel B Schofield, assistente especial to procurador-geral, 31 de março de 1941. Caixa 46/1.129, Macdonald Papers.

Amante da Arte

1. Consuelo de Saint-Exupéry, *Kingdom of the Rocks Memories of Opède*, trad. Katherine Woods (Random House, New York, 1946), p 3.
2. Bénédite, *Filière marseillaise*, p. 218
3. Ibid., p. 217
4. Consuelo de Saint-Exupéry, *The Tale of the Rose: The Love Story Behind the Little Prince*, trad. Esther Allen (Random House, New York, 2001), p. 232.
5. Ryan, *Holocaust and the Jews of Marseille*, p. 31.
6. Guggenheim, *Out of This Century*, p. 229.
7. Weld, *Peggy*, p. 218.
8. Guggenheim, *Out of This Century*, p. 231.
9. Ernst, "Biographical Notes", p. 281-85. Ernst escreveu sua autobiografia na terceira pessoa.
10. Guggenheim, *Out of This Century*, p. 233.
11. Gold, *Crossroads Marseilles, 1940*, p. 355. Ver também Gold, "Marseilles: Interview".
12. Guggenheim, *Out of This Century*, p. 234.
13. Alfred Barr, Declaração juramentada em apoio a Max Ernst, sem data. Caixa 8, Fry Papers.
14. Ernst, "Biographical Notes", p. 319.
15. Bénédite, *Filière marseillaise*, p. 219.
16. Guggenheim, *Out of This Century*, p. 237.
17. Encorajada por André Breton e Pierre Mabille, Carrington mais tarde escreveria sobre toda a experiência numa história intitulada "Down Below" (publicada em *The House of Fear*), possivelmente um dos relatos mais lucidamente alucinatórios de loucura jamais escritos. "Quando você enlouquece", diria ela, "você descobre do que você é feito." Entrevista da autora com Leonora Carrington, Cidade do México, 7 de julho de 2003.

18. Guggenheim, *Out of this Century*, p.238.
19. Telegrama de Varian Fry para o Comitê de Resgate de Emergência, 19 de abril de 1941, "Ernst", Caixa 1, Fry Papers.
20. Ernst, *Not-So-Still Life*, p. 199.
21. lbid., p. 220.
22. Bilhete para Miss L. Loeb, Re: Max Enrst e esposa Louise Ernst, Comitê de Resgate de Emergência, 3 de julho de 1941, Caixa 8, Fry Papers.
23. Bilhete de Miss Lewinski, Casos: Max Enrst e Luise Ernst (ex-esposa), Comitê de Resgate de Emergência, 7 de outubro de 1942. Caixa 8, Fry Papers.
24. Ernst, *Not-So-Still Life*, p. 237.
25. lbid., p. 266.

Boulevard Garibaldi

1.Sawin, *Surrealism in Exile*, p. 117.
2.Vala Schmierer, "Vala Schmierer", *Varian Fry du refuge*, p. 29-30.
3. Bénédite, *Filière marseillaise*, p. 191; Marino, *Quiet American*, p. 269-70.
4. Bénédite, *Filière marseillaise*, p. 189.
5. Marino, *Quiet American*, p. 263-64.
6. Fry, *Surrender on Demand*, p. 188.
7. Bénédite, *Filière marseillaise*, p. 224.
8. Harshav, *Marc Chagall and His Times*, p. 501-05.
9. A bordo do *Massilia*, 15/5/41, relatório. Caixa 11, Fry Papers.
10. Fry, *Surrender on Demand*, p. 208.
11. Carta de Eleanor Roosevelt para Eileen Fry, 13 de maio de 1941. Caixa 4, Fry Papers.
12. Carta de Varian Fry para Eileen Fry, 31 de maio de 1941. Caixa 4, Fry Papers.

Preso

1. Marino, *Quiet American*, p. 127.
2. Bénédite, *Filière marseillaise*, p. 197.
3 Ibid., p. 232-34.
4. lbid., p. 215-16.
5. Ibid., p. 235.
6. Ibid., p. 239.

Meu Coração Malvado

1. Gold, *Crossroads Marseilles, 1940*, p. 358.
2. Ibid., p. 360.
3. Ibid., p. 368-69.
4. Flamand, *L'Inconnu du French Squadron*, p. 57.
5. Ibid., p. 58.
6. Ibid., p. 139.
7. Gold, *Crossroads Marseilles, 1940*, p. 381.

Triste Tropique

Triste Tropique (*A World on the Wane*) é o título do livro de memórias de Claude Lévi-Strauss sobre sua viagem à Martinica e o período que viveu no Brasil.

1. Serge, *Memoirs of a Revolutionary*, p. 366.
2. André Breton, *Martinique: Charmeuse des serpents*, avec textes et illustrations de André Masson (Jean-Jacques Pauvert, 1972), p. 56.
3 Ibid., p. 60.
4 Lévi-Strauss, *Triste Tropique*, p. 26.
5. Breton, *Martinique*, p. 62.
6. Ibid., p. 65.
7. Ibid., p. 96.
8. Polizzotti, *Revolution of the Mind*, p. 498.
9. Benitez, *Wilfredo and Helena*, p. 58.
10. Sawin, *Surrealism in Exile*, p. 139.
11. Carta de Jacqueline Breton para Varian Fry, 24 de junho de 1941. Caixa 3, Fry Papers.
12. Weissman, *Victor Serge*, p. 260.
13. Ibid.
14. Ibid., p. 259-60. De acordo com as Leis de Liberdade de Informação e de Privacidade (Freedom of Information/Privacy Acts), tive acesso a 331 páginas de documentação sobre Victor Serge. Datado de 1940 a 1947, o material inclui cópias da correspondência particular de Serge, sumários de artigos escritos por Serge e relatórios de agentes sobre Serge e suas atividades, tornando claro que o FBI continuou a manter Victor Serge sob vigilância enquanto ele viveu no México até sua morte em novembro de 1947.
15. Carta de Victor Serge para os Macdonalds, 10 de maio de 1941. Caixa 46/1.130, Macdonald Papers.
16. Kaplan, *Unexpected journeys*, p. 249. "O México interveio para procurar dar socorro aos espanhóis, que os franceses poderiam ter extraditado de volta para a Espanha de Franco. Em 23 de junho de 1940, Licenciado Luis I. Rodríguez, ministro mexicano junto a Vichy, informou ao governo francês que o México ofereceria hospitalidade a 'todos os refugiados espanhóis de ambos os sexos residentes na França' e se o governo francês concordasse em princípio, todos os refugiados espanhóis seriam considerados sob proteção mexicana."
17. Weissman, *Victor Serge*, p. 261.
18. Carta de Dwight Macdonald para Victor Serge, junho de 1941. Caixa 46/1.131, Macdonald Papers.
19. Weissman, *Victor Serge*, p. 263.
20. Ibid.

Começando a Perder o Ímpeto

1. Carta de Varian Fry para Eileen Fry, 5 de janeiro de 1940. Caixa 3, Fry Papers.
2. Danny Bénédite, "Administrative Report: The Stages of the Committee's Development", *Archives of the Holocaust*, Documento 2, p. 15. Caixa 4, Fry Papers.
3. Fittko, *Escape Through the Pyrenees*, p. 161.
4. *Fry, Surrender on Demand*, p. 233.
5. Bénédite, *Filière Marseillaise*, p. 276. Ao final de novembro de 1941, mesmo depois da partida de Fry, o CAS havia ajudado a criar uma dúzia de comunidades envolvendo cerca de 100 famílias, que ganhavam a vida

fazendo tudo, de sandálias e cestos a bolsas, que vendiam para ganhar a vida. Também faziam *crème de marron* das castanheiras da região para enviar para campos de concentração para alimentar os internos. O comitê fornecia as ferramentas e os materiais para esses empreendimentos.

6. Marino, *Quiet American*, p. 273-74.
7. Bénédite, *Filière marseillaise*, p. 241.
8. Ibid., p. 242.
9. Ibid., p. 248.
10. Ibid., p. 250.

Fim de Jogo

1. W. H. Auden, "Herman Melville", *Collected Poems* (Faber and Faber, London, 1991), p. 251.
2. Fry, *Surrender on Demand*, p. 223. Ver também Bénédite, *Filière marseillaise*, p. 255.
3. Marino, *Quiet American*, p. 306.
4. Bénédite, *Filière marseillaise*, p. 257.
5. Telegrama de Hugh Fullerton para o Departamento de Estado, 13 de junho de 1941. Caixa 8, Fry Papers.
6. Varian Fry, cartas para Eileen Fry, 14 de agosto de 1941; 17 de agosto de 1941. Caixa 3, Fry Papers.
7. Marino, *Quiet American*, p. 245. Citado da revista *Newsweek*, 1º de março de 1942.
8. Peter Schjeldahl, "Art as Life: The Matisse We Never Knew", *New Yorker*, 29 de agosto de 2005, p. 82.
9. Bénédite, *Filière marseillaise*, p. 260.
10. Isenberg, *Hero of Our Own*, p. 210. Entrevista com Gemähling, 20 de março de 1998.
11. Relatório de Lucie Heymann. Caixa 8, Fry Papers.
12. Fry, *Surrender on Demand*, p. 228.
13. Ibid., p. 230.
14. Ibid., p. 231.
15. Ibid., p. 232.

Câmara de Descompressão

1. Fry, *Surrender on Demand*, p. 231.
2. Carta de Varian Fry para Eileen Fry, 7 de setembro de 1941. Caixa 3, Fry Papers.
3. Carta de Varian Fry para Theo Bénédite, 14 de setembro de 1941. Caixa 3, Fry Papers.
4. Marino, *Quiet American*, p. 313. Notas de Fry, "September 1941" Caixa 11, Fry Papers.
5. Isenberg, *Hero of Our Own*, p. 219.
6. Carta de Varian Fry para Danny Bénédite, 31 de outubro de 1941. Caixa 2, Fry Papers.

Villa Vazia

1. Fry, *Surrender on Demand*, primeiro manuscrito. Caixa 11, Fry Papers.
2. Bénédite, *Filière marseillaise*, p. 283.

3. Kaplan, *Unexpected Journeys*, p. 80.
4. Polizzotti, *Revolution of the Mind*, p. 436.
5. Telegrama de André Breton para AMSECOUR [CAS], 16 de setembro de 1941. Caixa 3, Fry Papers.
6. Cabograma não-assinado do Amsecours (Marselha) para o CRE in Nova York, Arquivos do International Rescue Committee, State University of New York em Albany.
7. Kaplan, *Unexpected Journeys*, p. 82. Esta foi a história que Remedios Varo sempre contou e, dada a violência assassina das gangues de Marselha, não era improvável.
8. Kaplan, *Unexpected Journeys*, p. 82.
9. Carta de Victor Brauner para André Breton, 3 de outubro, 1941. Caixa 3, Fry Papers.
10. Bénédite, *Filière marseillaise*, p. 296.
11. Carta de Varian Fry para Theo Bénédite, 14 de novembro de 1941. Caixa 3, Fry Papers.
12. Carta de Frank Kingdon para Varian Fry, 13 de fevereiro de 1942. Caixa 4, Fry Papers.
13. Carta de Varian Fry para Danny Bénédite, 29 de janeiro de 1942. Caixa 2, Fry Papers.
14. Isenberg, *Hero of Our Own*, p. 231.
15. Carta de Varian Fry para Danny Bénédite, 26 de dezembro de 1941. Caixa 2, Fry Papers.
16. Carta de Varian Fry para Theo Bénédite, 18 de dezembro de 1941. Caixa 3, Fry Papers. Foi Vlady quem colocou etiquetas nos quadros. Bénédite, *Filière marseillaise*, p. 123.
17. Carta de Theo Bénédite para Varian Fry, 12 de março de 1942. Caixa 3, Fry Papers.
18. Ibid.
19. Carta de Danny Bénédite para Varian Fry, 26 de junho de 1942. Caixa 2, Fry Papers.
20. Ibid.
21. Bénédite, *Filière marseillaise*, p. 297.
22. Ryan, *Holocaust and the Jews of Marseille*, p. 118.
23. Ibid., p.114.
24. Bénédite, *Filière marseillaise*, p. 298.

Resistência

1. Paul Celan, "Todesfuge", Tradução da autora.
2. Fittko, *Escape Through the Pyrenees*, p. 221.
3. Ryan, *Holocaust and the Jews of Marseille*, p. 134.
4. Bénédite, *Filière marseillaise*, p. 299.
5. Ibid., p. 300.
6. Ibid., p. 303.
7. Ibid., p. 310.
8. Ibid., p. 327-28.
9. Carta de Dannv Bénédite para Varian Fry, 4 de outubro de 1942. Caixa 7, Fry Papers.

10. Bénédite, *Filière marseillaise*, p 333.
11. Notas de Fry, Caixa 11, Fry Papers.
12. Jackson, *Fall of France*, p. 236. A declaração de guerra de Mussolini contra a França, a 10 de junho de 1940, lhe valera uma minúscula zona de ocupação no sudeste da França.
13. Bénédite, *Filière marseillaise*, p. 341.
14. Ibid., p.344.
15. Polizzotti, *Revolution of the Mind*, p. 510.
16. Fittko, *Escape Through the Pyrenees*, p. 220.
17. Citação em Bénédite, *Filière marseillaise*, p. 349.

Posfácio

1. Pauli, *Break of Time*, p. 228.
2. Isenberg, *Hero of Our Own*, p. 252.
3. Ibid., 273.
4. Discurso de Jacques Lipchitz no serviço religioso em memória de Varian Fry, em 8 de novembro de 1967, conforme recorda Annette Fry, Isenberg, *Hero of Our Own*, p. 273.
5. Carta de Theo Bénédite para Varian Fry, 16 de março de 1946. Caixa 7, Fry Papers.
6. Thirion, *Revolutionaries Without Revolution*, p. 469.
7. Ernst, *A Not-So-Still Life*, p. 202.

BIBLIOGRAFIA

Coleções de arquivos:

Arquivos primários

Varian Fry Papers, Rare Book and Manuscript Library, Columbia University, New York.

Dwight Macdonald Papers, Manuscripts and Archives, Yale University Library.

Exile Film Project Records, Manuscripts and Archives, Yale University Library. United States Holocaust Memorial Museum Archives, Washington, D.C.

Police Files. Archives Départementales des Bouches-du-Rhône, Marseille.

André Breton Papers. Bibliotèque Littéraire Jacques Doucet, Paris.

Centre Historique des Archives Nationales: Section du XX siècle. Paris.

Arquivos Secundários

Alfred Barr Papers, Irving S. Gilmore Music Library, Yale University.

German and Jewish Intellectual Émigré Collection, M. E. Grenander Department of Special Collections and Archives, SUNY, Albany. Benjamin Péret, Max Ernst Correspondence.

Getty Research Institute for the History of Art and the Humanities, Special Collections: Yves Poupard-Lieussou Correspondence; E. L. T. Mesens Papers: Robert Valancay Correspondence; Jan and Edith Tschichold Papers; Douglas Cooper Papers, André Breton, Benjamin Péret Correspondence, Max Ernst Folder.

Leon Trótsky Exile Papers: André Breton Correspondence; Sherry Mangan Papers: Péret Correspondence. Houghton Library of the Harvard College Library, Harvard University.

Emily Holmes Colman Papers, Peggy Guggenheim Correspondence. University of Delaware Library Special Collections.

Marc Chagall. Correspondence. Solomon R. Guggenheim Museum, New York.

Departamento de Justiça dos Estados Unidos: Federal Bureau of Investigation (FBI). Em dezembro de 2004, de acordo com a lei de liberdade de informação (Freedom of Information/Privacy Acts – FOIPA), fiz uma solicitação para ver quaisquer arquivos do FBI sobre André Breton, Max Ernst, Miriam Davenport, Mary Jayne Gold, Benjamin Péret, Victor Serge e Varian Fry. Não foram encontrados quaisquer "registros pertinentes ao [meu] pedido FOIPA por meio de busca dos automatizada ou manual dos arquivos" relacionados a Miriam Davenport, Mary Jayne Gold e Benjamin Péret. "Registros que poderiam ter sido pertinentes" relativos a Max Ernst foram destruídos em 3 de março de 2005. "A destruição dos registros é efetuada de acordo com o Título 44, do United States Code, Seção 3.301 e Título 36, Code of Federal Regulations, Capítulo 12, Subcapítulo B, Parte 1.228, emitidos pela Administração de Arquivos e Registros Nacionais (National Archives and Records Administration)." Com relação a André Breton, informou-se que todos os registros também haviam sido destruídos, embora não tenha sido informada a data de destruição. Quanto a Varian Fry, 13 páginas foram analisadas e 11 foram liberadas. Os documentos liberados consistiam em nove cartas entre Varian Fry e J. Edgar Hoover, datadas de 20 de julho de 1954 a 5 de agosto de 1954, relativas à morte de Julian F. Sweeney, de 14 anos, "baleado na cabeça, aparentemente à queima-roupa, por um patrulheiro do Departamento de Policia de Nova York". Ainda obcecado com injustiças a que assistia, Fry pedia um relatório sobre a investigação do FBI. Foram recebidas 331 páginas de documentação sobre Victor Serge. Datando de 1940 a 1947, o material inclui cópias da correspondência pessoal de Serge, artigos escritos por Serge e relatórios de agentes sobre Serge e suas atividades, deixando claro que o FBI continuou a manter Victor Serge sob vigilância enquanto ele morava no México até sua morte em novembro de 1947.

LIVROS

Anderson, Mark M., ed. *Hitler's Exiles: Personal Stories of the Flight from Nazi Germany to America*. Nova York, New Press, 1998.

Bair, Deirdre. *Simone de Beauvoir, a Biography*. Nova York, Summit Books, 1990.

Barr, Margaret Scolari. "Our Campaigns': Alfred H Barr, Jr., and the Museum of Modern Art: A Biographical Chronicle of the Years 1930-1944", *New Criterion: Special Issue*, 1987.

Barron, Stephanie. *Degenerate Art. The Fate af the Avant-Garde in Nazi Germany*.Trad. Gerard Hopkins. Nova York, Harry N. Abrams, 1991.

———. *Exiles & Emigrés: The Flight ofEurapean Artists from Hitler*. Los Angeles, Los Angeles County Museum of Art, 1997.

Beauvoir, Simone de. *The Prime of Life*. Trad. Peter Green. Nova York, Lancer Books,1966.

Bénédite, Daniel. *La filière marseillaise: Un chemin vers la liberté sous l'occupation*. Paris, Clancier Guénaud, 1984.

Benitez, Helena. *Wilfredo and Helena: My Life with Wilfredo Lam 1939-1950*. Lausanne, Acatos Publishers, 1999.

Benstock, Shari. *Women of the Left Bank: Paris, 1900-1940*. Austin, University of Texas Press, 1986.

Bloch, Marc. *Strange Defeat. A Statement of Evidence Written in 1940*. Nova York,W. W. Norton, 1968.

Block, Gay, and Malka Druker. *Rescuers: Portraits of Moral Courage in the Holocaust*. Nova York, Holmes & Meier, 1992.

Bonneaud, Maud "Notes sur une rencontre", *Profile Littéraire*, n. 15 (1943): 31-34.

Brandon, Ruth. *Surreal Lives: The Surrealists 1917-1945*. Nova York, Grove Press, 1999.

Breton, André. *André Breton: Selections*. Ed. Mark Polizzotti. Berkeley. University of California Press, 2003.

————. *Communicating Vessels*. Trad. Mary Ann Caws and Geoffrey T. Harris. Lincoln, University of Nebraska Press, 1990.

————. *Conversations: The Autobiography of Surrealism*. Trad. Mark Polizzotti. Nova York, Paragon House, 1993.

————. *Martinique: Charmeuse des serpents* avec textes et illustrations de André Masson. Paris, Jean-Jacques Pauvert, 1972.

————. *Nadja*. Trad. Richard Howard. Nova York, Grove Press, 1960.

————. *Oeuvres completes*. Paris, Éditions Gallimard, 1992.

————.*Surrealism and Painting*. Trad. Simon Watson Taylor. Boston, MFA Pub1ications, 2002.

————. *What Is Surrealism? Selected Writings*. Ed. Franklin Rosemont. Londres, Pluto Press, 1978.

————. *Young Cherry Trees Secured Against Hares*. Trad. Edouard Roditi. Ann Arbor, University of Michigan Press, 1969.

Brooks, Howard L. *Prisoners of Hope: Report on a Mission*. Nova York, L. B. Fischer, 1942.

Brooks-Pazmany, Kathleen. *United States Women in Aviation 1919-1929*. Washington, D.C. Smithsonian Institution Press, 1991.

Brownstone, David, e Irene Frank. *Timelines of War: A Chronology of Warfare from 100,000 BC to the Present*. Boston, Little, Brown, 1994.

Bury, J. P. T. France: *The Insecure Peace: From Versailles to the Great Depression*. Nova York, American Heritage Press, 1972.

Carrington, Leonora *The House of Fear Notes from Down Below*. Nova York, E. P. Dutton, 1988.

————. *Leonora Carrington: Textos de Juan García Ponce y Leonora Carrington*. México, Ediciones Era, 1974.

————. *The Seventh Horse and Other Tales*. Nova York, E. P. Dutton, 1988.

Cartes à jouer & tarots de Marseille. Musées de Marseille, Éditions Alors Hors du Temps, 2003.

Caws, Mary Ann. *Surrealism*. Nova York, Phaidon Press, 2004. Chadwick, Whitney. *Leonora Carrington: La Realidad de la Imaginación*. México, Ediciones Era, 1994.

Chadwick, Whitney e Isabelle de Courtivron. *Significant Others: Creativity & Intimate Partnership*. Londres, Thames and Hudson, 1993.

Charlesworth, Monique. *The Children's War: A Novel*. Toronto, HarperCollins, 2004.

Chester, Eric Thomas. *Covert Network: Progressives, the International Rescue Committee, and the CIA*. Londres, M. E. Sharpe, 1995,

Chip, Herschel B. *Picasso's Guernica: History, Tradformation, Meanings*. Berkeley, University of California Press, 1988.

Cone, Michèle C. *Artists under Vichy: A Case of Prejudice and Persecution*. Princeton, Princeton University Press, 1992.

Davenport, Miriam. *An Unsentimental Education: A Memoir by Miriam Davenport Ebel (1915-1999)*. www.varianfry.org/ebel_memoir_en.htm.

Dearbom, Mary V. *Mistress of Modernism: The Life of Peggy Guggenheim*. Boston, Houghton Mifflin, 2004.

Dortch, Virginia M., ed. *Peggy Guggenheim and Her Friends*. Milan, Berenice Art Books, 1994.
Du Plessix Gray, Francine. *Simone Weil*. Nova York, Penguin Putnam, 2001.
Du Pont, Diana. *El Riesgo de lo Abstracto: El Modernismo Mexicano y El Arte de Gunther Gerzso*. Santa Barbara, Santa Barbara Museum of Art, 2003.
Ehrenburg, Ilya. *Eve of War 1933-1941*. Trad. Tatiana Shebunina. Londres, MacGibbon & Kee, 1963.
El Surrealisme Entre Viejo y Nuevo Mundo. Quinto Centenario, Centro Altlantico De Arte Moderno.
Eluard, Paul. *Letters to Gala*. Trad. Jesse Browner. Nova York, Paragon House, 1989.
Ernst, Jimmy. *A Not-So-Still Life: A Memoir.* Nova York, St. Martin's/Marek, 1984.
——————. Jimmy Ernst. Ed. Donald Kisput. Nova York, Hudson Hills Press, 2000.
Ernst, Max. *Beyond Painting and Other Writings by the Artist and His Friends*. Nova York, Wittenborn, Shultz, 1948.
——————. *Écritures*. Paris, Éditions Gallimard, 1970.
——————. *Max Ernst: A Retrospective*. Ed. Wemer Spies. Tate Gallery Exhibition, 1991. Munich, Prestel-Verlag, 1991.
——————. *Max Ernst: A Retrospective*. Intro. Diane Waldman. Nova York, The Solomon R. Guggenheim Museum, 1975.
Evans, Myfanwy. *The Painter's Object*. Londres, Gerald Howe, 1937.
Feuchtwanger, Lion. *The Devil in France: My Encounter with Him in the Summer of 1940*. Trad. Elizabeth Abbott. Nova York, Viking Press, 1941.
Fittko, Lisa. *Escape Through the Pyrenees*. Trad. David Koblick. Evanston, Northwestern University Press, 1985.
——————. *Solidarity and Treason: Resistance and Exile 1933-40*. Trad. Roslyn Theobald. Evanston, Northwestern University Press, 1995.
Flamand, Colonel Roger. "*L'Inconnu du French Squadron.*" Paris, La Forêt, 1983.
Flanner, Janet. *An American in Paris: Profile of an Interlude Between the Wars*. Nova York, Simon & Schuster, 1940.
——————. *Janet Flanner's World: Uncollected Writings 1932-1975*. Ed. Irving Drutman. Nova York, Harcourt Brace Jovanovich, 1979.
——————. *Men and Monuments: Profiles of Picasso, Matisse, Braque, and Malraux*. Nova York, Harper & Row, 1957.
——————. *Paris Was Yesterday 1925-1939*. Ed. Irving Drutman. Nova York, Viking Press,1972.
——————. *Pétain: The Old Man of France*. Nova York, Simon & Schuster, 1944.
Friedlander Henry e Sybil Milton. General Editors. *Archives of the Holocaust: An International Collection of Selected Documents*. A Garland Series, 1990.
Fry, Varian. *Assignment Rescue: An Autobiography*. Nova York, Scholastic, 1945. Revisado como *Surrender on Demand*. Boulder, Johnson Books, 1997.
——————. *Bricks Without Mortar: The Story of International Cooperation*. Nova York, the Foreign Policy Association, 1938.
——————. *Livret pédagogique: Mission sauvetage Varian Fry et le Centre Américain de secours (1940-1942)*. CNDP/CRDP d'Aix-Marseille, 2005.
——————. *Varian Fry: du refuge...* Hôtel du Département/Marseille. Actes du colloque du 19 mars 1999. Marseille, Actes Sud, 1999.
——————. *Varian Fry: à l'exile*. Hôtel du Département/Marseille. Actes du Colloque du 20 mars 1999. Marseille, Actes Sud, 1999.

———. *Varian Fry et les candidates à l'éxile: Marseille 1940-1941*. Galerie d'Art du Conseil Général des Bouches-du-Rhône/Aix-en-Provence. Actes Sud, 1999.

———. *Varian Fry: Mission Américaine de sauvetage des intellectuals anti-nazis Marseille 1940-1942*. Hôtel du Département/Marseille. Actes Sud, 1999.

Furst, Alan. *The Polish Officer*. Nova York, Random House, 1995.

———. *The World at Night: A Novel*. Nova York, Random House, 1996.

Gale, Matthew. *Dada & Surrealism*. Londres, Phaidon Press, 1997.

Gildea, Robert. *Marianne in Chains: In Search of the German Occupation of France 1940-45*. Londres, Pan Books, 2003.

Gill, Anton, *Art Lover: A Biography of Peggy Guggenheim*. Nova York, HarperCollins, 2001.

Gilzmer, Mechtild. *Camps de femmes: Chronique d'internées, rieucros et brens, 1939-1944*. Paris, Éditions Autrement, 2000.

Gold, Mary Jayne. *Crossroads Marseilles, 1940*. Nova York Doubleday, 1980.

Gooding, Mel, ed. *The Book of Surrealist Games*. Londres Shambhala Redstone Editions, 1995.

Guggenheim, Peggy. *Out of This Century: Confessions of an Art Addict*. Londres, Andre Deutsch, 1979.

Guiraud, Jean-Michel. *La vie intellectual et artistique à Marseille: A l'epoque de Vichy et sous l'occupation 1940-1944*. Marseille, Édition Jeanne Laffitte,1998.

Haffner, Sebastian. *Defying Hitler A Memoir*. Trad. Oliver Pretzel. Nova York, Farrar, Straus, and Giroux, 2000.

Harshav, Benjamin. *Marc Chagall and His Times: A Documentary Narrative*. Stanford, Stanford University Press, 2004.

Haynsworth, Leslie e David Toomey. *Amelia Earnhart's Daughters*. Nova York, HarperCollins, 1998.

Hélion, Jean. *They Shall Not Have Me: The Capture, Forced Labor, and Escape of a French Prisoner of War*. Nova York, E. P. Dutton, 1943.

Herbert, James D. *Paris 1937: Worlds on Exhibition*. Ithaca, Cornell University Press, 1998.

Hirschman, Albert O. *A Propensity to Self-Subversion*. Cambridge, Harvard University Press, 1995.

Hobsbawm, Eric. *The Age of Extremes The Short Twentieth Century 1941-1991*. Londres, Abacus, 1995.

Isenberg, Sheila. *A Hero of Our Own:The Story of Varian Fry*. Nova York, Random House, 2001.

Jackman, Jarrell C. e Carla M. Borden, eds. *The Muses Flee Hitler: Cultural Tradfer and Adaptation 1930-1945*. Washington, D.C, Smithsonian Institution Press, 1983.

Jackson, Julian. *The Fall of France: The Nazi Invasion of 1940*. Oxford, Oxford University Press, 2003.

Jean, Marcel, ed. *The Autobiography of Surrealism: The Documents of Twentieth Century Art*. Nova York, Viking Press, 1980.

Jones, Gail. *Black Mirror*. Sydney, Picador, 2002.

Kaplan, Janet A. *Unexpected Journeys: The Art and Life of Remedios Varo*. Nova York, Abbeville Press, 1988.

Koestler, Arthur. *Darkness at Noon*. Trad. Daphne Hardy. Londres, Macmillan, 1941.

————. *Scum of the Earth*. Trad Daphne Hardy. Londres, Victor Gollancz, 1941.

Levenstein, Aaron. *Escape to Freedom: The Story of the International Rescue Committee*. Westport, Greenwood Press, 1983.

Lévi-Strauss, Claude. *A World on the Wane*. Trad John Russell. Nova York, Criterion Books, 1961.

Liebling, A J. *Liebling Abroad*. Nova York, PEI Books, 1981.

Lottman, Herbert R. *The Left Bank: Writers, Artists, and Politics from the Popular Front to the Cold War*. Chicago, University of Chicago Press, 1982.

Lusseyran, Jacques. *And There Was Light: The Autobiography of a Blind Hero in the French Resistance*. Boston, Little, Brown, 1963.

Macdonald, Nancy. *Homage to the Spanish Exiles: Voices from the Spanish Civil War*. Nova York, Insight Books, 1987.

Malaquais, Jean. *Planète sans visa*. Paris, Edition Phébus, 1999. Marquis, Alice Goldfarb, *Alfred H. Barr Jr.: Missionary for the Modern*. Nova York, Contemporary Books, 1989.

Marino, Andy. *A Quiet American: The Secret War of Varian Fry*. Nova York, St. Martin's Press, 1999.

Masson, André. *Les années surrealists: Correspondance 1916-1942*. Paris, La Manufacture, 1990.

Mehring, Walter. *No Road Back*. Trad. S. A. De Witt. Nova York, Samuel Curl, 1944.

Morton, Brian N. *Americans in Paris: An Anecdotal Street Guide*. Ann Arbor, Olivia & Hill Press, 1984.

Musées de Marseille. *Cartes à jouer & tarots de Marseille*, La donation Camoin. Musée de Marseille, Édition Alors Hors du Temps, 2003.

————. *Le jeu de Marseille: Autour d'André Breton et des surrealistes à Marseille en 1940-1941*. Exposition de 4 juillet au octobre 2003, Direction de Musées de Marseille, Éditions Alors Hors du Temps, 2003.

————. *Marseille et les Américains 1940-1946*. Musées de Marseille, 1996.

————. *Marseille se souvient du temps des rafles*. Musées de Marseille, 1995.

Neruda, Pablo. *Tercera Residencia 1935-45*. Losada, 1951.

Nicholas, Lynn H. *The Rape of Europa: The Fate of Europe's Treasures in the Third Reich and the Second World War*. Nova York, Vintage, 1995.

Noël, Bernard. *La planète affolée: Surréalisme, dispersion et influence 1938-1947*. Paris, Flammarion, 1986.

————. *Une liaison surréaliste: Marseille – Nova York – a surrealist liaison*. Trad. Jeffrey Arsham. Marseille, André Dimanche, 1985.

Ogilvy, David. *Shuttleworth: The Historic Aeroplanes*. Londres, Airlife Publishing,1989.

Pauli, Hertha. *Break of Time*. Nova York, Hawthorn Books, 1972. Paxton, Robert O. *Vichy France: Old Guard and New Order 1940-1944*. Nova York, Columbia University Press, 1972.

Péret, Benjamin. *Benjamin Péret*. Ed. Jean-Louis Bédouin. Edition Pierre Seghers, 1961.

————. *The Elegant Ewe. The Automatic Muse: Surrealist Novels*. Trad. Terry Hale e Ian White. Londres, Atlas Press, 1994.

————. *Remove Your Hat or a Bunch of Carrots*. Trad. David Gascoyne e Humphrey Jennings. Londres, Atlas Press, 1986.

Polizzotti, Mark. *Revolution of the Mind: The Life of André Breton*. Nova York, Da Capo Press, 1997.

Regler, Gustave. *The Owl of Minerva: The Autobiography of Gustave Regler.* Trad. Norman Denny. Nova York, Farrar, Straus, & Cudahy, 1960.

Robbins, Christopher. *Test of Courage: The Michel Thomas Story*. Nova York, Free Press, 2000.

Roche, Julotte. *Max et Leonora: Récit d'investigation*. Cognac, Le temps qu'il fait, 1997.

Roth, Joseph. *Report from a Parisian Paradise: Essays from France 1925-1939*. Trad. Michael Hofmann. Nova York, W. W. Norton, 1999.

Roussin, André. *La bôite à couleurs*. Paris, Éditions Albin Michel, 1974.

Russell, John. *Max Ernst: Life and Work*. Nova York, Harry N. Abrams, 1967.

Ryan, Donna F. *The Holocaust and the Jews of Marseille: The Enforcement of Anti-Semitic Policies in Vichy France*. Chicago, University of Illinois Press, 1996.

Sahl, Hans. *The Few and the Many*. Trad. Richard e Clara Winston, Nova York, Harcourt, Brace & World, 1962.

Saint-Exupéry, Antoine de. *Flight to Arras*. Trad. William Rees. Londres, Penguin Books, 1995.

—————. *Wartime Writings* 1939-1944. Trad. Norah Purcell. Nova York, Harcourt Brace Jovanovich, 1982.

—————. *Wind, Sand, and Stars*. Londres, Penguin Books, 1995.

Saint-Exupéry, Consuelo de. *Kingdom of the Rocks*: *Memories of Opède*. Trad. Katherine Woods. Nova York, Random House, 1946.

—————. *The Tale of the Rose: The Love Story Behind the Little Prince*. Trad. Esther Allen. Nova York, Random House, 2001.

Sartre, Jean-Paul. *War Diares of Jean-Paul Sartre: November 1939-May 1940*. Nova York, Pantheon Books, 1985.

—————. "Paris Under the Occupation", *French Writing on English Soil: A Choice of French Writing Published in London Between November 1940 and June 1944*. Ed/trad. J. C. Weightman. Londres, Sylvan Press, 1945.

Sauvage, Pierre. "Varian Fry in Marseille", *Remembering for the Future: The Holocaust in an Age of Genocide*. Eds. John K. Roth and Elizabeth Maxwell. Londres, Palgrave, 2001.

Sawin, Martica. *Surrealism in Exile and the Beginning of the Nova York School*. Boston, MIT Press, 1995.

Schiff, Stacy. *Saint-Exupéry: A Biography*. Nova York, Alfred A. Knopf, 1994.

Scholem, Gershon. *Walter Benjamin: The Story of a Friendship*. Trad. Harry Zohn. Philadelphia, Jewish Publication Society of America, 1981.

Seghers, Anna. *Tradit Visa*. Trad. James A. Glaston. Londres, Eyre and Spottiswoode,1945.

Serge, Victor. *The Case of Comrade Tulayev*. Trad. Willard R. Trask Nova York, Nova York Review of Books, 2004.

—————. *The Long Dusk*. Trad. Ralph Manheim Nova York, Dial Press, 1946.

—————. *Memoirs of a Revolutionary*. Trad. Peter Sedgwick. Londres, Writers and Readers Publishing Cooperative, 1984.

—————. *Men in Prison*. Trad. Richard Greeman. Londres, Writers and Readers Publishing Cooperative, 1977.

—————. *Resistance* (Poems). Trad. James Brook. San Francisco, City Lights Books, 1972.

Sevareid, Eric. *Not So Wild a Dream: A Personal Story of Youth and War and the American Faith*. Nova York, Atheneum, 1976.

Sheridan, Alan. *André Gide: A Life in the Present*. Cambridge, Harvard University Press, 1999.

Shirer, William L. *The Collapse of the Third Republic: An Inquiry into the Fall of France in 1940*. Nova York, Simon & Schuster, 1969.

Signoret, Simone. *Nostalgia Isn't What It Used to Be*. Nova York, Harper & Row, 1978.

Stein, Gertrude. *Wars I Have Seen*. Nova York, Random House, 1945.

Stein, Louis. *Beyond Death and Exile: The Spanish Republicans in France, 1939 - 1955*. Cambridge, Harvard University Press, 1979.

Stephan, Alexander. *Communazis: FBI Surveillance of German Emigré Writers*. Trad. Jan van Heurck. New Haven, Yale University Press, 1995.

Suthers, Judith O. *Kay Sage: A House of Her Own*. Lincoln, University of Nebraska Press, 1997.

Tanning, Dorothea. *Between Lives: An Artist and Her World*. Nova York, W.W. Norton, 2001.

Thirion, André *Revolutionaries Without Revolution*. Trad. Joachim Neugroschel. Nova York, Macmillan, 1972.

Tomkins, Calvin. *Duchamps: A Biography*. Nova York, Henry Holt, 1996.

Varo, Beatriz. *Remedios Varo: En el Centro del Microcosmos*. México, Fondo de Cultura Económica, 1990.

Varo, Remedios. *Cartas, Sueños y Otros Textos*. Ed. Isabel Castells. México, Ediciones Era, 1997.

————. *Remedios Varo. Catálogo Razonado*. México, Ediciones Era, 1994.

Vlady (Vladimir Kibalchich). *Dibujos Eróticos de Vlady*. México, Editorial Esquilo, 2000.

Waldberg, Patrick. *Max Ernst*. Paris, Jean-Jacques Pauvert, 1958.

Weissman, Susan. *Victor Serge: The Course Is Set on Hope*. Londres, Verso, 2001.

————. ed. *The Ideas of Victor Serge: A Life as a Work of Art*. Glasgow, Critique Books, 1997.

Weld, Jacqueline Bograd. *Peggy, The Wayward Guggenheim*. Nova York, E. P. Dutton, 1988.

Werth, Alexander. *France in Ferment*. Londres, Harper & Brothers, 1934.

————. *The Last Days of Paris: A Journalist's Diary*. Londres, Hamish Hamilton, 1940.

————. *The Twilight of France 1933-1940*. Nova York, Howard Fertig, 1966.

Wiser, William. *The Twilight Years: Paris in the 1930s*. Nova York, Carroll & Graf, 2000.

Wyman, David S. *Paper Walls: America and the Refugee Crisis 1938-1941*. Boston, University of Massachusetts Press, 1968.

AGRADECIMENTOS

Agradecimentos pela autorização de reprodução das seguintes obras e coleções:

Not So Wild a Dream: A Personal Story of Youth and War and the American Faith, de Eric Sevareid; reproduzido com autorização de Don Cogdon Associates, Inc.; *copyright* 1946 de Eric Sevareid, renovado em 1974 por Alfred A. Knopf.

Surrender on Demand de Varian Fry; reproduzido com autorização de Big Earth Publishing/Johnson Books, Boulder, Colorado.

Memoirs of a Revolutionary de Victor Serge; reproduzido com autorização da Editora da Universidade de Iowa.

Letters of the Préfet des Bouches-du-Rhône; reproduzido com autorização de Archives départementales des Bouches-du-Rhône, Marseille.

Varian Fry Papers, Rare Book e Manuscript Library, Columbia University.

Dwight Macdonald, Documentos, Manuscritos e Arquivos, Biblioteca da Universidade de Yale.

Exiles Film Project Records, Projetos, Manuscritos e Arquivos da Biblioteca da Universidade de Yale.

An Unsentimental Education: A memoir by Miriam Davenport Ebel (1915-1999). Web page: www.varianfry.org/ebel_memoir_en.htm; reproduzido com autorização de Charles Ebel.

Este livro foi impresso na Editora JPA Ltda.,
Av. Brasil, 10.600 – Rio de Janeiro – RJ,
para a Editora Rocco Ltda.